EMDRがもたらす治癒
――適用の広がりと工夫――

ロビン・シャピロ 編

市井雅哉／吉川久史／大塚美菜子 監訳

EMDR Solutions:
Pathways to Healing

Robin Shapiro

二瓶社

EMDR Solutions: Pathways to Healing
Robin Shapiro, Editor
Copyright © 2005 by Robin Shapiro
All Rights Reserved.
Japanese translation rights arranged with W. W. Norton & Company, Inc.,
through Japan UNI Agency, Inc., Tokyo.

私の母親、Elly Welt へ、愛と尊敬をこめて、
彼女をそばで見ることで、私は書くことを教えられた

EMDR の創始者、Francine Shapiro へ
彼女は我々が癒えることを教えてくれた

謝　辞

　すべての執筆者にありがとう。彼らは、自由に革新を生み出し、それを章に書き表す時間を与えてくれた。その過程には、いくつものバージョンの変更があり、書式の再設定もあり、コンピューターのミスコミュニケーションもあった。臨床家がみんなの仕事の成果を手にするのに、こうした目には遭わなくて済む。こうして本にしたことを誇りに思っている。

　クライエントにもありがとう。彼らは、我々みんながどのように治療をすべきか教え続けてくれる。本書でもどの革新にも訂正を加えてくれた。

　Elly Welt、私の母親、にもありがとう。書き方や編集の仕方を教えてくれた。すべての、言葉、カンマ、節の文章を2度見てくれた。私と一モアも交えつつ議論してくれ、「てにをは」を直してくれた。そして、時には、私に勝たせてくれてありがとう。

　Norton社の私の編集者であるDeborah Malmudは、「Nortonはもう寄せ集めはやらない」という言葉にも関わらず、この本を信じてくれてありがとう。Andrea CostellaとMichael McGandyは、多くのメールでの質問に答えてくれてありがとう。

　Elizabeth Turnerは、元ジャーナリストで現在は治療者であり、編集を助けてくれてありがとう。

　Joan Golstonは、この本について考えさせてくれてありがとう。David Calofと彼の長く続くコンサルタントグループは、私が書き始める前に、ずっと会っていた友人であり、多くのサポートだった。「私に本を書くべきだ」と言ってくれた人々みんなに感謝する。書きましたよ。

　私の夫、Doug Plummerに言えることは？　役割を数えさせて欲しい。写真家、コンピューターシステムの管理者、(Sandra Wilsonとのインタビ

ューの）転記者、ウェブサイトマネージャー（emdrsolutions.com）、シェフ、私のイライラや時に怒鳴るのに対する適切な容れ物、手を握ってくれ、遊び仲間であり、チアリーダーで、最愛の人。あなたの存在が私の人生での至福であり続けている。

序　文
ロビン・シャピロ

　臨床家として、私は変化が起こるその瞬間に歓喜する。それは、トラウマが恐ろしい現実から単なる記憶へと薄れていくときであったり、薬物や解離で人生から気を紛らわせる必要性が十分に生活をやっていく意志と方法へと変化するときであったり、慢性的で耐え難い苦痛が消え去るときである。1993年以来、EMDR（眼球運動による脱感作と再処理法）によって、私はクライエントに幾度となくこのような瞬間を与えることができた。EMDRに先立つ12年間の実践の中で、私はクライエントがトラウマの影響に耐えることを学ぶ援助をしていた。2001年のフランシーン・シャピロのEMDRは、私にトラウマを消し去る術を与えてくれた。

　EMDRの標準的なプロトコルはトラウマの影響を低減したり、消し去ったりする働きがある。アメリカ心理学会はEMDRのトレーニングに信用を与えると決定した際、そのように述べた。退役軍人局と国防総省（2004）はともに、EMDRを心的外傷後ストレス障害（PTSD）の効果的な治療法として最も高い評価を与えたとき、そのように述べた。少なくとも16の査読つき研究でも同様に述べている（Maxfield and Hyer, 2002）。40,000人を超える活動的なEMDRの治療者がおり、世界中の80を超える国で、数十万人のクライエントに対し効果的な治療を行っている。

　では、EMDRについて何か言い残したことはないだろうか？

　たくさん！

　フランシーン・シャピロが標準的なプロトコルを創造して以来、彼女とその教え子たちは無数の臨床に関する問題やクライエント群に対し最大の効果をもたらすために、それぞれの段階全てを強化する方法を見つけ続けてきた。

年を追って、各国、国際的なEMDRの学術大会の発表者、ワークショップ、そして授業で、少なくとも100の新しい癒しへの筋道が紹介された。EMDRコンサルタントやインストラクター、そして臨床家として、私はいつも臨床的な問題への的確な筋道を探している。この本にはあなたのクライエントに使うことができるように段階的に説明された、私の愛用するEMDRの解決方法が16個載っている。表紙から裏表紙へと読んでも、自分のクライエントについて書かれた章を熟読しても、いずれにしてもあなたのEMDRの道具箱に加わるだろう。

◆◆◆◆◆ 章立て ◆◆◆◆◆

　モウリーン・キッチャーの戦略的発達モデル（SDM: The Strategic Developmental Model）は、標準的なプロトコルの全ての段階を包含したEMDRの実践にとってのメタ・モデルである。彼女は、クライエントを動機づけ、包み込むためのエリクソン派の活用言語（utilization language）や愛着強化の実践を使用することで、言葉では言い表せない潜在的な経験を処理する方法や、私がこれまで使用した最適な取り入れシステム（intake system）といったEMDRの再処理における明瞭な秩序を創造した。

　ロイ・キースリングは、外面的にもしくは内面的に混乱しているクライエントの準備段階においてとても有効な手続きである資源の開発についての見解を述べている。彼の資源の植えつけ戦略のヒエラルキーはとても学びやすく、また、危機的な状態にあるクライエントに対しとても有効である。私は特に、彼が資源を認知の編み込みに変える方法を好んでいる。

　EMDRセラピストたちは、この力強い道具を異なった種類のクライエントや臨床的問題に対して使用する方法を見いだし続けている。ジョアンヌ・トォンブリーとウーリッチ・レイニアスは、解離性障害を抱えるクライエントに対しEMDRを行うための2つのとても異なった準備方法を教えてくれる。トォンブリーのテクニックの多くは、催眠やエゴステイト・セラピーのテクニックに由来している。レイニアスは、解離したクライエントに

序　文

EMDRを用いるための薬物療法の扱い方について教えてくれる。ロバート・ティンカーとサンドラ・ウィルソンは、幻肢痛へのとても効果的な治療法を発展させ続けている。彼らのプロトコルのほとんどがEMDRにおける病歴聴取と準備の段階に焦点付けられている。スーザン・シューヘルは病歴聴取から植えつけまでを貫く、むちゃ食い／空腹のサイクルについて担当する。アンドリュー・シューバートは、精神遅滞のあるクライエントとの取り組みの中でプロトコルを使うために必要な言語と手続きを教えてくれる。私は、不安障害を抱えた人々のために役立つターゲットを指し示す。

　1993年、私がフランシーン・シャピロからEMDRのパート1トレーニングを受けたとき、彼女はEMDRは他のどの治療様式にも用いることができるのではないだろうかと述べた。多くの人々が彼女の言葉を受け止めていた。エリザベス・ターナーは、EMDRの全ての局面において、アートセラピーやプレイセラピー、ストーリーテリングを用いて流動的に子どもたちに関わっている。キャロル・ロヴェルは、境界性人格障害を抱えた女性のグループを効果的に治療するために弁証法的行動療法（DBT: dialectical behavior therapy）とEMDR、そしてEMDRから派生したものを統合する。私は文化や世代の問題をターゲットにするために、ナラティブセラピー的質問と対象関係論を融合する。その後、私は差別化に基づいた（differentiation-based）カップルセラピーとEMDRを共に使用することについて述べる。ジム・コールは、目立たないトラウマや痛みを素早くかつ痛みなく取り除くための方法を、誘導イメージから生まれた再現手法を使っている。

　私たちのうちの何人かは、EMDRの趣旨のバリエーションを生み出している。A.J.ポプキーとジム・ナイプは、主観的障害単位尺度（SUDS: Subjective Units of Distress Scale）を不適切なポジティブ感情をターゲットにすることによって一新する。ポプキーは嗜癖と強迫行動の治療のために生み出した、使用したい衝動のレベル（LOUU: Level of Urge to Use）を用いたDeTURプロトコルを紹介する。ナイプは回避したい衝動のレベル（LOUA: Level of Urge to Avoid）を用いて、恋煩い・先延ばし・回避そして共依存を整理する。私は、しばしば準備段階で用いる単純な識別のエクササイズで

ある"両手の編み込み（Two-Hand Interweave）"について記す。

◆◆◆◆◆ 本書の使い方 ◆◆◆◆◆

　この本は、さまざまな病状のクライエントにEMDRを用いるためのマニュアルである。もしあなたが2つのレベルのEMDRトレーニングを終えており、また、特定の病状のクライエントについての知識と経験を持っているのであれば、あまり苦労なく手続きを用いることができるだろう。もしEMDRのトレーニングを全て終えていないのであれば（EMDRのトレーニングは全部で34〜54時間かかる）、この力強い心理療法で自分のクライエントを混乱させる前にトレーニングを受けてほしい！　もしあなたが自分のしていることを知っていて、自分のクライエントのこともよく知っていて、どのようなテクニックでも使う前に治療関係が強くなければならないことを覚えているなら、あなたはこの本に載っている多くの解決方法の使い道を見つけることができるだろう。

　あなたは自分の専門分野に関するところを読んで、章の残りを飛ばすことを考えるかもしれない。私としては、全てを読んでほしいと思っている。どの章にも宝石が存在する。あなたは自分が知的障害のある人たちと仕事をすることについて知る必要がないと思うからといって、アンドリュー・シューバートの具象的資源の4つのM──記憶・鏡・モデル・想像すること──を見逃してほしくない。ティンカーとウィルソンの幻肢痛のプロトコルは、多くの種類の痛みに対して用いることができる。あなたは集団を扱うことはないかもしれないが、もしあなたが1人の境界性人格障害のクライエントを抱えているのでさえあれば、ロヴェルの章を読んでほしい。その中で、あなたは自分のクライエントに対して用いることができる多くのものを見つけるだろう。仮にあなたがむちゃ食いをするクライエントを扱っていないとしても、シューヘルのプロトコルはその他の循環的な強迫行動を持つクライエントに対し適用することができるだろう。それぞれの章を読みはじめるとき、あなたの受け持っているクライエントに適用するように見えなくても、ざっと目

序　文

を通しなさい。たとえあなたが子どもを見ることがないとしても、ターナーの章の終わりにある犬の物語を見逃さないでほしい。それはきっと**あなたの分離不安を癒してくれるだろう**！

　この題材がどのように私の役に立っているかを述べる。私はエリクソンの言語やジェノグラム、愛着強化手続きや、もし必要であれば一次処理（First Order Processing）を含むキッチャーの戦略的発達モデル（SDM）を、ほとんど全てのクライエントに対して用いる（先行するトラウマのない自動車事故というまれなケースを除いて）。全ての愛着を損傷したクライエントには、少なくとも３つの資源を受け入れてもらう。１つ目は、神話的もしくは超自然的な母親、乳母、天使、菩薩、不死の犬、世話人を含んだ安全な場所である。２つ目は、これまでクライエントが愛した（そして傷付けない）人々や生き物の輪である。３つ目は、キースリングの資源の会議室である。私は毎日の日々を過ごすのに問題を抱えるクライエントに対して、キースリングのより簡略化された資源を用いる。私の両手の編み込みは、クライエントが状態もしくは選択の感じを描く助けとするために、それぞれの週におけるいくつかのセッションの中にポンと導入する。もし私が薬物や行動嗜癖もしくは衝動強迫を扱っていれば、私はポプキーのDeTURプロトコルに含まれる、クライエントの使用したい衝動のレベル（LOUU）を測定し、そしてターゲットにする。先延ばしには、ナイプの回避したい衝動のレベル（LOUA）を用いる。EMDRを概略的に知っている人に対しては、私は事務仕事を回避してしまう35人のEAP（従業員支援プログラム）のセラピストを治療するために、10分の時間を使い、LOUAプロトコルを実施した。彼らのうちの何人かは、その場でEMDRのトレーニングに参加する意思を表明した。私は幻肢痛のプロトコルをあらゆる種類の慢性的な痛みに対して使っている。それはまるで魔法のように作用する。シアトルに住んでいた頃、自分が個人セッションにおいてトラウマを処理したり、資源を構築したり、封じ込めの準備をする一方で、私は境界性人格障害のクライエントをマーシャ・リネハンの弁証法的行動療法（DBT）のグループに何年もの間送っていた。素晴らしいことに、ラヴェルはそれらの機能をひとつの治療法としてまとめ上げ

た。トラウマがとても大きいが単一で、そしてクライエントに情動耐性の力がないとき、私はコールの再現のプロトコルを使用する。私はクライエントがクスクス笑い出す箇所が気に入っている。解離性障害のクライエントに対しては、私は多くのトゥンブリーの方法を使用する。今年の秋に、私は自分のより解離したクライエントの1人についてレイニアスのオピオイド抑制治療法を用いた精神科医向けのEMDRのトレーニングを、彼の協力を得て行った。シューヘルのむちゃ食い／ダイエットの手続きは私にとって新鮮であるので、私は次のむちゃ食いのクライエントがやってくるのを待ちきれないのだ！

◆◆◆◆◆ 研究への考慮 ◆◆◆◆◆

EMDRの標準的プロトコルは、査読つき研究や数十万もの個人臨床家の体験の吟味の上に立っている。EMDRの完全なプロトコルは、PTSDに対して用いる場合には実験的に実証されている。本書の多くの章はトラウマのターゲットについて焦点付けられており、従って研究にも準拠している。この本の使用方法のいくつかは、実験に基づくものであると呼ばれるに違いない。執筆者がEMDRを非トラウマ的ターゲットに向けるとき、それはとてもうまくいくかもしれないし、あるいは特定の環境でEMDRが最も効果的に用いられたということであるかもしれない。しかしながら、レイニアスのオピオイド抑制、ポプキーのDeTURプロトコル、そしてティンカーとウィルソンの幻肢痛の章は、系統だった事例評価によって後ろ立てを得ている。査読つきの研究の影響を受けていないものもある。どの話題に対しても研究をしたいと思った読者は執筆者と連絡を取るべきである。

◆◆◆◆◆ 事例史 ◆◆◆◆◆

本書の中の全ての病歴はクライエントの話を合成したものか、クライエントの許可を得たものかのどちらかである。ただ1人の名前と物語のみ、何の

序　文

手も加えずそのままになっている。それはクライエントがそうしてほしいと望んだからである。その他の全ての名前や生活環境は、匿名性を守るために手を加えてある。

◆◆◆◆◆◆　章の規約　◆◆◆◆◆◆

セラピストが言ったことやクライエントに対して言ったであろうことは、引用符なしの斜体文字（編注：訳書では**太字**）で書いている。しばしば、斜体文字（編注：訳書では**太字**）はその他の強調したい箇所や、私が読者に違いを知ってほしい箇所にも使用している。共通したEMDRの用語は大文字で書いている。特に、標準的プロトコルの各段階を参照してほしい場合にはそうである。もし読者がいくつかの用語を忘れてしまっていたら、この本の終わりに用語解説がある。

◆◆◆◆◆◆　EMDRの8段階プロトコル　◆◆◆◆◆◆

EMDRは8つの段階から成るアプローチであり、3分岐のプロトコル――病状の土台となる過去の出来事、障害が生じている現在の状況、適切な将来の行動に向けての未来の鋳型――に注意する必要がある。

- 第1段階：クライエントの準備性、安全感を与える要因、解離のスクリーニングを含めた病歴聴取。ターゲットとして扱う過去、現在、未来の同定。
- 第2段階：クライエントとの絆の形成、将来像の形成、安全な場所の構築（創造）と眼球運動もしくは二重注意刺激（DAS: Dual Attention Stimulus）のテストを含めた準備。
- 第3段階：ターゲットを象徴する代表的な映像の同定、否定的認知（NC）の同定、肯定的認知（PC）の構築、認知の妥当性尺度（VoCもしくはVOC）の評価、感情の命名、主観的障害単位尺度（SUD

もしくはSUDS）の測定、そして身体感覚の同定を含めたアセスメント。
- 第4段階：記憶の再処理、二重注意刺激（DAS）の使用、標準的プロトコルへの準拠を含む脱感作。
- 第5段階：心にターゲット記憶を抱えたままでの肯定的認知の植えつけ。
- 第6段階：身体上の障害を探すボディスキャン。
- 第7段階：変化や将来像のモニターや、もし必要であればクライエントを感情的に安定した状態にもっていくことを含めた終了。
- 第8段階：次の回において、前回のターゲットもしくはそれに関連した題材で新しく処理が必要かどうかをチェックすることを含めた再評価。

◆◆◆◆◆　帰　属　◆◆◆◆◆

　フランシーン・シャピロはEMDRとその標準的プロトコルと、多くの共通したEMDRの用語を創造し、名付けた。全ての章は彼女と彼女の創造したものに帰属している。彼女の最も信頼できるEMDRの手引きとして、『*Eye Movement Desensitization and Reprocessing: Basic Principles, Protocols and Procedures*（2nd ed）』（2001）（邦訳『EMDR：外傷記憶を処理する心理療法』二瓶社，2004）がある。もしあなたがEMDRセラピストであり、その本を持っていないのであれば、すぐに手に入れてほしい！

◆◆◆◆◆　参考文献　◆◆◆◆◆

Department of Veterans' Affairs & Department of Defense (2004). *VA/DoD clinical practice guideline for the management of post-traumatic stress*. Washington, DC: author.

Maxfield, L., & Hyer, L. A. (2002). The relationship between efficacy and methodology in studies investigating EMDR treatment of PTSD. *Journal of Clinical Psychology, 58*, 23-41.

Shapiro, F. (1993, October.) *EMDR Level I training. EMDR Institute*. Seattle, WA:

Shapiro, F. (2001). *Eye movement desensitization and reprocessing: Basic principles, protocols and procedures* (2nd ed.). New York: Guilford Press.

目　次

謝　辞 …………………………………………………………………… v
序　文 …………………………………………………………………… vii
　　　　　　　　　　　　　　　　　　　　　（ロビン・シャピロ）

第1章　EMDRの戦略的発達モデル ………………………………………1
　　　　　　　　　　　　　　　　　　　　（モウリーン・キッチャー）
第2章　EMDR実践に資源の開発の戦略を統合する ……………… 65
　　　　　　　　　　　　　　　　　　　　　　（ロイ・キースリング）
第3章　解離性同一性障害（DID）、………………………………………107
　　　　特定不能の解離性障害（DDNOS）、
　　　　自我状態を持つクライエントに対するEMDR
　　　　　　　　　　　　　　　　　　　（ジョアンヌ・H・トォンブリー）
第4章　解離を伴うクライエントにおけるEMDR処理 ………………149
　　　　：オピオイド拮抗薬による補助療法
　　　　　　　　　　　　　　　　　　　　（ウーリッチ・F・レイニアス）
第5章　幻肢痛プロトコル …………………………………………………177
　　　　　　　　　　（ロバート・H・ティンカー／サンドラ・A・ウィルソン）
第6章　両手の編み込み …………………………………………………193
　　　　　　　　　　　　　　　　　　　　　　（ロビン・シャピロ）
第7章　DeTUR、アディクションおよび ………………………………201
　　　　機能不全行動のための衝動低減プロトコル
　　　　　　　　　　　　　　　　　　　　　　　（A. J. ポプキー）
第8章　報われない愛の苦しみ、共依存、回避、………………………231
　　　　そして先延ばしを取り除くために
　　　　肯定的な感情をターゲットにすること
　　　　　　　　　　　　　　　　　　　　　　　（ジム・ナイプ）

第9章　トラウマとトラウマに関連した………………………………261
　　　　身体的痛みへの再演プロトコル
　　　　　　　　　　　　　　　　　　　　　　（ジム・W・コール）

第10章　文化的、そして世代的取り入れへのEMDR ……………281
　　　　　　　　　　　　　　　　　　　　　　（ロビン・シャピロ）

第11章　「むちゃ食い・ダイエットサイクル」からの脱出…………299
　　　　　　　　　　　　　　　　　　　　　（スーザン・シューヘル）

第12章　トラウマと虐待の回復グループ …………………………325
　　　　におけるEMDRとDBTの使用
　　　　　　　　　　　　　　　　　　　　　　（キャロル・ロヴェル）

第13章　カップルセラピーにおけるEMDRの利用 ………………353
　　　　　　　　　　　　　　　　　　　　　　（ロビン・シャピロ）

第14章　知的障害のあるクライエントとのEMDR ………………367
　　　　　　　　　　　　　　　　　　　　（アンドリュー・シューバート）

第15章　EMDRで不安障害を扱う …………………………………393
　　　　　　　　　　　　　　　　　　　　　　（ロビン・シャピロ）

第16章　アート、プレイ、ストーリーテリング ……………………413
　　　　による子どもの感情調節
　　　　　　　　　　　　　　　　　　　　　　（エリザベス・ターナー）

用語解説 ……………………………………………………………………436
索　　引 ……………………………………………………………………438
監訳者あとがき……………………………………………………………453

第1章

EMDRの戦略的発達モデル

モウリーン・キッチャー

　EMDRの戦略的発達モデル（SDM）は、1996年にカナダで考案された。このモデルは、重篤な複雑性トラウマの被害者たちや文句の多いクライエントや、短期間の治療費しか捻出できないがリスクが高い人たちに対する治療が圧倒的に必要という状況に直面し、必死にやっている中から生み出された。この方法は、それを最も必要としているクライエントたちに対して、経済的な問題や困難が多い生活という現実によって彼らの治療が時期尚早に中断する前に、EMDRの恩恵を最大限にもたらす効率的で包括的な方法である。そのような方法は、迅速に効率良く採用されるように進められる必要があり、そうすることで、ニーズが高いと同時にリスクも高い人たちとの治療を台無しにしたり妨害する、恐怖や敵意、不安、そして抵抗に取り組んだり、あるいは回避することができると私は感じた。臨床的な体験からも、多くの場合複数存在し病理を引き起こす、基本的な背景と症候学／総体的症状（徴候）の原因を評価し、治療するための何らかの体系的な方法を持つことの重要性が示唆された。そしてそれは、こういったリスクもニーズも高いクライエントたちが、ともすれば生活の中で繰り返しがちになるサイクルやパターンを壊すことを援助するためであった。私はこういった方法で癒しが促進されるかもしれないプロセスもしくは戦略なら、機能性が高いクライエントや多様なクライエントたちの治療効果を楽観視することが期待できるのではないかという仮説を立てた。

◆◆◆◆◆ **核となる理念** ◆◆◆◆◆

　多数のリスクが高く、ニーズも高く、義務的であったり、または文句の多いクライエントたちには、幼少時から（その多数は、乳幼児期から思春期にまで至る）未解決で否定的な体験という共通のパターンがある。こういった否定的な体験には、ネグレクト、置き去り、虐待、そしてその他のタイプの喪失体験やトラウマ体験が含まれている。近年の心理生物学的研究（アタッチメント、子どもの発達、そして子どもと成人のトラウマなどを含む）は、そういった否定的な体験は成長過程の脳と成熟した脳の両方に影響すると提案している（Fox, Calkins, & Bell, 1994; Scholre, 1994, 1996）。否定的な体験は辺縁系と皮質の両方の組織に影響し、それらの組織は後に知覚、情動、そして行動のプロセスを調整する可能性がある。最適下限の人生の体験は、さまざまな発達の段階で根本的な課題に立ち向かったり、達成する能力を切迫し、ライフサイクルを通じて成熟するための重要課題の達成を危うくするという形で、個人の発達のプロセスに影響する。これらの発達上の傷は、未成熟であったり、不安が強かったり、もしくは臆病なクライエントたちや、"反抗的""防衛的"とレッテルを貼られた人たちの心の奥底に横たわっているのだ。

　このような最適下限の幼少時の体験は、人口の中の一部の人々に限られておらず、むしろ多くの一見高く機能しているように見える個人の行動に隠れていることもしばしばある。従って、どちらかというと協力的で自己言及的で裕福なクライエントに見受けられる、複雑で扱いにくく慢性的な徴候は、発達上の傷を反映しているといわれても納得がいく。これらの考察は、SDMの中の核となる前提を生み出した。それに反対するような信頼できる証拠がない限り、ほとんど全てのクライエントはある程度の発達上の固着または引っ掛かりがあると臨床家は想定しておくことが賢明である。さらに、もしそれが可能で適切ならば、効果的な心理療法はただ単に現在の問題を軽減するだけではなく、発達的に取り戻したり、または追いつくことをも促進するはずだという根本的な主張をSDMは提言する。これに基づいて、現在

の症候学の背後にある問題を取り除くために、発達上の欠陥または固着に取り組む全般的な方法をSDMは提供する。症状に基づいて現時点での問題が始まった時点、または10の最も不快な記憶のリスト（Shapiro, 1995）を作ることから治療を開始するよりも、SDMは、臨床家がその個人の人生において発達の進捗を遅らせたかもしれない全ての節目の出来事を最初に同定し、年代順にEMDRで治療することを提案している。単純にトラウマを年代順にターゲットとして同定するのに比べ、この発達重視の治療プロセスは多くの場合、発達の道筋を効果的に明らかにし、全てのそれ以外のターゲットや現存する問題の早急な解決、またはより包括的な解決という結果をもたらす。このプロセスは、根本的症状と二次的症状が直接ターゲットとなる前にしばしばぽんだり消えたりしてしまう傾向のある、精神的に年齢の高いクライエントに結果として生じる。

　臨床的な経験からも、あるクライエントの生育歴を包括的にきれいにすることによって発達上の癒しが促進されることが重要だといえる一方、そのような作用は、クライエントが最大限に心地よくて没頭している状態でのみ達成されるということも同様に明らかなことである。従って、SDMは治療の全ての段階において、戦略的構造とテクニックと言葉遣いを発達的な方向性に織り交ぜていく。これらの戦略の性質は、SDMの2番目の核となる理念の中心となっている。すなわち、治療的戦略は単純に発達上の指針を達成することに尽くしているだけではない。むしろ、SDMの戦略的構造は、クライエントとの調和した関係を育くんだり、その中で必要を満たさなくてはならない。結局、補償となるのは調和した関係であり、そういった関係の文脈においてのみ、治療的指針や構造が安全で効果的となる（治療的調和の概念は、この章の後半で詳しく取り上げる）。

　SDMで使われる場合、**戦略的**という言葉は、安全な雰囲気を効果的に創り出し、お互いに足並みを揃え、抵抗と症状の再発と退行を最小限にし、発達的な遅れを取り戻すことを促進するために使用される、幅広い種類の構造やプロセスやテクニックや言語を指している。これらの構造やプロセスやテクニックや言語は、それらがそういった特定の目的のために計画されて使用

され、そして能率的で包括的な治癒というゴールの達成に向けられているという意味で戦略的といえるのである。それらには、抵抗を管理するために情報を"リフレーム"し、臨床的な問題に対する簡潔で能率的な解答を作り上げるなど、1970年代と1980年代の戦略的治療（Strategic therapies）（Bandler & Grinder, 1982; Haley, 1976; Watzalawick, Weakland, & Fisch, 1974）の要素がいくつか含まれている。しかしSDMの戦略的テクニックは、風潮や焦点が1970年代と1980年代の戦略学派とはずいぶん異なるし、1990年代のそれともやや違いがみられる。特に、SDMは"問題"や症状に焦点を当てることを避ける。個人が体験した問題の性質を明らかにするために、循環しているものや連続しているものを探そうとはしないのである。むしろ、問題と症状を不滅にさせている発達的な問題を解消することで問題を中断しようとしているのである。SDMは抵抗を回避し、急速な進展を促進するために戦略的言語を使用する一方、自我を強化し、自分には問題解決能力があると信じさせ、そして個人を称えるように特に意図された言語を選択する。1970年代と1980年代の戦略学派とは対照的に、クライエントを没個性的にしたり、当惑させたり、混乱させるかもしれない戦略的方法を使うことなく、セルフエスティームや統合や全体性がより高められたレベルにまでクライエントを導くということが、SDMの中心的な戦略的方法である。こういったセルフエスティームや統合や全体性の治療的効果は、"その問題"の解消と同じくらい重要だとみなされる。従って、SDMの全てのテクニックとプロセスは、問題の一因となっている状態を解明すると同時に確信と力を与えるように作られている。

　実際、SDMの戦略的な本質は、まさにその構造に反映されている。成長過程の順に並べられた治療プロセスは、安全性を作り出し拒否や解離や退行や再発を最小限にする能力という点で、それ自体が非常に戦略的だといえるが、それに加えて現在の機能不全の一因となっている物事を解消するという能力もある。成長過程の順に並べる（それ自体、とても柔軟に創り上げられている）ことで、クライエントの幼い自我状態が、後の人生の段階におけるワークに関わらなくてすむ。その結果、戦略的発達療法では、あるセッショ

ンに全ての自我状態が参加する方がより安全になる。なぜなら、治療の各段階における治療的任務は年齢相当なので、その本人が後の大人になってからのトラウマのワークに関わる前に、幼い自我状態が癒される機会を持てるからである。さらに、発達的に後の段階のものである治療的ワークに幼い自我状態が参加しなくてもいいのであれば、自分を守るための手段としての解離はあまり必要ではなくなる。このSDMの配列方法は、暖かで養育的な治療スタイルという状況の中で行われた場合、多くの場合、一般的には治療に対し拒否的になったり、治療を怖れるような人たちに対しても急激で深い取り決めを引き出していく。重篤な性的虐待のサバイバーや幼少時の複雑性トラウマのサバイバーといった自我が傷ついているクライエントに対し、SDMはしばしば長時間にわたる資源の植えつけや自我強化の必要性を回避できたのである。

◆◆◆◆◆ 主要な構成要素 ◆◆◆◆◆

　SDMに本来備わっている安全性と発達のやり直しを促進するために、臨床家はクライエントとの初回面接の最初の瞬間から、明確なステップとガイドラインのセットに基づいて進めることが望ましい。第1に、SDMは埋め合わせとなるような愛着を促進するために意図的に転移を起こさせてそれを利用することや、クライエントとセラピストとの深い調和を奨励する。愛着と神経生理学の分野における最新の知識においては、発達の順に並べられた情報処理過程モデルの中で調和と愛着が生じた場合、発達のやり直しが倍増されるといわれている。

　第2に、SDMは臨床家に、構造化され指示的な生育歴聴取とアセスメントの形式を提供し、それは素早く発達上の仮説や型を与えてくれる。そしてそれによって病状と、クライエントの人生における機能不全の一因となっているほぼ全ての経験と発達上の妨害に焦点を当てる、マクロな治療計画を練り上げることが可能になる。

　第3に、SDMは高度に感受性があり、促進的で、柔軟性のある言語を提

供し、それを使うことでクライエントに対して彼らの安全を保障し、クライエントの意識的、そして無意識的な精神力と協力を急速に取り付け、"治療的トランス"を効率的に創り上げることができる。SDMの手順と使われる言葉は、リラックスしつつも集中された心の状態と、いくつかの伝統的な催眠現象によって特徴付けられた態度を促進する。一方で、全ての催眠的態度は治癒の必然性という重要な信念に向けられる（例えば、注意は切迫し予測された治癒に対して、"照らし出され"たり、再び集中させられたり、または再び配分されたりする。その人は、問題や症状から"注意を逸らされ"、通常の計画遂行機能は一時的に停止しはじめる。症状を維持しようとする態度やそのための行動は消滅する。空想を生産する能力が高められることによって、クライエントはリラックスしながらもやや冷静な関心を持って肯定的な結果を心に描くことができ、その結果が明示するほうへと逆説的に導かれる。現実検討力と持続的な現実歪曲に対する耐性が減少することによって、クライエントに変化をもたらすことを邪魔していた限定的な信念が一時的に停止する。被暗示性が増加することによって、クライエントはセラピストが持っている治癒を確信した映像と同じ態度を取ることが可能になる）。

第4に、SDMは膨大な人々のニーズを満たすために、目標を定める際にかなりの柔軟性を持たせている。その人々の中には乳幼児期の子どもや思春期の子ども（協力的な子も非友好的な子も）、義務的または用心深い大人、最近のトラウマの被害者、根強いPTSDの被害者、身体的な病のクライエント、そして抑圧された記憶や断片的な記憶を持っている人や記憶を失っている人たちが含まれている（しかし、彼らに限定されているわけではない）。

◆◆◆◆◆ 治療的調律と神経生理学的取り戻し ◆◆◆◆◆

SDMに関して最も重要なことは、おそらくそれがセラピストに指示的で構成的であることを奨励すると同時に、柔軟で感受性を持ち、養育的であることを要求することであろう。発達的に配列して目標を定めることと治療的調律との相互作用を通じて、セラピストは深い発達上の取り戻しと回復を促

進するような態度で EMDR の加速された情報処理の強力な効果を適用する機会を得ることができる。SDM の中心には調和した治療的関係があり、実際そのような関係がない限り、SDM を安全に使用することは不可能である。

　この調律と呼ばれるものは何だろうか？　調律または"情動的な調律"は、ある人間の内的な状態が他の人間の内的な状態と瞬間的に重なり合い、それぞれがお互いに相手の感じていることが"わかる"ことで成立する。このことが親と赤ちゃんとの間で生じることは既に観察されており、この赤ちゃんの状態を"わかっている"ことが、彼らの間でしっかりとした愛着を作ることは周知のことである（Ainsworth et al., 1978）。調律が生じると、関わり合っている双方の脳が"同時に調整"する（Hofer, 1984）。この同時に調整することが赤ちゃんの脳の"配線を接続"し、それによってさらに自己調整することが可能になる（Schore, 1994）。

　情動的な調律は親 ― 子関係においてとても必要なものであり、もしそれが欠けていると、愛着が妥協の産物となり、ばらばらになり、皮質の構造は最善の状態で発達しなくなる。虐待的で普通ではない環境に晒されている子どもたちは、普通ではない神経系の回路を構築しやすくなり、それに応じた行動化をしやすくなる（Joseph, 1992, 1996）。もし、情動統制と健康的な自己意識のための右脳の鋳型がより良く発達する機会を与えられなかったら、後に精神的な病理が生じる（Joseph, 1992, 1996; Schore, 1994）。虐待やトラウマという理由によって幼少時期の調律が欠如すると、脳内の扁桃体と海馬の機能が危うくなる（Joseph, 1996; van der Kolk, 1996）。

　心強い研究結果もあり、脳は"非常に柔軟性があり、ある個人の人生の数年や数ヶ月、数週間といった中で素晴らしい機能的な再構築を行うことができる"とある（Joseph, 1996, p.663）。また、眼窩前頭皮質（その神経生理学的なメカニズムが社会的関係、情動統制、そして自己の知識を統合する）は生涯を通じて柔軟であり続け、子ども時代を過ぎても発達可能であると示唆されている（Schore, 1996, 1997）。

　心理療法は強力な文脈を産出し、その中での調和の反復発生的な体験が、健康な心理的発達を促進する愛着の経験を生じさせるということが示唆され

ている（Siegel, 1999）。私たちが養育的で安全な関係を作り上げて発達に焦点を当てたセラピーを提供することは、発達に遅れのあるクライエントに対してはさらに発達した対象関係を育成することになる。言行が一致しており、信頼がおけ、約束を守り、時間に正確で、無条件に受容し、境界を守りながらも同時に暖かく、思いやりがあり、役に立つことができることで、私たちは信頼を教え、良い自我の境界のお手本を見せることになる。私たちがクライエントに対して"誠実"であり、感情の幅の手本を示し、そして感情を促進したりときには引き起こす時、私たちは感情に気づくことを教えたり、感情の発達を促進する肥沃な環境を持っているのである。私たちが激しい感情に対しても落ち着いた対応を見せ、どのように情動を表現したり述べるかを指導し、自己を落ち着かせる方法を教えることは、問題解決とコミュニケーションの戦略を教えるのと同様に、Allan Schoreが呼ぶところの"自我の起源のための土台"（Schore, 1994）である真の情動調整を促進していることになる。

　SDMは、調律された関係は治療的戦略が発達上の癒しを促進するために必要な背景であると示唆している。有能な親たちが昔から知っていたように、よく調律された養育的で戦略的な言葉遣い、ペーシング、および自我を使うことで、深い絆を作ることができ、成長と態度の変化を力強く支えるのである。実際、健康的な親子関係の中で見られるように、養育者の姿勢、顔の表情、声の音色、高さ、抑揚、大きさ、そして話す速度は、養育者とクライエントとの間のコミュニケーションのフィードバックの輪の中で敏感に調整され、クライエントはメッセージと音の響きで伝えられたメタ・メッセージの両方を聞いて吸収する。そしてそこに神経生理学的な修復と成長の可能性が存在するのである。これらの調律された体験は、情動調整を媒介する右脳組織へと入っていく。我々がこういった調律のための行動に従事することによって、肯定的で矯正されたアタッチメントが引き起こされることが多い。

　EMDRのセットの間に暖かい視線を交わすといった単純なことが、"知ってもらった"というクライエントの内的体験と、従って、自己の意識を深める可能性を持っている（我々の眼は、もし意図するなら、我々のクライエン

ト自身を反映する)。セラピストのボディランゲージや距離が近づくことに注意を向けたり、(適切な場所への) 接触は、脳の電気的活動などを含めたクライエントの内的体験に対し、重要な影響を与える (McCraty, Atkinson, Tomasion, & Tiller, 1998)。

　ボディランゲージや距離が近づくことや (適切な場所への) 接触は、クライエントとのペースを合わせるためにも使われるし、クライエントをリードするためにも使うことができる。例えば、もっと近寄ることや、"柔らかい"姿勢や穏やかな声やクライエントの手や肩など (適切な場所) への暖かい接触は、発達的に若いクライエントに対し、効果的に没頭させ、勇気や力を与える。クライエントが治療による成果をあげていくと、明らかになりつつある成熟性や能力についてのメタ・メッセージを送ることができるよう、セラピストは身体的な境界や声のトーンや顔の表情を調整できる。

　こういったタイプの調和とアタッチメントが発達的に並べられた情報処理モデルの中で生じることは、それに続いて生じる発達の発生反復と、心理的、神経生物学的に重要で密接な関係がある。クライエントは、さらに機能的で適応的な情報処理に向けて援助されるだけではなく、脳の可塑性を考慮すると、発達的に並べられた情報処理の間にセラピストから受けた養育的な調律が、クライエントの中の自己統制のための新しい右脳の鋳型や、自己の意識をも促進する。クライエントは新たに内在化された自己発生的構造を用いて——つまりセラピー開始時の "年齢" とは関係なく、健康的で独立した大人として——整理され、追いついて、自分で自分を管理する準備が整うのである。

◆◆◆◆◆ 生育歴の聴取とアセスメントの体裁 ◆◆◆◆◆

　調和した関係を築き上げていくのには、もちろん時間がかかる。それにもかかわらず、安全で敏感な環境を作ろうという我々の意思が効果的に伝わると、大体のクライエントとは比較的早く生育歴聴取とアセスメントの段階に移ることができる。実際、事実上全てのクライエントとの SDM のスタートは、包括的な生育歴の聴取からであり、それは大体初回のセッションでジェ

ノグラムを使って行われる。しかしながら、自我が激しく細分化されたり解離しやすい人や、ひどく自我が傷ついている人、ごく最近の喪失体験によって急性の喪の状態に入っている人などの場合は、最初に安定化させることが臨床的な自由裁量で必要とされることもある。一般的にはひとつのセッションは75分間で、可能であれば毎週行う。筆者自身は、McGoldrick and Gerson（1985; 図1.1を参照）らが記述したものに類似したジェノグラム作成用の体裁を使っている。戦略的発達療法のプロセスのさまざまな側面を紹介するために、戦略的でエリクソニアン的（催眠的）な言葉が使われる。筆者はクライエントにこのように伝えている。「今日は、ご一緒に生育歴を伺っていきます。これは、あなたが解消したいと思っている全ての問題に取り組めるような治療計画を立てるために、得られるだけの情報を得るものです。全員にお聞きしていることで、そのためには"詮索好きでお節介な質問"をしていきますが、そうやって得られる全ての情報は、あなたが下ろしたい（または癒されたい）と思っている問題の意味を理解する手助けをしてくれます。今日お聞きする質問の多くは、簡単にお答えいただいてけっこうですよ。ここでの治療の良い点は、一番辛いことは、実際にEMDRを使ってそれを治療するときにだけ詳しく話せばいいということですから。そうそう、EMDRについては、次回のセッションのときに詳しくお伝えさせていただきますね。そうしたらきっと、なぜ私たちが、今回あなたが持って来られた問題や症状の下地になっている体験をクリアにできるか、ということを深く理解して頂けると思います」。こういった説明の言葉は、いくつかの目的を達成するために注意深く準備されている。例えば、包括的な治癒が可能かもしれないという考えを蒔いたり*、セラピーの早い段階で深い個人的な情報を共有することは普通なんだと思わせたり、情報を共有している間、クライエントに生得的で予想可能な自己統制の能力が自分のものだと思わせたり、構造化された治療計画をあらかじめ示したり、そしてその体験と現在の機能している状態との間には、その原因

---

*原註：アメリカ心理学会（APA）は、クライエントに対して、特定の介入が成功するであろうと言わないように（たとえそれがEMDRのようなAPA公認の療法であっても）と述べている。

であり潜在的に割り込み可能な絆があることを提案する。

　次にあげる情報収集のプロセスは、家族のシステム、家族の力関係、そして大小のtのトラウマ体験などといった対象者の基本的な詳細から、過去の医学的な治療歴といった文脈上の情報までをスムースに、そして効果的に進むことができるような構造になっている。そして質問の一連の流れは、クライエントに、より大きな背景の中で自分自身の過去が展開していくのを目の当たりにすることを助け、その結果、彼らの最も深い問題や治療のゴールもまた心地よく打ち明けることができるようになるように意図されている。こういったことが達成されるために、一般的に以下のようなカテゴリーの質問が、大体後述されているような順番で、ジェノグラム作成のプロセスか最初の2、3回までのセッションの中で織り交ぜられて尋ねられる（クライエントや予約時間の長さを考えた際、いずれか適当な方で）。1人ひとりのクライエントに対し、どの質問をするかという選択とアセスメントのための質問を使う際には、臨床的な思慮分別が発揮されなければならない。ある特定のクライエントの集団に対し、以下のようなカテゴリーの質問で補うならば、そうしてもよいだろう。

Ⅰ．基本的で人口統計学的な詳細と構造

　クライエント個人の基本的で人口統計学的な詳細やその構造を、祖父母の代からクライエントの子ども（義理の子どもや養子も含む）の代までを記入する。こういった情報は、ジェノグラムを描くことで得ることができる（図1.1を参照）。

Ⅱ．家族システムと家族力動を尋ねる質問

　これらの質問は、中立的で関心を持って尋ねること。これらの質問は、世代間の関係のスタイルとパターンの意識をクライエントに導入する。質問が展開していくに従って、少しずつ、無理のないように焦点が祖父母からクラ

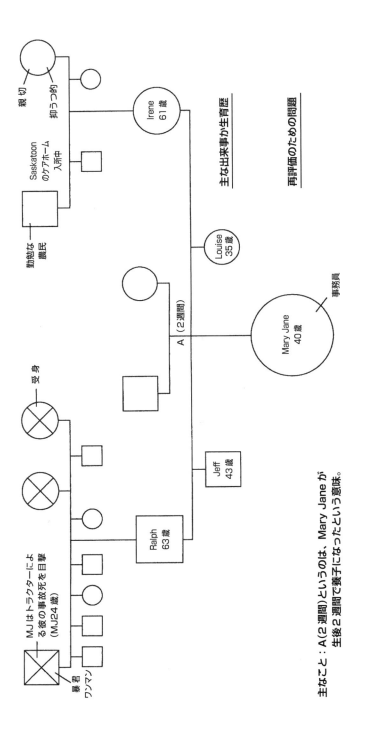

図1.1 Mary Jane のジェノグラム1

イエント本人へと狭められていく。そうすることで、クライエントは気楽に（すなわち、後ろめたさや責めの意識なしに）家族のパターンや、クライエントが大人としての生活や関係の中にまで引きずっている家族のパターンに対する反応について思い出すことができる。これらの質問の階層は以下の通りである（これらの質問の文言は、養子にされた、施設または親戚や義理の両親の元で育った、など、それぞれの子どもの経験に合わせて、当然修正を加えられるべきである）。

1. あなたのお父さんの家族について、どんなことを知っていますか？　お父さんは兄弟の何番目ですか？　その家族の中で育つことは、お父さんにとってどうだったのでしょうか？
2. お父さんのご両親の夫婦仲はどうでしたか？　彼らは子どもに対してどんな親だったか、ご存知ですか？　兄弟仲はどうでしたか？
3. そういうことが、お父さんをどんな人間にしたと思いますか？　自分の家族のどういう部分を取り込んだと思いますか？
4. 母親について同様の質問をする（もちろん、もし希望があればこれらの質問は母親に関することからはじめてもよい）。
5. もし必要なら、義理の母（たち）や義理の父（たち）について、同様の質問をする。
6. それでは、あなたのお父さん／義理のお父さんがそういう家庭で育ち、お母さん／義理のお母さんはそういう家庭で育って、完全に人格が形成された個人として、お二人はどのような結婚生活（場合によっては複数）を送られましたか？　ご両親のそれぞれの個別に身に付けた"こと"が、どのように相手に影響したのでしょう？（"完全に人格が形成された"という表現を使うのは、カップルのメンバーに、彼ら自身もまたお互いに異なった生育歴や問題を持っていることや、配偶者がまた持ち込んだ何らかの問題や生育歴や問題からは独立しているという意識を植えつけるためである。後に彼らは、それらの問題は自分だけが責任があるもので、配偶者の問題とは関係ないということに気づけるよう、援助される）

7. 彼らの関係は、時が経つにつれてどう変わりましたか？（子育てのいろいろな段階や家庭の経済状況で違っていたとか、ある特定の親戚の人の近くもしくは遠くに住んでいたときは違っていたとかはありますか？）
8. あなたのご両親が育った背景が、あなたや兄弟を育てる上でどのように影響していると思いますか？
9. あなたにとって、一番年上の子どもとして育つのはいかがでしたか？（真ん中？　年下？　双子？　唯一の女の子？　唯一の男の子？　１人っ子？　唯一の継子？　唯一の養子？　唯一の混血児？）
10. あなたとあなたの兄弟は、同じように育てられましたか？　もしくは違いはありましたか？　誰かが特に邪険にされたとか、贔屓（ひいき）されたとか？
11. 家族の中で、誰か１人だけいろいろな意味で不公平な負担を背負っていた人はいましたか？（"不公平な"という言葉を使うことで、あなたが正義に関する問題に対して敏感だということをクライエントが知ることになる）
12. そういったいろいろな体験が、どのようにして今現在のあなたを創り上げたと思いますか？　あなた自身は、自分の家族のどんな部分を取り入れたと思いますか？
13. そういったことが、どのようにしてあなたのパートナーの選択肢を作る手助けをしてくれたと思いますか？（友人？　仕事？　または人生においてパートナーや友人や仕事を得られない？）
14. そういったことの全てが、どのようにあなたの子育て方法を形作る手助けをしたと思いますか？（子どもを持つタイミングの遅さ／速さ？　子どもを生まないというあなたの決断？）
15. おそらくはっきりした自覚はないでしょうが、あなたの生育歴は自然に、あなたが個人として、またはご夫婦の片方として、あなた自身が現在生活している中のパターンや、習慣や、決断や態度に影響を与えています。あなたがもっと満足できるように生きるために自由になるには、あなたの生育歴のどの部分の癒しが必要なのかを判断するために、もう少し質問させてくださいね。

第 1 章　戦略的発達モデル

（愛着、情緒、怒り、ジェンダー、性、恋愛、または文化についての情報収集の手助けとなる、体系的に配置された任意の追加質問については、DeMaria, Weeks, & Hof, 1999 を参照のこと）

Ⅲ．成長を妨げるような体験

　クライエントが上記の質問に答えるうちに、自分たちの成長を妨げる体験を告白することがよくある。しかしながら、全てのそのような出来事が、確実にジェノグラムに同定されて記載されるために、臨床家は特定の質問をする必要があるかもしれない。

　この時点では、臨床家は笑顔で"ちょっとつっこんだ質問"と呼ばれる質問をすることに進んでも構わない。これらの質問の内容とタイミングには、臨床的な判断を使うこと。クライエントは、可能な部分には簡潔に答えられるように示されることが望ましい。

　"ちょっとつっこんだ質問"への一般的な導入は次のようになる。「素晴らしいですね。たくさん情報が集まったから、良い治療計画を立てないといけませんね。でもね、皆さんに対してお聞きしている"ちょっとつっこんだ質問"がもう少しだけあるんです。あなたが生き抜いてきた、ちょっとしんどいことや、あなたの家族に起こったことについての質問ですが、それに対しては、今日は本当に簡潔に答えて頂くだけで構いません。短い言葉や文章で答えて頂くだけで、将来癒されるためにジェノグラムに何を書き込めばいいのかがわかりますからね」。そして臨床家はどちらかというと実務的で、関心が強く、中立的な質問の口調を取り、同情的だが焦点を絞った態度で返答に対して応え、そうすることで、私たちは単に良くなるためのターゲットを確認しているだけですよ、私たちは健康的な孤立を維持できるんですよ、というメタ・メッセージを伝えているのである。セラピストのスタイルは、安全で養育的、そして最も重要なこととして、自己統制の手本となっていることが必要となる。クライエントは、確かに難しい題材でも手を付けられるということを経験でき、感情的に平静を保つというセラピストのお手本を真似し、徐々に内在化

されていく。難しい題材をきちんと統制しながら概観することの手本となり、これを教えることは、もっと強力で非言語的なこのようなメッセージをクライエントの中に植えつける。「EMDRを使ってこれらの問題にひとつひとつ取り組む際、あなたは既に、どのようにして自分を保っていられるかという経験をしていることになります。ただジェノグラムに関する質問の中だけで、あなたは自分のトラウマと一緒にいながら、同時にどのようにしてそこから距離を置くかということを両方学んでいるんです。あなたは自分自身の体験の報告者です。あなたがそこから解離したり、そこにハマってしまうことなく、安全だけど直接的な方法で、それに対して一緒にアプローチしていけるでしょう」。

　ある質問が深い情動的な反応を引き起こしたら、適切な慰めを与える。しかし、一般的なペースとしては、次にあげる質問項目を1回のセッションで聞き取れるぐらいである（例：「あなたにそんなことがあったということは、心から残念に思います。詳しいことは今お話にならなくても結構ですよ。そのことを治療する日に、もう少し伺いますからね（クライエントの腕をやさしく叩いたり、ティッシュを渡しながら）。今お話頂いたことをジェノグラムに書かせてくださいね。そうしたら次の質問に進みましょう。よろしいですか？ありがとうございます。何が治療される必要があるのかということを確認する作業に一緒に頑張ってくださっていることを、心から感謝しています」）。

　質問の中身は、以下を含んでもいいし、これらだけに限られてもいない。

- 身体的、性的、または情動的虐待などのドメスティックバイオレンスの目撃、または被害体験について
- 家族または養育者のアルコール、または薬物の問題について
- ネグレクト／養育放棄または遺棄、別離（逮捕、里親による養育、養子縁組、入院）について
- 別居または離婚、トラウマ的な喪失、身代わり、重篤な事故または怪我について
- 医療の状態または手術について
- 妊娠に関するトラウマ（祖母、母、もし関連があるなら姉妹、または自分

自身の）多胎出産、中絶、流産、乳児突然死症候群（SIDS）、不妊、または出生時欠損について
- 時期はずれの引越しまたは失業、移住について
- 投獄／拘置／監禁、災害（洪水、火事など）、犯罪の被害または目撃体験について
- 同僚または学校のトラウマ、学習の障害について
- 宗教的トラウマまたは虐待について

　虐待や暴力的な関係は、加害者から被害者に向いた矢印という形でジェノグラムに描く。虐待の種類（身体的、情緒的、言葉による、または性的）、トラウマが起こった時点（複数回ならそれぞれの）でのクライエントの大体の年齢、そして虐待の大体の頻度などを矢印の側に記載する（図1.2を参照）。この段階で得られたその他の情報は、ジェノグラムのクライエントの側に書くか、それに関わった主たる人物の側に書くか、または別のリストかジェノグラムの別の部分に"主な出来事"として書いてもよい。

Ⅳ．文脈上の情報

　文脈上の情報として集められるものには、以下のようなものが含まれる。

- 今回の問題と関連した治療歴
- 過去のセラピー歴
- 薬物歴と現在での使用の仕方
- 過去の服薬歴と現在の服薬状況、それには栄養面のサプリメント、ハーブ類、ビタミンなどが含まれる。
- 栄養状態（特に、気分障害のクライエントと摂食障害のクライエントには重要だが、身体的な問題やボディイメージの問題を呈するクライエントにも重要）

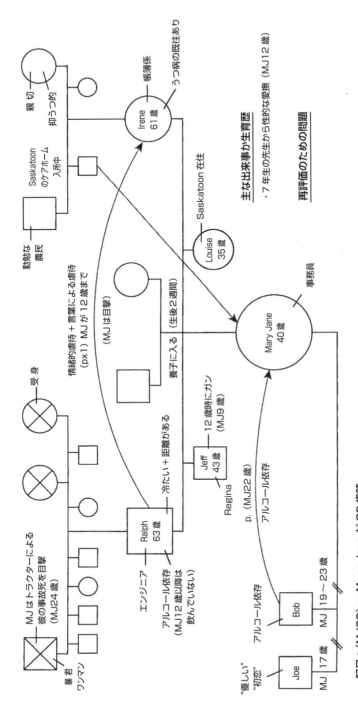

図1.2 Mary Janeのジェノグラム2

こういった情報は、ジェノグラムに書き込むには長過ぎることが多いので、多くの場合別紙に記載される。そうすると、毎回のセッションの際に机の上に広げられてクライエントとセラピストに言及されるジェノグラムは、クライエントの機能している状態に影響を与えるいろいろな情報の完全なサマリーになる。

V．その他、同様に必要な臨床的アセスメント

　薬物の問題、性的依存、摂食障害、解離の傾向、怒りのマネージメントの問題、抑うつ、そして激しい境界性人格障害などの特定の主訴を徹底的に理解するためにはどの程度のアセスメントが必要か、を判断するためには、臨床的な判断と慎重さを働かせること。クライエントとSDMのその他の段階やプロセスに進む前に、周囲の人の安全を保障するのに十分な包括的な情報を得ること。これに関連して、記憶の処理が開始できる前に、クライエントの安全の因子も必ず評価されなくてはならない。クライエントが治療の過程で安定していられることを保証するためには、社会的なサポートがほどよくあり、身体的にも適度に健康で、適度に強い自我を持っていなくてはならない（Shapiro, 1995, 第4章を参照）。

　包括的な生育歴の情報がかなり集められ、クライエントの安全（そして当てはまる場合には、周囲のリスク）も確保されたら、記憶の処理の準備としてEMDRのターゲットを同定して、優先順位をつけることができる（自我が傷ついていたり、抵抗を示したり、用心深かったり、不安が強かったり、義務的なクライエントとのターゲットの優先順位のつけ方に関しては、本章の後半で述べる追加ガイドラインを参照）。しかしながら、SDMのターゲットの設定と治療段階に話を進める前に、SDMの戦略的な用語についてじっくり目を向けてみよう。

◆◆◆◆◆ 戦略的なエリクソニアン（催眠的）用語 ◆◆◆◆◆

　SDMの全ての段階を通じて、クライエントをリラックスさせ、気持ち良く打ち明け話ができることを促し、協力と信用を育み、自分に本来備わっている治癒の能力をクライエントに深めてもらうために、少なくとも7つのきわめて重要な言葉上の戦略がとられている。戦略的な言葉遣いがなければ、年代順発達の清掃プロセスの構造や素早いペーシングは、過度に支配的に感じられるであろうし、場合によっては怖いと感じられることもあるだろう。戦略的な言葉遣いの主要なタイプは、すっかり元気になるということや問題がきれいに解決するという期待の直接的な種蒔きや、ほとんど全ての物事が良くなるという目標に向かっているというリフレーミング、クライエントが持ってくるものを全て利用すること（Erikson & Rossi, 1989; Haley, 1993)、クライエントの体験と感情全ての正常化、問題から注意を逸らして治療することに焦点を再び向けること、自信に満ちた祝福の言葉を使うこと、そして、セラピーについて具体的に、明確に、その段階には限りがあるというように表現すること、などである。こういったSDMの戦略は、自然な変化の可能性とその近さについてクライエントを前向きに発奮させるように言葉を使う。そうすることで、意識的、無意識的な彼らの資源は急速に治癒のプロセスを促進するために結集される。こうなると、セラピストの仕事がずっとやりやすくなるのだ！

　1つ目の主要な言語的戦略である広範囲な治癒を期待する直接的な種蒔き** は、期待感を作り出し、興味をそそるような言葉を遣うという手段によって達成される。例えばターゲット地図の作成段階では、臨床家は「それじゃあ、私たちが物事を解消する順番を決めましょう」「虐待の問題について扱うことが終わったら、次は……」「自分自身がどんな肯定的な変化を見つけたか、に気づくのは楽しいですよ」などと言うことができる。セラピーのさまざまな時点で臨床家は「あなたがそれらの感情を処分（または下ろす、気づく）

** 原註：APAの規則には、"病気が治る"という契約をしてはいけないと書かれてあることを意識しておくことを繰り返し述べておく。

したら、それらは縮小する……」「あなたの治療がもう少しで達成されるとき……」というコメントを編み込んでもよい。これらの言葉は、セラピーがある程度は予測可能な段階を進むことが期待されることや、進展が確実なこと、成果は協同プロセスの結果であること、そしてプロセスは最終地点に向けて進むだろうということについて、治療初期に送られる強力なメッセージになる。

　2つ目の主要な言語的な戦略は、ほとんど全てのものが治癒というゴールにとって役立つものだというようにリフレームすることである。例えば、恐怖に満ちた反応や深い情動が出た場合には、それらは安心させるようなタッチやジェスチャーで思いやり深く迎えられ、そしてそれらは多くの場合"あなたのものやあなたの体験はすぐに理解しやすいですね。これらの感情は、治癒に向けて真っ直ぐに私たちを動かしてくれます"、という指針になる。少し間をおいて（そして場合によってはもう少し落ち着いてから）、セラピストが次のように言うことは、リフレームをさらに進めるための踏み台になる。「もう少し進んで、他のどんなことが下ろせるかどうか、見てみましょうかね？」。このようなリフレーミング（これは慎重になされなくてはならない）に直面すると、クライエントは多くの場合、自分自身の激しい感情の状態に対して新しい意味付けをし、さらにはそれに対する恐怖は減る。そして情動調整がこのようにして促進されることで、発達的にも"追いつき"、クライエントは心理的に年齢を重ねることができるのである。その他にもリフレーミングはSDMの中で抵抗を扱うことにも使われる。例えば、抵抗を示しているクライエントがすごく離れて座った場合、セラピストは「あなたの好みを私に伝えるのが上手になりそうでよかったです」というようにコメントする。もちろん、リフレーミングはクライエントの症状に付随させている意味を変えるために使うこともできる（しかし、それを使うにはタイミングを見計らい、繊細でなければならない。例：「あなたの身体は、全ての恐怖と無力感を自分の消化器系の中に溜め込んでしまうことを選んだのですね！　もちろん、そこ以外には入れるところがなかったからでしょう！　これで潰瘍（または酸逆流、または過敏性大腸炎）の意味がわかりました！」）。リフレーミング

はまた、クライエントが自分の全人生に対する意味付けを変えることもできる。Wolinsky（1991）は"生活の中にあるトランス"と呼んでいる。よく組み立てられたリフレームはクライエントの生活の中にあるトランスを完全にシフトすることができる。例えば、「なるほど、あなたはそういった出来事があなたの家族に起こっている間中、ずっと戦士であり続けたんですね。あなたがいかに抵抗し、絶対にあきらめないために自分のエネルギーを使ってきたのかをお聞きしていると、畏敬の念を抱きます！」。

　3つ目の言語的な戦略であるユーティライゼーションは、催眠の伝説的人物であるMilton Erickson（1980）の業績から借用されたものである。彼は、セラピストがクライエントを誘導できるようになる前に、クライエントと調子を合わせないといけないということを指摘した。ユーティライゼーションは、その間中彼らの言葉で話をしながらも、クライエントを新しい結末へと導くために、クライエントの物事の見方、態度、恐怖や抵抗などを器用に、間接的に把握することを必要とする。ユーティライゼーションは、クライエントから提供される意識的、無意識的、両方の材料を利用する。そのためには、クライエントの中のペーシング、安全、そして構造に対する意識的、無意識的なニーズを明らかにする態度とセラピストが調和することが必要になる。例えばクライエントがセラピーにやってきて、長く、関係のない話をして無意識のうちに治療を遅らせたとする。セラピストはクライエントを再び誘導し直したり、クライエントが何を言いたいのかを尋ねたり、避けたりするよりも、話全体または話のポイントを踏み台としたり、つなげたり、橋渡しにしたり、枠組みとして治療的焦点となる部分に近づくように試みる。逆に、セラピストの方からクライエントに話をすることもある。それは非常に巧妙に行われるので、クライエントには"シフト"が起きたことは知覚されない。セラピストは一般的には非常に深いリラックスをもたらしたり"催眠的"な言葉や声の調子や速さで行うため、クライエントの注意は徐々に細くなったり"範囲が狭まり"、そのためにシフトを認めることなく、治療的なやり方に没頭していくのである。臨床的な催眠のトレーニングを受けてない多くの臨床家でも、ユーティライゼーションの自然な才能を持っている。し

かしながら、ユーティライゼーションが催眠の技術ということを考慮すると、それを SDM の中で実行したいと望む人は、エリクソニアン催眠のトレーニングを受けることが近道になるかもしれない。

　４つ目の言語的な戦略は、クライエントの経験と感情を正常化することである。例えば、「私たちがいろいろな難しい問題がある家族の出身の場合……」というように、"私たち"という言葉遣いをすることである。同様に、それが誰だか特定できないようにしながら他のクライエントの似たような経験や、考えや、感情を頻繁に口にすることもそうである（それはまるでその場にいないのに集団療法を受けているような感じ）。しかし、自己愛的なクライエントに対するときは別だ。そして可能ならば、それらを今にも起こりそうな治癒に結びつけることによって、それらの正常化の言葉の効果を最大限にしたり"倍増"させる。例えば、「ところで、最近一緒に治療を行った女性なんですけどね、そういった問題について治療される最終段階にいたときに、全く同様の感情に気づいてましたよ」というように。

　SDM の５つ目の言語的戦略は、クライエントに伝えられる深くほのめかされた前提から成っている。それがどれだけ深く埋もれていても、いかに未熟であっても、または全く気づかれていなくても、クライエントには人生をうまく生きていくために必要な全ての肯定的な内的資源があるということである。それは文句の多いクライエントであれ、重篤な複雑性の問題を抱えるクライエントであっても同様である。従ってセラピーの焦点は、主としてそれらの資源にアクセスすることを邪魔してきた発達上の妨害物やトラウマとなっている体験を治療することである。自我が非常にばらばらになっているクライエントや自我が傷ついているクライエントを扱っている場合を除いて、肯定的なリソースそのものは多くの場合、セラピーの初期には植えつけられることはない。なぜなら、それに対する無意識的メッセージ、またはメタ・メッセージは、クライエントにはそれが欠けていたということになるからである。むしろ、クライエントはこのような話をされる。「私たちがセラピーの第２段階に到達したら（細かい調律）、あなたが持っているスキルの中でどれが強化される必要があるのか、ということや"追加の"新しいスキルが必要

なのか、ということが明らかになります。そうしたらその時点で、単にそれを創り上げればいいんです」。この戦略の逆説的な効果とは、初期には多くのクライエントが、自分たちが持っていたことを知らなかった内的資源を当然のことと思いはじめ、セラピーを通じてそれらを着々と表しはじめていくことである。もちろん、EMDRのターゲット選定の前や選定の最中に、どのクライエントには安定化のための資源の植えつけの作業が必要かを判断するためには、臨床的な思慮分別を使わなくてはならない。SDMが問題から焦点を逸らすもうひとつの方法は、症状について述べる際には、それから距離を置き、過去形の口調で語るという戦略的言葉遣いを繰り返し使用することである。このようにすることで、クライエントの症状に対する愛着の"所有意識"を下げやすく、病気や症状の限界や範囲の外側で、"自己"が新たに定義され（そして徐々に体験され）ることが可能になる。例えば、臨床家は"あなたの"線維筋痛症状ではなく、"その"線維筋痛症状と呼び、そして現在の症状のことを言うときでも徐々に過去形にシフトしていくことなどである（例：「あなたが最初にここを訪れたときに話してくれたうつ状態」）。

　6つ目の言語的な戦略は、肯定的な希望のセットを促進するために、確信に満ちたおめでたい言葉を賢く使用することである。思慮分別が使われなければならないのは言うまでもなく、それによって現実的な希望のみを育むことになる。世界中でいかにして、EMDRがクライエントの問題と似たような問題に対して適用され、成果をあげているかということや、臨床家が今まで一緒に治療を進めてきたクライエント達がどのようにして彼らの問題を乗り越えたり治療されたかということの情報を匿名で分かち合うことなどはクライエントにとって参考になる。あなたの専門分野を明確にするのもクライエントにとって役立つことである。しかしながら、それと同時に、治療をゆっくり進める必要のあるクライエントや相手を喜ばせようとするクライエントは、暗に含まれた要求を知覚しないので、彼らを守るためには臨床的な判断を使わなければならない。こういったクライエントのためには状況に応じて言葉遣いを調節して、これらの肯定的な文章から彼らの達成度に対する期待が解釈されることはないように保証する必要もあるかもしれない。例え

ば、「そして、今まで担当させていただいたクライエントさんたちが、それぞれのスピードで快方に向かうのを見るのは私にとってすごくうれしいことなんですよ」などと優しくコメントするのは役立つことかもしれない。こうすると、無意識的に、このメッセージの中でどの部分を最も重要だとして記憶するかを選べるようになる。

7つ目の主要な言語的な戦略は、セラピーについての間接的または直接的な認識、すなわち明確で大体予想のつく作業の段階（発達的ベースラインから中核的なターゲット設定、さらに続いて再評価と"細かい調律"）と、大体において予想できる進展と、肯定的な成果などを伴うものだということ、を持つ準備を含んでいる。段階志向で進歩的な治療的モデルの構造は、治癒が必然であるという感じを深めがちで、それは"細かい調律"の段階に到達するのに必要な作業にむけて集中し、それにかかりきりにさせる。クライエントたちは、セラピーとは、成果を生み出す限定されたプロセスであり、そのプロセスは、治療的トランスの状態を維持して意識的・無意識的の両方のリソースにいつでもアクセスできる視点、という効果を経験できる感覚である。

要約すると、SDMの7つの言語的な戦略を組み合わせて使った場合、それはクライエントが発達上のターゲッティング過程の指示的な構造を、傷つきやすくて敏感で、共感的で、急速に力を与えてくれるものだと経験することを保証するということである。

◆◆◆◆◆ ターゲットのリストの作成 ◆◆◆◆◆

基本的な人口統計学的情報、家族 ― 関係性 ― トラウマ ― 医学的な情報が得られた後は、全ての主要なEMDRのターゲットはジェノグラムの中に、それが起こった時系列、発達的な順に順番を付けられる（ジェノグラムの脇に記載されている家族とは関係のないEMDRのターゲットも含まれる）（図1.3を参照）。これが"発達的ベースライン"になる。私はクライエントに対し、大体の場合セラピーの第一段階は、"中核の"出来事の除去だと説明し

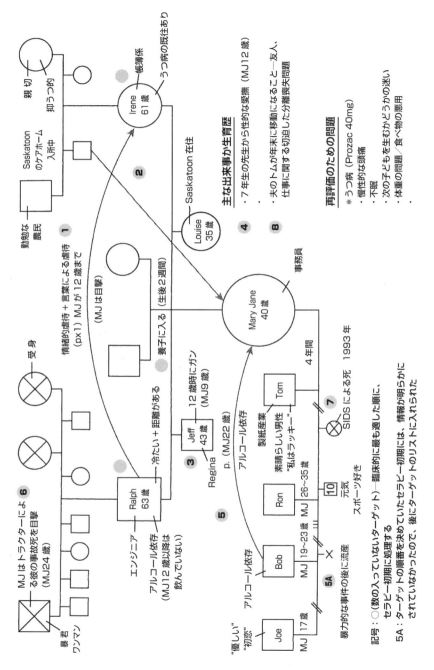

図 1.3 処理の順序

ている。この出来事は、微妙にもしくは明白に、クライエントが問題に対処できるというリソースを損なわせ、そのためにその後に起こった否定的な体験やトラウマや病気に対して脆弱にさせたのだ。そしてさらに、これらの核のターゲットが除去されるにつれ、他の現在の問題や症状が小さくなっていったり消え去ったりすることに気づくかもしれないとも説明している。確かに、クライエントの現在の症候学／総体的症状（徴候）の多くや、そして伝統的には"ターゲット"として考えられるもののうちのいくつかですら、再評価のための問題リストに載るのである。第一段階の終了時に、私はこのように説明している。「再評価リストにどれだけ残っているか、確認しましょうね。そして、残っているものに合わせて、少し細かい調律をしましょう」。

◆◆◆◆◆ 再評価リスト ◆◆◆◆◆

　SDMのアセスメントのプロセスは、主として潜在的なターゲットの比較的包括的なリストに終わることが多い。しかしながら、いったん発達的なターゲットとトラウマのターゲットが正式に同定されて順番付けられると、クライエントは解決したいと思うようなことは、さらに広い情報を求めたり、困難な全ての症状や現在の問題、それがたとえあまりに些細に思えても、あまりに長期に渡っていても、あまりに大きいと思えても、またはあまりに取り組むのが恥ずかしいと思えても、見つけることを奨励される。これは多くの場合、こういった言葉掛けによって行われる。「今からあなたとリストを作りたいと思います。それは、あなたの人生から消えてほしいとか、もっと上手く機能していたらいいなと望むようなことのリストです。効果的なセラピーは、多くの場合、あなたが諦めてしまったり恥ずかしく感じている数々の特色や状態を縮小したり壊滅させることができます。そうすることは、あなたが医学的な介入でしか変えられないと信じている、いくつかの身体的な病気に対して大きな変化をもたらすこともあります。それは習慣や、行動のパターンや、関係のパターンを変えることを手伝ってくれます。このリストに何を付け加えたいか、考えてみてください。あなたの中核的なターゲットの処理が終了した

ら、このリストを一緒に眺めて、何が縮小したかや壊滅したかを見てみましょう。そしてどれだけ時間が残っているかにもよりますが、物事を可能な限りベストな状態に持っていけるように、少し細かい調律をしましょうか。さあ、このリストに何を加えたいですか？」。

　クライエントが、セラピーの初期に処理される必要のある、ごく最近のトラウマを主訴としてあげているのでなければ、クライエントとセラピストで発見した最も重要な臨床的問題やその次に重要な臨床的問題のほとんどは、再評価リストに載せてもよい可能性がある。そのほとんどは、発達的ベースラインの中核的なターゲットが片付くまで、手を付けずに残しておくのが最善である。最近の大きなトラウマでさえ、再評価リストに載せたほうがいいこともある。なぜなら、人によってはそれらが古い題材によって"固定"されていないために簡単に、素早く片付くことがあるからである。しかしながら、どの問題を再評価リストに載せるかを決める際には、臨床的な判断が用いられなければならない。治療計画の構造は、個々のクライエントの安心と安定に対するニーズに、常に必ず合ったものでなくてはならない。なおその上、再評価リストに載っている問題と症状を監視する頻度については、臨床的な思慮分別が求められる。安全と安定を確実にするためには、問題や症状のいくつかは中核的な発達的ベースラインのターゲティングと同様の注意を必要とするものもあるかもしれない。

　再評価リストによく載っている典型的な症状には以下のようなものがあるが、これらに限られてはいない。

- 不安
- 自信のなさ
- 怒りと怒りのマネージメントに関連した問題（他者に対する激しさやリスクにより）
- 歯ぎしり（しかし、歯科医による観察もしたほうがいい）
- 普通の抑うつ状態程度の元気のなさから、医学的な診断を受け、必要に応じて服薬によって支えられている場合、さらに、重篤なうつ病のほとんど

の症状まで
- 決断をなかなか下せない／優柔不断さ
- 自己評価／セルフエスティームの低さ
- 親しさや信用についての問題
- 頭痛や偏頭痛（医学的な診断を受けているという条件で）
- 肌の状態：にきび、湿疹、じんましん（一方で、クライエントは日常的に必要な脂肪酸やアマ、サクラソウ、ルリヂシャ、そして魚油などのオメガ3と6の油分を含む健康的な食生活を送っているということは確実にしておくこと）
- アレルギー
- 遅延／ぐずぐずすること
- 睡眠の問題（不眠、悪夢、数種類の夢遊病）（適切ならば、医学的な観察をすること）
- 体重とボディイメージ（一方で、血中の糖分のバランスを取り、認知と気分の機能のための神経伝達物質を維持するために、クライエントがタンパク質、複合炭水化物、新鮮な果物や野菜、必要な脂肪酸と水分を含む食生活を送っていることは確実にしておくこと）

　典型的に主訴としてあげられる重大な問題の多くは、再評価リストによく載せられる（医学的な性質を持つものは、医学的に診断がついており、その問題は早急に配慮しなくてもよいという条件で）。以下のようなものが含まれるが、これらに限られてはいない。

- 慢性的な疲労
- 線維筋痛症
- 重篤な抑うつ、急性の抑うつ、もしくは慢性的な抑うつ
- 女性の性的機能不全
  - 性交疼痛症（性交時の痛み、しばしば不十分な膣液と関係している）
  - 膣痙（性交時の痛み、しばしば膣が硬く締まっていることに関係してい

    - 外陰部の膣前庭炎（圧痛、痛み、赤み、しばしばそれによって性交が妨げられる）
    - 慢性の外陰病変（慢性的な外陰部のほてり、刺すような痛み、炎症、またはすりむけ）
- 男性の性的不能：早漏、性的不能
- 結婚生活上の問題、または人間関係の問題
- 強迫症状
- パニック
- 恐怖症
- 性的依存（ポルノグラフィーの慢性的な利用、慢性的な自慰、売春婦漁り、1-900 sex lines［訳注：テレフォンセックス用の番号。情報料がかかる］の利用、卑猥なショーに通うこと、インターネットからポルノ画像をダウンロードすることなどを含む）（これらのことは他人へのリスクの問題があるため、注意深く、そしてしばしばチェックされなければならず、再発予防［Marlatt & Gordon, 1980］といった認知行動的な介入を並行して行うことが必要な場合もあるかもしれない。ケースによって可能であれば、専門の治療プログラムは最善の選択肢であるし、もしくはEMDR治療に加えるものとしても最適かもしれない）
- 薬物の乱用（これもまた注意深く評価され、頻繁にチェックされる必要がある。そしてDeTURモデル［第7章を参照］や再発予防といったEMDRの依存症のプロトコルを使って並行的に処理されることが必要かもしれない）

　クライエントが、援助を受けながら前述したような再評価のための問題を確認したりリストアップするうちに、自分の人生において可能と思える変化の範囲に対する知覚がシフトすることがよくある。このプロセスを通じて、クライエントの中には（たとえその人が議論が多かったり義務的な人でも）、しばしば自分が抱えてきた恥ずかしい秘密（例：フェティシズム、貯蔵や慢

性的な自慰などの強迫的な行為、または近親相姦をしたこと、など）をはじめて暴露することがある。治療や問題の解決に対する期待（まさに、その切迫性や必然性）が、最初の数回のセッションを通じて強化されるにつれ、クライエントたちはセラピーのことを、徹底的な大掃除の機会とみなしはじめ、自分たち自身ではじめにリファーされた際の不満よりも焦点を拡大しはじめるのである（多くの場合、これが初回のセッションにおいて、クライエントの無意識の協力が得られたという最初の確実な証拠である。言い換えると、彼らが治療的トランスに入ったということである）。

◆◆◆◆◆ ターゲット設定における柔軟性 ◆◆◆◆◆

既に述べたように、年代順に並べられ同定された発達的ターゲットが、セラピストが取り組む発達的ベースラインである。通常、ターゲットはクライエントの人生においてそれが起こった順に処理されていくが、その並び順は、発達的に追いつくこと、抵抗を最小限にすること、安全性、そして効率性といった4つの等しく重要な優先事項を考慮に入れるために、多少順番が調整されても構わない。

発達的ベースラインから逸脱した場合には、その人の治療計画はその人のニーズに対して非常に敏感で、細かいところに配慮できることを保証する必要があるかもしれない。例えば、最近トラウマを体験した人たち（例えばこの2ヶ月の間）は、早急にそのトラウマを処理する必要がよくある。義務的で、抵抗を示しているクライエントたち（仮釈放者たちなど）、または自我が弱いクライエントたちは、最初に主観的障害単位尺度（SUDS）のターゲットの中で小さく、低いものを処理して安心感を得たほうがいい場合もある。思春期のクライエントに関しては、抵抗を回避し、有能感や健康的なコントロール感を高めるために、最初にターゲットにする順番を決める機会を彼らに与える必要があるかもしれない。私自身は、時々思春期のクライエントと一緒に"洗濯物リスト"（言い換えれば、ターゲットリスト）を下書きし、「周りからうるさく言われたくないと思っていることを載せようよ」と提案してい

る。

　クライエントに合わせて治療のペースと度合いを仕立てるためには、発達的ベースラインからの逸脱を余儀なくさせる時もあるが、そうして逸脱した後には大体ベースラインのターゲティング（例：年代順に、発達的に連続しているターゲット）に戻ってくる。このことによって、クライエントの協力と治療効果を最大限にする明快さ、方向性、構造、予測性、そして安全性を維持するのである。どんな場合でも、安全に対するクライエントのニーズを満たすために、臨床的な思慮分別が発揮されなければならない。SDMはまるでクッキー用の型のようにどれも同じように実行されてはならない。クライエントを治癒へと安全に導くためには、セラピストには幅広いアセスメントと介入のスキルが必要であり、SDMの発達的で年代順のプロセスは臨床的判断の代用品ではない。安定化の後、もし必要ならごく最近のトラウマのターゲットを決め、安心して行うためにターゲットはSUDSが低いものにして処理した後は、標準プロトコルを使って幼少時期のトラウマや家族が原因の体験をターゲットとして扱っていく。可能であれば、クライエントが体験した親との関係（場合によっては複数）だけではなく、時が経つにつれてのそれぞれの親との関係をターゲットとして扱うことが望ましい。家族とは、個人の性格が形成される"るつぼ"だと表現してもよいだろう。自分の家族との関係の体験が、いかに自分の大人としての人生において決して最適とは言えない人間関係、コミュニケーションの取り方、そして対処の方法（病気を含め）のスタイルの土台を作ったかということに、クライエントは必ずしも気づいているわけではないことはよくある。家族の中の誰かに結びついた明らかなトラウマがない限り、人はこれらの家族との関係が臨床的に注意を向ける必要があるものだと認識しないかもしれない。これらのターゲットを設定し確認するのは、EMDRを使うことで効率よく行われる。それ以降に否定的な激しいものが何も出てこなければ、セラピストとクライエントはその他に確認されているターゲットに進むことができるからである。

　最初に児童期中期のターゲット（大体4～11歳と定義されている）が処理されるのが一般的である。この時期の、記憶に残っていて同定されているト

ラウマや、それと同様に、家族が原因で、関係が具体的で明白な否定的記憶がターゲットとなる。セラピーのこの時点において、これらのターゲットが消失したり、可能な限り低くなったなら、セラピストは、まだ言語習得以前や児童期早期に起こった、疑わしいターゲット、同定されたターゲットをチェックしたり処理してもよいかもしれない。これらのターゲットは、児童期中期や後期の問題が完全に解決する前にクリアにされなければならないことが多い。それらは、起こった順番通りには処理されない。その理由はただ単に、非言語的で断片的な児童期早期のターゲットは、多くの場合深い身体的な処理と強力な情緒を必要とするが、標準的なEMDRの処理を象徴する認知的または左脳処理は、少ししか必要としないということからである。このようなタイプの児童期早期のターゲットでは、クライエントは非常に幼い自我状態の影響を受けている。場合によると、彼らは非常に傷つきやすくなっているかもしれないし、最悪の場合は自分のニーズを言葉にすることすらできないかもしれない。人生早期の非言語的で断片的な記憶は、児童期中期のターゲットが解釈された後にのみ、処理される。こうするとクライエントは既にEMDRの基礎を持っていることになるので、安全に準備が整うのである。この順番で処理を行うことで、セラピストはクライエントの処理のスタイルの真の意味をわかることができ、それに内含されている背景でクライエントの反応を評価することができるのである。これらのタイプの記憶を処理する際のガイドラインは、この章の付録の"第一次処理(First Order Processing)"に載っている。

　児童期中期のターゲットが扱われた後に、臨床家とクライエントが人生早期のターゲットのチェックを行う必要がないと判断した場合は、同定されたトラウマと家族が原因の関係を含めた思春期のターゲットへと進み、それから成人期のターゲットへと進んでよい。場合によっては、思春期や成人期の記憶をターゲットとすることで、人生早期のターゲットに焦点を当てる必要性がより明らかになることもある(例:思春期や成人期のターゲットのSUDSが0や1にまで下がりきらない場合、それらは人生早期の題材によって"繋ぎ止められている"のかもしれない)。しかしながら、思春期や成人

期のターゲットに進む前に人生早期のターゲットを扱う方が賢明かどうかを判断する手助けとなる、信頼性の高い手がかりがいくつかある。慢性的で、漠然としていて、未分化の身体的な不平不満や、自己調整に関係する問題（怒りや激怒の問題、依存症、激しい慢性的なうつ病）、または人との親密さや信頼の問題などを出してくるクライエントはしばしば、発達上の妨害が特徴になっていることが多い（成人期に至るまでの全てのライフステージの発達障害の特徴の詳しいリストは Clarke and Dawson［1998］を参照）。これらの問題は"愛着の傷"、もしくは右前頭皮質と辺縁系のシステムの神経の配線の欠損といわれるものによって実証され、それは乳児期や児童期早期の親子の絆の形成の中断や妥協の結果、生じたものである。

　愛着の傷という証拠が存在する場合には、臨床家は用心深く先に進むべきだということを強調しておく。重篤な愛着の傷は、自己愛、境界例、反社会的、そして解離性人格障害を含めた人格障害の存在の手がかりになるかもしれない。これらの障害は、一般的に長期間の治療が必要とされ、セラピストには高いレベルの技術と知識が要求される。こういった障害を持つ人の治療計画の中で EMDR を用いるのは適切な場合と適切でない場合があるので、臨床家は適切なコンサルテーションを受けるべきである。

　発達重視のターゲット設定は、段階重視と概念化されているが、実際のところは根本的なプロセスのひとつであり、臨床家は明らかになってくる題材に導かれる心構えをしておくべきである。クライエントが治療的なプロセスと治療的な関係の中に確固たる土台を持っていて自我の準備ができているならば、全ての児童期中期のターゲットが取り組まれていなくても、そこに明らかになってきた児童期早期の断片的な題材に沿って進むのが賢明かもしれない。同様に、クライエントが少し先に進んで、明らかになりつつある母親や父親との後年の体験についての処理を終えてから、発達的ベースラインのターゲット設定へと戻ってくることが必要なこともある。重要なのはまず、クライエントは自我の準備ができていないかもしれないから、多数のオープンになっていたがまだ処理されていないターゲットを避けることであり、そしてまた、クライエントが自分の体験を、いくぶん順序立てられたやり方で

ターゲットにすることで過去を仕上げるという感覚へ導く機会を提供することである。

　児童期と思春期のターゲット設定は、短期の処理で終わる場合もあるし、長期にわたる場合もある。それは、取り組まなければならない重要な兄弟関係の問題の有無や、調べなければならない仲間、学校、拡大家族に関するターゲットが複数存在するかどうかによって異なる。クライエントが、自分が経済的に出せる範囲内でのほどよい時間とペースで自分が確実に前に進んでいるという意識を持つことは非常に大切なので、そのための臨床的判断力は必要である。仲間、学校、拡大家族に関するターゲットのうちのいくつかは、可能な限り効率よくするためにまとめられても構わない（例：あなたの姉妹との間で起こった最悪の経験、中学時代の最も冷酷な同級生、あなたのおじさんたちの中で一番性的に不適切な人）。こういったタイプのターゲット化は、それに関連したターゲットにも治療効果をもたらすことができる。それが及ばない場合は、このように幼児期や思春期の中から目標設定を選ぶことで、限られている時間と予算の範囲内でクライエントがその先に進み、後に必要となるターゲットに対してほどよい進展を得るのに十分な発達の準備を整えることに貢献するのである。

◆◆◆◆◆　目標設定のオプションと戦略的方法　◆◆◆◆◆

　安全に、そして効果的に、発達重視の治療の課題と複雑さに立ち向かうために、SDM は臨床家の役目として柔軟性と臨床的な深みを持つことを要求する。筆者は、人生早期の非言語的で断片的、または記憶に残っていない体験にアクセスし、安全にそれを処理するために第一次処理を開発した。SDM を使うと、自我の準備性がさまざまなレベルにあるクライエントたちにとって、選択的に目標を設定できるようになる。

　人生早期の、非言語的な、または断片的な題材に取り組む準備をしている際、臨床家が記憶の発達についての基本的な知識を持っていることは不可欠である。クライエントが、自分の人生において最も重要な出来事のいくつか

についての記憶を全く持っていないかもしれないということを理解しておくことは重要である。例えば、ある人はある情動的にトラウマとなる体験について、全部または部分的に抑圧（または解離）した記憶を持っているかもしれないし、記憶を失っている（まず右脳に記録された非言語的な記憶）と言うかもしれない。記憶喪失は、少なくとも2つの理由で起こることがある。

1. 子ども時代の健全な記憶喪失というのは、6歳から10歳までの子どもでは、脳内の脳梁が完全に発達しておらず、大人に比べて右と左の脳半球がそれぞれ独立して機能しているという事実から生じる。その結果、社会的 — 情動的な体験の多くは非言語的な形で右半球に貯蔵され、デジタルな（言語的）形で左半球に移動することは絶対にない。
2. トラウマ的な体験があまりにも辺縁系の核（扁桃体と海馬）を圧倒したりダメージを与えたため、海馬が後になってもその体験の記憶を取り戻すことができない。その記憶は非言語的な形に留まり、右脳と身体の身体感覚システムに符号化される。

　筆者が第一次処理を開発したのは、人生早期の非言語的、断片的、または記憶に残っていない題材をターゲットにするためである。これは、児童期早期の題材に対して使うことができるし、発達的ベースラインに沿った時点のどこにおいてでも、その体験が成長の中で重要だったと考えられるにもかかわらず、その記憶が完全でないとクライエントが言った場合に使うことができる臨床的な方法のセットである。この章の最後の補足を参照してほしい。
　ターゲット設定の順番とペースは、クライエントの自我の強さと準備状態に合わせて慎重でなければならない。クライエントによっては、ターゲット処理がはじめられる前に短期間または長期間の資源の植えつけのための期間を必要とする者もいる。機能的に高いクライエントにはそれは全く必要ないかもしれない。技術的に高くて経験を積み、クライエントと深く調和していて、さまざまなコミュニケーションのレベルにおいてクライエントに安全を伝えることができる臨床家にとっては、資源の開発は全く必要ないと思

第 1 章　戦略的発達モデル

われるかもしれない。なぜなら、あるセラピストの言葉によると"このモデルとセラピストが、クライエントにとって器の役目をする"からである（R. Shapiro、私信、1998 年 12 月 15 日付け）。

以下のガイドラインは、目標設定の順番を決める際の補助をすることを目的としている。

1. ほどよい自我の強度を持ち、セッション中も、セッションとセッションの合間も協力的な（そして、クライエントが十分に安定していることが確かめられたら）クライエントの場合、大体は発達的に追いつくことで、その後の計画が決まってくる（緊急に、最近のトラウマに注意を向けて扱う必要がない限り）。ターゲットは、以下の順番で処理されることが一般的である。

    ⅰ. 児童期中期、そして後期のターゲット（家族が原因のもの、仲間に関するもの、大小の"t"のトラウマ）
    ⅱ. 必要であれば、話せるようになる前や断片的な子ども時代のターゲット（第一次処理のガイドラインを使用しながら）
    ⅲ. 思春期と成人期のターゲット

    こういった発達的ベースラインの一般的な進み方は、介入している出来事や危機的な状況が、注意を向けなければいけないことなのか、あるいは、目の前に迫った休みや試験、または家族のイベントなどによってクライエントには限られた時間もしくはエネルギーしかない場合など、必要に応じて変えられても構わない。

2. セラピストの技術や経験のレベル、またはメタ・コミュニケーションの能力がそれほど強くない場合は、目標設定の準備のために、幅広い範囲の資源と強化の方法が使われる。人一倍安全をしっかり感じたり、人一倍自我を強くすることが必要ではあるけれど、それ以外では協力的で十分な社会的サポートと安定感があるクライエントに関して、発達重視の

ターゲット設定のために準備をするには少なくとも2つの方法がある。

ⅰ．自我強化と安全のワーク（EMDRの肯定的な植えつけ、もしくは催眠を使って）

または

ⅱ．小さなターゲットかテーマから離れたターゲット（最近もしくは古い、小さな出来事で、SUDSのレベルが低いと思われ、発達上もしくはトラウマに関連した核のターゲットのどれにも関係のないもの）の処理をする

　その後、もしクライエントが十分に準備できたら、上記の#1で既に述べたように、発達的ベースラインのターゲットに取り組みはじめる。あるいは、もしあなたがまだゆっくり進みたいと思うのであれば、もう少し後のターゲットを選んでもよい。ただし、その場合はそのターゲットが"独立した"タイプのターゲットであり、適度に小さかったり情動的な激しさが低いものであること。また、もしそれが適切であれば、発達的ベースラインのターゲット設定に移行し、前述の#1にあるように、必要な際にはターゲット処理の予定を変える準備をしておくこと。

　（彼らをそれ以上に発達上のターゲット設定へと導く前に）安全や自我の強度の必要性が高まったクライエントの調子を整える追加の方法は、EMDRのセッションと、彼らが取り組んでいる発達レベルにふさわしいスキルトレーニングや自我強化のエクササイズを交互に行うことである。

3．義務的であったり、拒否的であったり、用心深かったり、その他防衛しているクライエントは治療関係が成立し、全ての安全の因子がきちんとされてはじめて、前述の#2の提案の利益を得ることができる。

4．解離性同一性障害（DID）や特定不能の解離性障害（DDNOS）のクライエントを対象としたSDMの統制された研究が現在は少ないため、彼らに対して用いる場合は、用心深く、慎重に行う。DIDに対してこの

モデルをうまく適用できたという臨床的な報告もあるが、全てのDIDのクライエントには適していないかもしれない。従って臨床家には、DIDのクライエントとのたくさんの経験と数多くの専門的知識を持っていることと、DIDのクライエントに適用する前に、SDMを一般的なクライエントに使った臨床的な経験を少なくとも1年は持っていることが望まれる。

◆◆◆◆◆ 事　　例 ◆◆◆◆◆

　モニクが、心的外傷後ストレス障害（PTSD）を発症したのは29歳の時だった。彼女は、その前年に、銀行強盗が起こった際に人質になったという経験があった。彼女はシングルマザーで、7歳、8歳、10歳の3人の子どもがいた。モニクは非常ベルが鳴っているという幻聴が持続的に起きることで眠りが妨げられる体験をしていた（銀行内で非常ベルが鳴りはじめ、それは彼女の4時間もの試練の間、ずっと鳴り続けていた）。モニクは、かかりつけの医者に処方された一般的な睡眠薬を服用していたが、不眠に対しては全く効果がなかった。同時に彼女は、持続的な不安と絶望感に対抗するために抗うつ薬も服用していた。彼女は3〜4ヶ月ほど臨床心理士とも面接していたが、何も改善はしなかった。

　初回のセッションでモニクの人生のジェノグラムを描き、彼女が5人の子どもたちの3番目であることや、「自分が物心ついた頃から」彼女が身体的、性的に家族から虐待されていて、それは彼女が10代で家を出るまで続いたことが明らかになった。彼女の両親の関係は慢性的な暴力で象徴され、彼女が成長していく中で兄が発症した精神的な病は、家族に大きな影響を与えた。

　モニクは有能な若い女性で、最初の子を育てながら、技術分野において中学以降の卒業証書授与プログラムをやり遂げた。モニクがその子の父親と付き合っていたのはごく短い間で、この男の子が生まれて以降、彼は彼女にも息子にも関わらなかった。モニクの2人の幼い娘たちは、暴力的でアルコール依存の男性との間に生まれた。25歳の時、彼女は子どもたちと一緒に女

性用のシェルターに避難し、以後は彼の元へは戻らなかった。この生育歴が得られて約5週後に、モニクは子どもたちの父親から養育費を受け取るために、延々と争いを続けていることを明かした。

　モニクは、彼女の母親と3人の姉妹との絆は断たずにいたが、遠距離であったために、彼女のトラウマ後の期間には彼女たちはあまり大した助けにはならなかった。彼女には、支えてくれる親しい女友達が2人いた。モニクは自分と子どもたちとの関係は良いと報告し、自分自身を有能な母親だと感じていた。彼女は、子どもたちについての心配は"彼らが自分たちの母親を取り戻せるように"ということ以外はないと報告していた。トラウマが起こった時期に交際していた男性とはその後もしばらく関係を続けていたが、モニクの症状が激しくなるにつれて距離を置かれてしまい、彼女はこの関係が壊れてしまうのではないかということを怖れていた。それは、彼女が"私は男性に関しては敗者だ"という怖れを証明するものであった。

　私は初回のセッションでモニクにSDMについて説明し、このように伝えた。「あなたが与えてくれた全ての情報を元にして、一緒にターゲットのリストを作りたいと思います。そして、おそらく時系列でそれらがあなたに起こった順に、EMDRを使って治療をしていこうと思います。というのは、あなたの元になり、あなたの対処方法を作り上げた、基本的な幼い頃の体験を先に治療してから、例えば銀行強盗や男性関係といったその後の問題へと目を向ける方が、すっきりと問題を解決しやすいことに気づいたからなんです。その他にも、問題を大体それが起こった順番に解消していくと、その過程で新しい内的な資源を発見する人が多いことや、まだその問題の部分に直接焦点を当てる機会すらないにもかかわらず、生活のその他の多くの部分が良くなっていく人が多いということにも気づきました。このプロセスは、孤立したいくつかのあなたの体験を解消するだけでなく、あなたの人生全てをもっと良くする方向に向かわせてくれるんです。

　私たちのターゲットのリストは、あなたの明らかに悪い体験、例えば銀行の件やあなたの別れた夫のことも含みます。そして、私は大体自分が生まれ育った家族との経験も入れることが多いです。私たちが家族の中で直面していたこ

とが、自分の人生の課題を対処する際の上手下手のもとになるんです。だから、そういった体験をチェックして治療することが、実際に私たちの作業のその他の全ての部分を早く進むようにしてくれるんです」。

　それからモニクのターゲットは同定され、それらが起こった順番に時系列に並べられた。それらは次の通りである。

1．彼女の両親の暴力的な関係
2．彼女の身体的な虐待
3．彼女の性的な虐待
4．彼女の兄
5．彼女の下の2人の子どもたちの父親でアルコール依存の男性との関係
5A．養育費を得るための争い（我々がこれを5Aと呼ぶことにしたのは、EMDRの処理が開始された後に同定されたターゲットだったからで、ただ単にターゲットのリストに挿入したのである）
6．銀行で人質となったこと
7．男友達との関係が崩壊しつつあること

　私はモニクに、一緒にもうひとつのリストを作りたいということ、そしてそれは治療が終わる頃には変化していてほしいと彼女が期待する症状や人生の出来事のリストだということを説明した。私は彼女にこう伝えた。「これらの問題の多くは、あなたのターゲットにEMDRを施した結果、ひとりでに解消されます。でも、あなたの人生においてもっと良く機能してもらいたいと思っていることを全てリストにしたいんです。そして、ターゲットの中の主なものを処理したら、何が消えたか、何が良くなったか、そして細かい調律が必要なものがあるかどうかを確かめましょう」。

　それからモニクと私は、彼女の再評価リストの案を作り、それに載せたのは、

1．聴覚的幻覚

2．不安
3．絶望的な状態
4．不眠
5．成人男性に対する彼女の判断、選択、そして態度

　私はモニクに、#7の"男友達との関係が崩壊しつつあること"は、ターゲットにしてもいいし、する必要がないかもしれない。なぜなら彼女の他のターゲットが解消することから生じる彼女自身の自然な変化が非常に肯定的な"副産物"的な効果をその関係にもたらすことが大いに可能であるから、と説明した。その他の癒しのワークと平行して、その問題にももちろん注意を向けることはできるが、私はモニクに、これから自分が行っていく治療のことをその男友達に伝えて、彼女のEMDRが終了する頃に彼らの関係を再度評価してみることを提案するように勧めた。

　モニクは適度に安定していて適度な社会的サポートもあり、自我の強度も十分に良かったので、資源の植えつけとして行ったのは、リラックスするイメージを生理的で自発的な手がかりによって定着させることだけであった。（彼女の膝に対する穏やかなタッピングをする間や、彼女がリラックスするイメージに集中したり、それに類似する情動や身体的感覚、そしてそのイメージに関連した心地良いヒントの言葉に焦点を当てる間、モニクに親指を手の中に入れるようにして握ってもらった）

　（私はこの植えつけのことを"安全な場所"と呼ばない。なぜなら、そうすることでセラピーの中で他に"行く場所"は安全ではないというメタ・メッセージを伝えるかもしれないからである。むしろ、私はセラピーの部屋とその中で私たちが行うことは全て安全であり、リラックスした状態にアクセスするために、オフィスの中でも外でも、クライエント自身が自発的な手がかりを使うことができるということを強調する）

　最初は子ども時代のものに焦点を当てて、ターゲット処理をはじめようかと考えた。なぜならSDMの時は、それが普通行っているやり方だからである。しかし、先に銀行のトラウマを扱うことに決めた。なぜなら、それがあ

まりにも多くの身体を衰弱させる症状を産出していたからである。私はそれより先んじてモニクにこのように話していた。「もし、なんらかの理由で、何か特定のターゲットを最初に解消した方がいいと判断した場合は、それがいつ起こったものであれ、それから開始してもいいんです。例えば、私たちにとって銀行強盗のことからはじめるのが賢明であるかどうかを考えることもできますよ」。しかしながら、私たちが銀行内でのターゲットのイメージに焦点を当てたとき、モニクは突然大声でこう言った。「絶対に私はあの中には行かないわ！」。私はモニクに、私が普段SDMを使うときのやり方もできると伝えた。そのやり方とは、古くて基礎となっている題材からターゲットにすることで、なぜなら非常に多くの場合、それが最近のトラウマ症状を定着させていることがあるからである（彼女の場合、幼い頃の無力感の体験が、人質として体験した無力感を定着させたことは大いに考えられたので、子ども時代が癒されて土台としてふさわしく収まっていることで、銀行のターゲットに対する恐怖も減るのではないかというのが私の考えであった）。彼女はこう答えた。「銀行で何があったかを考えるより、むしろそっちの方を先にやりたいわ！」。

　従って私たちは、比較的標準的なSDMの方法で彼女のターゲットを扱うことにし、彼女にはこのように説明した。「普通、私は児童期中期の否定的な体験を最初に扱うんです。そうすることで、EMDRがどのようにしてそれらの出来事や関係を治しはじめるかという感じをわかって頂きやすいと思うので。もし必要なら、乳児期や児童期早期の体験を治療するために特別なプロセス（第一次処理）をやりましょう。それから、通常はそこから真っ直ぐに進んで思春期と大人の題材をきれいにします。このようにやっていく中で、あなたの現在の人生の中で処理をしなくてはいけない大事な何かが起こったら、いつでも止めることはできます。そして、このようにやっていく中で、必要であれば新しい発見や、忘れていた問題や、新しいターゲット用に場所を空けることもできます。処理はある意味、最初に力を入れる感じで、その中ではあなたの家族と子ども時代のターゲットにかなりのエネルギーを使うことに気づかれると思います。結末としては、それより後のターゲットは以前ほど固定されなく

なり、多くの場合まるでドミノのように崩れていきますよ」。

　私たちは標準的なプロトコルを使って、彼女の児童期中期（4〜11歳）からの、両親の実際の関係に焦点を当てて EMDR の処理をはじめた。私はモニクにこのように説明した。「私はいつも皆さんに、子ども時代の両親の関係のイメージに焦点を当ててもらうんです。というのは、私たちの両親の関係は、いろいろな意味で私たちを形作るからです。人間関係のスタイルや、コミュニケーションのパターンや、怒りの取り扱いや、問題解決の技術などに触れたとき、まずそこにたどり着くことが非常に多いです。"るつぼ"みたいなものです。役に立たない対処のモデルを内在化できる場所だし、もしその関係が問題の多いものであるなら、それによって両親が私たちにまとわりついてくるのを邪魔してくれるんです。だから、この題材をきれいにすることで、新しい土台作りの手助けになるんです」。

　それから、「彼らがひどく争っていた時や状況で、自分自身がものすごく辛かったと覚えていること。1 回の出来事かもしれないし、彼らの間で何度も何度も繰り返されたことが絵のように表れているものかもしれない」と伝え、彼女が 4〜11 歳くらいの間で覚えているそのような両親の関係のイメージに焦点を当ててもらうようにした。彼女は、家族が台所にあるテーブルについていて、両親は"いつものようにお互いに腹を立てながら"冷たい沈黙状態、という場面を選んだ。この記憶を処理することは、その後数年間にかけて関連したいくつかの出来事に結びつき、同様に両親のそれぞれについての特定の記憶にも結びついた。私たちは 3 週間かけてこれらの記憶を扱い、それらの数値を SUDS の 2 まで下げることができた。その後、ターゲットの #2（身体的な虐待）に焦点を当て、2 週間のうちにはその SUDS を 3 まで下げることができた。次に #3（性的な虐待）をターゲットにして、2 週間のうちにはその SUDS を 3 まで下げた。モニクは、これらのターゲットの強烈さが減ったことを喜びつつ驚いていた。

　しかしながら、これらのターゲットを完全にきれいにするために、私たちは第一次処理を使うことにした。なぜなら、モニクが、自分は"物心ついてからずっと"暴力や虐待にさらされ続けてきたと感じているからだった。当

第1章　戦略的発達モデル

然ながらモニクは児童期早期の記憶はなかったので、彼女の母親が堅い感じで彼女の父親の横に立ち、2人とも石のような硬い表情をしているという児童期早期の両親の写真に焦点を当ててもらった。私は、単にモニクに「自分はその頃幼い子どもだったんだということを意識してあなたの両親が写っているこの写真を見ながら、ただ身体の中をスキャンしてあなたが感じていることを教えてください」とだけ頼んだ。モニクは、写真に集中しているうちに、あごのこわばりと軽い吐き気を経験し、それらはSUDSでいうと8だと評定した。私たちはこれらの身体症状を第一次処理に従って処理をした。これらの症状は激しくなり、緊張感が彼女の額（脳の眼窩前頭葉の区域）へと移動し、それからこめかみと首の後ろへと移った。吐き気はあったりなかったりした。彼女は腕に脱力感を覚え、次に疼きがした。あごのこわばりは一時的に復活したが、その後に解消した。疼きは下肢にまで拡がり、"電気のような"感覚が頭のてっぺんから頭皮全体に感じられた。処理をしている間、「あなたの右脳が必要なものにアクセスさせたいから」と説明して、モニクには両側性の刺激の間は黙り、セットとセットの間だけ話すようにしてもらった。各セットの後には穏やかな声で、「よかったですね……いいですよ……ただ気づいて……」「あなたの身体が、何が起こったのかをこのように表現しているのは、とても興味深いですね」「あなたの身体はとても徹底的に仕事をしてますね。今まで抱えなければいけなかったものをまとめて処分してるんですよ」といった言い方を使って、彼女を安心させた。セッション終了時には、モニクは"より軽い感じ"と"より大きくなった感じ"を報告した。写真を再び見た時、彼女はこのように言った。「おかしいんですけど、この不機嫌な顔を見ていると笑い出したくなっちゃいます！」。彼女のSUDSは0だった。

次のセッションでも、写真に対する反応は同じだった。次に、彼女の身体的な虐待に関するもので残っているものを扱うことにし、彼女に児童期早期の身体的な罰にぼんやりと結びついている木製のスプーンについて考えてもらった。彼女がそれを選んだのは「私が5歳まで住んでいた家のことを思い出させるし、それについて考えるとすごく緊張して、泣きたくなる」からだった。私たちは第一次処理のガイドラインに従ってこの記憶の断片と身体症

状を処理した。その途中で、モニクがお尻に疼きを経験している際に、彼女は太腿の内側にこわばりを感じはじめ、それから胸に重い圧迫感があり、吐き気を催しはじめた。まるで、私たちが彼女の性的虐待に"踏み込んで"しまったかのように見えた。私は次のように話して彼女に安心感を保証した。「あなたの身体自体が何とかしようとする知恵を持っていて、これらの症状が一緒に出てきているのは、おそらくあなたの記憶がこういった体験を同じ引き出しにしまっていたからだと思います。おそらく同じ時期に起こったことか、もしくはあなたが無力を感じた体験からの残骸なのかもしれません。そうすることが安全だということとそうしてもいいという許可を与えた今、あなたの身体は、これらの身体的な記憶に対処する方法を知っています。だから、ただこれらの感覚に気づいて、あなたの身体がその原因を治すことを選んだと思っていてください」。時間が許す限りの処理をし、圧迫感と吐き気が治まった時を一時的な終了時点として選んだ。私はモニクに「あなたの身体は、残っているものをどのようにして抱えるかを知っています。そして、今週中にもう少し処理を進めたいと思うかもしれないし、思わないかもしれない。もし処理が進んだら、熟睡感が少なくなるかもしれないし、気分がいくらか動揺するかもしれません。もしそうなったら、あなたの脳と身体が管理していて、あなたに合ったペースで治療が進んでいるんだと思っていてください」と伝えて安心させた。モニクは彼女がリラックスできる場所にシフトすることを援助され、セッションを終了しても大丈夫なくらいのリラックスを味わえたと報告した後にセルフケアの指示を与えられ、必要なときには電話をしてもいいことを伝えられ、1週間後の予約を入れた。

　モニクは、そのセッションの日の残りの週の間中、数日間ほどお尻と太ももに断続的な感覚があり、のどの緊張を感じたと報告した。彼女はそれを私が提案していたように「**身体がもう少しだけ処分したがっていた**」と思ったので、それについては気にしなかった。私たちは彼女の児童期早期の虐待の処理を再開し、木製のスプーンのイメージに再度焦点を当ててもらった。彼女の身体は素早く胸の圧迫感と吐き気を復活させたが、私たちは（第一次処理を使って）彼女の身体がすっきりとして落ち着くまで、処理を最後までや

第1章　戦略的発達モデル

り通した。スプーンのイメージを再評価してもらうと、SUDS は 0 であった。また私たちは、彼女の性的虐待の加害者について彼女が覚えているイメージに焦点を当ててもらうことで、この進展をチェックした。彼女はにっこり笑って言った。「まるでごみの塊のように飛んでいくのが見えました！」。彼女の SUDS は 0 だった。モニクの児童期早期の性的虐待と身体的虐待が編み込まれた状態で一緒に処理されたのは私たちにとって運の良いことだったが、いったん第一次処理がはじまると、こういうことは比較的よくある現象なのだ。私たちはそれぞれの虐待のタイプに別々に焦点を当てることもできたが（私たちがそうしはじめたように）、結果的にその必要はなかった。

　私たちは、モニクの児童期中期の身体的虐待と性的虐待の記憶のチェックに戻った。私は彼女に「手を付けられるだけの昔の体験は治療したので、あなたが覚えている子ども時代の虐待の記憶に戻りましょうか」と伝えた。私たちがターゲットのイメージに焦点を当てたところ、彼女の SUDS は 0 だった。彼女の身体はすっきりしていて落ち着いていた。これは、いかに児童期早期の体験を処理することで、その後のターゲットにも一般化された治療効果が普及するかを示すよい例である。そしてその効果は、SUDS の 2 または 3 以下には動くのを拒否していたターゲットにさえ及ぶのである。"土台をきれいにした"ので、私たちはターゲット #4 へと進み、彼女の兄についての問題を標準的なプロトコルを使って処理する準備が整った。私たちは 3 セッションかけてこの問題を扱った。その次の週に、モニクは聴覚的な幻覚は残っているし、睡眠も十分には取れないけれど、不安発作が減ったような感じや絶望感が軽い気がするのは"なんか変"に思うと報告した。私たちはターゲットの #5 の下の 2 人の子どもの父親との関係へと進んだ。そして 2 セッション後、#5A の養育費についての争いをターゲットにしたが、その際、両方とも標準的なプロトコルを使った。

　2 週間後、モニクは「さっさとあのいまいましい強盗のことをやっつけちゃいましょうよ」と言ったので、ターゲットの #6 の人質となったことへと進んだ。このように、モニクの恐怖が適切に減っていたこととターゲットに近づこうと決意したことは、多くの場合現在の PTSD の状態をつなぎとめ

て支えてきた昔の題材をきれいにすることによって、能力が強化されたということを例証しているのである。彼女の人質体験を標準的なプロトコルを使ってSUDSが0になるまで処理するのに必要だったのは、たったの1セッションだけであった。

　予定が合わなかったので2週間半空いてしまったが、もし予定が合っていたとしても敢えて計画的に入れてもよかったくらい、この時点での小休止は価値があった。なぜならこのタイミングはモニクが休憩し、彼女の進歩を楽しむ上で最適な状態だったからである。彼女が戻ってきたとき、「ベルが鳴り止んだんです！」と報告し、何回か安眠できたことや、以前ほど神経が磨り減ったような気がしなくなったことを報告した。また、"かなりちゃんとした話し合い"を男友達としたということも併せて報告した。彼女は男友達との関係については少し楽観的に感じていて、そのことを彼女自身も驚いていたのだが、彼の距離を置いた態度にいまだに感じている痛みについて扱いたいと話した。従って、#7をターゲットにした。この問題に対するモニクの処理は標準的なプロトコルを使ってあっという間に彼女の再評価リストの#5（成人男性に対する彼女の判断、選択、そして態度）へと波及し、彼女は高校時代のデートの歴史や、男性の近くに寄ると彼女を麻痺させた不安や、彼女の大人のパートナーの選び方（「私は何を考えていたんだろう？」）を詳細に振り返った。私たちは、これらの相互に関係した問題について、4セッションを費やした。彼女の現在の男友達に関しては、SUDSが1まで下がり、それについては「どういう結果に終わるか見届けたいの」と説明した。男性に関する彼女の新しい認知は「私は他の女性と同じように、男性に関して成功することができる」で、この信念に関する認知の妥当性の尺度（VOC）は6だった。

　2週間後に、私は進捗状況の振り返りとしてモニクに会った。彼女は、治療によって得られたものは全てそのまま維持できていると報告した。彼女は主治医と相談して睡眠薬と抗うつ薬を減らしはじめ、完全にいらなくなることが目標だった。この時点で、私たちは"細かい調律"へと進む準備が整っていた。私は、彼女が服薬を減らしていく経過を観察し、男友達とさらに効

果的な関係が作れるような技術を開発していくのを援助するために、隔週でモニクの面接を行った。この期間中に、彼女は家族セッションで子どもたちを連れてきた。それで、彼らもまたそれまでの日々が自分たちにとってどんなであったかを話すことができた。私たちは、家族セッション以降に個別に子どもたちに会う必要性は見いださなかった。モニクはフォローアップ以降も治療効果は維持することができ、見事に全ての薬をやめることができ、彼女はまるで新しい人生を生きているようで、それは「全て銀行強盗のおかげ！」ということだった。

◆◆◆◆◆ カップル ◆◆◆◆◆

　SDM は、カップルに対して提供された場合、伝統的なカップルカウンセリングの中で提供されてきた関係修復のタイプとはかなり異なる方法で手助けをする。統制研究が明らかにした伝統的なセラピーの結果、治療後にたった 50％ のカップルしか明確な改善を見せなかったということである。これらの中で、30～40％ が 2 年以内に再発した（Atkinson, 1999）。これはなぜなのだろうか？　解消されていないトラウマが発達に与える衝撃について私たちが知っていることから考えると、治療されていない 2 人の人間が一緒になった場合、この 2 人が認知的、または行動的な介入を利用することを援助するための情動的、そして認知的な構造が正しい場所に収まっていないのかもしれないのである。児童期早期に傷を負った場合、その人は相手によって容易に"内なる怒り"を引き起こされたり、主張する能力を欠いたり、または不適切であったり、ときには依存的な自分なりの落ち着く方法で対処することもある。子ども時代や思春期で傷を負った場合、それがどの時点であっても、その人は成熟したやり取りに不可欠な発達上の重要な段階に達していない可能性がある。セラピーが本質的には各個人の競い合っている子どもの状態、または思春期の自我状態に対して行われた場合、それは失敗に終わるだろう。

　SDM をカップルセラピーに応用する場合、2 人に対して認知的で行動的

な方法を行う前に、それぞれの個人の発達上の"行き詰まり"に焦点を当てる。このプロセスにはいろいろなバリエーションが可能だが、最初のスタート地点はどのカップルでも同じである。初回の面接は、2人一緒に行う。多くの面接は1時間半から2時間で行う。電話でのリファーの場合は、初回のセッションのときに公平さを崩すかもしれない協調意識を避けるために、必要最小限の情報のみ聴取する。その電話で私は、初回とおそらく2回目のセッションでは、それぞれの生育歴を聴取して、その後に2人が出会ってからの歴史を聴取することになる、と説明する。個人の生育歴から得られた展望によって、結婚上の問題の理由に関する予備の仮説が立てられ、そして治療計画が提案される。

　私は初回のセッションでは結合されたジェノグラムを作り、大体は多くの"ちょっと突っ込んだ質問"は控える。しかしながら、もしカップルのオープンさや自発的な申し出によって、過去の虐待や薬物の話、以前のパートナーについて気持ち良く尋ねることができたなら、これらの問題は初回の一緒の面接の一部としてカバーされる。この面接の前置きであり、面接を通じて繰り返されるのは次のような言葉である。「私たちが探しているのは、あなたの原家族の歴史と体験が、みんなが最善を意図したにもかかわらず、どのようにあなたに不公平な重荷を残し、それによって大人としての人生の困難を引き起こしたのか、ということです。あなた方それぞれの歴史を振り返っていくと、親密な大人の関係に足を踏み入れる前にあなた方それぞれの幸せや資源を蝕んでいったかもしれない体験や、親密な大人の関係に期待できる何かについての理解を歪めさせたかもしれない体験を見つけるのは簡単にできるでしょう。私たちがそれらの事柄を確認することは、私たちにとって治療したい"ターゲット"や問題のリストを確認するということなんです。そうすることで、これらの体験が、あなた方の関係を邪魔する引き金や"フィルター"のセットをこれ以上作らせないようにできます。あなた方が個人として治療されればされるほど、あなた方の関係について何をすることが必要なのかを知りやすい位置につけるでしょう」。

　もちろん、状況によってはこの枠組みは当初明確にされない時もある。セ

第1章　戦略的発達モデル

ラピストが初回面接の最初の数分間で、カップルのそれぞれに対し調和していくうちに、どういった言葉遣いやペースがクライエントたちに適しているのか、という慎重な決断が下される。敵意を持ったクライエントや心配の強いクライエントに対しては、一歩引いたおとなしいアプローチが最も効果があることもある。そうしながら、セラピストはクライエント（たち）が提供してくれる枠組みを（エリクソンによると）"ユーティライズ／利用"する手がかりやきっかけを探すのだ。

クライエントをリードすることが可能になるためには、クライエントにペーシングすることは常に必要なことである。そして、戦略的アプローチでは、治療的モデルは必ずクライエントの役に立つものであり、その反対であってはならない。クライエントがきちんとペーシングされていくうちに、SDMの概念的な枠組みが徐々に伝えられていくが、"私たちの作業を整理する一つの手段"として明確に伝えられる場合もあれば、もしそれが戦略的に望ましいなら、間接的に伝えられる場合もある。

最終的な結果として、カップルが一緒にいることを選ぶだろうとは決して想定してはいけない。なぜなら、個人が治療されることによって、深いひびや根本的な不一致が明らかになってくることは、どんな関係においてもあることだからである（婚姻関係であろうが、それ以外であろうが）。しかしながら、私は2人にこのように強調する。「私たちは一緒に、あなた方ひとりひとりを可能な限り強くて健康的にする治療計画を作っていきます。結婚（または関係）は、その中の2人の個人の強さと同じだけしか強くないからです。治療された土台をいくつかちゃんとした場所に収めることができれば、お2人の問題に対しても、あなた方にとってよりスムースな方法で取り組むことができるでしょう。あなた方は、今までと同じような個人的なフィルターを通して相手に反応しなくなるでしょうし、相互に影響し合う新しい方法を私がお教えしていく中でも、地に足がついて回復が早いという、自分自身に対するさらに深い感じを抱かれるでしょう」。

2回目のセッションの終了までには、一般的にはセラピストとクライエントは、治療がどのように進んでいくかという決断を下している。時間と財布

が許すなら、カップルのそれぞれは個別に並行して（普通は毎週）面接を行う。家庭内の生活では争いが絶えず、安定化が必要な場合（例えば最近になって浮気が発覚した、など）やお互いに相手が治療されることや態度が変わることに対してどのように反応したらいいかということについての教育や情報や指導が必要な場合などには、時折合同の面接を行うことが、このプロセスを強化する。十分な進歩が得られたら、2つの力関係の修理を開始するために定期的な合同面接を行ってもよい。理想を言えば、通常のカップル修復セッションがはじまる前に、2人がそれぞれ自らの家族が原因の問題や子ども時代の材料について、ほとんど処理を終えていることが望ましい。この時点で、全ての個人的なターゲットが解決されていることは不可欠ではない。事故や怪我といった、ちょっと離れているターゲットは、そのタイプにもよるが、たとえそれらが解消されていなくても邪魔をすることはない。同様に、多くの成人になってからのターゲットも、カップルの修復が効果的に開始される前に解決されている必要はない。合同セッションは、いろいろな様式を使って行っても構わない。この時点では、認知行動的な介入や、解決志向の戦略や、コミュニケーションと問題解決のトレーニングや、セックスセラピーなどが一般的には効率がよく、効果的である。

　カップルの特徴によって、この基本的なモデルのいろいろなバリエーションが必要になるだろう。経済的に非常に厳しかったり、カップルのそれぞれのニーズが高い場合、2人は互い違いに面接を実施することもある（例：彼女の分が4週間、彼の分が4週間、必要であれば安定化のためのカップルのセッションを間に行い、続いて彼女が4週間行い、彼が4週間行い、休憩を入れる）。ゴールは、共同面接に"大人として現れる"ことができるために、カップルのそれぞれができるだけ多くの発達上、邪魔な体験を解消するということである。

　カップルのそれぞれの個人的な治療の時期と合同のカップル修復の段階では、家での交流に関して、明確な境界を作っておく必要がある場合もある。もし彼らの争いが絶えないとか、そうでなければ巻き込まれてしまう場合、カップルは家の中でそれぞれ自分の場所を作り、家にいる間はできるだけ家

の中の別の場所にいたり、片方、もしくは両方が友達や親戚の家に身を寄せたり、ある期間は移動住宅車の居室にいるなどを指示される。お互いに相手を巻き込むことが自分自身の治療や建設的なカップルのワークを妨害することを理解したら、普通はこういった境界を持つことに協力し合える。

　本当に争いの絶えないカップルには、彼らの個別のセッションと並行して、彼らのやり取りをもっと頻繁に面接室で管理することを考慮に入れた形が必要な場合もある。しかしながら、このタイプのプロセスが展開されるにつれ、一般的には彼らは自分自身の個人のワークが促進されると、そういったセッションの必要性が減ることが理解でき、そして多くの場合、彼らはもっと早い解決のために協力することを厭わない。

　カップルの間で、成熟のレベルに大きな違いが存在する場合には、まずはどちらか危うい方と先に個別の治療を行うのが好ましい。そうすることで、より成熟したパートナーの治療のプロセスが始まる前に、そのクライエントが"追いつく"ことを可能にするためである。それに失敗すると、カップル間の差をさらに拡げる結果になり、別れを引き起こす結果になりかねない。

　カップルには、双方が治療され、彼らがそれぞれ治療された大人としてお互いにやり取りをする本当にはじめての機会があるまでは、関係を終わらせるという決断を延期することを強くアドバイスするべきである。包括的な治療は、可能だと見られていたことを劇的に変化させる可能性がある。カップルは、お互いを全く白紙の状態で見ることができ、それまでとは根本的に異なる新しい原動力を創り上げることができるのである。

　また、それとは逆に、もし彼らの関係を終わりにすることが2人にとってよいのであれば、それを深い治療の状態から行うことで、彼らはそのプロセスを最適に管理できるようになり、また、今後の関係において、よりよく機能する準備が整っていると確信するようになる。最後に、もし子どもが関わっていたとしても、彼らの土台が治療されている場合、家族にとって建設的な決断をするために協力し合えることが可能になる。彼らが成熟という段階まで治療された場合には、1人で子どもを育てたり、育児を分かち合うことの厳しさ（そして子どもたちにとって成熟した態度のモデルになること）に

耐えることを容易にする。

結　論

　EMDR のための SDM は、妨害的な人生の体験やトラウマによって、セラピーを効果的に利用したり、標準的な EMDR から最大限の利益を得られないような、発達的に危うい個人やカップルに効果を現すために考案された。SDM は、同定された EMDR のターゲットの全てを解消しながら、中断されていた発達が完了できるように促進する戦略的な方法を提供する。SDM は、発達の枠組み内での加速された情報処理と、調律された治療的関係には神経生理学的な修復の引き金となる可能性があるという前提に基づいている。慎重にペースを合わせ、注意を要しながら組み立てられた発達重視の治療プロセスは、クライエントがより効果的に自己統制と自己管理ができ、より成熟して健康的な自己の意識を持ち、より健康的にやり取りをしたり関係を作る力を持ち、つまり要約すると、より大人な人間になっている、という結果をもたらす。EMDR の SDM は、多様で難しい人たちにも効果がある。このモデルのトレーニングを受けた臨床家は、短期または長期に、複雑性で多重のトラウマを負ったクライエントや、リスクが高く、触法的だったり、依存的であったり、そして慢性的な病に罹っているクライエントにもこれを適用した。SDM は機能が高い思春期や成人、個人やカップルにも同じように適用できる。多くの EMDR の臨床家は、自分たち自身の問題を解消するためにこの方法を使用した。

付録：第一次処理

　第一次処理は、下記のような状況におけるニーズを満たすために発展していった臨床的で戦略的な方法のひとつのセットである。

● 意識を圧倒しそうで、やむなく行われた解離の体験や不快で情動的にトラ

ウマティックな体験。
- 間接的な記憶（ときには記憶喪失とも称される）や、最初に右脳または非言語的な形で記録された記憶。その理由としては以下のどちらかが考えられる。
  - その体験をした時点（例:6～10歳以下）では子どもの脳梁が未熟であり、その結果として生じた大脳半球の左右の機能分化のため。
  - その体験があまりにも情動的にトラウマをもたらすようなものだったため、それが辺縁系の細胞核を圧倒もしくは傷つけてしまい、その結果、後に海馬がそれを回復させることに失敗したため。
- 行動、情動、感覚、または知識（BASK）のひとつ以上の部分不完全、もしくは解離かもしれない部分的な記憶、間接的な記憶、または体験の全てを構成する回想（Braun, 1988）。
- トラウマ記憶に焦点を当てることに対して深い怖れを持っていたり、抑圧された材料を思い出すことに怖れを抱いている安定したクライエントに対し、処理をもっと簡単に促進させるため。

　第一次処理は、まだ手付かずの状態の初期の材料へのアクセスを促進させる。"フラッシュバルブ記憶"を除けば、多くの記憶はそれが貯蔵されている順に処理される。従って、その貯蔵され方と思い出し方の両方にいくぶんかの歪みはある。第一次処理は、クライエントが、そのほとんどがオリジナルに近い形（例：非言語の身体感覚的な形など）で右脳に貯蔵されているトラウマティックで初期の社会情動的記憶の材料にアクセスすることや、それを非言語的に、もしくはほとんど認識されないままに処理することを可能にする。多くのクライエントにおいてはこの方法によって、標準的な処理の方法が役に立たなかったり、受け入れられなかった材料を包括的にきれいにできるようになった。それは多くの心配症なクライエントにとっては、より心地良い処理を促進させ、自らの処理を認知的にブロックしたりダメにしてしまうクライエントにとっては、認知的な妨害なく初期の材料を処理できる最適の方法である。以下に、第一次処理のステップを記載する。

1．クライエントと共にジェノグラムのプロセスを完成させ、発達的ベースラインを確立する（トラウマターゲットの年代順のリストと発達上の重大なターゲット）。
2．クライエントは、安心感を創り上げるためにSUDSが低いターゲットを扱うことを望んでいるのか、もしくは取り組みを促進させ、抵抗を回避するために、テーマから外れたターゲットを扱うことを望んでいるのかを判断する。
3．標準的な処理を使って、6〜10歳の間に起こったことではっきり記憶に残っている子ども時代のターゲットを処理する。こうすることによって、クライエントはEMDRを少し経験でき、いくつかのターゲットを仕上げられる。従って、安心と達成感を得ることができる。同様に、臨床家にとっては、セッション中、そしてセッションとセッションの間の両方におけるクライエントの処理のスタイルを感じ取れる。このきわめて重要な情報は、その中にある第一次処理を支配する身体重視の処理方法を理解するための背景を提供してくれる。
4．次に、入手可能な限りの子ども時代の記憶の断片を、次にあげるステップで扱う。
　（a）クライエントが覚えていることの詳細を尋ねる（彼らが言われたことや、彼らがこんなことが起こったと思うことでは**ない**）。完全で複雑な語りには用心すること。それらは子どもによって蓄えられた記憶ではない。なぜなら子どもの脳は、複雑で言語的な記憶を作るには未熟過ぎるからである。真の子ども時代の記憶の断片は、音、匂い、または単純な映像といった感覚的な細部に焦点を当てる（例：「そこは日が当たってる部屋で、硬材製の床を覚えています。それだけです。最悪な気持ちがします。多分2歳ぐらいだったと思います」）

または

　（b）もしクライエントが感覚的な記憶の断片をひとつも持っていないけれど、その出来事が起こったことは明らかに筋が通って確かなことであるなら（例：その人が本当に火事に遭ったり誘拐されたということ

を、家族の他のメンバーが実証したり、クライエントが疑わしい出来事の前後の詳細を覚えている、など)、その当時の写真(クライエント自身や、その出来事に関わったと信じられているその他の人物が写っているもの、もしくはそれが起こったと信じられている場所の写真)を持ってきてくれるよう頼む。

　もし写真が1枚も手に入らないなら、その頃の物(例:ぬいぐるみ、赤ちゃんのコップ、など)でも十分である。写真やその頃の品物を使うというこのようなやり方の理論的根拠は、符号化特殊性の原理(Tulving, 1983)に基づいており、同じ文脈の中で1回もしくは繰り返し何かが体験された場合、その文脈は記憶の痕跡の一部となると述べている。従って、これらの記憶の引き金となるのに最も適している手がかりは、それらの記憶に最も似ているもの、ということになる。その手がかりが記憶に含まれている情報にぴったり合ったり、または補足できればできるほど、それにアクセスできる見込みは高くなる。

それから

(c) クライエントが感覚の断片や写真やその頃の品物に集中している間に、臨床家は体験されている感情やSUDSの得点を尋ねる。何人かのクライエントには、その質問によって大人の視点を招き入れたり、それに関連した大人の認知を誘発する。それらは左脳の機能に関係しているもので、実際は右脳に貯蔵されている材料の探索の一部ではない。これは、解離したり間接的な題材にアクセスすることを大いに妨害しかねない。この問題を阻止するためには、次のことを尋ねる:

　(i) 力を抜いて目を閉じて、あなたの身体の中をスキャンしてください。頭からつま先まで、内側から外側まで、そして自分の身体の何に気づいているかを教えてください。

　(ii) 0が不快や動揺が全くなく、10が想像できる限り最悪の不快や動揺だとしたら、その胃や胸やあごの辺りの感じを数字で言ったらどれくらいですか？

(d) クライエントに自分の身体に焦点を当ててもらい、処理を開始する。

この処理の間は、眼球運動は推奨されない。クライエントが、セラピストの顔、指、または面接室の内部など大人の視覚的な手がかりに気を散らさずに身体感覚的な記憶に深く入れるということが重要だからである。私は穏やかな触覚の刺激（タッピング）や聴覚的な音を推奨している。

（e）セットとセットの間に、クライエントに自分の身体の中で何を感じているかを尋ねる。右脳または身体感覚的な題材がアクセスされるとクライエントは多くの場合、非言語的に処理が進みがちになる。情動と音は表現されるが、言葉で表現されるものは、大体は断片的で子どもっぽい。クライエントが感じている何らかのものを確認し、身体へと再び導いていく。クライエントがやさしく、何回も自分の身体の処理に注意を向け続けるように援助された場合、彼らは包括的な除去へとそのまま真っ直ぐに処理していくことが多い。

　　　このタイプの処理の最中に現れてくる複雑な記憶や認知には慎重になること。それらは左脳（すなわち大人）が機能していることの表れである場合が多いからである。左脳（すなわち言語）の中に本物の記憶が出現した場合には、「あ、今やっと思い出しました」「彼は緑のジャケットを持っていたと思います」というような言葉が聞かれる。一方で、大げさに反応する大人の認知的な自己は、「ところで、彼はいつも本当に仕切ろうとしていました……。私はずっと、彼は姉妹にもそれをやっていたと思っていました」という言葉で文章化することが多い。大人の認知的な自己が自分の身体感覚的な処理を邪魔しがちなクライエントで、そのために右脳に隠れている題材へのアクセスが遅れてしまう場合、彼らの認知的な言葉に対しては、ただ身体へと再び注意を向けるようにして応える。「そういう考えに気づきながら、メアリー・ジェーン、身体の中には何に気づきますか？　ああ！　それじゃあ、あなたの胸／あご／などに感じている感じをただ追ってみましょう」。

5．もし、利用できる記憶が一欠片もないけれど、クライエントがおおよそこれくらいの時に何かトラウマになるようなことが起こったと強く信じ

ており、臨床的にもその可能性を支持する手がかりがある場合、身体志向の処理を使って調べてみること。クライエントには以下のことをやってもらう。

（a）あなたがＸ歳くらいの頃に何か不快なことが起こったという考えに気づくとき、身体の中で感じることに集中してください。何に気づきますか？ 身体のどこでそれに気づきますか？

（b）もし０が不快や動揺が全くなく、10が想像できる限り最悪の不快や動揺だとしたら、その胸／脚／骨盤の辺りの感じを数字で言ったらどれくらいですか？

前述の（d）と（e）のように処理をする。

6. 第一次処理のテクニックは身体重視的であるから、クライエントの中には（特にセラピストたちは！）彼らの"役に立つ"大人の自己（もしくはその他の自我状態）が、それぞれのセットで自分の身体が体験していることを解釈したり、理解して活動する必要があると気づくだろう。もしそれが起こったら、ただ単にクライエントに、その観察者の自分をあなた（セラピスト）のいる脇に行かせて、「身体が何をやらなくてはいけないのか、わかっていることをやっている間」一緒にそれを観察するようにしてもらう。これらの指示は、このような言葉遣いで必要に応じて繰り返すこと。「あなたの身体と脳はとても賢いですね。身体からきれいに取り除かれなければならないのは何なのか、そしてどういう順序でそれをやるのか、ということをはっきりわかっています。彼らが自分の役割をこなしている間、ただそれに気づいていましょう。私たちがただ見守っているだけのほうが、彼らはうまくやるかもしれませんよ……。いいですね……そうです……ただ気づいているだけ……」。

7. 起こっている何かと、差し迫ってきた癒しとを結びつける支持的な言葉によって、クライエントが身体に集中するように言われた場合、彼らは大体１〜４回のセッションの間に包括的に処理を済ませられることが多い。

8. ときには、セッション終了時でも処理が未完了であるときもある（言い

換えると、相当な身体感覚や情動が残っていて、SUDSがまだ0や1まで下がっていない）。もしそれが起こった場合、クライエントには、「その題材は次のセッションまで右脳の"保管庫"に安全にしまわれていますよ。なぜなら、身体はそのやり方を長い間知っているからです」とアドバイスする。それからリラクセーションのエクササイズでセッションを終了するのが賢明である。認知的に何かをするよりも、このほうが望ましい。左脳が処理の解釈をしかねないが、それはこの時点ではあまり役に立たないからである。

9．題材が除去されたかどうかのアセスメントは、次のような方法でなされる。

（a）記憶の断片や写真やその頃の品物や何かが起こったという考えに再度焦点を当てるように言われたときに、クライエントがSUDSが0や1まで下がったと報告したり、身体がすっきりして気持ちがいいと言った場合。

（b）今までなら不快感を覚えていたような日常生活の状況の中で気づかれた、予期せぬ心地良さや力がみなぎる感じや元気については、クライエントは自発的に報告してくれる。例えば、クライエントがパートナーにあの触られ方をしても、今週は身を引かなかったことに突然気づいた。クライエントが家族の集まりで例のおじさんに会っても、はじめてゆったりしていられたと気づいた。クライエントが、今週はいつもの背中や首の張りで悩むことがなかったとか月経前の症状が現れなかったことに気づいた。以前は常にそうだったようには成人男性に怯えていないということに気づいた。クライエントが"突然"、彼女に危害を加えるのではないかと疑っている人物に手紙を書こうという衝動にかられた。クライエントが、子ども時代に住んでいた家やトラウマが起こったと疑っている場所の近くを車で通りたいという衝動にかられ、そうしてみたら全く大丈夫だった。

（c）発達上、後に起こったターゲットを目標にしても、児童期中期のターゲットや解離された題材の第一次処理の中ではっきりわかってきた身

体症状と同じ範囲や強さを引き起こさない。
　（d）上記の全てが維持されている。
10. 体験されたトラウマについての、ある特定の記憶の断片や写真やその頃の品物や信念の利用は、身体の処理と合わせた場合、しばしば人生の本当に初期の頃の題材へ遡る踏み台として機能する。それは、その他の方法では統制され、安全にアクセスすることはできない。こういったタイプの処理は、不正確な記憶の一因となることで知られている左脳の処理を巻き込むことなく、否定的な記憶の身体感覚や右脳の"保管庫"を除去するようである。
11. クライエントの身体がすっきりして心地良くなり、SUDSが0か1（0が望ましい）というセッション終了時では、認知の部分を呼び起こすことは安全（そして重要）である。全ての健康な人はバランスの取れた内なる語りが必要である。それは自我にとって欠くことのできない部分である。以下に、治療的トランスを維持しながら、クライエントが憶えている（またはあったような気がする）出来事を認知的な観点へと移す手助けをする、穏やかで力を与える方法をあげる。

　ターゲットを再度評価した後、次のことを聞いてみる。「あの体験を下ろす機会が来て、それを置き去りにしていくにあたって、自分自身とあなたの今日の人生と残りの人生全てについて何を知り、何を信じたいですか？」。もし必要なら、クライエントがその体験に関連した自分自身についての肯定的な表現をひとつかそれ以上生み出すのを援助する。このワークが始まるときには、わざと聞き出さなかった肯定的な認知（PC）を、クライエントが今や自発的に言語化するので、援助は必要ないことが多い（つまりこの処理の最後には、左脳は右脳と協力しているということである）。

　PCは、穏やかで催眠的な声の調子と穏やかなタッピングやその他の二重注意刺激（DAS）で植えつける。
12. 解離したり間接的な記憶に関連している、その他の子ども時代のターゲットについて進めていく。普通は、第一次処理が引き金となった処理は

それ自身が非常に効果的に作用するので、連結された全ての子ども時代の右脳の題材は、この時点で除去されている。この時点では、クライエントはベースラインのターゲット設定（すなわち、思春期やそれ以降）へと続けて進む準備が整っていることが多い。一般的には、これらはもはや昔の題材でつなぎ止められていないため、これらのターゲットがどれほど早急に除去されるか、驚かないように心の準備をしておくこと。

❖❖❖❖❖ 参考文献 ❖❖❖❖❖

Ainsworth, M. D. S., Blehar, M. C., Waters, E., & Wall, S. (1978). *Patterns of attachment: A psychological study of the strange situation.* Hillsdale, NJ: Erlbaum.

Atkinson, B. (1999). The emotional imperative psychotherapists cannot afford to ignore. *Family Therapy Networker*, July/August, 60.

Bandler, R., & Grinder, J. (1982). *Reframing: Neuro-linguistic programming and the transformation of meaning.* Moab, UT: Real People Press.

Braun, B. (1988). The BASK model of dissociation. *Dissociation, 1*, 4-23.

Clarke, J. I., & Dawson, C. (1998). *Growing up again: Parenting ourselves, parenting our children* (2nd ed.). Center City, MN: Hazelden.

DeMaria, R., Weeks, G., & Hof, L. (1999). *Focused genograms: Intergenerational assessment of individuals, couples and families.* Philadelphia: Brunner Mazel.

Erickson, M. H. (1980). *The nature of hypnosis and suggestion.* The collected papers of Milton H. Erickson on hypnosis, vol. 1. New York: Irvington.

Erickson, M. H., & Rossi, E. L. (1989). *The February man: Evolving consciousness and identity in hypnotherapy.* New York: Brunner Mazel.

Fox, N. A., Calkins, S. D., & Bell, M. A. (1994). Neural plasticity and development in the first two years of life: Evidence from cognitive and socioemotional domains of research. *Development and Psychopathology, 6*, 677-696.

Haley, J. (1976). *Problem-solving therapy: New strategies for effective family therapy.* New York: Harper and Row.

Haley, J. (1993). *Uncommon therapy: The psychiatric techniques of Milton H. Erickson*, M.D. New York: Norton.

Hofer, M. A. (1984). Relationships as regulators: A psychobiologic perspective

第1章 戦略的発達モデル

on bereavement. *Psychosomatic Medicine, 46*, 183-197.

Joseph, R. (1992). *The right brain and the unconscious*. New York: Plenum.

Joseph, R. (1996). *Neuropsychiatry, neuropsychology and clinical neuroscience* (2nd ed.). Baltimore, MD: Williams and Wilkins.

Marlatt, G. A., and Gordon, J. (1980). *Relapse prevention*. New York: Guilford Press.

McCraty, R., Atkinson, M., Tomasion, D., & Tiller, W. A. (1998). The electricity of touch: Detection and measurement of cardiac energy exchange between people. In K. H. Pribram & J. King (Eds.), *Brain and values: Is a biological science of values possible?* (pp. 359-379). Hillsdale, NJ: Erlbaum.

McGoldrick, M., & Gerson, R. (1985). *Genograms in family assessment*. New York: Norton.

McGoldrick, M., & Gerson, R. (1999). *Genograms: Assessment and intervention* (2nd edition). New York: Norton.

Schore, A. N. (1994). *Affect regulation and the origin of the self: The neurobiology of emotional development*. Hillsdale, NJ: Erlbaum.

Schore, A. N. (1996). The experience-dependent maturation of a regulatory system in the orbital prefrontal cortex and the origin of developmental psychopathology. *Development and Psychopathology, 8*, 59-87.

Schore, A. N. (1997). Early organization of the nonlinear right brain and development of a predisposition to psychiatric disorders. *Development and Psychopathology, 9*, 595-631.

Shapiro, F. (1995). *Eye movement desensitization and reprocessing: Basic principles, protocols and procedures*. New York: Guilford Press

Siegel, D. J. (1999). *The developing mind: Toward a neurobiology of interpersonal experience*. New York: Guilford Press.

Tulving, E. (1983). *Elements of Episodic Memory*. Oxford, UK: Oxford University Press.

Watzlawick, P., Weakland, J., & Fisch, R. (1974). *Change: The principles of problem formation and problem resolution*. New York: Norton.

Wolinsky, S. (1991). *Trances people live*. Falls Village, CT: Bramble.

第2章
EMDR 実践に資源の開発の戦略を統合する
ロイ・キースリング

　EMDR が心理療法のコミュニティの中に受け入れられるようになり、より多くの臨床家がトレーニングを受けるようになるにつれて、心的外傷後ストレス障害（PTSD）以外の診断名のついた数多くのクライエントがこうした臨床家に紹介された。その結果、紹介されたうちの何人かのより難しく、かつ複雑なクライエントは、EMDR のターゲット記憶を選択することや再処理への準備がすぐにできるわけではないということが明らかになった。多くの人は非常に不安定か、情動耐性の問題を抱えている、もしくは、ターゲット記憶を脱感作する際の潜在的な苦しさに耐えるための自我の強度が不足していた。その他の人々は必要とされるコーピング・スキルが不足していたり、自分自身の問題に取り組むために利用できるツールを自分は持っているということを認識する能力に欠けていたり、自分自身のトラウマ体験に取り組むことが怖いと思っていた。資源の開発と植えつけ（RDI: Resource Development and Installation）を用いた戦略は、長い時間をかけて発展し、EMDR コミュニティの中に受け入れられた。そしてこれは先に述べたような手腕を問われるクライエントに対してとても役に立つ解決法である。

◆◆◆◆◆　定義付けと事例　◆◆◆◆◆

　この章において、資源とは、クライエント自身が持つ、自分自身のストレスをコントロールしたり対処したりすることを助ける全てのコーピング・スキルのことを指す。これらのコーピング・スキルには安全／落ち着く場所に

アクセスしたり使ったりする能力や、容れ物のイメージ、内的な力強さ、もしくはスキル、それに加えて、呼吸法や漸進的筋弛緩法、瞑想やヨガというような伝統的なストレスマネジメントスキルも含まれる。この定義を心に留め、どうか、時間をとってEMDRにおける資源の利用の歴史について考えてほしい。

EMDRにおける再処理はEMDRの標準的なプロトコルにおける第3〜6段階（アセスメント、脱感作、植えつけ、ボディスキャン）に属している。私は、セッションが資源の開発や植えつけのために使われようと、ターゲット記憶の再処理に使われようとも、第7・8段階は毎セッション行われると仮定している。

この章における全ての事例は、数多くのケースを短く編集したものである。

◆◆◆◆◆ 歴　史 ◆◆◆◆◆

Francine ShapiroがはじめてEMDRの中に資源を取り入れたのは、彼女がEMDRの標準的なプロトコルの第2段階である準備の段階の一部として、安全な／落ち着く場所のエクササイズを活用するように発展させたときである（Shapiro, 1995）。その後のRDIの戦略には、本質的に彼女の安全な場所のエクササイズと同じ部分が残っている。EMDR研究所のシニア・トレーナーであるAndrew Leedsは、EMDRコミュニティにおける資源の認識への第2の主要な貢献者である。彼はEMDR国際学会（EMDRIA）の学術大会での発表を通して、EMDRコミュニティに資源の重要性を気づかせた。Andrew LeedsとDebra Kornは慢性的なPTSDに苦しむクライエントに対して、RDIの戦略を実践し、その効果を測定したはじめての1事例研究を発表した（Korn & Leeds, 2002）。LeedsがRDIの戦略をはじめて紹介して以来、クライエントがEMDRによる処理への準備をするための援助をする、数多くの資源の開発と植えつけのバリエーションや革新的な手続きが生み出されている。

◆◆◆◆◆ **警　告** ◆◆◆◆◆

　多くのクライエントはEMDRによる処理の準備ができており、資源の開発や安全な場所／落ち着く場所のエクササイズなどは必要ない場合が多い。しかしながら、RDIの評判が増大するにつれ、多くの臨床家がEMDRによる再処理に先立って何回にもわたる不必要なRDIの実践を導入したり、RDIの実践でしばしば生じるポジティブな状態変化を特性変化と誤って、わざわざEMDRによる処理まではしない（Shapiro, 2004）ようになった。特性変化はEMDRにおける究極の目標であり、状態変化とは、クライエントがEMDRによって自身の外傷的な問題が再処理されるまでの間使うことができるコーピング・スキルを含む。覚えておいてほしいのは、特性変化は現行の主訴に関連したどんな苦悩さえも解放されたことであり、一方で、状態変化とはいくつかのコーピングの方法を実行した結果、感情の状態が一時的に変化することである。例えば、とあるスピーチ不安に悩むクライエントがコーピングの方法（安全な場所、容れ物、資源、リラクセーション）を使用すれば、彼の状態不安は変化し、公の場でのスピーチを何とか成し遂げることができるかもしれない。特性変化とは、一方で、公衆の面前でスピーチする際に生じるありとあらゆる不適切な不安を完全に取り除いた状態となるだろう。本章では、さまざまなRDIによる解決法の概略について述べるが、どうか、これらの介入は慎重に利用すべきものであり、かつ、可能な限り早くEMDRによるターゲットの再処理に対して、クライエントの準備を整えるのを援助する、という方針に従っているということに注意してほしい。

◆◆◆◆◆ **資源を開発する際の重要な配慮** ◆◆◆◆◆

　資源の開発を行う際には多くの配慮すべきことがある。どうやって、何回、どのタイミングで二重注意刺激（DAS）を使用するのかということ。ポジティブな連想のチャンネルにアクセスすること。現実の資源と想像の資源のどちらを用いるのかということ。資源を強化するために身体感覚や身構えへ

の焦点化を使用すること。そして、資源そのものに焦点化するのか、クライエントが資源を定着するために使う過程に焦点化するのか、どちらにするのかということ、などである。

二重注意刺激（DAS）を用いる

　資源の種類に関わらず、あなたは植えつけのために眼球運動であれ、タッピングであれ、聴覚刺激であれ、DASを用いることを選択するべきである。その際に覚えておかなければいけないのは、資源の開発の際はゆっくりとしたスピードで、短いセット（4〜6往復）ではじめるということである。DASは不正にネガティブな連想のチャンネルを開き、トラウマの再処理をはじめる可能性があることに気を付けなければならない。RDIをはじめるに先立ってクライエントには次のことを思い出させるようにしなければならない。「もし少しでも不愉快な感じがしたり、嫌なことが浮かんだりしたら、すぐにでも中断しますので、私におっしゃってください」。どのような種類の外傷的な情動や否定的な感情だとしても、クライエントが感じたのであれば、手続きは止めなければならない。何人かのクライエントは1〜2セットのDASにしか耐えられなかったりする。その他の人は多くのセット数のDASが植えつけをより強化する。もし、クライエントがポジティブな感覚、感情や身体感覚を報告したり、表したりしたら、ポジティブな効果をフルに生かすために、より多くのセットのDASを検討してもよいだろう。注意深くクライエントを見つめてほしい。常にDASを短くするべく警戒態勢でいなければならない。それができないのであれば、どんな些細なことだろうと、クライエントがネガティブなことを報告した特定の資源全体に焦点化することはやめるべきであろう。安全な場所が汚染されるのと同じように、同じことが資源にも起こる可能性がある。もし、クライエントがDASに耐えられなかったり、資源を開発したりすることができなかったら、クライエントを完全にスクリーニングすることができ、解離が完全に治療されるまではDASやEMDRについての全ての試みはやめるべきである。

ポジティブな連想のチャンネル

　EMDRによる処理では、私たちはターゲットやかなめ（node）に焦点を当てる。するとクライエントは自然に連想のチャンネルを動かす（Shapiro, 2001）。私たちがネガティブなターゲットのかなめを再処理するにつれ、連想のチャンネルの構成要素はしばしばネガティブからニュートラルもしくはポジティブな方向へ動く。私は、逆方向の場合を除いて、似たような処理が、資源が活性化することによっても起こることを発見した。もし、私たちがポジティブな資源を選び出すと（それを資源のかなめと呼ぶとしよう）、それ自体が連想のチャンネルを持っているだろう。これらの連想のチャンネルは、資源のかなめに連結したさまざまな出来事や記憶から成り立っているだろう。DASによりこの資源のかなめを植えつけると、クライエントは題材をこれらの連想のチャンネルの中で処理することができるだろう。もしあなたが長いセットのDASを使用し、特定のチャンネルにあまりにも長く焦点化させたままにしていたとしたら、あなたはクライエントの報告がポジティブからニュートラルもしくはネガティブな方向に動くことに気づくだろう。もしあなたが、クライエントがポジティブなものの代わりにニュートラルなものを報告したことに気づいたら、資源となる記憶を他のものに変えたり、資源の植えつけ自体をやめたりする方がベストであろう。

資源を開発する：現実か空想か？

　現実的に、クライエントが自身の資源を同定したり開発したりできるように援助する際には、資源となる記憶にうまくアクセスし、その資源を利用できるようにするために、実際に起こった出来事（現実）を念頭におくようにクライエントに指示するようにするとよい。クライエントが自分の持つスキルを用いて上手く対処したという、実際に起こった過去の出来事が最も効果的な資源なのである。もし、クライエントが思い出すことができなかったり、過去に上手く対処できた経験がない場合には、彼らが必要とするスキルを持

っている誰かもしくは何か（現実でも想像でも）を同定する。外的な資源にアクセスする際には、クライエントがセッションの中や日常生活の中で資源にアクセスし、利用することができるためにも、はるかに多くの時間をかける必要がある。

身体感覚

　身体的な姿勢や身構え動きを用いることは資源を強化する手助けとなる。1度でもクライエントが自身の資源に接触することができ、イメージや感情、感覚にアクセスすることができ、そしてそれを強化することができたのであれば、彼らにそのときの姿勢や身構えをとらせたり、資源を最もよく表現するような身体的な動きを創り出したりするように求めると良い。彼らが身体的な姿勢や身構えを感じたら、それを短いセットのDASで強化する。

プロセス　対　イメージ

　あなたは資源の開発の過程で、強調するために何を選ぶだろうか？　あなたは主として資源のイメージや、そのイメージに伴うポジティブな感情や感覚に焦点化しようとしているのではないだろうか？　もしくは、クライエントがかつて資源を定着していたというその過程に焦点化しようとしているのではないだろうか？　クライエントが友情について考えるときに感じるポジティブな感覚を強化することに焦点化しようとしているのではないだろうか？　もしくは、友情を発展させるのに伴う葛藤を解消したり、主張的になったり、制限を加えたり、危険を冒したりといった過程に焦点化しようとしているのではないだろうか？　多くの場合、クライエントにとっては友人について考えたときに経験するポジティブな感情よりも、友情を確立するためにかつて使用したスキルを理解する方が有益である。

◆◆◆◆◆ EMDRにおける準備の段階で資源を活用する ◆◆◆◆◆

　多くの資源の開発の戦略は、Francine Shapiroによって概説された"安全な場所を創造する"手続きの基本的な枠組みに追随している。基本的な枠組みとは、望ましい資源のイメージを発展させ、イメージの鮮明さを膨らませ、ポジティブな感覚、感情、身体感覚、そしてその人自身の資源に連結したポジティブな信念にアクセスし、そして広げ、その後、DASによってクライエントのポジティブな経験を深め、そして強化するということを盛り込んだものである。しかし、上記したものに限局されているわけではない。これらの基本的な枠組みは、あなたがどんな種類の資源を開発し、植えつけるために探しているのか、そして、資源がどんな結果をもたらすことを望んでいるのかということによって修正されたり、付け加えたりされる。

　何人かのクライエントは自我の強さや感情をうまく取り扱ったり制御したりする能力、もしくは、安全感やEMDRにおいてターゲット記憶を再処理しはじめるための内的統制に欠けている。これらのクライエントに対しては、解決法としてEMDRによる再処理を行う前に、準備として内的なスキルや強さや資源の開発を差し挟むと良い。この準備はEMDRの第2段階である準備の段階で行われ、しばしばEMDRによる再処理が始まる前に何セッションもかけて行われることもある。

　これらのクライエントにとって、次のセッションまでの間に効果的に彼らの資源にアクセスし、利用できることが有用である。いったん、次のセッションまでの間に効果的に資源が使えるようになると、EMDRにおけるターゲット処理にも自信が高まることがしばしばである。この準備段階の挑戦への解決が、私が言うところの資源の拡大プロトコルを利用することである。

資源の拡大プロトコル

　問　題：クライエントは怒りの対処の難しさを抱えており、しばしば同僚や妻や子どもたちを怒鳴ってしまっていた。彼はEMDRによるターゲット

記憶の再処理によってこの問題を取り扱ってもよいと思っており（特性変化）、トラウマ記憶の脱感作に取り組んでいたのだが、彼は早急に、家庭や職場において彼の怒りを対処する手助けを求めていた（状態変化）。

　解決法：彼が求める怒りに対処するスキルを同定し、それを彼の日常生活に結びつけることによってクライエントが怒りに立ち向かうことを援助するために、資源の拡大が計画された。それは以下のような方法で達成される。

1．彼がかつて用いたことにより怒りの対処に成功したスキルを同定し、強化し、そして DAS を用いて植えつけるのを援助する。
2．これらのスキルがどのようにして怒りを対処する手助けをしてくれるのかイメージすることを援助する。
3．かつてこれらの怒りの対処スキルを使用したり必要としたりしたセッション間の状況を再評価することによってこれらのスキルが日常生活に結びつくことを援助する。

プロトコルの手順
1：望ましい資源のイメージの同定
2：同定した資源に関連するポジティブな感覚や感情を導き出す
3：感覚、感情、身体感覚の強化
4：感覚、感情、身体感覚を植えつけるために DAS を用いる
5：手がかり語を決める
6：手がかり語を用いて自分でイメージする（自己手がかり）
7：問題場面を思い描き、その後資源のイメージを描く（苦痛を感じての手がかり）
8：問題場面とともに手がかり語を用いて自分でイメージする（苦痛を感じての自己手がかり）
9：ここしばらくの過去の体験の書きかえ
10：予想される未来の問題の書きかえ

11：終了
12：再評価

　このプロトコルは、安全な場所のエクササイズとは、ここしばらくの過去の体験の書きかえと、予想される近い将来の出来事という点で異なっている。私はこの書きかえという考えを Landry Wildwind（1998）から拾い出した。Wildwind は本質的な幼少期の体験を創造し、植えつけるのを手助けするために書きかえを用いた。クライエントがここしばらくの過去や近い将来の場面で、新たに開発した資源を用いて練習することは、彼らが自分自身の生活をある程度のレベルまでコントロールできるのを援助するのと同時に、EMDR による再処理のための準備をより素早く整えるように思われる。

◆◆◆◆◆　事　例　◆◆◆◆◆

主　訴：自分の怒りに対処することが難しい。

資源の拡大プロトコル

　本事例は資源の拡大プロトコルの 12 ステップのほとんどを含んでいる。

１：望ましいスキルを同定する（イメージ）

セラピスト：あなたが怒りをとても上手く対処するためにはどんなスキルが必要だと思うか考えていただけませんか？
クライエント：えーっと、プレッシャーがかかった状態でも落ち着いていられることと、物事を個人的にとらえないことですかね。
セラピスト：これまでの人生の中で、プレッシャーがかかった状態でも落ち着いていられ、そして物事を個人的にとらえなくてもよかったことはありませんか？　もちろん、あなたがかつてそれができたことがあれば……でいで

す。もしかするととても小さい頃かもしれません。もしかすると高校生のときや大学に通っていたときかもしれませんね。

クライエント：そうですね。今、あなたが言ったことでもあるのですが、高校のときバスケットボールをやっていたんですよ。それが私の強さのひとつですね。

セラピスト：バスケットボールをやっていた頃、あなたが落ち着いていられたときの記憶を思い出してみてください。

クライエント：市大会の決勝戦のとき、相手チームの選手が私をガードしていたのですが、相手の選手がずっと反則していたときのことを思い出しました。彼は審判の見えないところでずっとずるいことをし続けていたんですよ。彼は私が彼に仕返しをすることで審判にファールをとられるのを期待していたんです。

2：感覚と感情

セラピスト：その体験に注目してください。その場面を思い出すと、今どんなポジティブな感覚や感情を感じるか注目してみましょう。

クライエント：とても落ち着いています。自信たっぷりで、本当に主導権を握って試合をしている感じです。相手の選手がどんなことをしたとしても、たとえそれがフェアだとは思わないとしても、それに対処できるのがわかります。私は相手に自分の一番良い位置をとらせるつもりはありません。事実、私は彼の一番良い位置をとらえ続けました。彼は最終的に反則しているところを見つかり、退場になってしまったのですから！

3：強　　化

セラピスト：その場面を思い浮かべると、体のどこにポジティブな感覚や感情を感じますか？　そして、その体の感覚に注意を向けてみてください。あなたがどれほど自信に満ちた感じを感じているのか私に見せるようにやってみ

るとすると、どのような姿勢や身構えになっていますか?
クライエント:胸にそれを感じます。私はまっすぐに立った状態で、胸を張り、肩は後ろに、顔を上げた状態で、そしていくらかの心地よい緊張を腕に感じています。

4:植えつけ(DAS)

セラピスト:いいですね。その姿勢や見構えをとってみてください。胸の感じや腕の感じに注目しながら、私の指を目で追ってください(DAS:6往復)。今何に気づきますか?
クライエント:本当に落ち着いて、自信に満ちている感じがします。私は実際のところ、彼の策略に打ち勝ったし、本当に主導権を握っていたんです。
セラピスト:それといっしょに(DAS:8往復)。今はどんな感じがしますか?
クライエント:まだ変わらずに落ち着いた状態です。

5:手がかり語(肯定的認知)

セラピスト:その場面について考えたとき、あなたが感じるポジティブな感覚に注目してください。あなたが自分自身について信じていることを表すには、どんな肯定的なメッセージ(つぶやき)がふさわしいですか?
クライエント:私は自分自身について主導権を握ることができる(私は自分をコントロールできる)。
セラピスト:いいでしょう。その考えをもって。あなたは自分自身の主導権を握ることができています。ポジティブな感覚、感情、そして身体感覚を感じてください。そして私の指を目で追ってください(DAS:10往復)。今どんなことに気づきますか?
クライエント:バスケットボールのコートの中だけではなく、他の場面でも、ストレスがすごくかかっていても、私はとても上手く自分自身をコントロールしてきたんですよ。ある教授がよく私を怒らせようとしてきたことを

思い出します。そのときも、私は上手く対処できたんです。
セラピスト：それと一緒に（DAS：10往復）。今どんなことに気づきますか？
クライエント：高校・大学の間ずっと、私はのんびりやってきたし、物事にそんなに煩わされることはなかったんだ。
セラピスト：それでは、もしあなたが主導権を握ったままでいられるというスキルに名前かイメージをつけるとしたら、どんなものにしますか？
クライエント：まるで私はバスケットボール選手みたいだ。
セラピスト：それでは、感じている全てのポジティブな感覚や感情を、バスケットボール選手のイメージと結びつけて考えてみてください。
クライエント：はい。
セラピスト：それに集中しながら（DAS：12往復）。何に気づきますか？
クライエント：心の中がポジティブな感覚で満たされ、姿勢は自信に満ちた感じがします。

6,7,8：自己手がかり,苦痛を感じての手がかり,苦痛を感じての自己手がかり

コメント：安全な場所の手続きを踏襲しているこれらの段階はこのとき実行される。しかしながら、クライエントが多くのポジティブ感情を報告するようであれば、この段階は必要ないと考えられる。従って、我々はこの段階をとばし、次の段階へ進んだ。

9：ここ最近の過去の書きかえ

セラピスト：ここ最近の場面を思い浮かべることができますか？　先週とかそれぐらいで、あなたは自分の気分をコントロールできなかったことがありませんでしたか？
クライエント：はい。先週の火曜日のことです。私が息子に話しかけているのに、彼はテレビゲームをやめなかったので怒鳴ってしまったのです。
セラピスト：そうですか。それでは、その出来事の書きかえをしてみましょう。

あなたのバスケットボール選手にこの場面を上手く対処するようにしてほしいんです。彼があなたと違うどのような対応をするのか注意して見てください。息子さんはまったく同じことをしているという状況ですよ（DAS：14往復）。何が起こりました？

クライエント：えっと、私はコントロールを維持したままでいられました。息子がまだゲームの世界の中にいることに気づくことができました。本当に集中していたんです。私は彼がテレビゲームをひと段落つけるのを待ちました。それから声をかけました。

セラピスト：いいですね。あなたのバスケットボール選手がその場面にどうやって上手く対処したのかを見た、まさに今感じているポジティブな感覚や身体感覚に注目してください（DAS：10往復）。今、何に気づきますか？

クライエント：本当に、とても落ち着いています。私はとても上手くその場面に対処しています。

10：予想される未来の問題の書きかえ（未来の鋳型）

セラピスト：それでは、今度は今から次回の面接までの間に起こるであろう、あなたが自分の平常心を失うかもしれない場面を想像してみてほしいのですが。

クライエント：簡単ですよ。来週職場の会議があるのですが、そのときはいつも平常心を失う結果になるんです。

セラピスト：わかりました。それでは、その会議のことをイメージしてみてください。あなたはバスケットボール選手として会議の中に入っていきますよ。あなたはいつもと異なり、どのように上手く対処していますか？（DAS：14往復）。何に気づきましたか？

クライエント：えーっと、自分自身が会議のそれぞれのメンバーがどのように動くのか見極めているのが見えます。メンバーそれぞれに強さと弱さがありますからね。ある人は特に、実際に私に高校のときのあの選手を思い出させます。彼は私をイライラさせるのが好きなんです。今回も、私は主

導権を握った状態でいることができ、そして彼の見えないところでの反則行為には反応しませんでした。

セラピスト：その、主導権を握った状態に集中してみてください。そのときに感じる感覚、感情、そして身体感覚に注意してみてください（DAS：10往復）。今何に気づきますか？

クライエント：落ち着いています。自信に満ちた感じを胸のあたりに感じます。自分が会議の席に自信をもって真っ直ぐに腰かけ、静かに呼吸をし、胸をはり、そして心の中で笑っているのが見えます。私は彼がどんな試合をしているのか知ってるんです。

セラピスト：それと一緒に（DAS：6往復）。今何に気づきますか？

クライエント：とてもいい気分です。自信に満ちていて、胸や体に強く感じます。

11：終　　了

セラピスト：ここに"バスケットボール選手"と書いたカードがあります。これを持っていてほしいのです。1日に少なくとも1回でいいので見てほしいのです。特にあなたが平常心を失いそうになるかもしれない状況で。実際に、時間を取ってあなた自身について想像してみましょう。あなたは職員会議の直前で、カードを見て、そしてあなたの"バスケットボール選手"と触れ合います（DAS：6往復）。今何に気づきますか？

クライエント：自分がカードを見ると、自信がわいてきます。自信に満ちて立っています。

セラピスト：OK。それでは、今から来週の私との面接までの間、できる限り"バスケットボール選手"を使ってみてください。それと、よかったらこの1週間で生じた場面についての記録を取ってみてください。来週、怒りに上手く対処できた場面を振り返りましょう。同様に、"バスケットボール選手"を使い忘れた場面や、"バスケットボール選手"では不十分だった場面についても目を向けてみましょう。それらを書きかえたり、あなたを助けてくれる

他の"チームメンバー"が必要かどうかを考えましょう。それではまた来週。

12：再評価

　再評価は毎週、クライエントがどのように自身の資源にアクセスし、用いているかをチェックするために行われるべきである。いくつかの場面において、最初の資源はクライエントのニーズを完全に満たす。その他の場合では、追加の資源が必要となるかもしれない。そのような場合、必要な資源それぞれに開発したり植えつけたりするために資源の拡大プロトコルを用いる。資源の拡大プロトコルにおける再評価の段階は、EMDR によるターゲット記憶の同定の前・最中・後に行われるかもしれない。しばしば、各セッションのうちの 5 分間を使って前の週を振り返ることは、資源を用いるためのクライエントの推進力を維持するために必要である。治療セッションの残りは、ひとたびクライエントが自身の資源にアクセスし、そして利用できることが証明されたのであれば、EMDR による再処理にあててもいいだろう。

　おわかりのように、クライエントは彼らの人生の中で新しいスキルにアクセスし、そして利用する機会を持っている。逃げ道を与えるために、私は彼らに、自分が彼らに毎回これらの新しいスキルを用いて翌週に面接室へ戻ってくることを期待しているわけではないと言う。しかしながら、彼らが自分たちが何を学んだのか思い出し、実行するのを助けるために、私はしばしば彼らの手がかり語を書きとめておき、もし何か彼らが身につけていられるような物があるのであれば、思い出させるための合図（きっかけ）として持ち歩いてもらうように頼む。セッション間にどのように週が過ぎていったのかを再評価するとき、私たちはまず最初にポジティブな体験を点検し、DASを用いてそれらの体験を結びつけ、その後彼らが資源を用いることができなかったときのことに焦点をあてる。その次に私たちは既に開発した資源か、もしくはクライエントのコーピング・スキルの"道具箱"に新しく加えることができた資源を用いて、それらの失敗した体験を書き直す。この強化、再検討、そして書きかえはクライエントに、自分は自身の生活を上手くやり繰

りするのに力を貸してくれる資源やスキルを持っているという"普遍的な心の気づき"をもたらす。クライエントが資源を開発することだけではなく、再処理やセッションとセッションの間に彼らが資源にアクセスし、活用することができるということが重要である。再評価を繰り返し、書きかえ、そして資源を使用することにより、クライエントは自信や、EMDRによって外傷的な問題を扱うために必要なスキルを獲得する。

◆◆◆◆◆ 過程に焦点化した資源 ◆◆◆◆◆

　クライエントはEMDRの標準的なプロトコルへの準備性の連続体を示しながら我々の面接室にやってくる。多くのクライエントは連続体の末端である高機能の状態にあり、彼らはターゲット記憶の同定やEMDRによる治療を最初の予約後すぐに開始してもいいだろう。その他のクライエントはEMDRによる再処理をはじめる準備をする前にもっと"初期段階に力を入れる"ことが必要である。自身の物語を語りだすとすぐに氾濫を起こしてしまう解離性障害のクライエントは、彼らの生活の中で、あるレベルの一貫性を維持することが難しい。もしくは、概して自分自身を内的にも外的にも混沌、もしくは不安定に見せる。彼らはRDIによって"初期段階に力を入れる"良い候補者といえるだろう。私のクライエントの準備と妥当性についてのアセスメントは、最初にクライエントと対面したところから始まる。クライエントをEMDRにおける適応的情報処理モデルのレンズを通して見ることは、治療計画を練り上げはじめる助けになるだけではなく、クライエントができる限り素早くEMDRによる処理への準備を整えるための手助けとして、RDIによるどんなタイプの介入を必要としているのかを考える助けになる。

　過程に焦点化した資源について述べたどのような手続きもEMDRの標準的な8段階のプロトコルにおける準備の段階に実践されるだろう（表2.1参照）。これらの手続きは、記憶をターゲットにする伝統的なEMDRの手続きを行うにあたってクライエントを安定化し、準備を整える手助けをするために計画される。全く安定していないクライエントを最大限に安定化してい

表2.1 連続性に焦点化した資源の準備段階

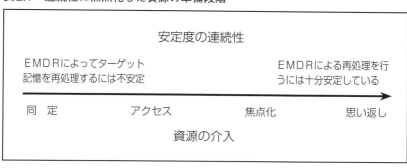

る状態にするために、私がこの章で説明しようと計画しているRDIによる介入は、同定、アクセス、焦点化、思い返しから成る。これらの段階は私が提示するクライエントの表象の連続性の全面的な概念化の中に組み込まれるものである。

肯定的なものを同定する

これから説明するのは、Key Werk（EMDR研究所のシニア・トレーナー）と私が数年にわたり、さまざまな研修会や学術大会で、口頭で話し合ってきた介入戦略である。この同定のプロトコルはより実用的かつより具体的なものを求める人で、想像力をそれほど必要としない戦略を好む人にとって役に立つだろう。

目　　標

あなたはクライエントがポジティブな誘発性を持つイメージや考え、感情そして身体感覚にアクセスする能力を回復する手助けをしたいと思うだろう。EMDR研究所によるトレーニングにおいて行われる"yes—no"エクササイズで実演されるように、考えや言葉は感情や身体感覚と響きあう。RDI

におけるこの手法は、望ましい感情や身体感覚、自尊感情、そして世界観でさえも活性化する言葉や考えに働きかける。それは、クライエントが自分自身の立場から合理的かつ直接的な方法で心をよりポジティブな状態にアクセスすることができるような、ポジティブな感情への橋渡しを可能にする。

　どんな心の不愉快な状態であれ、それに心を占領されたクライエントはしばしば心の枠組みを支持する体験や考え(すなわち、まったく同じもしくは類似の情報パッケージの中にある題材)に過剰に注意を向けてしまう。ポジティブな情動への橋渡しをするイメージや考え、感情、もしくは身体感覚に再焦点化することは、安定や見通し、多くの安心感、そしてEMDRと、その後しばらくしてからいつ脱感作や再処理が生じることになるのかを知ることの、両方の準備のためのポジティブなネットワークを備える異なる情報パッケージにアクセスすることを提供する。このようにして一度EMDRを体験すると、クライエントはしばしばいつ脱感作と再処理が始まるのかという適当な時間を特定することができる。

手続き

- クライエントに、どんな連想の連鎖であれ焦点化する方法を説明することは、大抵の場合、類似した感情の結合価と結びついた考えを導く。例えば、どのような話題に関してだろうと、心配することはどの話題もしくは、その他の類似した話題における心配な側面を導く。司様のことをポジティブな物事において同定し、それに対して力強く適用する。つまり、クライエントがあるポジティブな物事について考えると、彼らはしばしば連想し、その結果、その他のポジティブな知覚が自発的にわきあがる。
- クライエントに、ターゲットとして選んだ状況に関するどんなことでもいいので、2つ、ポジティブな側面を見つけるように言う(ほとんどの場合、1度はこのポジティブな側面についての質問をするようにする)。もしターゲットとして選んだ現在の状況に関連したポジティブな側面を見つけることができなかったら、クライエントにこれまでの人生の中で、それに焦

点化することで自分自身の気分を高めることができるようなことがなかったかどうかを尋ねる（これは通常機能的なネットワークにアクセスしていることを指し示す）。
- 作り出した側面をそれぞれ記録すると同時に、クライエントに同様にそれらに当てはまるかもしれないポジティブな言葉（文章）がないかどうか考えるように言う。身体的な動作が役立つということを示唆するようないくつかのメタファー（隠喩）を用いてそれらを記録する：円（車輪のスポークのように）、小川の絵を描くこと。リストが確実に機能するように、特に動きや最初から最後までの勢いを示唆するためにある点から別の点へ矢印を引く。要約した言葉はクライエントのためになるようなあらゆる方法で中央や主要部分に位置付けられる。その後、クライエントにとって自然に生じた場合に限って、この要約は肯定的認知の準備段階になるかもしれない。
- もしクライエントが本当に彼らの状況においてどのようなポジティブな観点も同定できなかったり、もしくは、同定したものの周辺でも有効なポジティブ感情を見つけられなかったら、より間接的に現在の問題と関連するポジティブなイメージ、考え、感情、そして身体感覚にアクセスする必要があるかもしれない。何人かのクライエントは現在の問題におけるポジティブな側面を見つけることができないが、幼少期のポジティブな感情やペットに対するポジティブな気持ち、その他の人生の局面でのポジティブ感情にはアクセスすることができたりする。彼らがそれらに焦点化すると、彼らはしばしば自分の世界のいくつかの局面はポジティブであるのだと認識しはじめる。その後のセッションで、これらのクライエントは現在の問題に対してより直接的に関連したものを見つけることができるかもしれないし、もしくは、通常の手続きで再処理や脱感作するのに十分なほど強くなっているかもしれない。
- ひとたびそれぞれの項目が記録されたら、各項目が考えられた通りに改良された視点からなるいくらかの高揚を備えるかどうかを調べるために再評価する。それを行うと、より機能的な感情や感覚がその項目が資源として

役に立つという確認となる。それをしないと、その後のEMDRによる処理のための項目であることを注意する必要があるにもかかわらず、この時点で各項目に対してDASを試みることができない。

- ひとたびクライエントが現在の状況におけるポジティブな側面を上手く同定することができたら（もしくはそれに失敗しても、彼らの人生の中のポジティブな側面を同定することができたら）、各項目が未だにポジティブなものとして体験されているかどうかを明らかにするためにチェックする必要がある。そのために、クライエントにそれぞれのポジティブなポイントについて考えたときの感情や感覚に注意するように言う。
- とてもゆっくりでかつ短いセットのDASを、それぞれの項目を結びつけるために用いる。もしどれだけ些細であってもネガティブなことが湧き上がったり、注意がそれてしまったら、可能な限りすぐにやめる。
- 通常クライエントが同定した資源となるものに焦点化するにつれて、新しいポジティブなものが生じてくる。どんな新しいポジティブなものもDASを用いて連想の中に組み込んでいく。
- もし可能ならば、これまで作り出してきたものをもとに、クライエントに資源に基づいて要約した文章を開発させる。
- これまでに作り出してきたポジティブなものを写し、要約した文章をクライエントに持って帰らせる。

セラピストの教示文の例

　類似した共鳴を引き起こす新しい考えを生み出すための連想のチャンネルの傾向について、クライエントと議論し、理解を得た。

セラピスト：それでは、この状況（現在の問題―仕事と収入がないこと）についてどんなことでもいいのでポジティブな側面がないか探してみましょう。それはあなたにとって信頼できるものでないといけません。心はこのことについてあなたに嘘をつくことを許さないでしょう。言い換えれば、それにつ

いて考えたとき、それはあなたを少しだけいい気分にさせるでしょう―もしくは少なくともあなたが調子がよいとか、いい気分だったり、それはいい考えだ（もしくは本当のことだ）という気分になる必要があります。それは少し良い気分がするでしょう。私たちはあなたの心が少なくとも少しはましな気持ちになるようなものを探していきます。私たちはこの少し後で阻害する側面について扱います（私たちは多くの阻害する面を同定します）。しかし今日は問題となる状況のポジティブな側面を見つけることができるかどうか見て行きましょう。（このクライエントの主要な障害は、仕事を失ったことに関連した自尊感情の喪失である。しかしながらそれについてはクライエントが治療と EMDR の効果についてより見込みを感じるまで扱うことはできない）。

クライエント：そうですね。私は今、実に節約ができています。

セラピスト：（その言葉を記録する）それについて考えるとどんな気持ちになりますか？

クライエント：いい気持ちですね（これはこの考えがクライエントにとっていくばくかの妥当性を持っていることを示している）。

セラピスト：それを記録しませんか？　少しホッとするような感覚に気づくことができますか？

クライエント：はい。

セラピスト：他になにかポジティブな感じは沸き上がってきますか？　何かあなたが少しでもホッとすることや、良いと認められるもので、本当のものです。

クライエント：静けさ（少し時間がかかったが、エクササイズに失敗したと感じるほどには長くなかった）。

セラピスト：節約が利点だということに偽りはないですか？

クライエント：はい。もちろんです。（節約は利点だと記録する）

セラピスト：（もし、短い小休止の後、クライエントの心にわきあがるものが他に何もなかったら）これは少しばかばかしく聞こえるかもしれませんが、節約がどうやって本当に利点になるのか箇条書きにしてもらえますか？

クライエント：そうですね。節約することは私に選択肢を考える時間をくれ

ます。
セラピスト：それが真実で助けとなる考えであるならば記録しておきましょう。
クライエント：そうですね。
セラピスト：他に何かありますか？

　クライエントは、このとき現在の状況に関連した追加の新しいポジティブな点を見つけることができた。家族で食べることができ、より節約した料理を作ることができ、今ではより自由な時間を持つことができ、その時間に長時間働いていた頃はめったに会うことができなかった彼女の息子と一緒にいられるというような他のことをすることができ、そして節約することは彼女に他の選択肢を考える時間を与えてくれた。この段階の最後の部分はエクササイズを通してどのように連想のチャンネルが強化されるのかを指し示すことである。

セラピスト：それでは、こう書いてみてください。私は利用できるいくらかのお金をとっておくために、実に上手に選ぶことができる。（もしクライエントが他に利点をみつけられなかったら）もしあなたが「私は実に上手に選ぶことができる」と書いたとすると、それはどれくらい信じられますか？
クライエント：はい。私の友人は私にもっと株を買わせようとするんです。（彼らはみな私よりも株を持っている）しかし、私はいくつかの理由から、それには抵抗があるんです。
セラピスト：（クライエントの言ったことを記録する）通常、クライエントはこの時点でいくつかのポジティブなものを語る。しかしながら、もしそうならなかったら、臨床家は次のように質問する。「私は自分自身の判断を聞くことができる」ということはどれぐらい本当な気がしますか？
クライエント：はい。それはとてもいい感じです！
セラピスト：OK。それも書いておきましょう。「私は自分の判断を聞くことができる」。それから「それはとてもいい感じです！」と。

第2章　資源の開発の戦略

　これは容易に流れるかぎり続く（通常4〜12の文章になる）。時々、ポジティブな情報のネットワークにアクセスした際に、非常に驚くべきポジティブな側面が生み出されたりする。エクササイズをするのが難しくなってきたら止める。もしクライエントが誘導することなしにポジティブなものを見つけ出すことができたら、それはとても素晴らしいことである。しかしながら、セラピストは処理の開始にたどり着くまで、積極的にならなければならない。セラピストは決してクライエントが信じられないことを勧めてはならない。一度最初の考えが記録されたら、各言葉が未だクライエントにとってポジティブな響きを持つのかどうか振り返らなければならない。そのときセラピストは言葉がけは控え、各言葉に対するクライエントの反応に注目するべきである。もしネガティブなものが少しでも語られたら、それはひかえておき、クライエントにそれらは脱感作や再処理を行う際に扱うことができるということを保証する。もしポジティブなものであったら、セラピストはそれらを後押しする。現在の状況において真にポジティブな側面について考えることは、しばしばクライエントにとっていくぶんか新しいこととなる。また、彼らは誠実な後押しがないと馬鹿げているように感じてしまうかもしれない。

　それぞれの言葉について今どのように感じるか尋ね、もしポジティブならワークシートに残す。全ての言葉について振り返り、他に沸き上がってくるものがないか調べる。そしてもしクライエントがある種の言葉の要約を見つけることができたら、それを記録し、主要な部分に付け加える。それはやがてくる処理の段階において肯定的認知となりうるだろう（自発的に生じたものに限って）。もしくは、認知の編み込みとして利用できるかもしれない。

　同定した言葉に関する3回目の振り返りでは、もしクライエントがポジティブに感じ続けていたら、「**それについて考えると、どんなポジティブな感情や身体感覚を感じますか？**」と尋ねる。そしてそれを4〜6往復のゆっくりとしたDASで植えつける。もしクライエントが新しくポジティブなことを見つけ出したら（しばしばそうなる）、それを記録し、彼らがそれをポジティブに出来るだけ長く感じられるように植えつける。あるいは、クライエントが現在の状況についてのポジティブな側面を見つけることができなかった

ら、ポジティブな情報パッケージにつながったり、ポジティブな情報パッケージの連結を強化するような人生の中での出来事に注意を向ける。これが生じると、通常脱感作と再処理を行う前により強化することが必要になる。

◆◆◆◆◆ アクセス ◆◆◆◆◆

　アクセスは、クライエントが自身の内的システムを強化するための資源やコーピング・スキルに接触することを手助けするため、現在の生活を上手く管理するのを手助けするため、そして彼らがEMDRによる再処理をはじめる準備をするところまで強化するために計画された戦略である。しばしば、ひとたびこれらの資源があなたの面接室において同定され、開発され、そして植えつけられると、それはクライエントにとって生活の中で応用するスキルとして極めて役立つものである。

　アクセスの段階において、資源は現実かもしれないし空想かもしれない。理想的には、クライエントが自身の人生において以前に望ましい資源を使用したときを見つけることを手助けするのがよい。もしそれらがなかったら、クライエントのモデルとなる現実もしくは想像上の人物や元型を見つけることを手助けする。それらが見つけられれば、資源を開発し、植えつけ、そしてクライエントが日常生活の中で資源にアクセスし利用する能力を強化するために資源の拡大プロトコルを使用することができる。

対象となるクライエント

　多くのクライエントは自身の外傷的体験によってそれほど圧倒されているわけではなく、基本的な資源の同定のプロトコルを必要とする。彼らは自身の人生に気づいているが、しかしながら、コントロールできなかったり、混沌となったりする。彼らは自身の人生を管理するためのコーピング・スキルを早急に必要としているかもしれない。彼らがある程度のレベルの制御ができるようになったり、対処能力を見つけたりするまで、彼らはEMDRによ

る再処理を行う準備はまだできていないことになる。

アクセスの事例

あるクライエントが私の面接室を訪れ、彼の妻が浮気をしていたことを発見したのだと言ってきた。結果的に彼は、眠ることや食べることや彼の妻と浮気のことが頭から離れず、それらを心の中から追い出すことができなくなっていた。彼の妻が他の男と一緒にいると知ってしまったために、彼は親としての役目を果たすことや仕事ができなくなり、週末を切り抜けるための手助けを必要としていた。彼は、物事は制御することができず、無秩序であると考えていた。私は彼の人生の中で無秩序なことや制御できないことに上手く対処できたときのことを探すために、アクセスの戦略を用いた。私は「もしも」よりは「いつ」を暗示しながら、彼が過去においてそれらの物事に上手く対処できたときのことを尋ねた。綿密に調べ、質問し、彼が既に言及したものについて彼が思い出せるようにすることは、クライエントが出来事を思い出す手助けをするために必要である。この事例では、彼は18歳のときに家を出てひとり暮らしをし、2つの仕事をかけもち、そしてデートをしたことを思い出すことができた。たとえそれが無秩序だろうと、彼の人生の中でその時は確かにあった。私はそれらの体験を開発し、強化し、そして植えつける手助けをするためのRDIの手続きを紹介した。この事例において、彼が無秩序に対処できたり、自信に満ちていることを見せるように動いたり、姿勢や身構えをとったりすることがとても役に立った。私はDASによって、彼の記憶と関連する身体の姿勢や動きを強化した。その後、私は彼のコーピング・スキル、特に、もうすぐやってくる彼の妻が家にいない週末に上手く対処するためのいくつかのスキルを結束させるために、拡大プロトコルを用いた。次の面接までの間に、クライエントはこの介入が自分に物事に対処できることを自覚するために役立ちそうだと言った。週末が過ぎ、彼は少しよく眠れ、食べることができ、彼の妻が他の男と一緒であることを知りながらも週末を乗り越えることができた。この介入が全てを解決したわけではない

が、この介入は彼が抱える制御できない感じを止め、この問題を抱えながらも働くことができるという希望を与えた。

焦点化

　焦点化とは、ターゲットに特化した資源を用いる段階である。クライエントがターゲット記憶を処理するための内的なスキルや強さを持ちながらも、未だワークをすることについての不安や恐怖を持っている場合、トラウマ記憶を再処理する手助けになるだろうコーピング・スキルにアクセスすることを援助することが必要である。ターゲットに特化した資源は直接 EMDR で扱うために同定したターゲット記憶と関連する資源である。これらの資源はしばしばクライエントの望ましい肯定的認知に匹敵したり、それらを強化したりする。拡大プロトコルは EMDR におけるターゲット記憶の再処理のための準備や彼らのコーピング・スキルを結びつけるのに役立つだろう。もしクライエントが自身の問題に対処できるようなスキルを見つけることができなかったら、彼らにどのようにすればいいのかを指し示してくれる人やイメージを探す。拡大プロトコルを繰り返し用いることは、クライエントがそれらの資源を彼ら自身のシステムの中に統合する手助けをするために必要であるし、また、EMDR によるターゲット記憶の再処理の準備をする前に不可欠なものである。

焦点化の事例

　私のクライエントは EMDR によるターゲット記憶の再処理のために特有な問題に焦点化しようとしていた。私たちがアセスメントの段階を迎えようとしたとき、彼女は私を止め、自分で対処できるかどうかわからないぐらいの極度に激しい怒りが出てきたと言った。彼女はセッション中はおろかセッション後も、制御できなくなるのではないかと恐れていた。彼女は自分が彼女自身や他の人、そして私を傷つけてしまうかもしれないことを恐れて

いた。確実に不安が引き起こしたものだった。焦点化の戦略を用いて、私は彼女にこれまでに極度の激しい怒りに対処できたことがあるかどうか尋ねた。彼女はこう答えた。「えーっと、そうですね。あります。私は激怒させられるようなひどい離婚に対処したんですよ」。彼女が自身の激怒に対処できた方法をどんどん思い出すにつれて、彼女の感情や身体的な姿勢や見構えがどんどんポジティブになっていった。その結果、私たちは2回の短いセットのDASを用いることで彼女のポジティブな記憶を植えつけた。彼女のスキルやコーピング能力に焦点化することは、現在の状況について彼女がより優れた視点を獲得する手助けをする。この事例の場合、彼女とかつて彼女が自身の激怒についてどうやって対処したかについて話し合うことは、私たちが扱おうと考えている問題は彼女がかつて対処できたことの近くから生じているわけではないということを認識する手助けとなる。その結果、彼女は「今からその問題について取り組みましょう」と言った。私たちはターゲットを決めることができ、深刻な問題はなく無事に処理することができた。

思い返し

安全な場所と同様に、ひとたび私たちが資源を開発したのであれば、アセスメントの段階をはじめる前に私たちはクライエントに彼らのスキルを思い返すように言う。

Roy Kiessling：今から、あなたが外傷的な問題が映るテレビを見る準備をするために、これらのスキル／強さがあなたと共に電車や、もしくはソファの上に座ってくれるところを想像してほしいのです。問題がとてもストレスフルになったときにはいつでも、それらに手助けを求めることができるということを思い出してください。

追加利益！　標準的なメカニカル戦略（DASを変化させる、刺激を変化させる、処理の手順を変える、など）が失敗したとき、クライエントの処理

が堂々巡りに陥ったり行き詰ったりしたのを助けるために、既成の、クライエントが構成した、大人の視点として、認知の編み込みとして利用することができる。

◆◆◆ クライエントの安定化のために資源の会議室を開発し用いる ◆◆◆

　何人かのクライエントの否定的な信念のシステムは、彼らのエネルギーと注意の全てを奪ってしまう。このような状況の場合、EMDRによるターゲットの再処理は時期尚早である。クライエントは彼らの外傷的問題を扱うエネルギーと時間を持つことができるようになる前に、まず彼らの生活全体を通して再びある程度のレベルでコントロールできるようになる必要がある。効果的な準備を整える戦略として、資源の"会議室"を開発し、それらの資源がクライエントの日常生活に広がるようにする方法がある。

ディスカッション

　この戦略は複雑な手続きをとるが、しばしばクライエントの否定的な信念のシステムが彼らの日常生活に強く影響を及ぼしているときに役に立つ。まずはじめにクライエントが、最初の外傷的記憶（ターゲットのかなめ）を活性化させるような現在の引き金に対処する方法を変化させるのを手助けする"ターゲットに特化した"資源を見つけることを援助する。一度ターゲットに特化した資源が開発されると、それらは否定的信念のシステムに結びつきはじめ、従ってクライエントは引き金を引かれるときに、代わりとなるコーピング・スキルを学びはじめる（状態変化）。これを成し遂げるために、まずはじめに私たちは子どもの自我状態として否定的信念を会議室に招き入れる。私たちはその努力を認め、そして、大人のパーツから成るチームに現在の問題に対処する責務を引き受ける意思があるかどうかを尋ねる。私たちは大人の視点を紹介し、引き金を引かれたときに、クライエントが現在の引き金を大人の視点から見るように手助けする。拡大プロトコルは書きかえや未

来の台本書きの手続きを組み込んでおり、現在の引き金に対処するための大人のパーツの役割を結びつけるのを援助する。

具体例

クライエントの現在の問題は、プレゼンテーションをするときの不安感であった。彼は完全主義によって駆り立てられており、彼の生徒に対して不適切なレベルの責任感を感じていた。

1：会議室を設営する

セラピスト：あなたがある仕事のリーダーになったところを想像してみてください。そして、あなたは今誰もいない会議室に座っています。あなたはテーブルの先頭に座っています。そしてこの部屋にあなたが自分のチームに参加させたいと思う人を1度に1人ずつ招き入れることができます。

2：資源の開発とそれらのイメージ

セラピスト：プレゼンテーションをしているときに、リラックスして、心地よく、自信に満ちていると考えてください。これから、部屋の中に1度に1人ずつ、あなたが自分を助けてくれると思う強さやスキルを招き入れましょう。まずはじめにどんなスキルが入ってきますか？

クライエント：勇気が入ってきました。

セラピスト：勇気はどんな形やイメージをしていますか？

クライエント：ライオンです。

セラピスト：いいですね。あなたとライオンの他にはどんなスキルを参加させたいですか？　そしてそれはどんな姿をしていますか？

クライエント：受容ですね。間違えても、そこから学ぼうという意欲のことです。それは道化師の姿をしています。道化師は間違えることを気にしな

いし、他の人がそれを見て笑えば、自分もそれを笑い飛ばすことができます。そして時々彼らは教えるためにユーモアを使います。彼らはいつもただおどけているだけではないんです。

セラピスト：他にあなたのチームに招き入れたいのは？

クライエント：そうですね。私はより良い責任のバランスを持つことが必要だと思います。どこまでが自分の責任で、どこまでが参加者の責任なのか知ることですね。

セラピスト：境界を引くことができ、どこまでが自分の責任で、どこまでが他人の責任か知ることはどんな姿をしていますか？

クライエント：それは教授の姿をしています。彼は強い境界を持っているんです。彼は他の人に対して献身的だし、その上彼は自分の仕事は自分の能力の最大限を使って教えることと、学ぶ環境を提供することだと知っているんです。彼の授業で何人の人が学んでいるかもまた、彼の責任です。

セラピスト：他に招きたい人はいますか？

クライエント：いいえ。チームはこれで全部そろいました。

3：強化と植えつけ

セラピスト：それでは、今からあなたのチームと彼らが持っているスキルに注目してください。あなたのチームを見るとどんな感覚や感情を感じますか？

クライエント：とても良い感じがします。私は落ち着いていて、彼らの能力に自信を持っていて、そして、彼らが働くのを見て少し興奮しています。

セラピスト：その落ち着いている感じや興奮した感じをあなたは身体のどこに感じますか？　あなたはリーダーの席に座って、自分のチームを見たまさに今、どんな姿勢になっていますか？

クライエント：私は自信に満ちています。まっすぐに座って、少し前かがみになっているのを感じます。（クライエントに椅子に座ったままで姿勢をとってもらう）。

4：植えつけ

セラピスト：あなたのチームを見て、あなたの自信に満ちた姿勢に意識を向けてください。そして私の指を追ってください（DAS：6往復）。今何に気づきますか？

クライエント：とても良い気分です。

5：チームの合意を得る

セラピスト：今からあなたのチームのメンバーに、そしてあなたの目標を達成するために一緒に働いてくれるかどうか聞いてみてほしいんです。

クライエント：はい。みんなチームの一員になることを切望しており、私と一緒に働きたいと思っています。

6：最近の障害の書きかえ

セラピスト：それでは、あなたが難しいと感じた、一番最近のプレゼンテーションをしたときのことを思い出してください。今回は、しかしながら、私はそれを書きかえたいと思っています。もし、あなたのチームがあなたを助けてくれたとしたら、どんな違った感じになるのか見ていただけませんか？（DAS：10往復）今何に気づきますか？

クライエント：そうですね。私は自分が自信に満ちた状態でクラスに入っていくことに気づきます。ライオンが私の前に立ってくれています。私の教授はちゃんと準備ができていることを保証してくれています。私はとても上手く質問に対処しました。事実、私はひとつの答えでミスをしました。しかし、道化師が前に出てダンスをし、笑わせてくれました。彼はそれを利用し、同時にクラスが学ぶことを手助けするための教える道具としてユーモアを使いました。彼らもまた笑いました。私はそれが最終的に、彼らにもっと質問をすることを許すことになることを知りました。彼らは馬鹿

げた質問をすることに少しおびえているように見えたんです。
セラピスト：今感じている体の感覚に特に注目して、それと一緒にいきましょう（DAS：14往復）。今何に気づきますか？
クライエント：もっと落ち着いて、そしてリラックスしていることを感じます。

7：否定的信念を招き入れる

セラピスト：これから完全でなければならないと感じているパーツを部屋に招き入れてください。私たちはしばしばそういった感覚を子ども時代に発達させます。だから、もし部屋の中に子どもが入ってきたとしても私は驚きません。彼はそのとき、完全であることで物事をこなしてきたのかもしれないと考えてみてください。だから、彼は完全であることが自分の責務だと認識したそのときに、どんな環境であったとしても彼は最善を尽くしてきたのだと支持してあげてください。
クライエント：彼が部屋に入ってきました。彼はだいたい8歳ぐらいです。彼は道化師を好きそうに見えましたが、彼は少しおびえているように見えます。
セラピスト：彼に来てくれたことと、これまであらゆる大変な仕事について責任を持ち、完全にこなしてきてくれたことにお礼を言ってください。そして、彼に、今から物事に対処することをあなたのチームに引き継いでもいいかどうかを尋ねてください。そして、彼はもう責任を感じなければならないことはないと伝えてください。
クライエント：えーっと、彼は少し渋っています。しかし、彼はそれについて考えてくれるでしょう。

8：事前に書きかえた出来事を振り返る

セラピスト：いいでしょう。それでは、先ほどあなたのチームと一緒に対処した教室での体験を振り返ってほしいんです。あなたの子どものようなパーツ

にあなたのチームが物事にどうやって対処するのかを見てもらってください。そして彼があなたのチームに物事を対処することを引き継ぐことについてよい気持ちを感じるかどうか見てみましょう（DAS：14 往復）。子どもの反応はどんな感じですか？

クライエント：さっきよりもリラックスしてきたようです。事実、少しホッとしています。

セラピスト：いいですね。あなたのチームが物事に対処する責任を負うことに前向きになっているけれども、もし彼が必要だと感じたら、いつでも参加してもいいと伝えてください。彼は大人はあなたが抱える大人の問題に対処することに前向きだと知っているので、ちょうど8歳になったばかりと考えてほしいかもしれません（DAS：6 往復）。

クライエント：いいですね。彼はそれについて考えています。

9：近い将来の障害を書き直す

セラピスト：それでは、あなたがこれからすることになる次のプレゼンテーションについて考えてください。あなたのチームがあなたが物事に対処するのを手伝ってくれるところをイメージしてください。あなたの子どもは一緒に教室に行くかもしれないし、行かないかもしれません。しばしば8歳の子は教室で教えることや、大人がしなければならないように物事を進めることには特に興味はないでしょう。彼がそうしたければ外で遊んでいることもできます。それではあなたのチームと共に教室で教えるところを想像してみてください（DAS：16 往復）。何に気づきますか？

クライエント：実際に物事は上手く行きました。男の子は一緒に教室の中に入り、しばらくの間教室の中で座っていました。しかししばらくしてから退屈したようで、廊下に出て行って遊んでいました。プレゼンテーションはとても上手くいきました。私は十分に仕事をすることができました。完全ではなかったけれど、満足するものでした。

セラピスト：責任をそれほど感じなくていいことや、完全じゃなくてもいいこ

とはどのように感じますか？
クライエント：とてもいい感じです。
セラピスト：身体に感じていることに注目して（DAS：8往復）。

10：終　　了

セラピスト：それでは、このメモカードを持って行ってください。身につけておいて、毎日それを見て、あなたのチームのことを思い出してほしいのです。あなたが完全でなければと感じたり、責任を負うべきであると思ったりしてしまいそうだと思うときはいつでもカードを見るようにしてみてください。（メモカードにはライオン／勇気、道化師／ミスから学ぶ、教授／境界を引くと書いてある）。そして、来週は物事がどうなったのか振り返りましょう。思い出すことができて物事も上手くいったのか、思い出すことはできたけれども思うほどに上手くいかなかったのか、すっかりあなたのチームのことを忘れてしまっていたのか、ということです。あなたと、あなたのチームはいくらか練習する必要があります。だから、私は毎回上手く対処できることを期待していません。同時に、あなたはもっと新しいチームメンバーが必要であることを発見するかもしれません。もしそうなったら、新しいチームメンバーを招き入れることができますよ。

クライエント：わかりました。最善を尽くしてみます。
セラピスト：いいでしょう。私はあなたが完璧にこなしてくることは期待していませんからね！

11：再評価

議　論：次回のセッションでは一週間どうだったかを振り返る。成功した出来事をターゲットとしてDASを用いて強化する。思うほど上手くいかなかった出来事については、新しいスキルをチームに加えることが必要かどうかを振り返り、チームを用いることを忘れていた場合は、あなたのチームに

第2章　資源の開発の戦略

妨害する人（別のブロックしている信念）がいないかどうかを振り返る必要がある。いくつかの出来事においては、既にいるチームメンバーを追い出して、他のスキルを加えなければならない。

　ひとたびこの事例のクライエントが自信を獲得し、現在の状況をコントロールできるようになると、私たちは彼がどこで「私は責任を負うべきであり、完全でなければならない」という脚本を学んだのかを探す。彼のチームの資源にアクセスし、用いることは彼がプレゼンテーションするときの行動を変化させるかもしれない。これは状態変化である。私たちがEMDRにおいて目標とするのは"特性変化"を達成することである。それ故に、ひとたび私たちが生育歴・病歴聴取の段階を通して総合的なターゲット記憶のまとまりを明らかにしたら、私たちは3分岐のプロトコル（過去のターゲット、現在の引き金、未来の鋳型）に従って、そして標準的なEMDRプロトコルと手続きによって再処理を行い、特性変化を達成しなければならない。

◆◆◆ 処理の段階において資源を認知の編み込みとして利用する ◆◆◆

　今まで私たちはEMDRにおける標準的な8段階のプロトコルにおける、第2段階の準備の段階でクライエントに対して用いる"初期段階に力を入れる"介入方法について議論してきた。資源は、適切に用いられた場合に、効果的な認知の編み込みとしても使うことができる。

　認知の編み込みとして資源を利用することについて詳細を述べる前に、EMDRの鍵となる概念を理解することが重要である。EMDRにおける主要な目標のひとつは特性変化に邁進することであり、状態変化ではない（Shapiro, 2003）ことを思い出してほしい。準備の段階の間、資源は通常状態変化をもたらすものとして効果的である。それらはクライエントがストレスフルな状態に対処するのを支援する。気持ちを落ち着けるために安全な場所にアクセスすることも状態変化をもたらすものである。私たちは、実際には、クライエントが現在の状態不安を変化するのを手助けしているのである。しかしながら、EMDRの目標はクライエントの特性が変化することであり、

つまり、私たちの目標はクライエントが不安になる傾向（特性）にただ対処することではなく、除去することである。

　2つ目の主要な概念は私たちの認知の編み込みの使用と関連する。私たちの目標は適応的情報処理システムを自然に、そして制約されないように機能するのを可能にすることである。クライエントが堂々巡りをはじめたとき、私たちができる限り侵入的でないように介入するためである。私たちはまず眼球運動の方向を変えたり、タッピングや聴覚的なDASに切り替えたりというように外的なものを変化させる。もしもそれらが上手く機能しなかったら、私たちはイメージを感覚に変えたり、感覚をイメージや思考に変えたりというように、処理の様式を変える。それらの方法が全て上手くいかなかった場合にはじめて、私たちは試しに認知の編み込みで情報システムの中に何かを投げ入れることを考える。

認知の編み込み

　私たちの目的のために、認知の編み込み（Shapiro, 2001）とは、凍結したもしくは非機能的な神経ネットワークを、より適応的なネットワークに結びつけるために計画されたということを思い出してほしい。編み込みとは以下の8つの要素を含む。

1：新しい情報を提供する
2：既に持っている情報を刺激する
3：大人の視点
4：「私は混乱しているのですが…」
5：「もしそれがあなたの子どもだったら…」
6：メタファー（隠喩）／例え話
7：「ふりをしてみましょう」
8：ソクラテス的問答法

第2章　資源の開発の戦略

資源は効果的な認知の編み込みの介入へと編成されるために、これらのアプローチへと組み込まれる。

"焦点化された資源"を開発する価値のうちのひとつは、それらがクライエントがターゲットとなる問題を対処するのを援助するのに特化したスキル、強さ、もしくは資源となるからである。そのために、まさにそれらの性質によって、それらはしばしば価値のある認知の編み込みとなる。もしクライエントの処理が行き詰まりはじめたら、クライエントが開発した資源を凍結した記憶のネットワークに結びつけるのを援助することが、より良い介入である。

資源を誤って用いないように気を付けてほしい。不適切に使用すると、資源にアクセスすることがクライエントを処理から離れさせてしまうことになるかもしれない。クライエントが"ストップ・サイン"を用いたら、安全な場所に行くように言い、一時的にクライエントを処理から離れさせる（状態変化。特性変化ではない）。クライエントが安定したら、彼らが処理に戻るのを援助する。これはクライエントの状態を変化させるための適切な資源の使い方である。適切に認知の編み込みが使用されると、資源はクライエントが総合的な脱感作や植えつけに至る処理を動かすのを援助する。これは特性変化である。

事　例

いくつか事例を載せる。最初の事例は資源を認知の編み込みとして利用した事例である。2番目の事例には、資源を使わない方法を載せる。

認知の編み込みとしての適切な資源の使い方

私がこの章のはじめの方に載せた資源に焦点化した事例を思い出してほしい。激怒してしまう恐怖を抱えたクライエントの事例である。彼女は極度に激しい怒りを感じるかもしれないという予期のために、アセスメントの段階

101

をストップした。私たちは以前、激しい怒りに上手く対処した体験にアクセスし、開発し、そして植えつけた。その後私たちは彼女の選んだターゲットの脱感作を再開した。ターゲットを脱感作する過程で、彼女が堂々巡りをはじめたと仮定してみよう。彼女は激しい怒りの恐怖がわきあがりはじめ、繰り返しこう言った「私は対処なんかできない。対処なんかできない」。役に立つ認知の編み込みの戦略は（a）大人の視点：「あなたが離婚する間、あなたの中のどのパーツがあなたの極度の激しい怒りに対処していましたか？ そのパーツは今あなたに何と言っていますか？」、もしくは（b）「私は混乱しているのですが……」：「私たちは以前あなたがもっと激しい極度の怒りにどうやって対処したのかについて話し合いましたよね。私は混乱しているのですが、何故この状況がそんなに圧倒的に感じるのでしょうか？」、もしくは（c）過去の資源を呼ぶ：「あなたがかつて離婚に上手く対処した際に使った利用できる資源を持っていたと仮定してください。どうやってあなたはこの状況に対処しますか？」。これらの介入はどれも凍結したシステムを生きている記憶のネットワークに結びつけることを援助し、処理の存続を可能にする。

不適切な資源の利用法

　クライエントが自動車事故に遭ったと仮定する。インテーク面接で、彼はアメリカ海兵隊のパイロットであり、その時期が彼の人生においてとてもポジティブなものであったと打ち明けた。あなたは彼がアメリカ海兵隊のパイロットだったという特質を植えつけた。あなたは事故をターゲットにしており、記憶の処理は彼が繰り返し「それは私の責任だ。それは私の責任だ」と言うことで行き詰まってしまった。そこで、あなたは認知の編み込みとして「あなたの海兵隊のパイロットと触れ合ってみてください。空を飛んでいるところを想像して、完全にコントロールできているということを感じてください」と言ってみた。そしてあなたは、彼が自分の飛行機で空を飛ぶことを強化した。あなたは何をしたのか？ あなたは彼を処理から抜け出させてしまったのである。彼がよりリラックスした状態になったと報告したとしても、その

介入は彼に特性変化をもたらすことを援助することはなく、彼の「それは私の責任だ」という堂々巡りを打破しない。

効果的な認知の編み込みは「私は混乱しているのですが…」:「私は少し混乱しているのですが、あなたは以前海兵隊のパイロットだったとおっしゃってましたよね？ そのときもあなたはいくつかの間違いをおかしたことがあるのではないでしょうか？ 海兵隊のパイロットだったときは、そのような間違いから学んだり、ミッションを続けたりしたんじゃないですか？」、もしくは、大人の視点:「あなたの海兵隊のパーツは他の誰かが間違いをおかしたときに何と言っていますか？」のどちらかであろう。これらの戦略は、行き詰った要素が適応的な大人の視点に結びつくのを助け、処理を続けることを可能にする。

これらの実例は、どれほど治療における準備の段階において開発した資源が、クライエントが外傷的な題材を処理することを手助けするために役に立つかを示している。従って、あなたがクライエントの資源を開発したのであれば、それらを記述しておき、それらを未来の参照として心の奥底に蓄積しておくと良い。もしクライエントが行き詰りはじめたら、これらの資源はクライエントの処理を再開する助けとして、とても効果的かもしれない。あなたとクライエントが既にそれらの介入を開発していたら、それらは既にクライエントのシステムの一部となっており、すぐに受け入れてくれるだろう。

セラピストの問題　対　クライエントの問題

資源を開発し、統合することはクライエントにとってとても有益なものであり、そしてときにはクライエントがEMDRによるターゲット記憶の再処理をするための準備を整えるのを手助けするのに不可欠なものとなる。多くのクライエントはEMDRによるターゲット記憶を処理するための準備をする前に、それほど多くの（もしくは全く）資源に関するエクササイズを必要としないかもしれない。もしあなたが自分自身が多くの資源に関するエクササイズを行っているおり、それ故にEMDRによるターゲット記憶の処理が

遅れていることに気がついたら、それは本当にクライエントがもっと準備を必要としているためなのだろうか？　"初期段階に力を入れる"ために行っている全てのことが、あなた自身の不安を解消する意味合いを持っているのではないだろうか？　クライエントは途方もない回復力を持っているということを思い出してほしい。外傷的な問題の処理を厭わずに挑戦するということ自体が、クライエントが内的な力強さや回復力を持っていることを証明している。もしクライエントが処理の"谷間に入ること"を厭わず、そして切望しており、彼らが自分自身の感情を抑制することができていたとしても、あなたが EMDR による処理をはじめることに気乗りしていないのであれば、それは多分あなたが完全でなければならないと思ったり、有能でなければと思ったり、抑制していたりする自分自身の問題のためのワークを必要としていることになるかもしれない。あなたはいくつかのあなた自身の資源を開発する必要があるかもしれないし、もしくは EMDR セラピストにあなた自身をみてもらう必要があるかもしれない。

◆◆◆◆◆　まとめ　◆◆◆◆◆

　これらは、あなたの EMDR 実践に組み込むことができる、多くの統合された資源の植えつけの戦略の方法である。資源に焦点化することは、クライエントが日常生活を送れるように安定化したり、EMDR による記憶の処理のための準備を整えたりする援助になる。安定化のために私たちが選択するどの介入方法にも関係なく、それらはクライエントの状態の変化をもたらし、クライエントの内的なコーピング・システムを強化する手助けとなる。私たちはこれらの資源がどのように我々のクライエントを安定化させるため、日常生活をやり繰りする能力を強化するため、そして現行の問題を引き起こし、未来の障害を引き起こすかもしれない特性を変化するのを援助する EMDR を行うための準備を整えるために利用されるのかを概観した。資源の不必要な使用はクライエントが EMDR によるターゲット記憶の再処理を行うことを阻害する。クライエントに資源を具体的に同定させると、ポジ

第２章　資源の開発の戦略

ティブな外的資源は彼らが圧倒される感覚を鈍化することができる。資源に**アクセス**することはクライエントの既に持っている内的資源への注意を描き出したり、もしくは彼らの日常生活をやり繰りする手助けをする新しい資源を同定し、実践する援助をしたりするのに役立つ。ターゲットに特化した資源に**焦点化**することによって、私たちはクライエントがターゲット記憶を再処理する準備を整え、そして不安を引き起こすいくつかの現行の引き金に対処する援助をする。同時に、将来性のある認知の編み込みを開発する。私たちがEMDRの再処理におけるアセスメント段階をはじめる準備をするときはいつでも、クライエントに脱感作の間、特に除反応や処理が行き詰ったときに役に立つだろう自身の資源や安全な場所、容れ物のスキル、もしくは内的な力強さについて**思い返す**ことは有効である。

　基本的なRDIの手続きはFrancine Shapiroの安全な場所の手続きに準じている。資源の拡大プロトコルは基本的な資源の開発と植えつけの過程を取り込んでおり、クライエントの現在の生活状況の中にそれを統合する。私たちはクライエントが**彼ら自身の**日常的なストレスや特別な問題に上手く対処する援助をする資源の会議室を創造するために手続きを拡大し、結合させることを選択するかもしれない。

　この章で焦点をあてている多くの部分は、準備の段階（EMDRにおける標準的8つの段階の第2段階にあたる）において、クライエントの"初期段階に力を入れる"ことについて述べている。私たちは適切に資源を認知の編み込みとして利用する方法にいてもまた概観した。資源を認知の編み込みとして利用することはしばしば堂々巡りを打破するための大人の視点を提供する。

　私はこの章における資源の開発と植えつけの手続きが、あなたがクライエントの準備を整えさせ、そして、EMDRの目標である"最短の時間で、同時にバランスのとれたシステムに組み込まれた安定性を維持しながら、クライエントの問題の核心を突き、そして最も包括的な治療効果を成し遂げる（Shapiro, 2001）"ために、外傷的体験と折り合いをつけることができるようにするための助けになることを願っている。

◆◆◆◆◆ **参考文献** ◆◆◆◆◆

Kiessling, R. (2000, September). *Using a conference room of resources to process past, present, and future issues.* EMDRIA International Conference audio production, Toronto.

Kiessling, R. (2001, December). Resource focused progression. *The EMDRIA Newsletter, 6* (4, pp.35-36).

Korn, D. L., & Leeds, A. M. (2001). Preliminary evidence of efficacy for EMDR resource development and installation in the stabilization phase of treatment of complex posttraumatic stress disorder. *Journal of Clinical Psychology, 58* (12), 1465-1487.

Leeds, A. (1997, June). *Shame, dissociation, and transference – PTSD and attachment disorders* [audio tape]. EMDRIA International Conference. Denver, CO: Audio Productions.

Shapiro, F. (1995). *Eye Movement desensitization and reprocessing: Basic principles, protocols and procedures.* New York: Guilford Press.

Shapiro, F. (2003, September). *Plenary lecture.* Paper presented at the EMDRIA Conference, Denver, CO.

Wildwind, L. (1998, June). *Using EMDR to create and install essential experiences.* Paper presented at EMDRIA International Conference audio production. Baltimore, MD.

第3章

解離性同一性障害(DID)、特定不能の解離性障害(DDNOS)、自我状態を持つクライエントに対するEMDR

ジョアンヌ・H・トォンブリー

　解離性同一性障害（DID）や他の解離性障害（DD）のクライエントにEMDRを用いる際には慎重な適用が必要とされる（Shapiro, 2001）。その際、EMDRのユニークな恩恵を生産的に用いて、トラウマ的な素材を氾濫させて、クライエントを不安定にさせるリスクを冒さないことが求められる。この章では解離的なクライエントの治療の各段階における適用について検討する。DID（以前は多重人格性障害と呼ばれていた）や特定不能の解離性障害（DDNOS）のワークに焦点を当ててはいるが、この章で教えられるEMDRの適用とプロトコルは、他の解離性障害や複雑性PTSDの人たちとのワーク、そして自我状態のワークにも用いることができる。

　多くの臨床家は、EMDRを使いはじめて、自分たちのクライエントの中に突然DIDが発見された後に、DIDの人たちとワークするようになる。その他の臨床家は既にDIDのワークをしていて、その後EMDRを学ぶ。DIDの治療を促進するためにEMDRを使用したいセラピストは、どちらにおいても徹底したトレーニングを受けるべきである。こうした推奨は、EMDR解離性障害課題班が推奨するガイドラインにおいて口を酸っぱくして繰り返されている（Shapiro, 2001）。このような専門技術の理想的な組み合わせは、しばしば実現不可能であるか、実際的ではないことがある。例えば、新しくDIDと診断されたクライエントたちは、長年にわたる確立された治療関係があるため、自分たちのセラピストと治療を続けたいと願う可能性があ

る。他のクライエントたちは、専門家のサービスに支払う資源を欠いていたり、車で通える範囲内に専門家がいないこともある。

　この章で記述された技法やEMDRの適用の多くは、どんなセラピストによっても使用可能であるとはいえ、トレーニングを受けていないセラピストは、トレーニングや他の著作、コンサルテーションによって、本章の知見を増強することが強く推奨される。私自身のクライエント達は、その多くが他のセラピスト達による長年の治療の後に、私のところへ来ている。そして彼らは、有害な種類の治療に、余計な痛み、生活の質の低下、高い経済的コストを費やしてきたのは、まさに自分たちの方であることを、セラピスト達に告げてくれるようにと私に頼む。トレーニングを受けていないセラピストは、本章の題材を適用する前に、最低でも解離性障害のワークについての要約論文（例、Kluft, 2003）を読むべきである。

◆◆◆◆◆　DIDについて　◆◆◆◆◆

　最も新しい研究は、解離性の症状が、乳幼児期にネグレクトを経験したり、子どもの人生の最初の2年間に主たる養育者が情動的に利用可能でなかったり、無秩序型（disorganized）のアタッチメントを示す人々において発展することを示唆している（Lyons-Ruth, 2003）。また研究では、混乱したアタッチメントを示す乳児が、"おびえた、またはおびえさせる"育児に関連して、解離症状を発展させることも示されている（Liotti, 1999）。乳児を遺棄したり見捨てたりする類の家族において、虐待は頻繁に生じている。そして不適切な扱いや虐待はさらなる解離を引き起こす。ネグレクトの土台には、報告された外傷的素材が横たわっていることを認識することが重要である。この土台は愛着障害と一緒に治療されなければならない。

　Chuは顕在的なDIDの表現型を持つクライエントの内的世界や外的表象を以下のように記述している。「人格の交替、解離障壁と解離健忘、内的精神構造とアイデンティティの複雑性……、再体験現象の断続的侵入、それらはフラッシュバック、悪夢、圧倒される感情を含み、身体感覚でさえ慢性的

な不安定さの感覚を助長する……、患者の強い対人関係上の障害、感情的な不安定性、衝動的で自己破壊的な行動を含む性格学的困難さの併発が、進行する破局と混沌の感覚の一助となる」(1998, p.147)

その一方で、DID の多くの表現型はそれほど劇的でもなければ、顕在的でもない可能性がある。ある EMDR 臨床家のところへ紹介されてきた一人の男性は、前のセラピストから、とても上品で、大変有能な専門家であり、彼の 25 年に及ぶ「非常に役に立った」セラピーでは解決できなかった 2 つの行き詰まった領域をケアするために、「ほんのちょっとした EMDR を必要として」いると記されていた。彼は後に DID と診断された。解離性障害の存在する可能性を示す異なった表現型や症状を特別視しないことが重要である。

DID や DDNOS のクライエントは、Kluft の言葉を借りると「多重現実性障害」を生きていることを覚えておくべきだろう。彼らは「いくつかの、並行してはいるが不完全に重なり合っている世界と人生経験の構成物の中で生きている」のである。臨床では、セラピストは以下のことを覚えておかねばならない。

- 治療中に現れる DID の人達のパーツは、一人の完全な人間のように見えるが、そうではない。
- 直接的にはあまり頻繁に呼びかけられないパーツたちは、聞いていないし、彼らはたぶんあなたが教えていることを何も学んではいないだろう。
- 多くのパーツたちは過去で行き詰まっている可能性がある。すなわち、自分たちはまだ子どもだと思っており、自分たちが生まれ育った場所に住んでおり、両親と一緒に、遠い昔の年月の中にいる。

以下のポイントは、Courtois (1999) というセラピストによって指摘されたことであるが、クライエントに理解しておいてもらうことが重要である。

- セラピストは、記憶に関して中立的な観点から臨床実践するようにつとめ

る。
- セラピストは、人間の記憶の可塑性および、歴史的真実とナラティブな真実の間の違いについて理解する。
- 外傷記憶に精力を注ぐ際のセラピストの目標は、統御感と解決を促進することである。

　この章は3つのセクションに分かれており、標準的な段階に沿ったトラウマ治療の3段階毎に解離性障害の治療を要約する。これらの3段階は、Janet（1898）によってはじめられたもので、さまざまな呼ばれ方をしてきた。しかしながら、それらの内容についてはコンセンサスがある（Brown, Scheflin, & Hammond, 1998）。EMDRの適用と使用は、段階毎に詳しく述べられる。
　明確さと一貫性を保つために、以下の用語を用いる。より一般的な「交替人格」や「パーソナリティ」という語より、「パーツ」や「心の部分」という言葉を用いる。というのも、こちらの方が、いかなる知覚された分離も、現実というより幻想に近いことを、クライエントにやさしく思い出させるからである。毎日の生活に主に責任を持っていて、たいていは全員を治療に連れてくるクライエントのパーツを「主人格」と言う。「システム」という語は一人の人の全てのパーツを記述するのに使う。複雑なシステムを有する患者にとっては、特定の「日常生活チーム」が決まっていたり、発達している。日常生活チームは、その容量の範囲内で既に機能しているパーツたちと、ときどき何か有効なものを付け加える他のパーツたちからできている。最後に、Janet（1898）のトラウマ治療の3段階の記述が、各セクションの小見出しとして使用されるので注意されたい。

◆◆◆◆◆ **第一段階：症状軽減と安定化** ◆◆◆◆◆

　治療のこの最初の段階における目下の課題は、その枠組みを確立することである。このことで治療的な関係性の基盤を作り、治療を展開させるように

する。Kluft が注目したように、DID は「破れた境界によって創り出された状態である……（中略）……それゆえ、成功する治療は安定した治療の枠組みと一貫した境界を持っている」(1993a, p.26)。

　この段階において、DID や DDNOS に特異的な課題は、アクセスしやすい心の部分を特定して、彼らとつながりを持つこと（個別に、または主人格を通じて）と、パーツ間の内的なコミュニケーションや協力関係を発展させる（Kluft, 1999）ことである。これらの課題は EMDR の適用によって強化することができる。

　治療のこの段階の間は、クライエントは過去にまつわるあらゆる外傷的な素材も解離し続けることが奨励される。クライエントの中には、最初は失望する人もいるだろうが、トラウマを処理するには、もっと健康な子ども時代を送れば獲得できたはずの新しいスキルを発達させる必要があることを、正しく認識する必要がある。これらのスキルは、感情耐性や自己鎮静、欲求や感情を特定する能力である。この治療段階は、子ども時代におろそかにされたり、妨害されたりしたものを修繕し、発展させはじめる。

　定型的なトランスワークはしばしば不要であるが、催眠的な技術は解離性障害をワークする上で計り知れぬ価値があり、しばしば催眠的な言葉遣いによって促進されるイメージを通じて、しばしば容易に教えられる。Kluft が述べたように、「このように高い催眠感受性を持つ患者は、自発的に解離現象や催眠現象を示し、これらの現象を組み込んだ防衛を用いるので、催眠をふんだんに使った治療なしには、DID を治療することは不可能である」(1994a, p.207)。クライエントはしばしば、時間の喪失や健忘、パーツの交替といった解離的防衛、すなわち治療を要する症状を、治療プロセスを促進するために、事前対策として用いられるコーピング・スキルに発展させることが可能であることがわかって、元気づけられる。

◆◆◆◆◆ **安全な場所のイメージ** ◆◆◆◆◆

　安全な場所のイメージ（SSI=Safe space imagery）は、比較的簡単な、催

眠的な知見に基づいたエクササイズであり（Twombly, 2001）、安定化を促進するために教えられる。そして、これが教えられる最初のコーピング・スキルの一つになりがちである。正規の手続きで行うと、SSIはクライエントの生理学的な反応性レベルを下げ、自己沈静や小康状態を生みだし、外傷の処理を促進する。これは非常に優れたコーピング・スキルであり、クライエントに自己効力感とコントロール感を与えるばかりか、治療プロセスの初期に肯定的な体験を与えることによって、セラピストとクライエントの間の肯定的な愛着を育む助けになる。これが役に立つため、しっかりと紹介する。

　SSIを教えるのに、利用可能なスクリプトはたくさん存在する。しかしながら、解離的なクライエントには自然にトランスに入る能力があるので、催眠的な言葉遣いを用いれば、そのインパクトは高まるであろう。Brown（1990）とKluft（1992）が、筆者のSSI言語と利点についての説明の裏付け情報を提供している。SSIによって得られる恩恵は、以下の通りである。

- SSIは、クライエントがリラクセーションの状態に到達したり、侵入的な考えや感情を阻止したりすることを学ぶのに役立つエクササイズである。
- SSIを学ぶ過程は、クライエントが、（健忘や麻痺といった）解離性の症状を、事前準備として使用することを学びはじめるのに役立つ。肯定的な結果に対する期待を増やすには、彼らの未来の成功を暗示するような根拠が役に立つ。例えば、11歳以前の人生の大部分を健忘しているクライエントに対して、私は「あなたは、11歳より前に起こったたくさんの出来事を、**無意識に思い出さないようにすることが既にできています。今度はあなたが、それらを意識的に思い出さないようにすることを学んでみましょう**」と言える。この種のコメントは、クライエントのやっかいな症状が、彼らが回復のプロセスを助けるために用いることを学ぶ能力であると、リフレームしはじめる。
- SSIは、トラウマの処理の最中に、度を超した否定的感情から小康状態を生み出すという点でも、セッションのトラウマを処理する部分の後に、クライエントを落ち着かせるのに役立つという点でも、有効なスキルである

(Shapiro、2001)。
- 実際に、日常的な SSI の使用は、時間と共にクライエントの生理学的な反応性レベルを下げるのに役立ち、その結果、全般的にクライエントの感情をより穏やかにする。
- 心と身体について知り尽くした専門家は、誰でもある種の瞑想や SSI、漸進的筋弛緩を毎日行うべきであると述べている。彼らは、それによって免疫系を強化することによって、私たちは身体的に健康になると言う。これは、クライエントにこのエクササイズを行うための、外傷基盤でない理由を与えることによって、SSI の使用を正当化する。セラピストでさえ、今すぐそれをするべきだろう！
- 侵入体験がしょっちゅう起こっているなら、将来の発展可能性を予測して、学習過程の一部として侵入症状を妥当化することで、他の状況では失敗と受け取られかねないものを超えて、苦痛が下がるだろう。侵入症状が生じかねない否定的暗示を、そのつもりがなくても与えてしまう代わりに、このように言うことが有効である。「このプロセスは、他の人々には違ったやり方で働きます。ある人はすぐに安全や快適さを感じるような安全な場所を見つけます、他の人たちは侵入症状を経験し、それらを阻止することを学ぶ必要があるかもしれません。どちらに転んでもそれでいいのです」
- SSI の多くのスクリプトは、クライエントが目を閉じることを求めるのだが、この最中に目を閉じることや、開けっ放しにすること、処理の最中に体験することについては、自由な選択権が与えられる。このことは、クライエントに自分たちにとって正しいことをする許可と、子ども時代のように無理矢理従わせられたという回想的な服従に対する安全弁を与えることになる。
- クライエントは、セラピストが学習過程を助けることができるように、エクササイズの最中に、いつでも話すことがあるといわれる。クライエントの中には、自分たちの安全な場所を秘密にしたいと要求する人がいるだろう。こうしたことが必要なときは、安全な場所はどんなところであれ、決して誰も傷つけられたことのない場所であり、子ども時代からのものでは

ない場所であることの重要性を、クライエントに思い出させる。彼らは、パーツたちの誰かにとってうまくいかないものがあるかどうか、または疑問があるかどうかを、セラピストがすぐにわかるようにしておいてほしいと言われる。またセラピストがプロセスの最中に、クライエントを定期的にチェックすることも重要である。

説明が終わったら、解離性障害のクライエント用に特別にデザインされた以下のプロセスを開始する。それは具体的で、彼らを肯定的なイメージに向かわせ、選択を提供する。選択の利用可能性は、侵入症状を回避するための苦闘によって、イメージを生成する能力や、可能性を想像する能力が損なわれたクライエントにとって特に有用である。

セラピストがよくやる失敗は、解離性障害のクライエントに（または、自我状態ワークのときでさえ）、SSIを行うときに、その全てのパーツたちが自動的に含まれていると決めつけてしまうことである。もしそんなことがあったとしても、これは極めて稀なことである。パーツたちは呼びかけてもらう必要があるか、またはコミュニケーションが自分たちに申し込まれるとは思ってもいないだろう。安全な場所をセッション中に上手に開発したクライエントでも、しばしば後のセッションではそれにアクセスできない。そのことによって、まだ特定されていなかった自我状態や、子どものパーツたちが邪魔をしており、彼らはあらゆるリラクセーションが破滅を運んでくると信じていたということがわかることがある。

SSIを創造的に使用することで、治療プロセスを援助することが可能である。以下に例をあげる。

- 現在への意識付けは、現在についての具体的な情報（例、今月のカレンダーや今の我が家の写真）を加えることや、後催眠的な暗示のコメントによって促進することが可能である。「安全な場所では、物事がどのように違っているか（現在における vs 過去における）について、ますます多くのことを学ぶでしょう」。

- セラピストへの愛着や対象恒常性は、想像上のカレンダーで約束の日付に注意を向けることや、想像上のセラピストの写真によっても促進することができる。SSI はセッション内でセラピストと一緒に開発されたり、セッションとセッションの間で用いられたりするため、容易にそれ自体がある種の移行対象となるからである。
- 成長や学習は、安全な場所に必要なものは何でも組み込むことによって促進される。例えば、頭をガンガン打ちつけるパーツのために開発された安全な場所は、完璧に頭がクッションされる壁を取り入れたので、そのパーツが頭を打ちつけるたびに、彼は「今は違うんだ、私はもはや自分自身を傷つけることを許されていないし、誰も自分を傷つけないんだ」ということが思い出された。
- 主人格は、自分自身の安全な場所を開発することができないほど幼いか、苦痛に打ちのめされた他のパーツたちのために、安全な場所を開発することができる。これらの安全な場所は、フラッシュバックの症状があるパーツたちをなだめたり、あるいは仕事中など相応しくないときに爆発する可能性のあるパーツたちを格納しておいたりするのに用いることができる。

◆◆◆◆◆ 安全な場所のプロセス ◆◆◆◆◆

前述したように、解離性障害のクライエントは催眠感受性が高いため、無意識的に催眠現象を利用して解離的な防衛を発展させてきている。このため、SSI のプロトコルはトランスの恩恵へのアクセスを促進するような催眠的言葉遣いを組み込んでいる。例えば、イメージ促進（increased imagery）や問題解決の促進（increased problem solving）がある（Brown & Fromm、1986）。

SSI のワークをクライエントとはじめるには、2つのやり方がある。第一に、全てのパーツたちに同時に安全な場所の開発に関わってもらう方法である。この方法はセラピストとの関係が、同時に課題に取り組むことが可能なほど十分に安全であるときにうまくいく。第2に、他のパーツたちが見ている間

に、一つのパーツに最初に自発的にやってもらう方法である。このアプローチは、過覚醒の状態のままでいる必要がある防衛的なパーツたちや、疑い深いパーツたちがいるときにうまくいく。パーツたちは、「注意して見ていてください。そうすれば他のパーツたちが、SSI のやり方を学ぶ手助けをすることもできます」と言われる。過覚醒状態でいるという彼らのニーズは、回復の任務において用いられる。内的なコミュニケーションや内的な協力がサポートされる。加えてこのアプローチは、毎日の生活に対処するために SSI を用いるやり方の、一つのひな型となる。例えば、一つあるいはそれ以上の惹起されたパーツたちが、他のパーツたちが日常の生活状況（子育て、仕事、運転）を何とかやりこなす間に、自分たちの安全な場所を用いるようにする。

やり方その１：「私たちは一緒に SSI のワークをするつもりです。私はこのワークをしようと思っているあなたの全部が私についてこれるようにします。私たちがエクササイズをやっている間は、みなさんは私に何でも質問して構いません。そして、もし助けが必要なら、すぐに私に教えてください。オーケー。ではあなたの全部が、一緒にでも別々にでも構いませんから、以前に安全だと感じたことのある場所か、安全だと感じたい場所を教えてください」。グループにフィットするように、言葉遣いを調整し続ける必要がある。重要で注意すべき言葉遣いは、「あなたの全部」という言い方である。このフレーズはこれまでにわかっている全ての部分を含んでおり、まだ見つかっていないパーツたちが聞いている可能性もカバーするからである。私は「進んで協力してくれるパーツたち」にも頼んでいる。このことで意見の衝突の見込みを減らし、「進んで協力しない」パーツたちにも、より敬意を表することになる。進んで協力する気のないパーツたちや、エクササイズをする準備ができていないパーツたちは、SSI をする必要はない。

クライエントの中には、安全な場所のイメージが簡単に浮かぶ人たちがいる。そうでないときは、しばしばいくつかの提案をすることが役に立つ。私はしばしば、各々のパーツたちのために自分自身の空間があって、パーツたちのグループが一緒に来ることができる共有の部屋があるような、コンドミニアムの建物を想像するように提案する。これは、現在や未来におけるコミ

第3章　DID、DDNOS、自我状態

ュニケーションを可能にし、同時に個人のニーズにもこたえるような安全な場所の一例である。ときには、もっと遠くに離れることが必要なケースもある。例えば、あるクライエントのパーツたちは、違う惑星に安全な場所を作った。この人のパーツたちは、どんな親密さにも耐えることができなかったにもかかわらず、ある程度の内的な協力関係と、空間へのパーツたちのニーズを同時に尊重して、エクササイズが行われた。これによって、内的な関係性の発達が促進される。

やり方その2：「誰かこの安全な場所のエクササイズを、みんなを代表して試してみたい人はいますか？　オーケー。私はこれからメアリーに、直接話すつもりです。そして他の皆さんは、エクササイズをどうやってやるのか聞いたり見たりすることで、後でお互いに助け合ってそのやり方を学ぶことができます」。

SSIを開発する標準的な言い回しは以下の通りである。クライエントにイメージが浮かぶ機会を与えるために沈黙を挟み、セラピストは定期的にクライエントに何が起こっているかを聞くべきである。

- 「子ども時代に由来しない空間や場所を選んでください……」：多くの人達は子どものときに安全を感じたことがある場所を持っているが、必然的に彼らは家に帰ると、そこで虐待されていた可能性がある。実際、こうした安全な場所は速やかに汚染されてしまう。
- 「……そこでは悪いことは何一つ起こったことがありません……」：ときどき、最も安全なときは、虐待された直後だったということがある。そして、彼らは夜休んでいる間に再び起こらないことを夢見ている。こうした安全な場所も急速に汚染されてしまう。
- 「……それは、以前に安全を感じた場所や、または安全だと感じられそうな場所、完全にまたは部分的に作りあげられた場所か空間で……」：目標となるのは、肯定的で、静かで、リラックスした身体的状態であり、事実についての正確さではない。あるクライエントの安全な場所は「どこでもない」で、彼女がどこにもいなければ、誰も自分を傷つけることができないから

という理由だった。ときには、安全な場所がクライエントにとっては意味があっても、セラピストにとっては否定的に思えるかもしれない。あるクライエントの安全な場所は棺桶の中であった。もし虐待者が、彼女は死んだと思えば、もう自分を捜さなくなるだろうからという理由だった。目標は安全やリラクセーションの感じられる身体感覚なので、これらの安全な場所は申し分ないと言える。例えば、セラピストが快適感を加えるような提案をすることも、しばしば役に立つ。棺桶を広くして、中に柔らかい毛布や枕、スナック菓子を持ち込み、新鮮な空気を供給する装置をつけることができる。

　イメージやプロセスが、クライエント自身から出てくるのがベストである。ときには、プロセスを一緒に行う必要がある。私は暗示をするために、クライエントについて知っている情報は何でも使う。それは浜辺であったり、山頂や島、他の惑星、または音楽や柔らかい毛布に包まれているところであったりする。暗示はしばしば、クライエント自身のイメージやアイディアが浮かんでくるのを助けるようである。

- 「自分がその安全な場所にいると想像したり、そこに身を置いたりしてみて……」：可能性のあるあらゆる場所がクライエントに浮かんでくるような言い回しを用いる。例えば、「さあ、ではメイン州の砂浜にいるところを想像してみて、または柔らかい毛布にくるまって暗闇に包まれているような場所に身を置いてみて……そしてあなたの全ての感覚を用いて見回してみましょう」。できるだけ多くの感覚を用いることで想像を強化し、体験を深めることができる。そして、そのことがエクササイズのインパクトに肯定的な影響を及ぼす。

- 「……そこにいることが安全であるような場所について、何でも全部に注意を向けて……」：肯定的な暗示は有効で、クライエントが肯定的なイメージを浮かべる可能性を高める。イメージや体験過程を深めるには、クライエントが体験していることを強調することが役に立つ。例えば、クライエントは浜辺に一人いることに注意を向けて、太陽を感じ、カモメの鳴き声を聞くことができる。セラピストはこのように言って強調することができ

る。「そう、あなたは浜辺にいて、太陽を感じ、カモメの鳴き声を聞くことができます」。またそうすることで、クライエントはあなた（セラピスト）がそこに一緒にいることがわかるようになり、体験を分かち合い、治療関係の進展を促進する（Brown & From, 1986）。次のステップは侵入症状を予期して、クライエントにそれらの扱い方を教えるプロセスを開始することである。

- 「あなたの全部の感覚で、安全な場所をぐるりと見回してください。そして、あなたが見る（聞く、嗅ぐ、味わう、触れる）ものの中で、あまりよくないものがないか気を付けていてください。そして、もしあれば、ただ見回して、見れば見るほど、あなたが見る（聞く、嗅ぐ、感じる、触れる）ものの中に、何か役に立つものや、助けになるような考えが出てくるでしょう……」。この言い回しは、さらに肯定的な暗示を与え、同時にイメージや問題解決へのアクセスを促進するトランスの力動を利用する（Brown & From, 1986）。しばしば非常に浅いトランスにおいてさえ、こうすることで、結果的にクライエントは辺りを見回して、何か役に立つものを見つける（聞いたり、嗅いだり、感じたり、触れたり）ことができるようになったり、あるいは役に立つ考えがクライエントの心に浮かんできたりする。「あなたは何に気づいていますか？　それに焦点を当てて、そして何が変化するか気づいてください。どんな考えが心に浮かんでくるでしょう？　それに焦点を当てて、何が変化するか気づいてください……」と尋ねる。ときには、気づいているものの意味がわからず、トランス論理の催眠特性が効果的なのかもしれない（Brown & From, 1986）。

クライエントに、明らかに外傷的なイメージに焦点を当てさせてはいけない。あるクライエントは、浜辺にいるところを視覚化して、周囲を見回していると海が血に変わった。私からクライエントに選択を申し出るときもあり、その場合は以下ように言う。「この安全な場所でワークを続けますか？　それとももっと安全な新しい場所に移動しますか？」。また、安全な場所が、あまりに汚染されていると思われるときもある。そんなとき私は「この安全な場

所から、遠く離れている自分に気づくでしょう。そして、そこはますます遠く、遠くへと離れていきます。そして新しいもっと安全な場所に、どんどん近づいていきます」と言う。

　侵入が生じたとき、全部の感覚を使って辺りを見回しているクライエントは、かなりの頻度で何か助けになるものに気づくだろう。セラピストは、「○○に焦点を当てて、何が変化するかに注意を向けて……」と言うことができる。しばしば侵入は、消え去るか、減少するだろう。侵入がある程度残っているなら、自我強化のコメントを用いることでクライエントの進歩が強化される。「あなたはこのテクニックを、まさに今学んでいます。そして、既にその侵入をある程度、追い払うことができています……」。クライエントは次に、辺りを見回し続けるように教示される。すっかり侵入を追い払ってしまったクライエントには、より包括的な自我強化の陳述を与えることができる。

　侵入を追い払えなかったクライエントは、注意深く見たり聞いたりすることが必要である。これが起こったら、より安全にする何かを加えたり、引いたりするような暗示をすることによって、彼らとワークする。これによって、クライエントが自宅でSSIをワークするときに、侵入を扱うための問題解決のプロセスを教える。

1. 「最初に辺りをぐるりと見回してください。そうすると何かを見つけるでしょう……」
2. 「または、考えがわき起こってくるでしょう……」
3. 「または、何かを加えたり、引いたりすることを試すことができるでしょう……」
4. 「それがうまくいかないなら、新しいもっと安全な場所に移りましょう……」
5. 「ときにはそれを絵に描いてみることが役に立ちます。そして次に改善した絵を描きましょう……」
6. 「それがうまくいかないなら、またはその途中のどこかのステップで、あまりにも怖くなってしまったなら、起こったことを書き出しましょう。そ

第3章　DID、DDNOS、自我状態

して、次のセッションでそれについてワークしましょう。これはあなたに侵入がどのように起こるのかについての情報を、私たちに与えてくれます」。この言外の意味によって、失敗のように見えるものでさえ何でも役立つものになり得るのである。

いったんクライエントがどんな侵入にも対処して、平和で静かなリラクセーションの状態に到達したなら、以下のように言って続ける。
「あなたはただそこにいて落ち着いていることができます。そして、全ての感覚を（クライエントが特定したものは何でも）吸い込んだり、これらの感覚を感じたりすることで、身体の深い内部の全ての細胞まで落ち着いていきます……」。クライエントが自分たちの体験を描写するために用いる語彙を使う。例えば、クライエントが音楽に包まれて、平和で静かな感じであると描写したら、セラピストは以下のように言う。「そこで音楽に包まれて、平和と静けさを感じながら、ただ落ち着いていてください」。

研究では、トラウマは細胞レベルにインパクトを与えることが示されている（van der Kolk, 1994）。この暗示は、細胞の修復の可能性を暗示するためになされ、身体は以前に可能であったよりも、もっと深いレベルでリラックスすることを学んでいるというメッセージになる。

エクササイズを終える前に、後催眠的な自我強化のコメントを以下のように行う。「あなたは、まさにこれを学びはじめています。そして、既にあなたは本当にリラックスできる環境を作り出すことを学んでいます。時間の経過とともに、日常生活でもSSIを用いるもっともっとたくさんのやり方を見つけるでしょう……。または、SSIを練習し続ければ、侵入を打ち消すたびに、ますます心地よくなっていくことに気づくでしょう……」。これらの肯定的なコメントは、クライエントがトランスに入る見込みに応じて、より大きなインパクトを持つ可能性がある。

エクササイズの終わりに、「あなたにとってやりやすいやり方で、安全な場所からこの面接室まで、自分自身を連れ戻すことができることに気づくでしょう……」。これによって、クライエントに安全な場所にいる、あるいはそこ

から抜け出すこと以上のコントロールを与える。これを忘れないことが非常に重要である。次にセラピストは、クライエントにニクササイズについての質問やフィードバックがあるか尋ねる。最後にクライエントは、ストレスを感じていようといまいと、毎日 SSI を練習するように教示される。

◆◆◆◆◆ **コーピング・スキルの植えつけ** ◆◆◆◆◆

　SSI や他のコーピング・スキルを、二重注意刺激（DAS）の短いセットを用いて植えつける。クライエントの課題は、植えつけの間、肯定的な感情やスキルの知識に注意を保持し続けることである。長いセットは外傷的な素材を活性化させるリスクを招くため、短いセットを用いる。私は 3 から 5 セットの交互刺激ではじめ、クライエントが肯定的な感情を保持するのに成功すれば次のセットで長くするし、失敗すれば短くする。練習によって、クライエントは進歩し、より上手に肯定的なものを保持するようになる。この植えつけのプロセスは、知識を結集させるようであり、未来においてもっと簡単にアクセスできるようにする（Shapiro, 2001）。他の自我状態やパーツたちへの、コーピング・スキルの伝達を促進するために（パーツが喜んで情報を受け取る場合には）、DAS を用いる。コーピング・スキルの植えつけと伝達は、EMDR の簡単で脅威のない導入となる。

　標準的なリソースの開発と植えつけ（RDI）も役に立つ。「RDI は一連の EMDR に関連するプロトコルであり、もっぱら機能的（肯定的）な記憶ネットワークの中にあるリソースへの結合を強化することに焦点を当てている。さらに機能的でない（外傷的な）記憶ネットワークを、あえて刺激せずに行える」（Korn & Leeds, 2002, p.1469）。また、開発されたリソースは、情報を受け取りたがっているあらゆるパーツたちに、DAS によって伝達することが可能である。

　ここで詳細に呈示される 3 つの EMDR の適用（Twombly, 2000）は、現在の日時への意識付けと、生活の意識付けの植えつけ、身長への意識付け、そしてセラピストやセラピストの面接室の植えつけである。それぞれ DAS

第3章　DID、DDNOS、自我状態

によって促進される伝達を利用しており、解離性障害のクライエントとの私の面接を通して開発されたものである。これらのテクニックは、内的なコミュニケーションや協力を促進し、不安を低下させ、現在へのグラウンディングを増加させ、陰性転移を減少させるように働く。これらは順応していないパーツたちがいないクライエント用のプロトコルに沿って呈示される（Fisher, 2000）。

　タイミングを計ってこれらのテクニックを使用することが重要である。これらのテクニックは、外傷的素材の解離を妨害しないにもかかわらず、システム全体の現在についての知識や気づきを増加することができる。ときには、これは苦痛を引き起こす。Loewenstein が指摘したように、"MPD 患者にとって、注意の焦点を限定することは、しばしば解離を強度に維持することを助けるため、より気づきが大きくなるようなどんな動きでも不快気分として体験される可能性がある"（1993, p.63）。そのような力動が存在するときは、これらのテクニックの使用は延期しなければならない。

◆◆◆◆◆　**テクニックその１：**　◆◆◆◆◆
現在の日時と生活への意識付けの植えつけと伝達

　多重現実性障害の固執性を認識することは困難であり、それは長きにわたって治療を受けてきたクライエントにおいてさえ同様である。私のこの認識は、大成功に終わったトラウマ・ワークを行った複雑なシステムにおいて、高度に統合された子どものパーツによって高められた。このパーツが正しい年を知っていて、面接室と彼女のアパートがマサチューセッツにあることを知っていたとしても、彼女はいったん面接室を出ると、過去の状況や原家族の状態に歩いて行ってしまう。この信念は、彼女に過去からのかなりの危険に晒されていると感じさせ、外傷的素材を処理しようとする現在の努力を妨害する。この経験に従って、私は綿密に同様の不一致を探しはじめた。さらに、不安を低減させたり、現在と過去に差異を認めたりするクライエントの能力を増すという目標を持ったこの介入を用いてきた。

A．主人格または順応しているパーツたちと一緒にはじめて、以下の全部またはいくつかについて話し合う。

1．今が何年かどうやって知るか
2．彼女らが最後に虐待されてからどのくらいの年月が経っているか
3．彼女らが安全だと感じられるように、どうやって生活を営んでいるのか。例えば、
　a．どこに住んでいるのか
　b．彼女らの夫（妻、ルームメイトなど）が自分たちを虐待しないことをどうやって知っているのか
　c．彼女らが運転していく職場

　過去と現在の間の具体的な差異を特定することは、クライエントが現在と過去を区別する役に立つ。差異の言語的なリストに加えて、主人格に写真か動画で情報を視覚化させる。そうすることで、主人格は、自分たちが引っ越してから現在に至るまでの家での歴史について、視覚的に詳細な写真や、通しで再生されたビデオを視覚化するかもしれない。視覚的情報処理は、言語を用いないパーツたちに伝達する助けになるし、時間の流れの次元を付け加えて、伝達の真実性を増強する。ときには、集められた情報が、ターゲットとなるパーツたちにあわせて調整される必要がある。例えば、子どものパーツたちは、子どもらしい観察に対して、より十分に反応するかもしれない。彼女達の願いやニーズが、過去に比べて現在においてどの程度聞き届けられ、応えられたかを象徴するので、あるクライエントは子どものパーツたちが欲しがるときにはいつでもココアをあげるように植えつけた。

B．過去と現在の間の情報が詳述されリスト化された後に、セラピストはそれを DAS で植えつける。このプロセスは黙ってやっても構わないし、主人格がその情報を声に出してもいい。声に出して情報処理を行う利点は、不足している情報をセラピストが付け加えたり、侵入がないことを

明らかにできたり、自発的に出てきた追加の情報を即座に植えつけることができることにある。

C．パーツたちが情報を信じてくれるという期待を捨てて、その情報を割り当てる対象となるパーツたちに、それを受け取るのにオープンであるよう頼む。例えば、「サラがあなたたちに渡そうとしている情報を見たり聞いたりするのに、スージーとバッドはオープンになってくれるかな？ あなた達は彼女を信じる必要はなくて、ただそれを受け取ってくださいね。いったん、それを受け取ったら、浮かんだ疑問はどんなことでも尋ねてくれて構いません。あなた達がここを去るときには、あなた達自身でその情報をチェックしてください。来週、あなた達が賛成するものとしないものについて尋ねるのを、とっても楽しみにしています。はじめる前に質問はありますか？」と言う。正確さについての言い争いは、信じることを期待しないことで最小限になる。

　エクササイズの潜在的なインパクトを拡大する利点のある別の方法は、より包括的な言い方にすることである。「スージーと、バッドと、そしてこの情報を必要としている他の皆さんにお聞きします……」

　ときどき、解離したシステムの中の、どのパーツが情報を受け取っているかがはっきりしないことがある。この場合は、教示はもっと一般的になる。例えば、「パーツたちは、この情報を見たり、聞いたり、受け取ったりするのに、オープンになっていただけますか？　あなた達はそれを信じる必要はありません。あなた達は、後でそれをチェックすることができます」。

D．主人格か他の順応しているパーツたち、あるいはその両方に、情報を受け取るべきパーツたちに伝えるよう頼む。DASはパーツ間のコミュニケーションを促進するようなので、このステップにおいて伝える最中に用いられる。DASを連続的に用いるか、それぞれのアイテムを別々に伝えるのに用いる。

E．主人格か他の順応しているパーツたち、あるいはその両方に、プロセスがどんな風に進んでいるかを尋ね、情報を受け取ったパーツたちに質問

がないか訊く。パーツたちが疑惑を口にしたり、「だまされている」と感じたりするのはよくあることである。その代わりに、パーツたちは用心深い安心を感じるかもしれない。
F．宿題は、主人格か他の順応しているパーツたち、あるいはその両方が、その情報をチェックして、同時に具体的で細かい証拠を指摘することによって、そのプロセスをサポートすることである。例えば、「ここに緑のシャッターがついた私たちの白い家があります（私たちが育ったレンガ色の家ではありません）」。
G．次のセッションでフォローアップする。

　例：ある女性のクライエントが、長期間にわたる不安障害の治療を受けに来た。彼女は長期間の治療を受けていたが効果を感じていなかった。DIDの診断がつくと、ほとんどのパーツたちがまだ1970年代に生きており、自分たちが育った家で、虐待を受けて恐怖におののいていると思っていることが明らかとなった。パーツたちが現在に意識付けられるようになるにつれて、最初は疑っていたものの、パーツたちの不安は明らかに下がった。
　例：41歳の男性で、20年間も大学での最初のクラスを取り続けている。彼は家に持ち帰って行う課題を完成させることに四苦八苦していた。内側に尋ねると、あるパーツが宿題をするのを邪魔して、子どもの頃に母親から受けた否定的な反応から、彼を守ろうとしているという情報が得られた。主人格は、母親がどれほど変わったかについて具体的証拠を特定した。母親は彼のクラスの課題に興味を示しており、彼が良い成績を取ると褒めるようになっていた。この情報と、こうしたやり取りの視覚化が植えつけられ、そのパーツにDASで伝達された。主人格は、そのパーツは議論した末に、一度試しに体験してみるということで、彼が家で課題を完成させるのに賛成すると報告した。すると12歳のパーツが現れて、自分の目で母親の反応を確かめることに同意した。そして、あくびをしはじめ、疲労の波が押し寄せてくるのを感じた。彼は、リラックスできたと感じたのははじめてのことだと説明した。

第3章 DID、DDNOS、自我状態

　例：子ども時代に多くの外傷的な手術歴がある女性が、現住所と、今住んでいる家のインテリアに関する細々したことを植えつけて、伝えた。このDASによって促進される伝達プロセスの最中に、いくつかの子どものパーツたちが、まだ病院で生活していると信じていることを暗示するような侵入的イメージを体験した。パーツたちが信じることを期待しないし、単純にその情報を受け容れることを期待しないことを、パーツたちに思い出させた後に、彼女は今日の日付の視覚化を伝えて植えつけることができた。次のセッションまでの間に、彼女は電話をかけてきて、こう言った。翌朝、エーテルの臭いがして目が覚めた。内側に、アパートを一巡する間、眺めているように頼むことで、もう一度「現在」を植えつけ直した。DASには散歩を用いた（Grand、1998）。次のセッションまでに、彼女は今やもっと完全に自分のアパートを見ることができるのに気づいたと報告し、目隠しをしているかのように自宅をいつも部分で見ていたことを実感し、全般的な不安レベルが減少したことについてふれた。

　例：子ども時代に砂浜で虐待された、ある成人のクライエントが、砂浜を散歩している最中に、突然不安になり吐き気を催した。原因について自分で内側に尋ねたが、誰も返事をしなかったので、教養のある人物に相応しい推測を立てた。それは、過去と現在を混乱しているパーツが、少なくとも一人は存在するというものだった。心配しているパーツたちに、自分の言うことを信じる必要はないことを宣言し、ただ見たり聞いたりするだけでいいと頼んだ後に、彼女は植えつけを行い、次のような陳述と写真を伝達した。それらは、この砂浜がどんなに過去の砂浜と違っているように見えるか、そして彼女を虐待した叔父は、25年前に亡くなっていること、彼がとても年老いているときの生前の最後の姿の写真、そして彼の墓地の光景であった。彼女は即座に安心し、散歩を続けられるようになった。

　上の例のように、クライエントは過去を思い出させるものによって引き金を引かれたとき、自分自身でこのテクニックを試してみることを奨励される。セッション外でこのプロセスを用いるときに伝達を促進するためのDASとして、クライエントは両側性のタッピングや、ウォーキング、両側性の動作、

立って体重を交互にどちらかの足にかけること（Withers, 1999）を用いることができる。明らかに、このテクニックには、少なくとも一つのパーツが、現在の現実にしっかりと足をつけていることが必要である。このテクニックが上手く働かないような人たちは、全体的にあまり地に足が着いていないか、現在についての事実を適度に特定することができるパーツたちを欠いているのだろう。

◆◆◆ 順応しているパーツがいないクライエントのためのプロトコル ◆◆◆

　このプロトコルは、順応しているパーツがいなさそうなクライエントや、急速なスイッチングのせいで連続性を保つのが困難になっているクライエントにとって、非常に役に立つ（Fisher, 2000）。Fisherは、クライエントを立たせて、DASとして両側性の動作（左右にステップする）を用いることを推奨している。両側性の動作は、継続して声をかけるセラピストによって真似され、クライエントが反復される以下の言葉との組み合わせに方向づける。「私はあなたの全部が、私の面接室で現在にいてほしいと思っています。そして、あなたの全部が辺りを見回して、それが何に似ているかに注意してほしいと思います。ここには○○（具体的な細部にいくつか言及してください）があるので、あなたは私の面接室にいると言うことができます。そして、私たちは2人とも一緒にここにいて、今この瞬間に何も悪いことは起こっていません。あなたの全部が、足が床についている感覚を感じ、あなたの踵、脚、服の感じを感じてほしいと思います。そして、あなたの全部が周囲を見回して、確かに私の面接室にいることに気づいてほしいのです。今はX年（年を述べる）で、今この瞬間は万事がオーケーです。ただぐるりと見回して、誰もがただ見回し続けていてください。そうすると、私の面接室でここにいることが何に似ているかわかってきます。今この瞬間に特に悪いことは何も起こっていないことがわかります。もし少しでも緊張を感じたら、そこに注意を向けて、それがやって来て、通り過ぎていくのに任せることができます。ただそれに気づいていてください（マインドフルネスを増す）……」。

第3章　DID、DDNOS、自我状態

　私はこのエクササイズを、毎回のセッションで5～10分することを推奨する（たいていは、クライエントが耐えられる程度による）。そして十分な数のパーツたちが、他のコーピング方略を学びはじめるよう意識付けられるまで続けられる。

　このプロトコルは、無方向であったクライエントのシステムが方向付けられはじめ、地に足がつきはじめる役に立ち、全システムにまたがった現在への気づきを開発しはじめるのを助ける。自分のシステムと非常に貧弱な連絡しかなく、どこにも安全な場所がないと文句を言っていたあるクライエントは、数回のセッションの後に、私の面接室でくつろぎはじめ、彼女自身のより大きなパーツが現在にあることに気づき、自分のシステムのより大きなパーツとコミュニケーションを持ちはじめた。

◆◆◆◆◆　テクニックその2：　◆◆◆◆◆
身長への意識付け

　意識付けは、たいてい時間の観点（過去 vs 未来）から考えられているのだが、個人の身体的な大きさにも適用される。子どものパーツたちは、しばしば自分たちを子どもの大きさであると体験している。身長への意識付けは不安を減少させ、子どものパーツたちに、現在は過去とはすっかり違っていることを伝えるもうひとつの方法として、具体的な根拠を与える。

　子どものパーツたちは、自分から体験を試してみるか、あるいは大人のパーツたちと一緒に共意識になって、そうしたサポート付きで、例えば本棚の一番上の棚のような何かに手が届くかどうかを見てみるかを尋ねられる。子どものパーツたちは、予想していたよりもずっと高いところに容易く手が届くと、大げさに驚く傾向がある。この効果は、DASによって高められるようであり、次に大人の身長への気づきが植えつけられる。身長への意識付けに対する反応は、風変わりなものである。あるパーツたちは、本棚が魔法で縮んだのではないかと疑っていた。注目すべきことに、パーツたちが知覚している年齢は、知覚した身長の変化に伴って、変化はしないようである。

明らかにこのテクニックは、成長することや大きくなることは、ある意味危険なことだと信じているパーツたちには相応しくない。そのため、その使用のタイミングを評価しなければならない。加えて、子どものパーツたちの中には、自分たちが知覚している身長の設定以上には、到達することができない者もいるようである。

例：ある子どものパーツは、完全に現在に意識付けられているように見えるにもかかわらず、自分は私の面接室に囚われていて、ドアのカギを外すには背が低すぎると信じていた。少しの励ましで、自分がどのくらいの高さまで手が届くかをテストすることができる程度に、何とか恐怖感に耐えられるようになった。彼女はドアのずっと天辺まで手を伸ばして、簡単に開けることができたのを発見してビックリ仰天した。彼女ができたことについての気づきが植えつけられ、自宅の全てのドアをチェックして、年長のパーツたちに助けてもらいながら、どうやってカギをかけたり開けたりするのか学ぶように求められた。こうしたことは、このクライエントにとって特に重要なことであった。彼女は子どものときに虐待を受けている部屋から脱出するために、ドアのカギを開けるには身長が低すぎたからである。

例：トラウマ・ワークの準備中に、不安定な幼い自我状態のグループに今の身長を意識付けようとしたことがあった。相当な動揺があったが、一人の子どものパーツが進んで最初に試してみて、簡単にドアの天辺よりも高く手が届いたことにビックリした。次に彼は、はじめて会ったときよりもセラピストが小さく見えると声高に主張した。身長についてのこの知識が植えつけられ、システム全体に伝達された。いくつかのパーツたちからなる、主人格＋日常生活チームは、全般的な不安が目に見えて減ったと報告した。

注意：これらのパーツたちの中に、限界設定を更新する者がいるかどうかを、主人格か日常生活チームに尋ねることが必要であるとわかった。パーツたちの中には背が伸びたと感じると、運転したり、仕事中に出てきてもいいと思う者がいるからである。

テクニックその3：
セラピストとセラピストの面接室の植えつけおよび二重性の維持

　このテクニックは、セラピストと解離的なシステムの間の協調を増進する役に立つ。転移についての包括的な議論はこの章で扱う範囲を超えているが、DIDのクライエントの転移反応は複雑で、それぞれの自我状態によってコロコロ変わる。Lowensteinは、"セラピストが信頼に足るかどうかと、その本質的な危険性、虐待する可能性に関する（しばしば、潜在的な）陰性転移"が存在すると記した（1993, p. 66）。このテクニックは、パーツたちの間で情報を共有するために、DASによって促進される伝達を用いて、陰性転移を可能な限り少なくし、保護的なパーツたちがセラピストをチェックし続けることを推奨するのに役立つ。

　加えて、このテクニックは外傷的な素材を処理している最中にも、クライエントの二重注意を強化したり、維持したりするための具体的な手法である。二重性の維持は、標準的なEMDRの実践の一部であり、クライエントが現在にとどまって、セラピストと結びつくようにする（Shapiro, 2001）。van der HartとSteeleは、（解離性障害のクライエントに関して）"モジュール化され、コントロールされたプロセス（トラウマの再処理）が起こるべきであり、そこでは患者は現在に意識付けられたままでいるように手助けされている。すなわち、目下の体験は前に起こった出来事の表象であるという確信が持てるようにするべきである"（2000, p. 4）と述べた。外傷的素材をターゲットにするこの章では、このテクニックを外傷的な素材を処理する構造化されたフォーマットに組み込むつもりである。

　とりわけ、クライエントがセラピストとその面接室で十分な体験を持っているときには、具体的な知識や観察を、情報を受け取りたいと思っているパーツたちにリスト化し、植えつけ、伝達することが役に立つ。次にパーツたちは見続けて、情報を集め続け、セラピストが信頼に足るかどうかをテストし続けるように求められる。このプロセスは、以前は過去に生きていたパーツたちが、現在についての情報を集めはじめることを可能にするようである。

植えつけに役立つ情報を以下に示す。

A．面接室の様子についての実際の情報、今年のカレンダーや、お洒落なコンピュータのような、意識付けの情報を含む
B．安全へと意識付けられた情報
　1．クライエントはセラピストが座っている場所の真正面の椅子に座っていること
　2．セラピストとクライエントの間のあらゆる身体接触の状況（例、握手）
　3．面接室では虐待は許されないし、絶対に起こらないこと
　4．特定のクライエントが必要とするあらゆる情報（例、クローゼットには誰も隠れたりしていないこと）
C．クライエントとセラピストの間の重要なやり取り
　1．クライエントが怒ったときに、セラピストは懲罰的でない態度で対応したこと
　2．セラピストが休暇に行って、戻ってきたときのこと
　3．意見の対立が丸く収まったときのこと
　4．セラピストが共感的であったときの出来事
D．治療の最初から最後までをビデオ再生することは、毎回のセッションで最初のセッションと同じように、セラピストを評価しなければならないというパーツたちのニーズを減らすのに役に立つ。

　例：植えつけられ、伝達されるべき情報は、いわば試験的になることがある。3年になるクライエントは、セラピストが決して喚いたり、笑ったり、傷つけたりしたことがなく、あるいはセラピストがクライエントの言ったことの揚げ足を取ったりしなかったということしか特定できなかった。これらが植えつけられ、伝達された。すると情報を受け取ったパーツたちは、セラピストはやはり危険だと文句を言った。なぜなら、彼女たちを傷つけてきた人たちの中にも、最初は「親切に振る舞う」人がいたからである。主人格とセラピストは、苦労して一つの重要な違いを特定した。彼女を傷つけた人たちは、

第3章　DID、DDNOS、自我状態

最初の間しか「親切に振る舞って」いないのに対して、セラピストは3年間も「親切に振る舞って」いる。この違いが言葉にされて共有、伝達され、さらに3年間の治療プロセスをビデオ再生し、セラピストをよく見てチェックすることが推奨された。

　例：ほとんど内的なコミュニケーションがないクライエントが、突然、セラピストの面接室にいても、その他のどこにいても、「確かではないという奇妙な感覚」があると言った。過去2年間の週1回のセッションを早送りして、さらにこのセラピストがいかに最初のセラピストと違っているか（クライエントは全ての答えを知っていることを期待されていないし、現在のセラピストの声はもっと自信に満ちているし、自分の方が背が高い）についても植えつけ・伝達を行ったところ、このクライエントは落ち着きを感じた。

◆◆◆◆◆　中間段階：外傷記憶の治療　◆◆◆◆◆

　このフォーマット（Twombly, 2000）は、DIDのクライエントにEMDRを用いて外傷的な素材を処理しはじめるための、安全でコントロールされた方法を提供するために開発された。その目標は、クライエントに処理の最中にコントロールを保たせて、一緒にワークするというパーツたちの能力を強化するために教えることである。クライエントは、「あなたが子どもの頃は起こっていることについては、コントロールを失っていましたが、回復においてコントロールは必要です」と言われる。

　このフォーマットは、外傷的な素材の催眠による処理過程において用いられる標準的なテクニックを、EMDRの適用に組み合わせる。催眠的なテクニックは、安全とコントロールを創り出し、EMDRをこの脆弱な人々に使用可能にするために必要である。そして、Fine & Berkowitzの"リース状プロトコル（Wreathing Protocol）"（2001）においても同様に用いられている。さらに前のLazrove & Fine（1996）の仕事は、DIDのクライエントにEMDRを使用することに関するものであったが、付加的な構造を用いて、処理に関わるパーツたちの数を限定し、クライエントがプロセスをスタート

したり、ストップしたりできるようにした。このプロセスは、トラウマ・ワークをはじめるのに役に立つ方法である。そこには常に、クライエントの安定性や二重性を保つ能力への配慮があるからである。

　日常生活で安定性を保つことは非常に重要なので、主人格または日常生活チームが、できるだけ長くトラウマ・ワークの影響から保護されることが必要である。"それゆえ、最初は感情はクラスターの中や、人格様のもの（like-personality）の間で保管され、保留され、処理されている。徐々に、感情が元のクラスターの外側にある他の人格達に、あるいは主人格に向けて、漏れ出していくにつれて、薄められて「生々しさ」を減じていく"（Fine, 1991, p.672）。

　こうしたやり方でワークするのが難しい、あるいはそうしたくないクライエントとの処理は、彼らの安定性を保護するために、もっと注意深く扱われなければならない。例えば、ある DDNOS のクライエントは処理の最中に主人格を解離できなかったにもかかわらず、子どものパーツたちの中に快く安全な場所にとどまっていてくれる部分がいたため、現在にいるべきパーツたちを制限することができた。トラウマ・ワークは非常にゆっくりと行われ、セッションは1日の終わりに予定された。そうすることで、主人格がセッションの後、仕事に戻らなければならないようなことはなくなった。

　ひとたび、ターゲットが選択されたら、そのターゲットとそれに関するワークは細分化される。この方法は Kluft によって開発され、Fine によって発展された。"治療者と患者の二者は、外傷記憶を脱構築し、扱いやすい量の感情や感覚からなる構成要素にする。次に、個々の断片が、各セッションで別々にターゲットとして扱われ、その間にその断片は再結合されたり、再体験されたりする"（1991, p. 672）。このプロセスは、"コントロールされない感情の架け橋から守り、すなわち EMDR が他の外傷的素材を活性化させて、それと結合させたりすることや、プロセスを圧倒してしまったりすることから守る。"（Lazrove & Fine, 1996, p. 290）。さらに後に出てくる方略は、感情の架け橋の可能性を制限し、処理の最中にパーツたちの現在性を、外傷的素材をターゲットにしているパーツたちと、助けてくれるパーツたちに限定

第3章　DID、DDNOS、自我状態

する。

◆◆◆ トラウマ・ワークを管理し滴定するのを助けるコーピング・スキル ◆◆◆

　以下はトラウマ処理のプロトコルにおいて用いられる、キーとなるコーピング・スキルのリストである。

A．SSI あるいは「駆け込み寺の用意」（Kluft, 1988）は、処理の最中に一緒にやる必要のない全てのパーツたちのための場所を提供する。私が必ず用いる SSI のバリエーションは以下の通りである。(a) パーツたちを処理から隔離するような安全な場所の壁に対して、音の試験や感情の試験を加えること、(b) EMDR から距離を置くことの必要性を理解できない可能性があるパーツたち（例、物言わぬパーツたち）や、サボりたいパーツたちを守るための安全な場所、(c) まだ見ぬパーツたちが参加してくるのを防ぐための保護的な壁、である。
B．トラウマ処理の最中に、パーツたちはいとも容易く二重性を失ってしまう。すなわち、トラウマの処理中に現在への気づきを失ってしまう。このようなことを防ぐために、私はよくテレビ技法（Brown & Fromm, 1986）の改訂版を用いる。これはピクチャー・イン・ピクチャー（PIP）というテレビ技術を用いて、大きなスクリーンの四隅のどこかに小さな箱形の画面を入れて、同時に2番組を「観る」ためにデザインされた。このイメージは、クライエントに多くのオプションを可能にする。例えば、（外傷的なピースを入れておくための）PIP の枠線を非常に強くすることもできるし、スイッチを入れたり切ったりすることもできる。また、ボリュームを下げることもできるし、クライエントが大きなスクリーンにピントを合わせて、周辺視だけで PIP を見ることもできる。私はこれを治療のゴールの暗黙の目標であるとも考えている。つまり、過去はそのしかるべき場所に置いて、彼女のたった一つの焦点になる必要がない人生の小さな一部にしてしまうことである。

C. 治療的睡眠（therapeutic sleep）（Kluft, 1988）は、疲れたり打ちのめされたりしているパーツたちが安全な場所へ行って、深いトランスに入り、休息がとれるまで夢も見ないくらい深い睡眠に入ってもらうテクニックである。トラウマ・ワークは疲れるため、これはとても役に立つ。

D. コンテナ・イメージ（Kluft, 1988）は、不完全に処理された感情や記憶を、次のセッションまで自発的に解離して、容器の中に素材や感情を保管することで、外傷的な側面を間接的に貯蔵することを、パーツたちに教えるために用いられる。容器のバリエーションとして、銀行の金庫室やコンピュータのファイル、さまざまな姿形や素材の箱がしばしば用いられ、ときにはもっと大きな箱に容れられたり、埋められたり、他の惑星に置かれたり、セラピストのクローゼットに容れられたりする。どんな容器に入れたとしても、その開発には固有のメッセージがあり、それは貯蔵された素材や感情をいずれは扱うという確約である。このメッセージがないと、パーツたちは、もしそれが保管されてしまえば、『忘れられてしまう』と思うので、素材を保管するのを拒否することがある。クライエントはよく、外傷的素材を永遠に追放したいという理解しがたい欲求を持っているからである。Omaha（2004）によって提案されたもうひとつのバージョンは、「それが私の回復に役に立つときにだけ開かれる」というサインを決めておくものである。

E. 感情ダイヤル（Brown & Fromm, 1986）あるいは調光スイッチのイメージをパーツたちに教えて、感情や身体感覚を扱えるレベルに減少させたり、スイッチを切ったりすることができる。実践に当たって注意することは、私は主観的障害単位尺度（SUDS）を調光スイッチに当てはめて、感情調整を教えることと、感情レベルを報告することの両者を促進することである。感情を扱えるレベルに維持することに難があるクライエントには、長距離電話を妨害する電話ブロックと同じようなブロックを調光スイッチに当てはめて、SUDSレベルを3から5（クライエントが扱える数字に依存する）に固定する。私はクライエントに「**あなたが調整スイッチを強くするのが難しくなればなるほど、ブロックもどんどん強く**

なる」と言う。この催眠的な言葉遣いは、ブロックを強めるのに役立つ。ただし、特定のイメージが重要なのではなく、異なるクライエントに役立つように翻案するよう注意する。

◆◆◆◆◆　外傷的な素材の最初のターゲティング：道筋　◆◆◆◆◆

　記憶のワークについての準備のプロセスは、多くのセッションを要する可能性がある。しばしば別の懸念事項や抵抗に、最初に注意を払う必要がある。例えば、パーツたちの中には安全な場所を必要とする者や、外傷的な素材が扱われると何か悪いことが起こるのではないかと心配している者もいる。トラウマの処理をはじめる前に、これらのパーツたちに対応しなければならない。

A. クライエントとセラピストは、ほとんど困難でないように思えて、かつ仕事用のパーツたちや日常生活チームではないパーツたちのクラスターが持っている外傷的素材のひとつを特定する。セラピストとクライエントは、処理に携わることが必要なパーツたちを特定し、1つから3つくらいのパーツたちに自発的に助けてくれるように頼む。理想的には、これらの「援助者のパーツ」は仕事用や日常生活チームのパーツたちではなく、素材の個々の断片と関わりがないことが望ましい。そうであれば、そのパーツたちは落ち着いていられるし、他のパーツたちにコーピング・スキルを思い出させることができるし、何か問題があればセラピストに警告することができる。
B. 全ての他のパーツたちが自分たちの安全な場所へ行き、自動催眠的な壁を自分たちの周囲に張り巡らせて、音や感情から自分たちを隔離するように頼む。セラピストは主人格と日常生活チームが解離できているか確かめる必要がある。もしできていない場合は、現在の生活機能が混乱されないように、処理は非常に慎重にしなければならない。
C. クライエントとセラピストは、トラウマ・ワークをどのように細分化す

るかについて一緒に決める。オプションがいくつかあり、パーツたちが同時にそれに参加するか、BASK（行動、感情、感覚、知識）の次元のひとつを処理する（Braun, 1988）か、同時にトラウマのひとつの側面を処理するかがあるが、どれにも限定はしない。

　例：1つの記憶が、身体的痛みと情動的痛み、叫びの3つの要素に解体された。叫びからはじめることが決められ、さらにそれは4つのカテゴリーに解体された、それらは、父親が彼女に叫んでいるところと、痛みで彼女が叫んでいるところと、他の子どもたちが傷つけられて叫んでいるところと、内側の静かな叫びであった。最初に静かな叫びがターゲットになった。直接ターゲットにされない全ての外傷的素材は、それが患者に殺到しないことを確実にするために、想像上の金庫室に保管、または解離された。

D. このコントロールされたプロセスを妨害さえしないのであれば、否定的認知（NC）と肯定的認知（PC）（EMDRの標準プロトコルに従って）を特定する。その代わりに、ワーク全体の全般的なゴールを特定することもできる。例えば、「外傷的な素材は1つから3つの症状を引き起こします。そして私たちは症状を除去するために外傷を処理したいと思っています」、または「私たちはこの過去の外傷的出来事を処理しようとしています。そうして、それが現在に起こっているように感じられている状態から、それは実際には過去に起こったことだと認識できるようになりましょう」。

E. 追加の必要なリソースやコーピング・スキルを開発し植えつける。助けてくれる人や、セラピスト、セラピストの面接室の存在や場所を植えつけ直す。これらのネタを処理したり植えつけたりする最中に、セラピストが言うことが役に立つことがあるかどうか患者に尋ねる。例えば、「それは古いものです。思い出してください、あなたはここに、私の面接室にいます。あなたは椅子の肘掛けを感じることができます。あなたは望むときにストップすることもできます」。私は後悔するよりは、安全である方がよいという原則に従って仕事をしているので、リソースをほとんど植

第3章　DID、DDNOS、自我状態

えつけないくらいなら、多すぎるほどのリソースを植えつける方を選ぶ。

F．TV と PIP イメージを練習して、クライエントに最初のうちはごく短時間だけ PIP をオンにしたりオフにしたりしてもらう。それによってクライエントにコントロールを教え、処理中の安全のチェックを提供するのである。このプロセスはクライエントが二重性を維持するのに具体的に役に立つ。パーツたちに、クライエントとセラピストが現在一緒にいる面接室を、スクリーン全体に映すように教示し、PIP をオンにして穏当な場面か、ほんの少しだけ不愉快な場面を映す。次に2秒後に PIP をオフにして、面接室を映したスクリーン全体に戻る。スクリーン全体がイメージされたら DAS をはじめ、PIP がオンになったら知らせるように頼み、セラピストは2秒間数えて、クライエントにそれをオフにすることを思い出させる。クライエントが PIP をコントロールする自信ができるまで、2秒セットでこの練習を続ける。クライエントの自信とコントロールが増すにつれて、徐々にセットの長さを増やす。

　この段階で、他のコーピング・スキルが開発され、取り込まれ、練習される必要があるかもしれない。例えば、苦痛に満ちた感情を和らげるための感情ダイヤルの使用などである。

　必要なスキルが既に使える状態になった後に、参加しているパーツたちはターゲットとなる素材を2秒間 PIP に映すことが許される。クライエントが、処理をすぐに止めたいと言わない限り、2秒間処理ができると教示される。コントロールの強調は、処理をしているパーツたちや、助けてくれるパーツたちによって発揮され、同時にセラピストが緊急時のブレーキとして機能する。いったんクライエントが外傷的な素材をオン・オフできるようになれば、処理はもっと長い時間続けられ、セットとセットの間は PIP がオフにされているという点を除いては、標準的な EMDR プロトコルに近づいていく。トラウマ・ワークの中には、スキルの構築と同時に、既に生じているものがあることに注意する。今やパーツたちは、素材に負けないコントロールや、以前には欠けていた選択を持っている。

G．セッションの記憶のワークの終わりに、ターゲットが完全に処理されていれば、肯定的認知を、または他にも適切なものがあれば何でも植えつける。例えば、クライエントの中には桁外れの身体的な安心を感じる者もいる。それを植えつけよ！　しばしばターゲットに関するワークは、1セッション以上を必要とするだろう。いかなる不完全な EMDR セッションおいても、助けてくれるパーツたちと処理をしているパーツたちに、彼らが学んだ最も重要なものは何かを訊き、DAS でそれを植えつける (Shapiro, 2001)。次に、残っている外傷的素材をどこかへやってしまう。これには確立されたコンテナ・イメージを用い、DAS によって強化する。

　続いて、パーツたちは役立つ見込みのあるものについて尋ねられる。主なオプションはリソースの植えつけであるが、安全な場所へ行って休んだり、深いトランスで夢を見ない眠りについたりもできる。日常生活チームのパーツたちとは異なるパーツたちとワークをすることの利点は、そうしたパーツたちは、その日はその他には何をする必要もなく、休むことが可能である点である。セッションの終了前に、他のパーツたちに、(賛成してくれたら) 壁で隔離された安全な場所から戻ってきて、必要に応じてトラウマ・ワークについての情報を提供するかどうか訊く。質問に答えて、システムの安定性をチェックし、次のセッションでの計画を練る。

H．外傷的素材の断片の一つが処理された後に、次の断片が選ばれて処理される。

I．外傷的な素材が成功裏に処理されると、パーツたちのグループはしばしば統合される。これが生じたとき、システムの変化への適応を促進するために、これについて周知し、話し合う必要がある。トラウマ・ワークを完了したパーツたちは、しばしば他のパーツたちが自分たちの外傷体験を扱うそのときに、非常に有力な援助者になってくれる。

　例：36 歳の女性のシステムは 3 つのパーツたちからなり、それらは成人

第3章　DID、DDNOS、自我状態

の主人格、ティーンエイジャー、および子どもであった。記憶のワークについての最初の準備は、数セッションに及び、これには全てのパーツたちが含まれていた。これらのセッションにおいて、コーピング・スキルが強化され、練習され、DASで植えつけられた。これらには、感情ダイヤルやSSI、深いトランスや、深くて夢を見ない眠りが含まれていた。特定のターゲットについてのワークの準備前に、主人格は自分の安全な場所へ行き、音や感情をテストした。彼女は「銀行の金庫室」にターゲットではない外傷的素材を入れ、ティーンエイジャーのパーツが、外傷的素材のほとんどを持っている子どものパーツを助けることに賛成した。子どもが持っているリソースが特定され（DASで）植えつけられた。それは、彼女の両肩を抱いているティーンエイジャーの腕や、彼女の周囲にかけられた想像上の毛布、そして危険を察知するためのアンテナであった。私は、アンテナが今このときへの意識付けに気づかせる手がかりにもなり得ると暗示した。これらの手がかりは、今このときへの注意を持続させるために、可能な限り含められた。これらのリソースがいったん植えつけられたら、患者はテディ・ベアを抱くことにした。それは私と一緒に面接室にいることを植えつけるときに使われる。この時点で、TVとPIPのイメージを開始し、DASで練習した。その間、ティーンエイジャーのパーツが子どものパーツを助けて、PIPをオフにしたり、彼女の注意をスクリーンの残りの部分に向けたり、周辺視野だけでPIPを見ることができるようにした。これは、最初はほんの少しだけ不愉快な場面で練習され、その後にターゲットとなる外傷的素材をほんのちょっぴり、2秒間だけ練習させた。ターゲットは、虐待されている最中の死ぬかもしれないという恐怖だった。直接、外傷的素材をターゲットにしたこの最初のセッションで、子どものパーツは2秒間だけちょっぴりPIPに映すことを望んだだけで、それを何度も何度も消した。あるとき、援助者であるティーンエイジャーのパーツが、子どものパーツに、感情ダイヤルを下げて、SUDSが3以上にならないように固定するように提案し、そのブロックがDASで植えつけられた。セッションのトラウマ・ワークの終わりには、子どもとティーンエイジャーのパーツは銀行の金庫室に全ての外傷的素材を放り込んで、処理をシャ

ットダウンした。その金庫室には夜間金庫投入口が装備されており、次のセッションまでの間に、処理の結果として生じた素材が出てきた場合に、必要があればそこへ放り込んでおけるように備えた。DASで、私たちは金庫室のカギと、その時が来たら保管された外傷的素材をワークするという確約を植えつけた。

　このセッションの最中に、クライエントにとって最も重要だったのは、記憶のワークのプロセスは、彼女が以前の治療で受けてきたのと、全く異なっているように感じられたことであった。「今回はその中で自分を見失わずにすみました。私はそれをスタートしたり、ストップしたりできました！」。私たちはこの気づきを植えつけた。そして、子どもとティーンエイジャーのパーツたちは、自分たちの安全な場所へ行くことにして、深いトランスに入り、十分休息するまで、深くて夢を見ない眠りについた。そして主人格が戻ってきた。

　例：38歳の女性は既にEMDRによって促進される再処理を何度も受けたことがあった。解離された自我システムの大部分が統合された後に、幾つかのエピソードからなる暴力的な行動化に責任があり、人殺しをしそうな感覚を持っている複数の深く解離されたパーツたちを彼女は発見した。潜在的な暴力の懸念があったので、このクライエントは処理が始まる前にアチバン（沈静が必要なときにしばしば用いられる処方薬）を服用していた。アチバンは彼女のコントロール感を高め、彼女は「全てがゆっくりになる」感覚と表現した。これらの効果はDASで植えつけられ、続いて主人格とコンタクトしていないパーツたちにも向けて伝達された。これらのパーツたちと主人格の直接の連絡はなかったにもかかわらず、彼女は役立つことが前もって保証されたようなリソースの感覚を持った。彼女の身体が重くなりすぎて、ゆっくりとしか動くことができないようにさせておくことと（「速く動こうとすればするほど、ますますゆっくり動くようになる（催眠的な言い回しに注意）」）、清涼な山の清流が身体的な痛みを和らげるイメージも含まれていた。これらがDASによって植えつけ直されたのに続いて、彼女は私の面接室にいて、そこでは彼女が傷つきやすい状態のときも、決して傷つけられるこ

第3章　DID、DDNOS、自我状態

とはないという情報と一緒に伝達した。セットの最中に、クライエントは私に、自分は面接室にいて、眼を開けて自分が一人ではないことや、いつでも清流のスイッチを操作したり、PIP を使ったりできること思い出させてくれるように求めた。これも DAS で植えつけられ、私の声の響きと一緒に伝達した（トラウマ・ワークの最中に、時に彼女は私を虐待者とみなすことがあるかもしれないが、そんなとき私の声で自分自身を落ち着かせることができるので有用である）。次に彼女は、ワークする問題にピントを合わせた PIP 付きの TV イメージを用いて練習した。彼女にとって最も上手く働いたのは、私の面接室の大画面の写真を最初に視覚化することであった。そして、私は DAS をオンにして、彼女は PIP にピントを合わせたり、ピントを外して点になるまで遠くへ押しやったり、オフにする練習をした。彼女がいったん大画面の写真に戻ると、DAS をオフにした。そして、標準プロトコルに従って、深呼吸をして頭を空っぽにした。私たちは次に、ターゲットとなる問題にピントを合わせた上で、PIP を 2 秒間ではじめて練習し、2 秒間数えたらオフにして、私は言った。「オーケー。あなたはもう PIP を追いやることができます」。2 回目の 2 秒間の試行の後に、何があるかと訊くと、彼女は「とても暗くて、圧倒される」と報告した。「癒しの光」のリソースが DAS で植えつけられた。それを使ったら、彼女は 5 秒間試してみる準備ができているという感じがした。2 回の 10 秒間の試行の後に、彼女は 45 秒間のセットに延ばす準備ができている感じがした。クライエントが、PIP からピントを外し、私の面接室にいることへの気づきに戻ったらセットを終了することを除いては、より標準的な処理へと移行した。

　処理が進展するにつれて、外傷的素材を持っているパーツたちは、4 歳のパーツであり、自分が持っていると思っていた 2 歳のパーツが死んでしまったことに怯えていたことに、クライエントは気づくようになった。ひとたび外傷的素材が処理されたら、その 2 つのパーツたちは、晴天のイメージと、主人格が今飼っているペットと一緒にいる安全な場所（意識付けの情報）を与えられた。主人格は、赤ちゃんのパーツが「シャットダウンする手際が良くなり、傷つけられるようなエネルギーを生活に持ち込まなくなった」こと

を観察した。「それらがあなたに手を出すことができないなら、あなたは死ぬことができないでしょう」。私たちは、内的なリソースに満ちた状態についてのこの妥当性をDASで植えつけた。

　この時点で主人格は、強くて、コントロールできない可能性のある憤怒に気づくようになった。かつて赤ん坊はこの位置にいて、強い保護的な感覚と一緒にいた。私たちはその憤怒を金庫室に放り込もうとした。しかし主人格は、それを持つパーツたちにつながっていなかったため、全ての憤怒を追いやることができなかった。主人格はこれを、彼女を知る主人格のパーツたちと、他の全てのパーツたちの間に、厳重に補強された想像上の壁を置くことで解決した。壁と一緒に、私たちは以下のメッセージをDASで植えつけた。主人格は壁の背後にいるパーツたちと一緒にワークをする確約をしており、それは次のセッションで行われるだろう、もしそのセッションがキャンセルされたり果たせなかったりしたら、別のプランを立てるだろう、と。メッセージの持つ特異性と確約があれば、注意を引くためにパーツたちが行動化する必要性が少なくなるようである。壁が植えつけられると、主人格はより落ち着きを増し、その落ち着きの感覚も植えつけられた。主人格は一週間かけて壁を強化し、確約も強化し、子どものパーツたちが自分の現在の生活に意識を向けるべく徐々に取り組むことに同意した。

　このフォーマットを用いて、次の3週間かけて、想像上の壁の背後にいるパーツたちによって保管されていた外傷的素材が、主人格によって細分化され、計画的に処理された。ひとたびこれが行われると、ボディスキャンによって残りの外傷的素材が顕わになった。それを処理した後、関わっていたパーツたちが主人格に統合された。

◆◆◆◆◆　最終段階：人格統合　◆◆◆◆◆

　外傷的素材が処理されるにつれて、解離障壁の必要性がなくなってくると、自発的に統合が起こるか、セラピストによって手助けされる。たいていプロセスは段階的で、パーツたちのグループは、一度に全部というのではなく、

第3章　DID、DDNOS、自我状態

むしろ時間をかけて統合していく。

　クライエントがいったん全ての外傷的素材をワークスルーしてしまうと、最終的な統合の第1段階に入る。彼らに最早期の記憶や情報の断片（例、両親は妊娠についてどう感じていただろう）から、現在までの人生を回想してもらうことが役に立つ。回想の最中にDASが用いられ、クライエントは感情的に負荷がある素材が見つかったら、どんなものでもストップするように教示される。否定的な素材は処理され、肯定的な素材は植えつけられる。この回想はまた、まだ残っているあらゆるパーツたちへのアクセスも促進するようだ。

　統合された後の生活は、多くの適応をクライエントの部分に求めることになる。クライエントは「病理的な解離機制や構造を使わずに、この世界でいかに生きるか」をマスターしなければならない（Kluft, 2003, p.82）。EMDRはリソースの開発によってこのプロセスを促進し、未来に対する恐怖を処理し、未来の鋳型を植えつけることができる（Shapiro, 2001）。これによって、クライエントは未来の状況を練習することができ、そのときに新しいコーピング・スキルとリソースをEMDRで促進される視覚化に持ち込むことができる。

◆◆◆◆◆◆　結　論　◆◆◆◆◆◆

　EMDRとその適用は、治療の全プロセスを通してDIDやDDNOSの人々の治療に多大な貢献をもたらす。治療の第1段階では、DASは解離障壁を超えてコミュニケーションを促進するために使えるし、解離された心の部分を、時間と場所、身長、関係性に関して、生産的に現在に意識付けることができる。それによって、今が過去であるかのように生きてきているパーツたちによって引き起こされる不安や陰性転移を減少させる。加えて、DASはリソースやコーピング・スキルを強化し、植えつけ、共有するのに用いることができる。治療の第2段階では、解離の補償作用の喪失からDIDのクライエントを保護するために、標準プロトコルを仕立て直す必要がある。プ

トコルに付け加えられたものを用いて、EMDRは外傷的素材の処理を促進する。治療の統合後の段階では、未来に対する不安を処理し、クライエントが解離機制を使わずとも、生活に適応するのを助けるためにEMDRを用いることができる。

　解離性障害からの回復のプロセスは、それが最良の環境下にあったとして、クライエントからの信任、セラピストの特別な訓練、そしてしばしば痛みに満ちて困難な数年間の治療を要する。EMDRの適用とコーピング・スキルの付加、標準プロトコルのコントロールは、他の状況ではあまりに脆いこれらのクライエントが、その加速的情報処理の効果から恩恵を受けることを可能にする。それは、彼らが解離による補償の喪失というリスクからの保護を提供しながら、最も高機能の水準を維持する手助けをする。治療プロセスへのEMDRの付加は、それが適切であれば、安定化のプロセスを促進し、外傷的素材の処理を効率的にし、回復のプロセスへの贈り物となるのである。

◆◆◆◆◆　**資　　料**　◆◆◆◆◆

International Society for the Study of Trauma and Dissociation (ISSTD): www.isst-d.org

◆◆◆◆◆　**参考文献**　◆◆◆◆◆

Braun, B. G. (1988). The BASK model of dissociation. *Dissociation, 1*, 4-24.

Brown, D. P. (1990, April). *Hypnotherapy and posttraumatic stress disorder*. Workshop presented at Harvard Medical School CE Division, Cambridge, MA.

Brown, D. P. and Fromm, E. (1986). *Hypnotherapy and hypnoanalysis*. Hillsdale, NJ: Erlbaum.

Brown, D., Scheflin, A. W., and Hammond, D. C. (1998). *Memory, trauma, treatment and the law*. New York: Norton.

Chu, J. (1998). *Rebuilding shattered lives: The responsible treatment of complex post-traumatic and dissociative disorders*. New York: Wiley.

Courtois, C. A. (1999). *Recollections of sexual abuse: Treatment principles and guidelines.* New York: Norton.

Fine, C. G. (1991). Treatment stabilization and crisis prevention: Pacing the therapy of the multiple personality disorder patient. *Psychiatric Clinics of North America, 14,* 661-676.

Fine, C. G. (1996, July). *EMDR-facilitated trauma work in patients with dissociative identity disorders.* Paper presented at the EMDRIA Conference, Denver, CO.

Fine, C. G., and Berkowitz, S. A. (2001). The wreathing protocol: The imbrication of hypnosis and EMDR in the treatment of dissociative identity disorder and other dissociative responses. *American Journal of Clinical Hypnosis, 43* (3, 4), 275-290.

Fisher, J. (2000, November). *In the service of stabilizing dissociative symptoms.* Paper presented at the International Society for the Study of Dissociation Annual Meeting, San Antonio, TX.

Grand, D. (1998, July). *Innovation and integration in EMDR-based diagnosis, technique, teaching, performance enhancement, and creativity.* Paper presented at the EMDRIA Conference, Baltimore, MD.

Janet, P. (1898). Traitement psychologique de l'hystérie [Psychologic treatment of hysteria] In A. Robin (Ed.), *Traité de thérapeutique appliquée* (pp. 3-4). Paris: Rueff.

Kluft, R. P. (1988). Playing for time: temporizing techniques in the treatment of multiple personality disorder. *American Journal of Clinical Hypnosis, 32,* 90-98.

Kluft, R. P. (1992, February). *Hypnosis and multiple personality.* Workshop presented at Daniel Brown and Assoc., Cambridge, MA.

Kluft, R. P. (1993a). Basic principles on conducting the psychotherapy of multiple personality disorder. In R. P. Kluft and C. G. Fine (eds.), *Clinical perspectives on multiple Personality Disorder* (pp. 19-50). Washington D. C.: American Psychiatric Press.

Kluft, R. P. (1993b). The initial stages of psychotherapy in the treatment of multiple personality disorder patients. *Dissociation, 6,* 145-161.

Kluft, R. P. (2003). Current issues in dissociative identity disorder. *Bridging Eastern and Western Psychiatry, 1*(1), 71-87.

Kluft, R. P. (1999). Current issues in dissociative identity disorder. *Journal of Practical Psychiatry and Behavioral Health, 3,* 19.

Kluft, R. P. (1994). Applications of hypnotic interventions. *Hypnos, 21,* 205-223.

Korn, D. L., and Leeds, A. M. (in press). Preliminary evidence of efficacy for EMDR resource development and installation in the stabilization phase of treatment of complex posttraumatic stress disorder. *Journal of Clinical Psychology*.

Lazrove, S., and Fine, C. G. (1996). The use of EMDR in patients with dissociative identity disorder. *Dissociation, 9*, 289-299.

Liotti, G. (1999). Disorganized attachment as a model for understanding dissociative psychopathology. In J. Solomon and C. George (Eds.), *Attachment disorganization* (pp. 297-243). New York: Guilford Press.

Loewenstein, R. J. (1993). Posttraumatic and dissociative aspects of transference and countertransference in the treatment of multiple personality disorder. In R. P. Kluft and C. G. Fine (Eds.), *Clinical perspectives on multiple personality disorder* (pp. 51-85). Washington, DC: American Psychiatric Press.

Lyons-Ruth, K. and Jacobvitz, D. (1999). Attachment disorganization: Unresolved loss, relational violence, and lapses in behavioral and attentional strategies. In J. Cassidy and P. R. Shaver (Eds.), *Handbook of attachment: Theory, research, and clinical applications* (pp. 520-554). New York: Guilford Press.

Lyons-Ruth, K. (2003). Dissociation and the parent-infant dialogue: A longitudinal perspective from attachment research. *Journal of the American Psychoanalytic Association, 51*, 883-911.

Omaha, J. (2004). *Psychotherapeutic intervention for emotional regulation*. New York: Norton.

Shapiro, F. (2001). *Eye movement desensitization and reprocessing (EMDR). Basic principles, protocols, and procedures* (2nd ed.). New York: Guilford Press.

Twombly, J. H. (2000). Incorporating EMDR and EMDR adaptations into the treatment of clients with DID. *Journal of Trauma and Dissociation, 1*(2), 61-81.

Twombly, J. H. (2001, December. Safe place imagery: Handling intrusive thoughts and feelings. *The EMDRIA Newsletter, Special Edition*, 3-38.

van der Hart, O., and Steele, K. (2000). Critical issues column. *International Society for the Study of Dissociation: Newsletter, 18*(2), 4-5.

van der Kolk, B. (1994). The body keeps the score: Memory and the evolving psychobiology of post traumatic stress. Available at http://www.traumapages.com

Withers, D. (1999, June). *EMDR bilateral movement therapy*. Paper presented at the EMDRIA Conference, Las Vegas, NV.

第4章

解離を伴うクライエントにおけるEMDR処理
：オピオイド拮抗薬による補助療法

ウーリッチ・F・レイニアス

　トラウマティック・ストレス症候群（すなわち、複雑性PTSD、他に特定されない極度のストレス障害：DESNOS、境界性人格障害、解離性障害）は解離性症状を伴うことが多い。解離はEMDR治療のような心理療法を妨害することが多い。解離は適応情報処理システムを凌駕して、機能を停止させてしまうのだ。その結果、トラウマ体験の融合と解決を妨げ、治療を失敗に陥れる。FerrieとLanius（2001）は一連の症例研究によって、EMDR治療に先行するオピオイド拮抗薬の使用が有用であることを明らかにした。解離、身体化、感覚麻痺が有意に緩和され、トラウマ処理が促進される。この章ではEMDRによるトラウマ処理におけるオピオイド拮抗薬の応用について、関連する科学的研究を紹介し、理論的根拠と治療手順を述べよう。

◆◆◆◆◆　**解離と解離プロセス**　◆◆◆◆◆

　解離プロセスの本質的な特徴は、アイデンティティ、記憶、意識の正常な統合機能の障害あるいは変容である（American Psychiatric Association, 2000）。解離は3つの精神現象から成り、それぞれが独立しながら互いに関連しあっている（van der Kolk, 1996）。**第1の解離**（primary dissociation）とは、いま起こっている出来事を意識に統合することができない状態である。その出来事の感覚的、感情的な要素を個人的な記憶とアイデンティティに組み入れることができず、通常の意識から分離されてしまう。**第2の解離**

(secondary dissociation) は観察する自我と体験する自我の分離である。トラウマの場面で自らの身体から精神的に抜け出し、離れたところから何が起こるのかを観ているのだ。**第3の解離**（tertiary dissociation）は、外傷体験を担うために別の自我状態が発生する状態である。その自我状態は、別個の認知、感情、行動パターンを有する複雑なアイデンティティによって構成される。

　解離および身体表現性解離（Nijenhuis, 1999）はさまざまな形で出現しうる。すなわち、時間体験の知覚的変容（例えばフラッシュバック）、自己体験の変化（例えば離人症）、現実感認識の変化（例えば現実感喪失）、健忘、倦怠などである。注意欠損のほか、身体的・感覚運動的な現象の変化（これには感覚的な歪みも含まれる）、筋力低下、すくみ現象、感覚麻痺、運動麻痺、振戦、動揺、痙攣もしばしば認められる。重度の解離性症状と身体化症状はPTSD患者に多い。特にストレス因子が対人関係によるものや、外傷体験が繰り返された既往がある場合に顕著である。その結果として生じる一連の症候群は複雑性PTSD（Herman, 1992）やDESNOS（van der Kolkら, 1996）と呼ばれる。

　van der Kolk（1996）は、日常的な非トラウマ的体験が意識に統合される際に、その出来事にまつわる感覚的側面が分離されずに記録されることを示唆した。一方、フラッシュバックはこのような統合を示さない。確かに、フラッシュバックは時間を超えた、主として非言語的なイメージ的記憶であるとされており（Brewin, Dalgleish, & Joseph, 1996; Laniusら, 2004; van der Kolk & Fisler, 1995）、トラウマ記憶を現在の文脈に統合できないことが、現在の症状の原因となると考えられている（Lanius, Bluhm, Lanius, & Pain, 印刷中）。

　基本的に、解離は意識の変容をもたらし、情報の統合を妨げる。その結果、記憶を現在の文脈に統合することができない。いま起きている事柄の全体像を個人的な記憶やパーソナリティに組み込むことができなくなるのだ。こうして記憶は正常な意識から隔離される（van der Hart, van der Kolk, & Boon, 1996）。

◆◆◆◆◆ オピオイドとオピオイド拮抗薬 ◆◆◆◆◆

　外因性オピオイド（例えばコデイン、アヘン、モルヒネ、ヘロイン、デメロール）は鎮痛薬として広く使用されているが、乱用されることもある。一方、エンドルフィン、エンケファリンなどの内因性オピオイドは生体内で産生される。内因性オピオイドは種々のストレス因子（疼痛、予期疼痛、出産、手術、運動、社会的な争い、飢餓など）に反応して放出される。オピオイドは不安を緩和し、疼痛を和らげる作用があり、ストレスに伴う心血管系の反応を抑制する。

　オピオイド拮抗薬はオピオイド受容体に優先的に結合することにより、外因性および内因性オピオイドの作用を阻害する。オピオイド拮抗薬としてはナロキソン（Narcan）とナルトレキソン（Revia）の2剤が使われることが多い。ナロキソンは注射薬で、ナルトレキソンは錠剤である。いずれも非選択的オピオイド拮抗薬であり、脳内のあらゆるオピオイド受容体に結合する。μ、δ、およびκ受容体に結合し、麻薬作用を強力に阻害するのである。標準的な用量のナルトレキソン（50 mg）は、ヘロイン静注25 mgの作用に拮抗する。

◆◆◆◆◆ 愛着と内因性オピオイド ◆◆◆◆◆

　ヒトの愛着には、部分的に内因性オピオイド系が介在している。親和行動の維持に関わる脳神経回路には、オピオイド受容体がとても豊富だ（Kling & Steklis, 1976）。行動学研究によれば、内因性オピオイド系は社会的愛着の維持に重要な役割を担っている（van der Kolk, 1989）。

　動物では、分離反応をモルヒネで抑制することができる。分離における子の啼泣とそれに対する母の反応の双方が抑制される（Newman, Murphy, & Harbough, 1982; Panksepp, Nelson, & Sivey, 1994; Panksepp, Sivey, & Normansell, 1985）。またマウスは、出生直後の数週間以内に養育を受けていないと帯状回のオピオイド受容体が減少してしまう（Bonnet, Hiller, & Simon, 1976）。

Schore（2001）は、子どもに対する虐待やネグレクトが生後の2年間を越えて続いた場合、ヒトの脳における制御システムである眼窩前頭前野に悪影響を及ぼすことを示した。さらに彼は、その結果として過覚醒と解離が生じ、これらが年長児、青年期、および成人におけるPTSDの鋳型を形成することを示唆している。適切な養育を受けずネグレクトされると、ヒトにおいてもオピオイド系が影響を受け、オピオイド受容体の減少をもたらすのだろうかという疑問が生じる。オピオイド受容体の減少は、ヒトが喜びを体験する能力を低下させるとともに、脳が麻薬効果に対して脆弱となり、解離を生じやすい傾向を生む可能性がある。

◆◆◆ 内因性オピオイド、ストレス反応、および副交感神経系制御 ◆◆◆

　「精神的災難」として体験された初期のトラウマに伴う解離は、「耐え難い状況からの離脱」、「逃げ場がない場合の逃避」、「防衛戦略の最後の手段」であると述べられている（Schore, 2001）。基本的には、解離は副交感神経系制御を用いた戦略である（Kaufman & Rosenblum, 1967, 1969）。

　アドレナリン分泌量の増加にもかかわらず、迷走神経の興奮によって血圧と心拍数が低下する。このような非活動的な状態では内因性オピオイドが増加し、感情的な痛みを鈍らせ、緩和する。これらのオピオイド、特にエンケファリンはただちに痛みを緩和して無痛覚症と不動状態を生じ（Fanselow, 1986）、救助を求める叫びを抑制する（Kalin, Sheltcn, Rickman, & Davidson, 1998）。乳児は姿勢制御を失い、引きこもり、自己満足に陥る。これはHarlowの隔離猿やSpitzが観察した施設入所乳児（Bowlby, 1978に引用されている）の引きこもりを連想させる。

　また、Perry（1999）は徐脈（心拍の異常な低下）、カタプレキシー（ショックや極度の恐怖によって生じた筋剛直：情動脱力発作）、麻痺が、小児期のトラウマに対する、オピオイドを介在した解離的反応であることを示唆している。進化的な意味では、解離は「深遠な別離（Barach, 1991）」であり、「エネルギーを保全するための……死んだふりをして危険な状態にさらされ

ながらも生き抜くための、不動によって傷を癒して資源の消耗を避けるための（Powles, 1992, p. 213）」離脱である。

◆◆◆◆◆ 解離と学習性無力感 ◆◆◆◆◆

上記の論述は一般に学習性無力感（learned helplessness）と呼ばれている現象を強く連想させる。これはうつ状態のモデルとなるべく意図された研究実例なのだが、実に解離とよく一致している。HemingwayとReigle（1987）は、学習性無力感とストレス誘発鎮痛（痛みに対する感度の低下）の誘発と発現には内因性オピオイド系が関わっていることを示唆した。回避できない電気ショックにさらされた動物は、その後で再びストレスに遭遇するとストレス誘発鎮痛を呈するのである。

また、動物実験ではナルトレキソンとナロキソンが条件づけおよび無条件すくみ行動を抑制することが示唆されている。例えば、ナルトレキソンはうつ状態の動物モデルである強制水泳試験における不動状態を抑制する（Makino, Kitano, Komiyama, Hirohashi, & Takasuna, 2000）。さらに、ナロキソンはストレス誘発鎮痛を容易に抑制する（Kelly, 1982）。そして、オピオイド拮抗薬は無快感症（喜びの喪失）を抑制し、慢性的な種々のストレスに早期から曝露されることによって二次的に生じる新しいストレス因子に対する情緒的反応を増強する（Zurita, Martijena, Cuadra, Brandao, & Molina, 2000）。

◆◆◆◆ トラウマティック・ストレスと内因性オピオイド ◆◆◆◆

PTSDクライエントでは内因性オピオイド系の異常が確認されている。例えば、PTSDクライエントは健常者に比べて、特定（トラウマ関連刺激）および非特定（練習用の刺激）のストレスに対する痛覚欠如のレベルが高い（Hamner & Hitri, 1992; Pitman, van der Kolk, Orr, & Greenberg, 1990）。

さらに、成人になってトラウマを負った人では、トラウマを連想させる状

況に再び曝露されたときに内因性オピオイド系の反応が誘発されることを Gold, Pottash, Sweeney, Martin, & Extein（1982）が示した。これは、回避できない電気ショックを受けた後に軽い電気ショックを与えられた動物の反応に似ている。そして、Pitman ら（1990）、van der Kolk, Greenberg, Orr, & Pitman（1989）は、PTSD をきたしたベトナム退役軍人では、ベトナムでの戦闘を描いた映画を観たとき、疼痛感覚が30％減弱することを報告している。このときの鎮痛効果はモルヒネ8mgの注射に匹敵していた。しかし、ナロキソンはこの効果を抑制する。このように、制御できないストレスに繰り返しさらされると内因性オピオイド系に変調をきたし、解離性症状とストレス誘発鎮痛をきたしうるのである。

◆◆◆◆◆　トラウマティック・ストレス症候群における　◆◆◆◆◆
オピオイド拮抗薬の治療的応用

　Schmahl, Stiglmayr, Böhme, & Bohus（1999）はナルトレキソン（1回50mg、1日4回内服）を境界性人格障害（BPD: borderline personality disorder）の女性患者に数週間にわたって使用し、解離性症状が改善したと報告した。同様に、Bohus, Landwehrmeyer, Stiglmayr, Limberger, Böhme, & Schmahl(1999)はトラウマ患者にナルトレキソン（1回25〜100mg、1日4回）を2週間使用し、緊張性不動（tonic immobility）、無痛覚症、フラッシュバックが軽減したと述べている。

　Glover（1993）はオピオイド拮抗薬であるナルメフェンをPTSDの退役軍人に使用し、侵入、激怒、脆弱性、驚愕反応、情動の麻痺が改善したと述べた。同様に、退役軍人にナルトレキソンを投与すると過覚醒的警戒状態、不安、パニック、フラッシュバック、侵入思考が改善した。適度な自己主張は活発であるにもかかわらず、激怒は減少した。トラウマ記憶が自然に表面化し、患者がそれに付随する感情に耐えられるならば、これを解消することができる。悪夢は頻度を増し、しばしば奇想天外で、内容が変容する（Maurer & Teitelbaum, 1998）。Nuller, Morozova, Kushnir, & Hamper(2001)

第4章　解離、オピオイド拮抗薬

は14例の離人症性障害患者にナロキソンを投与した。11例は単回投与（1.6mgもしくは4mg静注）、3例は複数回の静注（最大で10mg）を施行された。14例中3例で離人症状は完全に消失し、7例で著明な改善を示した。

　一方、Lubin, Weizman, Shmushkevitz, & Valevski（2002）はナルトレキソン（100～200mg／日）を男性6例、女性2例の慢性的PTSD患者に投与した。侵入および過覚醒が改善したにもかかわらず、臨床的には有意とは判定されなかった。そして、明らかな副作用のために用量が制限されたと述べている。いずれの研究においても、患者との継続的な治療関係があるかどうかについて、全く言及されていないことに留意しておく必要がある。ただし、Bohusら（1999）の報告はこの例外であり、彼らの研究において患者は弁証法的行動療法（DBT）プログラムを継続していた。

　オピオイド拮抗薬は、受容体に結合してオピオイドに作用するのみならず、視床下部・下垂体系（HPA: hypothalamic pituitary axis）の活動にも影響を及ぼしうる。HPAの活動は急性ストレスによって二次的に増大する。一方で、慢性的なストレスやPTSDでは、一般的にHPA活動はコルチゾールの濃度低下と並行する形で抑制されている（Yehuda, 2001）。ナルトレキソンの投与によってコルチゾールとACTHの血漿濃度のみならず、HPA活動も増強されることがヒト（Kingら, 2002）と霊長類（Williams, Ko, Rice, & Woods, 2003）で示されている。このようにオピオイド拮抗薬は慢性的ストレスやPTSD反応に対して拮抗的に働くのである。

◆◆◆◆◆◆　**解離、心理療法、EMDR**　◆◆◆◆◆◆

　解離および身体表現性の症状は重篤となることが多く、心理療法全般に影響を及ぼす。中でもトラウマ処理は特に影響を受ける。トラウマの生じた時点で、トラウマの周辺では解離を生じ、意識の狭窄をきたす。これによって圧倒的な強要の衝撃を緩和することができるのだ。一方、心理療法における解離は、トラウマの克服を妨げることが多い。解離性症状、すなわち離人症、すくみ現象、感覚麻痺、きまぐれな自我状態への変容、過剰な身体化は、一

般的には効果的な治療の邪魔である。マインドフルネス、二重注意、自分自身の身体に対する認知は、心理療法の成就には一般的に必要なものであるし、とりわけEMDRには必須なのだが、解離はこれらを妨げるのである。

　EMDR治療において、解離はしばしば遮断反応として現れる。治療中に何も浮かび上がってこなかったり、クライエントが情動や身体感覚を感じ取ることができなかったりするのだ。あるいは、著しい身体化（例えば、頭痛、疼痛感覚）を呈したり、著しい除反応が続いて主観的障害単位尺度（SUDS: Subjective Units of Disturbance Scale）の低下が得られないのである。後者のシナリオでは、クライエントは強い嫌悪感を抱き、再び心的外傷を負うことになる。その結果、治療を拒絶するようになり、「私は打ち勝てない」「私は無力だ」「私は成功できない」「私はずっと傷つけられている」「私はダメだ」といった否定的信念と認知が増強する可能性がある。

　EMDRは解離の障壁を打ち破ることが可能である（Paulsen, 1995; Shapiro, 2001）。解離プロセスに直接作用を及ぼすようだ。情動管理のスキルが不十分だったり、クライエントの準備が不適切だったりすると、感情の橋渡しが制御不能となり、クライエントの機能は極めて悪化する結果となるだろう。このため、EMDRトレーニングにおいては、明らかな解離性症状を伴う患者にEMDRを施行する際には準備と安全対策を十分に行うように強調されているのである。

　やはりEMDRは解離を打ち破るからこそ機能するのだろう。二重注意刺激（DAS）による適応情報処理システムへの刺激は解離の神経学的な発症機序に影響を及ぼし、情報の統合を助ける可能性がある（Lanius, 2002, 2004b）。トラウマ自体が限定されたものに過ぎないときには、情報処理システムを破綻させることなく情報処理が速やかに進む。しかし、トラウマ記憶が甚大であれば、過覚醒や解離が誘発され、その結果、情報処理が障害を受けてしまう。

　重度の解離を伴うクライエントでは、トラウマ処理に先立ってあらかじめ安定化作業が行われる。DBT（Linehan, 1993）、肯定的資源の開発と植えつけ（RDI: Resource Development and Installation）（Korn & Leeds,

2002)、自我状態（Forgash, 2002）および身体志向ワークなどの安定化に関わるテクニックを EMDR プロトコル（Shapiro, 1995/2001）に組み入れるのである。解離を伴うクライエントの EMDR 処理のために特に開発されたプロトコルとしては、除反応の断片化しての処理（fractionated abreaction）(Lazrove & Fine, 1996)、自我状態療法（例えば Paulson, 1995; Twombly, 2000; 本書第3章）、身体焦点心理療法（body-focused psychotherapy）（例えば Fischer, 2003; Ogden, 2004; Ogden & Minton, 2000）のほか、神経科学の分野で最近開発された、身体的アプローチと自我状態療法をを統合する包括的な手法（Lanius, 2000）が上げられる。これらの手法を用いたとしても、重度の解離性症状を持つクライエントのトラウマをうまく解決することは困難であることが多い。

◆◆◆◆◆ オピオイド拮抗薬をはじめて使用した経験 ◆◆◆◆◆

サラの診療をはじめたのは 1999 年の初頭だった。サラは銃で脅されて暴行とレイプを受けた後に PTSD を発症していた。その後、加害者は彼女に対してストーカー行為をはじめた。PTSD に加えて、サラはもともと重度の解離性同一性障害（DID: dissociative identity disorder）をきたしていたが、最近の暴行によって増悪し、さらに自我の分裂が進行した。サラの解離性障害は、小児期に複数の加害者（彼女の両親を含む）から受けた著しい肉体的、性的、情緒的、心理的な虐待に起因していた。今回の暴行を受ける前までは、彼女は比較的うまく毎日を過ごしていた。ところが、いまや、この暴行だけではなく、自分の小児期の体験に関わる侵入症状によっても彼女は完全に打ちのめされていた。

安定化にしばらく時間を割いた後、我々は EMDR を施行した。処理を促進させるために除反応の断片化しての処理（fractionated abreaction）、自我状態療法、身体志向ワークのほかにさまざまな手法を用いた。治療は難航した。多くの障壁があり、サラは処理中にしばしばぼんやりして、明らかな離人症を呈した。それにもかかわらず、サラは自分が治療をうまくこなしてい

ると感じていた。ほとんどのセッションでSUDSレベルが0か1あたりまでは下がらなかったにもかかわらず、EMDRほど役に立った治療法はなかった、とサラは述べている。

　同時期に、私はゾルターンという別のクライエントを診ていた。彼は正面衝突で身体障害者となり、慢性疼痛と重度のPTSDをかかえていた。ゾルターンはEMDRによってかなり順調に回復していたのだが、ある日、突然、EMDR処理が中断に追い込まれてしまった。まさに、この日の処理は、サラの治療がうまくいかなかった頃に似ていた（ゾルターンに先だってセッションをサラに行っていた）。身体感覚を確認したとき、彼は「何もない」と答えた。セッションを重ねても、答えは「何もない」「空白だけ」「何も出てこない」であった。ゾルターンが離人症を呈していることが明確になった。ゾルターンは疼痛を抑えるために高用量のタイレノール3（麻薬性コデインを含有する鎮痛剤）をもともと処方されていた。たまたま転んで足を痛めたときに自発的にこれを服用したのだ。ゾルターンがタイレノール3を服用していたときにEMDRセッションで見られた反応は、サラが治療域を越えて解離性、離人症性症状を呈したときの反応に極めて似ていた。いずれのケースにおいても、情報処理は全く停止していた。

　同じ週に、私はフロリダ州マイアミで開催されたInternational Society of Traumatic Stress Studies（ISTSS）の学会に出席した。ここでRachel Yehuda博士がHPAに関する基調講演を行った。ここで彼女は解離体験尺度（DES: Dissociative Experiences Scale）とオピオイド血中濃度との関連を示すスライドを飛ばしながら呈示した。そのスライドがスクリーンに映写されたのはほんの2,3秒に過ぎなかったが、私の記憶にしっかりと刻み込まれた。

　バンクーバーに戻ってMEDLINEで文献検索を行い、上述したBohusら（1999）の新しい論文を見つけた。彼らはオピオイド拮抗薬であるナルトレキソンが、PTSDを伴った境界例のクライエントの大半で解離性症状を軽減させることを発見したのだ。私はこの文献をサラに見せた。そして、我々2人は、ナルトレキソンを使ってみる価値があるという結論に達した。それ

第4章　解離、オピオイド拮抗薬

から私は1年近くサラを担当した。この間、彼女は開業医から維持量のナルトレキソンを処方された。用法は Bohus らの記載に準じ、1日4回、1回50mg（200mg／日）とした。サラは薬剤にとても良く反応した。EMDR処理は急に改善し、彼女は種々のトラウマを初回のセッションで処理することができるようになり、SUDSは1か0まで低下した。極めて興味深いことに、サラがナルトレキソンを使用しているときには、解離性症状を扱うための別のプロトコルを使う必要がなく、標準的なプロトコルを実施することが可能であった。また、除反応の程度は著しく低下した。

　残念なことに、サラは子宮内膜症による気胸を発症し、救急処置を要した。彼女はいつ緊急手術を要するかわからない危険に常時さらされることになったのだが、オピオイド拮抗薬は手術時の麻酔薬に干渉してしまう。サラはナルトレキソンを止めることにした。しかし、EMDRを行うと、まるでサラがナルトレキソンを服用しているときと同じように処理が進んだのである。過度の解離はみられず、障害は取り除かれたようだった。ナルトレキソンを使用してトラウマ処理を終えた後は、内服を止めた後でさえ解離性症状は軽減されたままであることが明らかになった。

　小児期に何年にもわたって繰り返された父親からの性的虐待にかかわるトラウマ記憶をターゲットとする処理に限っては、解離性症状が再燃した。このときにはサラはナルトレキソンを再開するかどうか悩んだ。緊急手術を受けるかもしれないという危険にさらされて、彼女はナルトレキソンをセッション開始前に服用すれば効くかもしれないと考えた。内科医と相談し、サラはナルトレキソン50mgをセッション開始45分前に服用した。性的虐待のトラウマ記憶の処理を再開したところ、除反応はわずかしか現れず、SUDSは1まで低下した。またしてもEMDRがうまくいったのだ。そこでサラは養育者からのひどい虐待にかかわるEMDRセッションに際し、あらかじめナルトレキソンを服用しておくことにした。サラはナルトレキソンを使ってこれらのトラウマ記憶を処理し続けた。そのうちのいくつかは、彼女がはじめて語ることができるようになった内容だった。このようなトラウマに対するEMDRによる処理は、サラの全体的な心理状態を絶妙に改善する結果と

なった。彼女は虐待を受ける関係から自らを解き放つことができた。彼女は新しい職に就き、最終的には多くの学科に登録して学び続けたのだ。

　私はバンクーバーで2000年に開催されたカナダEMDR学会（EMDRAC）において、解離とEMDRに関する発表を行い、この中でサラの経過を報告した。Robert Ferrie博士はこの発表に興味を示してくれた。これが機縁となって、下記のオピオイド拮抗薬に関する一連の共同症例検討が行われたのである。我々はこれらのデータを2001年にテキサス州オースチンで開催されたEMDR国際学会（EMDRIA）ではじめて発表し、次いで2002年にカリフォルニア州サンディエゴのEMDRIAでも発表した。

◆◆◆◆◆　オピオイド拮抗薬とEMDR：症例検討　◆◆◆◆◆

　解離性障害を有するクライエントにおけるEMDR処理に際し、オピオイドの阻害が効果的であることは明瞭であった。この初期段階の結論が、EMDR処理が困難な他のクライエントにも当てはまるのかどうか、Robert Ferrie博士と私は共に関心を持った。こうして我々は、この初期段階の結論を支持する新たな知見を求めて一連の症例検討に乗り出したのである。

　我々の症例は16例で、PTSD、解離性同一性障害、特定不能の解離性障害（DDNOS: dissociative disorder not otherwise specified）、強迫性障害（OCD: obsessive-compulsive disorder）、境界性人格障害といった種々の疾患の診断基準を満たしていた。既に全例が安定化作業を終えており、我々と継続的な治療関係を構築していた。各々EMDRの経験があったが、EMDRの標準的手法あるいは変法は不成功に終わっていた。離人症、現実感喪失、重度の身体化症状、ターゲット記憶に対するSUDSが下がらない、といった理由でEMDRが中断されていた。このように、それぞれの症例で治療は袋小路に入り込んでいたのである。

　クライエントにEMDRセッションの30～60分前にナルトレキソン（25～125mgを使用（標準的な用量は50mg）、もしくはEMDRセッションの直前にナロキソン1mgを皮下注射した。すなわち、オピオイド拮抗薬を慢

第4章　解離、オピオイド拮抗薬

性的に投与するのではなく、EMDR セッションの前だけ投与したのである。

　結果を要約すると、13 例においてトラウマ記憶の処理が進み、SUDS が 0 または 1 まで低下し、ボディスキャンの結果も著明に改善した。12 例では身体化と離人症が解消した。7 例ではナルトレキソンを使用せずに他のトラウマ記憶の処理が可能となった。クライエントはナルトレキソンもしくはナロキソンを使用して平均 5 回のセッションを行った。4 例では 1 回目のセッションで解離性症状が改善した。しかし、他の症例ではセッションの回数を増やす必要があり、最高で 15 回のセッションを要した。11 例ではオピオイド拮抗薬を事前に服用することにより、長期的な症状の改善を認めた。2 例では効果を認めなかった。ナルトレキソンとナロキソンの主な副作用は胃腸症状である。我々の症例ではナルトレキソンよりもナロキソンの方が副作用は軽かった。ナルトレキソンでは 6 例で胃腸症状（腹痛、嘔気、嘔吐）を認めた。ナロキソンでは副作用を認めなかった。

　不安感の増大はオピオイド拮抗薬による副作用として一般的であるが、我々の症例では認められなかった。また、オピオイド阻害によって治療開始時の心拍数増加が確認されたが、クライエントが不快になるほどの頻拍ではなかった。PTSD に対する曝露療法では、治療効果にともなって心拍数が増加することが示されている（Jaycox, Foa, & Morral, 1998）。一方、心拍数が低下したり変化しない場合は解離性症状と関連しているとされている（Lanius ら, 2002）。我々の症例では誰も不安を訴えることがなかったのだが、それは全例で薬物離脱症状がみられなかったことと、オピオイド拮抗薬の開始に先立って不安関連の症状について熟知していたからだろう。治療関係を継続し、オピオイド拮抗薬を用いた EMDR を施行した後の症状について、いろいろとわかってくるにつれて、不安症状は増強されるというよりも、むしろ軽減されるものと思われる。

　うつ状態は物質使用障害の治療においてオピオイド拮抗薬を用いたときにも二次的に発生することが知られている。これについてもやはり、我々のクライエントに該当例はなかった。しかし、EMDR がターゲットとする問題点にちょうど見合った程度の少し沈んだ気分は明瞭に現れた。以前には"満

161

ち足りた無関心（la belle indifference）"のような態度をとり、過度に積極的で活気に満ちた感情であったが、今度はもっと憂鬱な表情になったのだ。全体的にはオピオイド拮抗薬の使用によって、気分の安定性は弱められるというよりも、むしろ強化されたのである。

　さらに我々は、フラッシュバックと侵入症状の急速な消退、そして過覚醒的警戒状態の軽減に気づいた。恐怖、不安、パニック症状は非常に軽くなった。特に、我々の症例ではマインドフルネスと二重注意がかなり向上した。さらに、身体への気づきが増強し、無感情症が軽快した。我々のクライエントは、自らがいま何を感じているのかわかるようになっていた。

　EMDRが解離の障壁を打ち破ったというよりも、むしろクライエントが死蔵された情報を効果的に統合して一体化し、さらに自らがどの題材を扱いたいか選択することができるようになったということのようだ。かつてはひどい除反応によって高度の障害状態に留まっていたクライエントが、いまやセラピストが特に介入を追加しなくても標準プロトコルを有効に施行できるようになったのである。クライエントは以前に経験した自我状態療法、インナーチャイルドワーク、そして資源へのアクセスを、標準プロトコルを用いた処理に自ら統合しているようだった。そして、セラピストの側がそのような処理を促進する必要がなかったのだ。

　全体として、第1の解離と第2の解離は比較的うまく解消された。第3の解離の解消は、同時に自我状態との共意識の増大を伴った。1例で、精神安定薬では改善しなかった"解離性の幻聴"が軽減した。身体化は著しく改善した。EMDR処理の前に頭痛を訴えていた1例では、ナロキソン注射ですぐに疼痛が消失した。複雑な解離を抱えたクライエントの何人かは、解離していたトラウマ記憶が自然に回復した。そのトラウマを治療で処理している患者には、このように記憶が回復することは問題とならないようだ。しかし、治療関係を構築することなくオピオイド拮抗薬を投与された患者にとっては障害となりうる。

　最終的に、除反応は最小化され、処理はずっと早く進んだ。EMDR処理に際して自己調整と感情耐性が向上し、自我の強化とトラウマ記憶に耐えう

る力が増大した。トラウマ記憶に再びアクセスすることで生じる解離は、感情調節を妨げることが示唆された。これらのことについては、次のようなクライエントの反応を見ればわかるだろう。

◆◆◆◆◆ オピオイド拮抗薬を用いた EMDR セッションを終えた後のクライエントの反応 ◆◆◆◆◆

クライエントの主観では、EMDR処理にオピオイド拮抗薬を用いた後に解離性症状が改善した。

Robbie 「わー、地面を気持ちよく感じる。いままで自分の足に地面を感じたことがないよ」
Chris 「ナロキソンなしでは、とてもあれには立ち向かえなかった」
Winona 「足のしびれ感が取れました」
Lois 「いつもの私がそうだったみたいに、そいつから逃げ腰になるわけにはいかない感じよ。まあ、それもそんなに悪くはなかったけどね」
Becky 「声が止まって、私の陰部はもう全然痛まないの。頭痛がなくなって、こんなことは10年間ではじめてよ」
Felicia 「あれはいいよ。ちょっと眠いけど、悲しくならない。悩みが消えたよ」

◆◆◆◆◆ オピオイド拮抗薬使用上の注意と禁忌 ◆◆◆◆◆

オピオイド拮抗薬は、心理療法の治療関係がしっかり築かれている場合しか使用してはならない。セラピストのような愛着対象、移行対象に会えないときには、オピオイド拮抗薬によって嫌悪感を覚える可能性があるのだ。従ってセラピストが休暇に出かける前にオピオイド拮抗薬を開始してはならない。

さらに、オピオイド拮抗薬は嫌悪的、脅迫的な刺激に対して重度の拒絶反応をもたらす結果となりうる。例えば、クライエントは虐待を受ける関係から離れる環境が得られるかもしれない。しかし、それはクライエントに逃げ道や避難場所が用意できる場合にのみ可能なことなのだ。それがかなわず、オピオイド拮抗薬を使用した状態で虐待関係を続け、内的あるいは外的な適切な資源が得られない状況では、強い嫌悪感に満ちてトラウマを抱え込む可能性がある。

　行動回避がひどくなるので、曝露を含むような宿題は、トラウマが完全に処理されるまでは避けるべきである。セラピストはこうした行動回避が生態学的に適切ではないということを熟知しておく必要がある（例えば、虐待関係や嫌がらせのある職場に戻ってしまうことが、よく起こる）。

　一般的に、重度の感情調節不全を示したり、自らの人生の重要な部分について顕著な健忘をきたしたりしているクライエントには、ここに記載したプロトコルを使用してはならない。第1の解離と第2の解離が軽減すると、クライエントには以前に解離していた内容が自然に戻り、そうした記憶に打ちのめされるだろう。比較的高用量のオピオイド拮抗薬でさえクライエントが再び解離しないようにすることが難しい場合もあるだろうが、そうした体験が再びトラウマを負わせる結果となる。このように、適切な感情調節ができなかったり、その問題を扱うには自我の強さが十分でなかったりする中でトラウマ記憶が再び現れると、突如として精神機能が低下してしまうのである。だからといってオピオイド拮抗薬の使用をやめるのではない。こういった症例では、トラウマ処理よりも安定化に専念する必要があり、用量を変更するとうまくいくことがある（Lanius、2003、2004a）。

　かなりの患者で次のようなナロキソンの副作用が報告されている。すなわち、嘔気、嘔吐、発汗、頻拍、血圧上昇、無痛覚の減弱である。ナルトレキソンでもこのような副作用は現れるが、我々の経験では腹部症状（腹痛、嘔気、嘔吐）がより顕著である。

　我々の症例では、一般的に血圧と脈拍数が軽度上昇した。もともと血圧と脈拍が高め、あるいは低めのクライエントにおいては、これらの変動が少な

第4章　解離、オピオイド拮抗薬

かった。しかし、Ibarra ら（1994）の報告によれば、24 例中の 1 例、32 歳の男性 PTSD 患者では、ナルトレキソンによるオピオイド遮断によって行動および心臓血管系の反応に異常が現れている。この患者はナルトレキソン使用後、24 時間にわたって携行型血圧計によって血圧の上昇が確認された。その上、かんしゃくをきたして憤慨した様子であり、不愉快な症状を呈したのである。

　ナルトレキソンは、特に高用量で肝機能障害をきたす。慢性的な投与に比べると、セッション前の単回投与ではこの点はさほど問題にはならない。しかし、処方医の判断により、オピオイド拮抗薬内服前に肝機能検査を受けておくべきである。ナルトレキソンは急性肝炎や肝不全では禁忌である。

　EMDR でナルトレキソンとナロキソンを使用する前には、7～10 日間にわたってオピオイド（ストリートドラッグ、鎮痛剤）を止めておく必要がある。オピオイド拮抗薬が急性離断症状を促進させる可能性があるからである。特にオピオイドを継続的に使用している場合が心配だ。ナルトレキソンはオピオイド受容体に選択的に結合するため、オピオイドを常用している患者はナルトレキソンの効果を打ち消そうとして、さらにオピオイドを増量してしまうことがある。このとき肝機能が悪化する可能性がある。これは致死的となりうる。従って、オピオイド遮断効果を打ち消そうとしてオピオイドを増量してはならないことを、クライエントに警告しておく必要がある。オピオイドを続けているのではないかという危惧が少しでもあれば、ナルトレキソンを開始する前に、いわゆる"Narcan washout"（ナロキソンによるウォッシュアウト）を施行することが推奨される。

　ナルトレキソンは無痛覚症に対して著しく拮抗することをクライエントに説明しておく必要がある。これらの薬剤が効いているときには、疼痛を緩和するためにオピオイドを使用しても効果が低くなることをクライエントは知っておくべきである。緊急時には非麻薬系鎮痛剤、ベンゾジアゼピン、脊髄ブロック、全身麻酔を用いる必要が生じるだろう。セッション前の単回投与ではこうした問題が生じにくいとはいえ、医学上の緊急事態や外傷（例えば交通事故）では問題となりうることをクライエントが熟知しておくことは重

要である。メディカラートブレスレット（訳注：個人の臨床情報を記載した腕輪）を勧める。

　オピオイド拮抗薬は食欲と適切な摂食に影響を及ぼしうる。もともと肥満のクライエントに繰り返し投与すると、一定の体重減少を生じ、最終的には安定する。過食症では暴食が改善することが報告されている。一方、拒食症のクライエントでは注意が必要である。解離性障害と拒食症を持つ2例のクライエントにおいて、食欲の低下が報告されている。拒食症の別のクライエントでは自我状態の重度の断片化を伴わず、この場合には食欲が改善している。

　中にはオピオイド拮抗薬の初回投与で酩酊、昂揚状態となったクライエントもいる。この現象は長期に繰り返し使用すると軽減することが多い。これは一部にはオピオイドへの耐性が阻害されるためだろう。従って、オピオイド拮抗薬への反応が確定するまでは、クライエントに車を運転しないように指導することが推奨される。

　複雑な解離を示すクライエントでは、視覚症状（視野に複数の像が見えるなど）が現れることがある。これは部分的な共意識に付随する現象であろう。クライエントがこれを体験する前にあらかじめ説明しておけば大きな問題とはならず、あまり不安は感じないだろう。

　前述のように、ナルトレキソン（1回50mg、1日4回）を常用中の1例で子宮内膜症による気胸を発症した。しかし、ナルトレキソンが原因として関係しているかどうかについては、いまだ明確ではない。

　オピオイド拮抗薬を使用したEMDRセッションに際して、オピオイド以外の他の薬剤の併用は問題とならない。我々のクライエントの何例かは、抗うつ薬（選択的セロトニン再取り込み阻害薬：SSRI）や精神安定薬を併用していた。しかし、オピオイド拮抗薬は他の薬剤の吸収率に影響を及ぼすとの指摘がある（Nullerら, 2001）。我々のケースでは、抗凝固薬であるワーファリン内服中の1例において、国際標準化比（PT-INR）が変化した。薬剤相互作用について少しでも疑問があれば、処方医か薬剤師に相談すべきである。

第4章　解離、オピオイド拮抗薬

最後に、新生児を持つ母親への投与に際しては注意が必要である。愛着には内因性オピオイド系が関わっているからだ。例えば、動物実験ではオピオイド拮抗薬は世話行動を促進するが、行動の質の低下をきたす可能性が指摘されている。

◆◆◆ EMDR処理におけるオピオイド拮抗薬補助療法プロトコル ◆◆◆

セラピスト：オピオイド拮抗薬の使用を検討しているセラピストは解離性症状と解離性障害の治療経験がなければならない。セラピストはこうしたクライエントに標準的な治療技術を駆使し、これらの症状をうまく扱わなければならない。もし少しでも懸念があれば、臨床家は治療を進める前に指導者の助言を仰ぐべきである。愛着は、少なくとも部分的にはオピオイド系の影響を受けている。従って、セラピストが休暇を取ったり、都合が悪いときにオピオイド系を遮断することは避けるべきである。このように、いつでもセラピストに連絡できる状態を保つことは必須である。

準備期間：オピオイド拮抗薬は、ラポールが得られ、治療関係が確立した場合のみ開始されるべきである。『*Eye Movement Desensitization and Reprocessing*』（Shapiro, 2001）の関連する箇所を参照いただきたい。クライエント側の準備ができていることとクライエントの安全は最重要事項なのである。クライエントの現在の生活状況が十分に安定していることを確認することが必要だ。

クライエント側の準備が適切に行われることは重要だ。トラウマイベントを消化しはじめる前に、安定化に十分な時間をかけるべきである。私の経験では、オピオイド拮抗薬を投与されたクライエントは、これまでに学んだ自己鎮静法や安定法を自分自身に適応することが多い。ただし、これらの方法は、以前にはセラピストの援助がなければうまくいかなかったものなのである。

クライエント側の因子／インフォームドコンセント：重度の解離や身体化のためにEMDRに反応しないクライエントは、格好の候補となる。離人症、現実感喪失、認知的な堂々巡り、身体への気づきの欠如がEMDR処理中に認められ、治療の邪魔となるような場合には、オピオイド拮抗薬の補助的な使用を検討する。

　クライエントはEMDR処理に慣れており、不快感を示さないことが肝要だ。クライエントはオピオイド拮抗薬を使用する理論的根拠を知っておく必要がある。使用上の注意点、禁忌、副作用の可能性はセラピストが十分に話しておく必要がある。また、本法の実験的側面についても説明しておかなければならない。

　処　方：クライエント側に問題がなく、治療を進めていける場合、セラピストは、自らが処方医でない限りは、処方医と連絡をとる必要がある。これは認可適応外使用なので、解離性障害やトラウマティック・ストレス症候群におけるオピオイド拮抗薬の適用の背景について処方医から照会があるだろう。この場合、文献の抄録を呈示すればよい。私はいつもBohusら（1999）の文献を利用している。

　オピオイド拮抗薬の選択と用量：オピオイド拮抗薬の選択肢としては、ナルトレキソン（Revia、経口薬）とナロキソン（Narcan、注射薬）がある。

　ナルトレキソンはセッションの30〜60分前に使用する。初期量は25mgもしくは50mgである。標準的には50mgを使用する。離人症が持続している場合には用量を50mgからゆっくり漸増しており、我々の症例における用量は25〜125mgであった。ナルトレキソンは長時間のセッションに適しているが、副作用として胃腸症状をきたしやすい。50mgのナルトレキソンによってブロックが持続している場合には、クライエントの準備にさらに多くの時間をかける必要が生じる。しかし、薬剤の増量によってトラウマ記憶へのアクセスが促進される場合もある。

　ナロキソンはセッションの開始時に1mgを皮下注射で使用する。このた

め、処方資格のある臨床医しか使えないという制限がある。ナロキソンは半減期が短いので、EMDRセッションは注射後直ちに開始されなければならない。ナロキソンの効果は60分で消失する。胃腸症状が強い場合にはナロキソンを選択することが好まれるようだ。

プロトコルの選択：患者の治療に適切なプロトコルであれば、オピオイド拮抗薬はどのプロトコルに用いても良い。上述のように、多くの症例では標準プロトコルで十分であるが、より複雑なケースでは治療効果を高めるために特殊なプロトコルが必要になることもある。

◆◆◆◆◆ 考　察 ◆◆◆◆◆

　重度のトラウマティック・ストレス症候群のクライエントにおいてEMDR処理前にオピオイド拮抗薬を使用すると、EMDR処理が促進され、特に重度の解離あるいは身体表現性解離を呈するケースにおいて有効であることが示された。治療前にオピオイド拮抗薬を使用すると、以前にはEMDRで効果が得られなかったクライエントにおいて、今度はEMDRによるトラウマの処理が進み、障害を解消することができた。解離性障害に対する特殊プロトコルを用いてもEMDRに効果がなかったケースでさえ、オピオイド拮抗薬の補助療法は効果をもたらした。オピオイド拮抗薬を用いると、不当な解離性症状を現すことがなく、クライエントは処理をうまく進めることができた。

　これらの知見は、解離性障害のクライエントがトラウマ記憶に再アクセスする際に内因性オピオイド系が一過性に活性化されることと相反しない。オピオイド系の活性が増すことが解離性症状をもたらすという意見を支持している。オピオイド拮抗薬を慢性的に使用しなくても、EMDRセッションの直前に使用するだけで治療を促進し、効果を維持することができるようだ。これによって、副作用や合併症のリスクを軽減することができる。

　とても興味深いことに、EMDRセッション前にナルトレキソンを使用す

ると、目立った除反応が軽減される。そして、除反応は統合されたものの一つと入れ換えられるという考え方（van der Hart, Steele, Boon, & Brown, 1993）についての信頼度が高まる。すなわち、オピオイドの阻害によって自己調整が改善し、いっそう効率的な情報処理が可能となることによって、トラウマ記憶へのアクセスが苦痛ではなくなるのである。

　オピオイド拮抗薬は標準プロトコルを用いたEMDR処理のみならず、その他の介入法（RDI、安全な場所、インナーチャイルドワークを含む自我状態療法、その他の催眠による安定化技法）におけるクライエントの反応を促進する（Ferrie & Lanius, 2002）。さらに、オピオイド拮抗薬はDBT（Bohusら , 1999）と感覚運動心理療法（sensorimotor psychotherapy）（Lanius, 2003）においても効果的である。従って、オピオイド拮抗薬の使用によって、安定化と準備にかける期間を短縮することが可能となる。しかしながら、オピオイド拮抗薬を使用したからといって、トラウマに焦点を当てたワークに乗り出す前に安定化と準備が不要になるというわけではない。安定化にオピオイド拮抗薬を使用する際には、用量を変えた方がよい（Lanius, 2003, 2004a）。特に著しい健忘や自我状態との間に共意識がない場合には、用量を変更すべきである。

　また、初期の知見により、最大の効果を得るためにはオピオイド拮抗薬開始のタイミングが重要であることがわかった。重症例における私の経験では、治療関係が確立されている場合には、それが確立されていない場合に比べてオピオイド拮抗薬が嫌がられる危険性が低い。これは、オピオイド系が愛着に深く関与しているからであろう。

　まとめると、EMDR治療におけるオピオイド拮抗薬の併用は、薬物療法と心理療法が融合した革新的な手法である。特に本法は重度の解離性症状や身体化を呈するクライエントのトラウマ記憶を治療する場合に有望である。本法は解離症状を緩和することによってEMDRの情報処理を促進するのである。EMDR治療におけるオピオイド拮抗薬の併用には、このような治療効果が期待されるが、プラセボを用いた二重盲検法による追試が行われるまでは、実験的手法とみなされるべきである。

参考文献

American Psychiatric Association (2000). D*iagnostic and statistical manual of mental disorders*, (4th ed., text revision). Washington, DC: author.

Barach, P. M. M. (1991). Multiple personality disorder as an attachment disorder. *Dissociation, 4*, 117-123.

Bohus, M. J., Landwehrmeyer, G. B., Stiglmayr, C. E., Limberger, M. F., Bohme, R., & Schmahl, C. G. (1999). Naltrexone in the treatment of dissociative symptoms in patients with borderline personality disorder: An open-label trial. *Journal of Clinical Psychiatry, 60*, 598-603.

Bonnet, K. A., Hiller, J. S., & Simon, E. J. (1976). The effects of chronic opiate treatment and social isolation on opiate receptors in the rodent brain. In H. W. Kosterlitz (Ed.), *Opiate and endogenous opioid peptides* (pp. 335-343). Amsterdam: Elsevier.

Bowlby, J. (1978). Attachment theory and its therapeutic implications. In S. C. Feinstein & P. L. Giovacchini (Eds.), *Adolescent psychiatry: Developmental and clinical studies* (pp. 5-33). Chicago: University of Chicago Press.

Bowlby, J. (1997). *Attachment.* London: Pimlico.

Brewin, C. R., Dalgleish, T., & Joseph, S. (1996). A dual representation theory of posttraumatic stress disorder. *Psychological Review, 103*, 670-686.

Fanselow, M. S. (1986). Conditioned fear-induced opiate analgesia: A compelling motivational state theory of stress analgesia. *New York Academy of Sciences, 467*, 40-54.

Ferrie, R. K., & Lanius, U. F. (2001, June). *Opioid antagonists and EMDR*. Paper presented at the EMDRIA Conference, Austin, TX.

Ferrie, R. K., & Lanius, U. F. (2002, June). *The neurobiology of opiates: Opioid antagonists and EMDR*. Paper presented at the EMDRIA Conference, San Diego, CA.

Fisher, J. (2003, September). *Minding the Body: Integrating EMDR and Somatic Psychotherapy*. Paper presented at the EMDRIA Conference, Denver, CO.

Forgash, C. (2002). *Deepening EMDR treatment effects across the diagnostic spectrum: Integrating EMDR and ego state work* [Video]. http://www.emdrandegostatevideo.com. Self-published.

Glover, H. (1993). A preliminary trial of nalmefene for the treatment of emotional numbing in combat veterans with post-traumatic stress disorder. *Israel Journal of Psychiatry and Related Sciences, 30*, 255-263.

Gold, M. S., Pottash, A. C., Sweeney, D., Martin, D., & Extein, I. (1982). Antimanic, antidepressant and antipanic effects of opiates: Clinical neuroanatomical and biochemical evidence. *Annals of the New York Academy of Sciences, 398*, 140-150.

Hamner, M. B., & Hitri, A. (1992). Plasma beta-endorphin levels in posttraumatic stress disorder: A preliminary report on response to exerciseinduced stress. *Journal of Neuropsychiatry and Clinical Neurosciences, 4*, 59-63.

Hemingway, R. B., & Reigle, T. G. (1987). The involvement of endogenous opiate systems in learned helplessness and stress-induced analgesia. *Psychopharmacology, 93*, 3353-3357.

Herman, J. L. (1992). *Trauma and recovery*. New York: Basic Books.

Ibarra, P., Bruehl S. P., McCubbin, J. A., Carlson, C. R., Wilson, J. F., Norton, J. A., & Montgomery, T. B. (1994). An unusual reaction to opioid blockade with naltrexone in a case of post-traumatic stress disorder. *Journal of Trauma Stress, 7*, 303-309.

Jaycox, L. H., Foa, E. B., & Morral, A. R. (1998). Influence of emotional engagement and habituation on exposure therapy for PTSD. *Journal of Consulting and Clinical Psychology, 66*, 185-192.

Kalin, N. H., Shelton, S. E., Rickman, M., & Davidson, R. J. (1998). Individual differences in freezing and cortisol in infant and mother rhesus monkeys. *Behavioral Neuroscience, 112*, 251-254.

Kaufman, I. C., & Rosenblum, L. A. (1967). The reaction to separation in infant monkeys: Anaclitic depression and conservation-withdrawal. *Psychosomatic Medicine, 40*, 649-675.

Kaufman, I. C., & Rosenblum, L. A. (1969). Effects of separation from mother on the emotional behavior of infant monkeys. *Annals of the New York Academy of Sciences, 159*, 681-695.

Kelly, D. D. (1982). The role of endorphins in stress-related analgesia. *Annals of New York Academy of Sciences, 398*, 260-271.

King, A. C., Schluger, J., Gunduz, M., Borg, L., Perret, G., Ho, A., & Kreek, M. J. (2002). Hypothalamic-pituitary-adrenocortical (HPA) axis response and biotransformation of oral naltrexone: Preliminary examination of relationship to family history of alcoholism. *Neuropsychopharmacology, 26*, 778-788.

Kling, A., and Steklis, H. D. (1976). A neural substrate for affiliative behavior in non-human primates. *Brain Behavior Evolution, 13*, 216-238.

Korn, D. L., & Leeds, A. M. (2002). Preliminary evidence of efficacy for

EMDR resource development and installation in the stabilization phase of treatment of complex posttraumatic stress disorder. *Journal of Clinical Psychology, 58,* 1465-1487.

Lanius, U. F. (2000, April). *Dissociative processes and EMDR — staying connected*. Paper presented at the North West Regional EMDR Conference, Vancouver, British Columbia.

Lanius, U. F. (2002, November). *Trauma, neuroscience and EMDR*. Paper presented at the EMDRAC AGM. Vancouver, BC.

Lanius, U. F. (2003, October). *The neurobiology of attachment and dissociation: Clinical implications*. Paper presented, Complex Trauma Treatment Approaches, Loch Lomond Shores, Balloch, Glasgow, Scotland.

Lanius, U. F. (2004a, September). *Attachment and dissociation: The role of endogenous opioids*. Paper presented at the EMDRIA Conference, Montreal, Quebec.

Lanius, U. F. (2004b, September). *PTSD, information processing and thalamocortical dialogue*. Paper presented at the EMDRIA Conference, Montreal, Quebec.

Lanius, R. A., Bluhm, R., Lanius, U. F., & Pain, C. (in press). Neuroimaging of hyperarousal and dissociation in PTSD: Heterogeneity of response to symptom provocation. *Journal of Psychiatric Research*.

Lanius, R. A., Williamson, P. C., Boksman, K., Densmore, M., Gupta, M., Neufeld, R.W., Gati, J. S., & Menon, R. S. (2002). Brain activation during scriptdriven imagery induced dissociative responses in PTSD: A functional magnetic resonance imaging investigation. *Biological Psychiatry, 52,* 305-311.

Lanius, R. A., Williamson, P. C., Densmore, M., Boksman, K., Neufeld, R.W., Gati, J. S., & Menon, R. S. (2004). The nature of traumatic memories: A 4-T FMRI functional connectivity analysis. *American Journal of Psychiatry, 161,* 36-44.

Lazrove, S., & Fine, C. G. (1996). The use of EMDR in patients with dissociative identity disorder. *Dissociation, 9,* 289-299.

Linehan, M. M. (1993). *Cognitive-behavioral treatment of borderline personality disorder*. New York: Guilford Press.

Lubin, G., Weizman, A., Shmushkevitz, M., & Valevski, A. (2002). Shortterm treatment of post-traumatic stress disorder with naltrexone: An openlabel preliminary study. *Human Psychopharmacology, 17,* 181-185.

Makino, M., Kitano, Y., Komiyama, C., Hirohashi, M., & Takasuna, K. (2000). Involvement of central opioid systems in human interferon-alpha induced immobility in the mouse forced swimming test. *British Journal of Pharmacology, 130*, 1269-1274.

Maurer, R. G., & Teitelbaum, P. (1998, November). *PTSD, opioids, and antipredator behavior: A pilot treatment study with naltrexone*. Paper presented at the annual meeting of the International Society for Traumatic Stress Studies, Washington, DC.

Newman, J. D., Murphy, M. R., & Harbough, C. R. (1982). Naloxonereversible suppression of isolation call production after morphine injections in squirrel monkeys. *Societyfor Neuroscience Abstract, 8*, 940.

Nijenhuis, E. R. J. (1999). *Somatoform dissociation*. Assen, Netherlands: van Gorcum and Comp. B.V.

Nuller, Y. L., Morozova, M. G., Kushnir, O. N., & Hamper, N. (2001). Effect of naloxone therapy on depersonalization: A pilot study. *Journal of Psychopharmacology, 15*, 93-95.

Ogden, P. (2004, September). *Empowering the body: Somatic awareness and physical action in the treatment of trauma and dissociation*. Paper presented at the EMDRIA Conference, Montreal, Quebec.

Ogden, P., & Minton, K. (2000). Sensorimotor sequencing: One method for processing trauma. *Traumatology, 6*. Available at http://www.fsu.edu/~trauma/v6i3/v6i3a3.html

Panksepp, J., Nelson, E., & Sivey, S. (1994). Brain opioids and mother-infant social motivation. *Acta Paediatrica, 397* (Suppl.), 40-46.

Panksepp, J., Siviy, S. M., & Normansell, L. A. (1985). Brain opioids and social emotions. In M. Reite & T. Fields (Eds.), *The psychobiology of attachment and separation* (pp. 3-49). Orlando, FL: Academic Press.

Paulsen, S. (1995). EMDR and its cautious use in the dissociative disorders. *Dissociation, 8*, 32-44.

Perry B. (1999). *The memories of states*. In J. Goodwin & R. Attias (Eds.), *Splintered Reflections: images of the body in trauma* (pp. 9-38). New York: Basic.

Pitman, R. K., van der Kolk, B. A., Orr, S. P., & Greenberg, M. S. (1990). Naloxone-reversible analgesic response to combat-related stimuli in posttraumatic stress disorder. A pilot study. *Archives of General Psychiatry, 47*, 541-544.

Powles, W. E. (1992). *Human development and homeostasis*. Madison, CT: International Universities Press.

Schmahl, C., Stiglmayr, C., Böhme, R., & Bohus, M. (1999). Behandlung von dissoziativen Symptomen bei Borderline-Persönlichkeitsstörungen mit

Naltrexon [Treatment of dissociative symptoms in borderline patients with naltrexone]. *Nervenarzt, 70,* 262-264.

Shapiro, F. (2001). *Eye movement desensitization and reprocessing: Basic principles, protocols, and procedures* (2nd ed.). New York: Guilford Press.

Twombly, J. (2000). Incorporating EMDR and EMDR adaptations into the treatment of clients with dissociative identity disorders. *Journal of Trauma and Dissociation, 1,* 61-81.

van der Hart, O., Steele, K., Boon, S., & Brown, P. (1993). The treatment of traumatic memories: Synthesis, realization, and integration. *Dissociation, 6,* 162-180.

van der Hart, O., van der Kolk, B. A., & Boon, S. (1996). The treatment of dissociative disorders. In J. D. Bremner & C. R. Marmer (Eds.), *Trauma, memory and dissociation* (pp. 253-283). Washington, DC: American Psychiatric Press.

van der Kolk, B. A. (1989). The compulsion to repeat the trauma: Reenactment, revictimization, and masochism. *Psychiatric Clinics of North America, 12,* 389-411.

van der Kolk, B. A. (1996). Trauma and memory. In B. A. van der Kolk, A. C. McFarlane, & L. Weisaeth (Eds.), *Traumatic stress: The effects of overwhelming experience on mind, body, and society* (pp. 279-302). New York: Guilford Press.

van der Kolk, B. A., & Fisler, R. (1995). Dissociation and the fragmentary nature of traumatic memories: Review and experimental confirmation. *Journal of Traumatic Stress, 8,* 505-525.

van der Kolk, B. A., Greenberg, M. S., Orr, S. P., & Pitman, R. K. (1989). Endogenous opioids, stress induced analgesia, and posttraumatic stress disorder. *Psychopharmacology Bulletin, 25,* 417-421.

van der Kolk, B. A., Pelcovitz, D., Roth, S., Mandel, F. S., McFarlane, A., & Herman, J. L. (1996). Dissociation, affect regulation and somatization: The complex nature of adaptation to trauma. *American Journal of Psychiatry, 153* (Suppl.), 83-93.

Williams, K. L., Ko, M. C., Rice, K. C., & Woods, J. H. (2003). Effect of opioid receptor antagonists on hypothalamic-pituitary-adrenal activity in rhesus monkeys. *Psychoneuroendocrinology, 28,* 513-528.

Yehuda, R. (2001). Biology of posttraumatic stress disorder. *Clinical Psychiatry, 62* (Suppl.), 41-46.

Zurita, A., Martijena, I., Cuadra, G., Brandao, M. L., & Molina, V. (2000). Early exposure to chronic variable stress facilitates the occurrence of anhedonia and enhanced emotional reactions to novel stressors: Reversal by naltrexone pretreatment. *Behavioral Brain Research, 117*, 163-171.

◆◆◆◆◆ 推薦図書 ◆◆◆◆◆

Herman, J. L. (1992). *Trauma and recovery*. New York: Basic Books.

Levine, P. (1997). *Waking the tiger*. Berkeley, CA: North Atlantic Books.

Linehan, M. M. (1993). *Cognitive-behavioral treatment of borderline personality disorder*. New York: Guilford Press.

Nijenhuis, E. R. J. (1999). *Somatoform dissociation*. Assen, Netherlands: Van Gorcum and Comp. B.V.

Ogden, P., & Minton, K. (2000). Sensorimotor sequencing: One method for processing trauma. *Traumatology, 6*. Available at: http://www.fsu.edu/~trauma/v6i3/v6i3a3.html

Parnell, L. (1999). *EMDR in the treatment of adults abused as children*. New York: Norton.

Putnam, F. W. (1989). *Diagnosis and treatment of multiple personality disorder*. New York: Guilford Press.

Putnam, F. W. (1997). *Dissociation in children and adolescents: A developmental perspective*. New York: Guilford Press.

Schore, A. (2001a). The effects of a secure attachment relationship on right brain development, affect regulation, and infant mental health. *Infant Journal of Mental Health, 22*, 7-66. Available at http://www.trauma-pages.com/schore-2001a.htm

Schore, A. (2001b). The effects of early relational trauma on right brain development, affect regulation, and infant mental health. *Infant Journal of Mental Health, 22*, 201-269. Available at http://www.trauma-pages.com/schore-2001b.htm

van der Hart, O., Steele, K., Boon, S., & Brown, P. (1993). The treatment of traumatic memories: Synthesis, realization, and integration. *Dissociation, 6*, 162-180.

van der Kolk, B. A., McFarlane, A., & Weisaeth, L. (Eds.). (1996). *Traumatic stress*. New York: Guilford Press.

Watkins, J., & Watkins, H. (1997). *Ego states: Theory and therapy*. New York: Norton.

第5章

幻肢痛プロトコル

ロバート・H・ティンカー／サンドラ・A・ウィルソン

　身体の一部を切断するという経験をすると、たいていの患者は手足がまだそこにあるという感覚である幻肢覚や、切断後に存在する痛みである幻肢痛（phantom limb pain: PLP）を経験する可能性がある（Sherman, 1997）。切断後の疼痛は、どういうわけか神経系に閉じ込められ留まってしまっている、切断の前に存在した疼痛である場合がしばしばある。幻の痛みに関連する疼痛は、激しい痛みになる可能性がある。0〜10のスケール（最も激しい疼痛を10とする）で、PLPが7や8の痛みの経験は、睡眠、労働、思考を困難にさせるという点で、生活の質を著しく妨害する。人は痛みを鎮めるためにしばしば薬の中毒になる。一部の人々は、制御しにくい疼痛と疼痛除去の希望がないために自殺することもある。その疼痛は、締め付けるような痛み、焦げつくような痛み、刺すような痛み、むず痒い痛み、疼くような痛み、あるいは人が経験するどんな種類の痛みにでもなる可能性がある。切断された体のどの部分においてもPLPを感じ続ける可能性がある。例えば歯の幻痛、胸の幻痛、胆嚢の幻痛など他にもいろいろあり、幻の疼痛と認められる（Sherman, 1997）。手足を失った人の60％（Jensen, Kerbs, Nwelsen, & Rasmussen, 1985）から70％（Melzak, 1992）の人が、幻肢痛に苦しみ、そしてそのような痛みが20年後も存在し続けている（Sherman, 1997）。切断の前の痛みが大きければ大きいほど、かなりの頻度で切断の後の痛みが大きくなる（Sherman, 1997）。

　1996年現在、アメリカ合衆国では切断患者は120万人存在し、最近過去5年間で毎年38％増加している（アメリカ切断患者の会, 2004）。その97％

は下肢切断で、そのうち血管障害によるものは82％である（アメリカ切断患者の会、2004）。血管障害以外は、ほとんどが癌と交通事故によるものと報告されている（アメリカ切断患者の会、2004）。多くの人が肥満になると糖尿病がより蔓延し、さらに国民が老化するにつれて年間の切断手術がより多くなる。またここ数年間で子どもたちの糖尿病が増加し、その結果子どもたちの間でも同様に切断手術が増加している。これは、切断手術の執刀医が整形外科医から血管外科医へと大きく切り替わることである（Sherman、1997）。整形外科医は通常、足の機能の約80％が残るようにひざの下で切断するが、血管外科医は膝より上で切断する傾向があり、足のたった30％の機能だけしか残さないようになる（Sherman, 1997）。膝下切断者におけるEMDR治療の成功は、足の使える機能をより大きく回復することになる。

　PLP患者は、例えばそこにない脚または足をまるでそれが痛みを引き起こすかのように扱う。彼らは肉体的な問題であると考えている。彼らはしばしば狂気と判断される可能性があることを心配するので、治療のために心理士のところに行くことはほとんどない。手術後最初の3ヵ月で傷は癒える、しかし医師がPLPを認めたり治療する可能性はほとんどない。医師は治癒後に発生するPLPの効果的な治療法を知らないため、PLPを無視する傾向にある。彼らは、リラクセーショントレーニング法やバイオフィードバック法や理学療法や義肢の調整、あるいは他の緩和ケア技法の専門家を紹介するかもしれない。PLPの治療法としてよく知られている50種強の方法は、多くても約8％しか治療時間をこえた持続効果はない（Sherman, 1997）。内科医は存在しない手足への鎮痛剤処方をしぶしぶ行う傾向にある。

　PLP患者は、表面上そこにあってはならない痛みに悩んでいることを訴える。患者は、PLPが残っていても肉体的な治癒後は医学分野から多くの援助を得られない。その代わりに起こってくることは、新しい義足や義腕を作る義肢装具士が、結局手足の喪失から来る感情的な後遺症を最終的に治療する人になるということである。義肢装具士は患者が最初に株（切断面）を見たとき、気が遠くなる場合が50％あると報告する。たいていの場合はこのひどい損失へのアブリアクション（除反応）である。しばしばPLPは最

終的に義肢への焦点付けとなる。平均的な義足の値段は、9,000 ドルである。良いものは、20,000 ドルにもなる。最新式の膝上でコンピューター化された義足（a C leg）は、70,000 ドル以上の費用がかかる（アメリカ切断患者の会, 2004）。患者はたびたび「そうだ、PLP は人口装具が上手くあっていないからだ」と言い、そして調整のためや新しい人工装具を作るために義肢装具士のところに戻ってくる。たいてい義肢装具士は義肢を作業台の上に置いて調整をしながら、同情的に傾聴する。すると患者は「ああ、とてもよくなったと思う」と言う。しかし、残念なことに痛みは長い間取り除けない。

　1996 年にロサンゼルスで、フランシーン・シャピロ博士が開催したファシリテーター集会にロバート・ティンカー博士と私が出席した。そのとき彼女は我々に、リンダ・バンデレンがコロンビアのボコタへ妹を訪ねて行ったときの出来事について話した。彼女の妹は癌や AIDS を患った子どもたちの孤児院を経営していた。子どもたちのうちの 1 人に 8 才の女の子、アン・マリーがいた。その子は癌のために足を切断していた。リンダは、彼女の足損失のトラウマを減らすために、EMDR を用いて治療をはじめた。セッション後、その女の子はリンダに PLP が消えたと報告した。

　その時ティンカー博士と私は、手足を失った人たちについての研究をはじめることを決めた。1996 年に、我々は 7 人の手足を失った人で一連のアプローチを用いた試験的研究を行った。我々は EMDR が PLP 治療に効果的かどうか知りたかった。PLP は、出来事は終わったが、（感情的または肉体的な）痛みがどういうわけか神経システムの中に埋められてしまってまだそこにある状態の、心的外傷後ストレス障害（PTSD）と類似しているかもしれないと思った。EMDR が PTSD に非常に効果的であることから、そして PLP の一事例において既に治療が提示されたことから、我々は EMDR が PLP 治療において他形式の効果的な治療法になりうるかもしれないと思った。我々の一連のケースから、EMDR が足切断者において PLP の効果的治療法である（完全な PLP の除去）とわかった。ほとんどのケースにおいて疼痛は、最初の診断面接後 3 回以内の治療セッションで消失した。

　我々は 1996 年 6 月に研究をはじめ、そして今もなお進行中であり、2005

年に患者たちの経過観察を続けた。エリザベス（49才）は、最初のクライエントであった。彼女は足に凝血を持っていたが、それでも彼女は完全な足の切断手術を拒否した。その結果、医師は、足に血液循環が残っておりそのためにどれくらい大きく足を切断しなければならないか、彼女が理解をするのを待った。いくらかの血液循環が彼女のかかとに残されていた。そして、それは最大の痛みを生じさせた。1週間以内に膝下切断手術をすることを決定した。外科手術後、PLPはかかとに集中した。彼女は激しいかかとの痛みが切断手術の後なくなると思っていた。彼女はひどく驚き不満を訴え「医師は足を切断した、しかし痛みを切り離すのを忘れた」と叫んだ。彼女は絶え間ないPLPが1年続いた後、研究のために公募した我々のところへやって来た。彼女はフルタイムで働くのをやめた。落胆して毎日泣いていた。痛みを軽くするため、そして痛みにもかかわらず眠ろうとするために薬物とアルコールを使っていた。日常生活は完全に変わった。1日わずか2、3時間だけしか働くことができなかった。最初の診断面接は3時間かかった。その後、第1回目のEMDRセッション（2時間継続）で彼女のPLPは消失し、そしてぶり返さなかった。第2回目のセッションではEMDR治療は彼女のうつに働き、そしてその後彼女は抗うつ剤を徐々に減らすことができた。3回目のセッションはおもに終結のセッションであった。

　ティンカー博士と私が開発したプロトコルでのアプローチは、最初に最もトラウマ的な損失の側面に働きかける。彼女にとって最悪だったことは、完全体でなくなり、さらにいろいろできなくなったときから、残りの人生についてどのようにすべきかわからなくなっていたことだった。そこで我々は、切断手術後の目を覚ましたときのトラウマ（彼女の最悪の記憶）に働きかけた。そのときのSUDSが0に下がったとき、我々は幻の疼痛に焦点を当てた。彼女がPLPに注意を向けたので、痛みは動き変わりはじめ、ついに消えた。このプロセスは、EMDRによってトラウマによる感情が変わり、シフトして消えはじめるのに類似しているように思われる。

　エリザベスに1年後のフォローアップを行ったところ、痛みはこれまで一度もぶり返していなかった。彼女はフルタイムで働き、登録看護師になって

いた。彼女はスキーをはじめていた。今でもなおコロラドロッキー山脈でハイキングをし、息子と何度もフライフィッシングをし、そして釣りをしている間ずっと水の中に立っていることができた。彼女の抑うつはぶり返さなかった。彼女の全体的な外見は、抑うつや疼痛緩和のために薬とアルコールの常用から脱したので、以前と変わっていた。彼女は以前活動的だった以上に、今はもっと活動的である。「私は自分が何をできなくなったかわかっていなかった。私はまだ走ることができない、そして時々まだ靴下を自分の足に履かせようとする、しかし私にはもう痛みはない」

　リンダは2人目のクライエントであった。彼女は自動車事故を経験し、我々の治療前には12年間も足が押しつぶされている痛みを経験していた。彼女の怪我は重傷だったので、事故後一年間も入院患者として治療のために病院に残らなければならなかった。彼女のPLP（今回もまた膝下切断）は、絶えず2サイズも小さい靴を履かされているように感じている窮屈な状態で、つま先が辛い位置で後ろに反り返って曲げられているような痛みをともなっていた（そしてその靴は12年間決して脱ぐことが出来なかった！）。おそらく、彼女は事故の際に足に何が起こったかを「記憶していた」。彼女にはひどいトラウマとうつがあり、辛い窮屈な痛みに集中することができるようになるために、1回目のセッションでSUDSを0にまで動かされなければならなかった。痛みは2回目のセッションで取り除かれた。私は、1年後フォローアップをした。今回もライフスタイルは改善され、痛みはぶり返さなかった。引き続き私はエリザベスとリンダに2年後のフォローアップをした。痛みはぶり返さなかった。リンダは鬱血性心不全のため2年前に亡くなった。彼女は亡くなる数年前に他の手足を失った人々に助言をしていた。数ヶ月前（2004年）私はエリザベスと話をした、そして彼女は、PLPは8年前の治療からこれまで一度も痛みがぶり返さなかったと保証した。

　それから、我々は膝下切断の若い女の子を治療した。彼女の母親は、彼女以上に切断手術に対して狼狽した。その女の子は、母親の世話を自分がしなければならないように感じる複雑な問題があった。彼女のPLPは8から2まで下がったが、それ以上本当に動かなかった（他の2人の患者は0まで下

がった)。彼女にはそれで了解した。なぜならそれは、彼女がお母さんのことをより心配していたからである。

　我々は、もう一人の52才の女性を治療した。医師たちはひざの手術のときに図らずも彼女の足の大静脈を切ってしまい、そして彼女の足を切断しなければならなくなってしまった。彼女はただ腱を固定してもらっている手術だと思っていた。しかし外科手術から目が覚めたとき、彼女の足はなくなっていた。彼女は起こってしまった出来事に怒り狂っていたので、セッションはより長くかかった。外科手術のトラウマ的局面を終わらせるために約3回のセッションを要した。彼女のSUDSレベルは下がり、そのまま維持された。その後、痛みのための他のセッションを行った。

◆◆◆◆◆　プロトコル　◆◆◆◆◆

　一般的に、PLPのためのプロトコルは、3つの部分から成る。生育歴の聴取と関係性の構築、それからトラウマ経験を目標にする。そして最終的に痛み自体を目標とする。

第1、2段階：クライエントの生育歴・病歴聴取と準備（2〜3時間）

　最初のセッションでは、何が起こったか、何の怪我であったか、どのように起こったか、それについて切断患者がどのように感じたか、彼らは何ができるのか、について理解することである。あなたはセラピストとして、まずクライエントの信頼を確立する必要がある。その結果、クライエントに「狂っていると思っていないこと」を理解してもらえる。肉体的に「存在」のない幻覚痛のような現象を治療することに関して真剣である、と患者が理解するようになるために時間の半分を費やすべきだ。あなたは彼らの経験を正当化する必要がある。彼らは、しばしばメンタルピクチャー（心象）を持っている；ほとんど全ての手足を失った（切断された）人は、株（切断部位）または事故の映像を凍結させて持っている。そして彼らはあなたに彼らの目

を通してそれを見せたいと思っている。人工装具を得たことについて、はじめて切り株（切断部位）を見たときどんなふうに見えたかについて、そして家族のメンバーが手足をなくしたかれらを最初に見た時のことについて尋ねる。

　もしあなたが切り株になんらかの嫌悪を示したならば、全ての有効性を失うかもしれない。切り株の援助者になるべきだ。しばしば彼らは、切り株にさわることを求めたり、あるいは義肢を外して、あなたが切り株を見てそれについて語ることを求めたりする。彼らはしばしば、義肢があるのとないのとでどんな機能の差があるかについて話したがる。

　第２回目には、ライフスタイルの変化や、自尊心の変化や、彼らが行ってきた療法や、薬物の量について尋ねる。社会生活、職業、レクリエーション、性生活における変化や、生活の質、家族の衝撃、一般的な活動について尋ねる。全ての生活が再構成された話を聞く。朝の準備をするために20、30分だったのが今は1時間半かかるとか、夜にベッドに入ったりあるいは風呂に入るために1時間半かかるとか。私は「あなたが足を失ったときから、本当に一番なくしたものは何ですか？」と尋ねる。彼らは、草刈、簡単なショッピング、登山、ハイキング、乗馬ができなくなったと答える。損失と悲嘆は、失われた活動において象徴される。PLPとトラウマがなくなったあと、彼らはしばしば再びその活動に係わる。彼らはゴルフや、買い物や、スキーを学ぶというような新しい活動をはじめる。

　家族の反応について尋ねる必要がある。たいていの家族は、患者のトラウマにかかわってのPTSD症状にある。例えば母が足の一部を失った子どもたちは、トラウマを与えられる。その結果子どもたちの行動は変わる。

　クライエントは切断後、自尊心の問題が生じる。彼らは手足をなくしているので、人々が彼らに反応する様子を見て、自分が社会において重要であると感じない。彼らは皆にいつもじろじろ見られ、特に子どもたちに見慣れない人に対する驚いた反応をされることについて報告する。子どもは、完全でない自分自身を描いて考えることが出来ないため、指差したりじろじろ見たりする。クライエントは、時間が過ぎるにつれてますます自分の殻に引きこ

もる傾向がある。あなたはそのことについて話し、それから魅力の問題について語る必要がある。もし足を切断され魅力が無くなったと感じている女性なら腕がなくなった場合と比較し、もし胸の切除手術で魅力的で無くなったと感じているのなら腕切除と比較する。腕の切断で自尊心の損失を感じている男性には、足の切断以上なのかを問題にする。

　第3回目には手足に戻り、手足のありとあらゆる部分の痛みについて、どのように痛むのか詳細な分析を行う。痛みの強さを評価するために、一般的には痛みを数値化した Number Analog Scale（NAS; 0-10; 考えられる最悪の痛みを 10 として測定する）が用いられる。私も質問形式の McGill Pain Scale を使用する。それは、手足の図が描かれていて質問が全てあげられている。痛みの数種類をそれぞれ 4 つのレベル（none：全くない、mild：穏やかな、moderate：中くらい、severe：激しい）で評価する。痛みの種類は"throbbing：ずきずきする、shooting：撃たれたような、stabbing：刺すような、sharp：鋭利な刃物で切られるような、cramping：締め付けるような、gnawing：噛まれるような、hot-burning：熱く焼けるような、aching：うずくような、heavy：重いような、tender：圧痛、splitting：引き裂かれるような"といういくつかの痛みを含む。また、痛みに対するクライエントの反応を"none：全くないから severe：激しい"で、"tiring-exhausting：心身を疲れさせる、sickening：病気になっている、fearful：恐ろしい、punishing-cruel：厳しい残酷な"の痛みの種類で評価をする。

　通常、手足を切断された人が我々の所にたどり着く頃には痛みを止める全てのことについて試みている。理学療法、マッサージ、薬物療法、他の既知の手法である。そして彼らはしばしば、切り株の端（切断面）にできる神経腫（神経の束）について話す。それが大きな問題となる。PLP の最も一般的な 4 番目の治療は、外科的に神経腫を取り除くことであり、それは手足をより短くする。しかし、外科医が株を短くすればするほど、おそらく患者はより機能を失うことになる。外科医が神経腫を痛みの原因として考え、より手足を切断しようとするのは、外科医が PLP の原因を理解していないからである。

アセスメントと脱感作（2〜5セッション目）

　臨床面接の第3回目の終わりに、最初のEMDRの標的を準備する。我々は、「この切断経験で最悪のトラウマとなった光景は何ですか？」ということからはじめる。我々はそれでEMDRアセスメントを完了し、そしてそれを最初のターゲットとする。次のセッションとそれ以降は、必要に応じて切断手術の周辺で起こった全てのトラウマとなるターゲットを解決していく。

　トラウマのターゲットがなくなったとき、我々は疼痛スケールに戻る。クライエントは、既に痛みの詳細な表現方法を完成させている。彼らはそこに存在しない、つま先、または手首、または足首を指さして、彼らはその経験が本当である確認をする。我々は、（存在しない）親指が下に押し曲げられている痛みの量を計測する。彼らは最終的には詳細に語りはじめ、それらの痛みを認識する。我々が処理する準備ができているときは、既にその痛みを理解し、心理的なトラウマも明らかにされているので、「**最悪の痛みに焦点を合わせましょう。つま先は後ろに折れ曲がっている、そしてその痛みは8である、さあそれからはじめましょう**」と簡単に言えるようになっている。もし最悪の痛みからはじめられるのならば、しばしば残りの痛みも同様に解放される。もし痛みが完全に概念化が出来ていなければ、次の痛み、そして次の痛みへと移ることになる。

　しかし、痛みは非常に複雑である可能性がある。足においても、締め付けられているつま先、灼熱感、ねじれている感覚を同時に持っているかもしれない。失った手足における痛みの詳しい表現をしなければならないかもしれない。つまり全ての痛みがどこにあるのか、そして正確に痛みがどのような種類のものか。それは、ふくらはぎが締め付けられ、足首がねじれていて、つま先が締め付けられ、足が締め付けられている状態かもしれない。そして的確な痛みに焦点を当てる、まさにちょうど的確な時に取り扱い、さらに最初に最悪の痛みを扱う。それぞれの痛みにNAS測定を行う。痛みが変わるか、あるいはなくなるまで、クライエントに痛みを焦点化させながらEMDRを続ける。しばしば痛みは除去される前に変化する。それはEMDRによって

感情が大きく変化するのと同様に、痛みも先すぼみに減少していく。ときには、うずいたり、ちくちくする痛みの感覚を最初に報告するであろう、そして他の感覚に変化するのに伴い、(例えば)足がリラックスしはじめる。私はこの仕事をしているので言うのであるが、リラックスはおそらく私の大好きな言葉で、世界中で愛とともにある言葉と思っている。私は、人々が手足がリラックスしていると報告するとき痛みが去ろうとしているということを知っている。

　腕と手の切断は足の切断より多くのEMDRセッションを必要とする。その生理的説明は脳のホムンクルス図において、手の部分を表現したサイズと複雑さについて述べなければならない。ホムンクルス図で最も大きな部分は唇と手に当てられており、足はより小さい部分である。脳図において手の表現は巨大なエリアを取る。親指はそれ自身広いエリアを持つ；指、手、手首のエリアはそれより小さくなっている。

　一事例の患者であるが、腕切断後のPLPにおいて、眼球運動を使うことよりむしろ上唇を刺激することによってより効果的であった。ホムンクルスの構成図において、まさに唇は手の隣にある。我々はTac/AudioScan（タッピングをする機械）を使って唇を刺激した、つまり唇の両側の上に置いた。我々はまた、ひざまたは肩で左右の触覚型のタッピングやタッチングも行った。我々は、唇の両側刺激だけを使ったEMDRを行ったが、手と腕の切断者をより早く処理するためには、ひとつの種類の刺激で行うより、より多くの刺激を使う方がより効果的である。

　復　習：クライエントとの関係構築とインテークとターゲット選択のために3時間使う。それから1回のEMDRの治療セッションを行う。しかし事故のトラウマやそれによる苦悩によってはたくさんの回数が必要となる。それから直接痛みに焦点をあわせて、痛みがなくなるまでEMDRを行う。足切断、乳房切除、あるいは指切断であるときは、通常1回のセッションである。手や腕切断の場合はより多くのセッションを必要とするかもしれない。もしあなたが手や腕の切断者において上唇の触覚型の刺激を使ったならば、痛みはより早く処理されるかもしれない。

第5章　幻肢痛プロトコル

　あなたが痛みを解消させたら、MD（医師）に患者に処方された鎮痛剤をやめるよう働きかけることができる。薬物が除去されたあと、痛みがぶり返さなかったことを確認するためにフォローアップする。私は研究者であるので、30日と60日でチェックをする。もし痛みが戻っているならば、彼らにすぐに電話するように指示している。フォローアップは1年後も行い、そして私はさらにそれよりずっと長く行う。私がしているフォローアップの最も長いものは、私の最初の患者であるエリザベスの8年である。

治療後

　トラウマと痛みを解消させた後に劇的なことが起こる。最初にクライアントは眠りはじめる。治療の前は、ほとんど全ての人は夜に痛みがよりひどいと報告する。その結果として、これらの多くの患者はとてもとても睡眠を妨げられる。治療の後、彼らは眠ることができるようになる。いったん彼らがより良いと感じられる睡眠を得られたなら、既にもうそこに痛みはない。それから彼らはエネルギーにあふれ、そして自分の人生を送ることができるようになる。治療前よりずっと生活の質がよくなったと言う。彼らは何が大切であるかということに戻る。人との関わり、教育、そして自分自身の時間を過ごしたがる。ある女性が「私の心と魂は切断されなかった」と言った。

　エリザベスが疼痛とトラウマを乗り越えたとき、彼女の11才の息子はそれから通常の子どもらしい子どもに戻った。かつて、彼は彼女にさわるのを怖がった。彼は、彼女のひざに座らなかった。彼は非現実的なほどいい子で特別な仕事をしていた。しかしそれは普通の騒々しい青春期でなかった。それを彼女は悲しんでいた。痛みが消えたあと「息子が昨晩私のひざに座って、私たちは一緒に野球の観戦をした」と言った。

◆◆◆◆◆　治療の考察　◆◆◆◆◆

　その人にとって切断の意味は、EMDR結果と関係がある可能性がある。

緊急でない外科手術は精神的な再構築と受容の点から異なった感情を持ち得る。我々の一連のケースの中にいたある女性は癌にかかっていた、そして、癌が彼女の体中を転移するよりはむしろ切断を選択したので、彼女はそれがトラウマ的な損失とは考えなかった。むしろ彼女は自分の決断は命を守ることであったと評価した。EMDRにおいてNASが8から0へ完全に低下した。

　彼女の受容は痛みが除去されたあと完全に終了していたので、彼女はダンスを踊ってもクルクル回っても問題がなかった。ある晩ツーステップ（ペア）で踊っていたとき、彼女のパートナーは彼女をクルクル回した、そして彼女の義腕がとれた。彼は彼女の義腕を持ったままそこに立ちつくし、一方彼女は笑いながら床の上に転がっていた。彼女のまわりの誰もが完全に仰天していた。彼女はそれが義腕であることを説明し、別室でそれを装着して戻ってからまた踊り続けた。このような人と、腕を失ってそれ以来家から出なくなった人とは、劇的な違いがある。また切断手術に対するその人の態度、また人にとっての切断の意味は、EMDR治療に影響を及ぼす可能性がある。

　切断前に経験した考え方は治療に影響を及ぼす可能性がある。たとえそれらが数年前に起こったことだとしても、切断前の手足の傷害について尋ねることは重要である。これらの経験は、EMDR治療の重要なターゲットになるかもしれない。それらを明確にさせることなしにはPLPは動かないかもしれない（J. Boel, 私信, 2004年7月）。

　家族歴は治療に影響を及ぼす可能性がある。ドイツのある男性は人さし指の3分の1を失った。痛みに対する彼の反応は激しかったので、働くことができない、家から出ない、泣くことができない、人と通常の関係を築くことができなかった、さらに結婚問題でもトラブルを持っていた。私はこの男性を動かすことができなかった。処理する際に彼は堂々巡りをした。ついに私は認知の編み込みを提案した。「ステージに立っているあなた自身を心に描いてください。あなたのお父さんまたはあなたのおじいさんからはじめましょう。本当にあなたを愛しているということをあなた自身が心から知っている人たちです。彼らはあなたが指の一部をなくしたからといって、現在のあなたを拒絶したり、あなたを愛さなくなるということが起こるかどうか考えてほしい」。

第5章　幻肢痛プロトコル

　そのようなセッションを行ったところ、ナディア（通訳者）と私はまさに興奮した。彼は祖父からはじめ、そして突然きっぱりと驚いたように「伝統！伝統」と言った。

　家族の中で「完全な男性」が彼だけだったと判明した。祖父は木工事故で同じ指を失った、父は木を切っていた時に同じ指を失った。父は木工職人だった。そして彼は祖父と同じくのこぎりで指を失った。もはや「完全な男性」が家族の中にいなくなったので、その価値観を失ったのだと思いあたったところ、すぐに彼の痛みは消え去った。それから彼は泣きはじめ、指の喪失を深く悲しんだ。その後、彼は3日間泣いたと言った。それから彼の生活は完全に戻った。再び繰り返すが、痛みの**意味**はこの人にとって重要だった（しかし時として、残念なことに、このケースのように意味には気づいていない）。EMDRにおいても、いつも物事は必ずしも簡単でない。本人も気づいていない関連する錠を開ける正しい鍵が見つけられなかったならば、これは簡単にEMDRの「失敗」になっていた。

　このプロトコルはPLP以外のものにも作用する。臨床医たちは、自動車事故の痛みを減らすために幻肢痛プロトコルを使って成功する方法をみつけた。自動車事故（MVA）では、犠牲者は構造損害（例えば背中の怪我、神経の損傷、密閉性の頭部外傷、骨折）の痛みを持つ可能性があるが、同様に鞭打ち症候群や体に閉じ込められた最初の「凍結」反応からくる痛みを持つ可能性がある。患者の痛みが構造損害によるものなのか、あるいはそれが痛みの「記憶」であるかどうか、前もって語ることは全く不可能ではないが難しい。例えば幻痛や、肉体から出せなかった「凍結」反応からの筋肉の緊張や、鞭打ち症（おそらく出せなかった凍結反応と同じもの）であるかどうか見分けるのは難しい。いったんMVAのトラウマが扱われるならば、幻肢痛プロトコルの場合のように、事故で残っている痛みを直接ターゲットにするべきである。あるいは、事故を再生する際に痛みが湧き上がってきたら、痛み自身をすぐにターゲットにするべきである。ロビン・シャピロは、ひどい頭部外傷を負った若い女性患者に幻肢痛プロトコルを使った注目に値する成功例を持っている。彼女の痛みは、命の破壊を感じる9から対処可能な3(0-10

のスケールで）に低下し、重症な記憶喪失はなくなった。

研　　究

　私がPLPの研究を再調査していたとき、ドイツのチュービンゲン大学でニール・ビルバウマー（Neil Birbaumer）とヘルタ・フロール（Herta Flor）によって行われている研究があると知った。それは1997年についに公刊された（Birbaumerら，1997）。彼らは磁気脳造影図（MEG）を使って、腕切断患者と共に研究に取り組んでいた。MEGは地球の磁場から遮断するような金庫室のような測定室で行われなければならない。測定室内では、151個のコイルを持つヘアドライヤーのように見えるヘルメットを参加者の頭の上に降ろす。このコレクターは、脳の電気的活動にともなう非常に微細な磁場変化を拾い上げ拡大する。それは、いわば脳波計（EEG）を数百万ドルかけて改良したようなものといえるが、脳の賦活部位をより局所化して得ることができる。PLPの研究において、研究者はエアーパフで1分間に1000回右の下唇を刺激する；さらに同じやり方で左下唇を刺激した；そして、最終的に切断されていない親指を1分間当たり1000回で刺激した。このことから、切断された親指が大脳皮質の感覚運動野のどの部位に表されているかを予測できた。反応の計測された部位が予測された部位からどれくらい大きく離れているかが、直接幻肢痛の激しさに関連している。再構成が大きければ大きいほど（予想される部位からの隔たりが大きければ大きいほど）、PLPの強さはより大きい。研究者たちは、参加者にうまく上腕神経ブロック（麻酔）を導入することができたなら、PLPが除去されるということを見つけた。そしてそのときに得られたMEGの表示が正常に戻っていると確認されると、幻肢痛がなくなっていることを発見した。さらに、麻酔が徐々に切れかけたとき痛みがぶり返し、そしてMEGも再び以前の再構成状態を示した。彼らがスキャンから学んだものは、唇が刺激されたとき使われていない親指ニューロン（切断された親指ニューロン）が唇のニューロンとして反応し補充されていたことであった。より大きな補充がより大きなPLPとなる。

第5章　幻肢痛プロトコル

　そこで私は、単純に考えると、麻酔の代わりにEMDRがPLPを除いたとき、MEGの計測された部位で同じ変化を見ることができるはずであると考えた。それで私はドイツへ行って、チュービンゲン大学のMEG研究室で4人の患者を研究した。予測したように、我々はEMDR前後で変化を見ることができた。しかし、私は資金提供を外部に頼んだ。MEGは毎回2000ドルの費用がかかる、そして私はその大部分の代金を自費で払っていた。ドイツのEMDR先駆者であるアーネ・ホフマン（Arne Hofman）が資金提供をいくらかを手伝ってくれ、この仕事に対する関心を奨励し続けてくれている。

　2年前、トラウマをもつ腕切断者の男性でコロラド・スプリングスからやって来たバーハード（Berhard）と、激しくて扱いにくいPLPを除去するために2週間一緒に研究した。EMDRでひざと肩をタッピングする方法で少し変化があった時、彼がMEGの参加者だったので唇を刺激することを思いついた。彼は言った「あなたはよく分っている、サン博士。再構成を見つけるためにMEGを使ったときに唇を刺激した。疼痛を取るためには、唇を軽くタッピングするべきだ」。1996年以降、痛みを0まで下げたのは最初のことであった。我々はみんな泣いた。」それは驚くべき経験であった。そして、それからTac/AudioScanを使い、自分自身で行う方法を彼は練習した。しばらくしていったん痛みが2まで戻ったとき、彼は触覚型のパッドを唇にテープで付けて痛みを下げることができた。

　PLPにおける我々の仕事は、より一般的な感覚で我々にEMDRについて考えさせた。それは感情的または身体的なものであれ、痛みが「記憶」であり身体的損傷によるものでないとき、EMDRは痛みを和らげたり取り除くのに効果的な治療法であるということである。PLPは痛みの記憶という意味では、最も明白な例である、体のその部分はなくなっているが痛みは存在する。このような仕事は、心と身体の**システム**を我々に考えさせる。つまり、心と身体はたくさんの相互関係があるので分離した存在としてそれらを言及できない。我々はみんなキャンダス・パート（Candace Pert）が示したような「ボディマインド（bodymind）」を持っている（Pert, 1997）。EMDRのPLPおよび他形式の痛みの記憶への作用ほどよりうまく説明しているも

のはどこにもない。EMDR を使うことにより脳や体や神経系の相互作用の概念を変化させ、解明し続ける方法を考えることは刺激的である。また、今までにない人々を助けることができる方法について考えることも刺激的である。

◆◆◆◆◆ 参考文献 ◆◆◆◆◆

Birbaumer, N., Lutzenberger, W., Montoya, P., Larbig, W., Unertl, K., Topfner, S., Grodd, W., Taub, E., & Flor, H. (1997). Effects of regional anesthesia on phantom limb pain are mirrored in changes in cortical reorganization. *Journal of Neuroscience, 17*, 5503-5508.

Jensen, T. S., Krebs, B., Nielsen, J., & Rasmussen, P. (1985). Immediate and long-term phantom limb pain in amputees: Incidence, clinical characteristics and relationship to pre-amputation limb pain. *Pain, 21*, 267-278.

Melzack, R. (1992). Phantom limbs. *Scientific American, 266*, 120-126.

Pert, C. B. (1997). *Molecules of emotion: Why you feel the way you feel.* New York: Scribner.

Sherman, R. A. (1997). *Phantom pain.* New York: Plenum.

◆◆◆◆◆ 資　　料 ◆◆◆◆◆

Amputee Coalition of America, 900 E. Hill Ave., Ste. 285 Knoxville, TN 37915-2568, www.amputee-coalition.org.

第6章

両手の編み込み

ロビン・シャピロ

　クライエントは52歳で、頭が良く、面白く、そして非常に解離が激しい状態だった。彼女は最近職を失ったが、治療をしてきた5年間でこれが7度目のことである。その経緯はいつも同じで、解離性障害により、遅刻するか重大なミスを犯すかであった。社長は彼女を非難した。彼女は社長に向かって叫び、脅すこともしばしばで、そのため、警備員によって建物の外に連れ出された。認知療法、読書療法、自我状態療法、1年間の弁証法的行動療法（DBT）によってもこの傾向は治らなかった。筆者らはそれぞれの解雇された出来事をターゲットとして、EMDRの標準的プロトコルを用いてさまざまな角度から度々処理をした。現在の状況の安全性と有効性に関して認識を新たにしても持続しなかった。今回、直観から、子どものときに彼女を縛ってレイプした「男」とその怒りっぽい社長とがまったく同じだと考えているかどうかを彼女に尋ねてみた。

クライエント：もちろん同じです！
RS（ロビン シャピロ）：そうすると、社長はあなたを縛ってレイプすると思っているのですか？
クライエント：でも、彼は私に対して激怒するでしょう？
RS：わかりました。あなたをレイプした男を片方の手に置いてください。できましたか？　次に、あなたに時間通りに出社して働いてほしいと思っているだけで、レイプもしていない社長をもう一方の手に置いてください。この状態で進めます。（15DAS：二重注意刺激—眼球運動、タッピング、音刺激）

今、何に気がつきましたか？

クライエント：2人はちっとも同じ人間ではありません！

RS：あなたの社長の望みは何ですか？

クライエント：私が自分の仕事をすることです。

RS：例の男の望みは何ですか？

クライエント：私をレイプして辱め、完全に支配することです。

RS：それと一緒に（24DAS）。

クライエント：彼らが望んでいるものはまったく異なります。私を解雇できるという点を除けば、社長は脅威に感じる存在ではありませんでした。私は恐くなると社長を「例の男」と混同してしまい、それがずっと継続していました。

そして、我々は「両手の編み込み」という新ツールを使って、「過去」にある出来事、感情、認知、自我状態と、「今ここに」ある出来事、感情、認知を区別する作業に取り掛かった。標準的なプロトコルによってトラウマを取り除いた後、我々は「両手の編み込み」を用いて自我状態を統合した。現在、統合から5年、治療の完了から4年が経過している。時々、電子メールで近況報告を受けるが、彼女は抑え切れないほどの感情が高まるときに、今でも「両手の編み込み」をよく活用するのだと聞いている。筆者は、他のクライエントらにもそれを用い、シンプルで効果的なプロトコルに発展させた。

◆◆◆◆◆ 両手の編み込み ◆◆◆◆◆

1. クライエントのひとつの矛盾した感情、考え、選択、信条、自我状態を片方の手に置く。
2. 次にクライエントの対比した感情、考え、選択、信条、自我状態を反対側の手に置く。
3. セラピストが眼球運動やタッピングによる刺激を開始、またはクライエントが交互に手を開いたり閉じたりする（動きを観察）。

第6章　両手の編み込み

4．選択の一方あるいは両方に苦痛がみられた場合には、標準的プロトコルによって取り除く。除去が完了したら両手を再確認する。

　最も肯定的なことや、現在の状況や信条などを右手に置き、否定的な感情や過去の状況を左手に置くように一部の人から提案があった。しかし、筆者はどの状況をどちらの手に置くかは、クライエントに選択してもらっている。「"出かけたくない"はどちらの手に置きますか？」
　2つの選択肢の後、「どのような違いに気がつきましたか？」という質問以外には、何を考えるかに関してクライエントへの指示は最小限にしている。回答は「右手が非常に軽く感じる」といったものから、「自分の古い信念に終生とらわれていたが、今では選択できる」などの実存的成果を示す内容まで多岐に渡っている。
　「両手の編み込み」は、標準的EMDRプロトコルに対する予備的あるいは補助的手段として活用できる。この編み込みは、これまで知られていなかったトラウマの題材を引き出し、標準的プロトコルでそれを再ターゲット化して除去するのに最も適している。

クライエント：その選択肢に気持ちを集中すると、「X」が起きた時のことを思い出して恐くなります。
セラピスト：それに対してEMDRを実施してみましょう。「X」を表すのはどのような言葉でしょうか？　あなたは身体のどこでそれを感じますか？　あなた自身についてのそれとピッタリくる考えは何ですか？

　トラウマ処理で堂々巡りをするケースやセッションの最後に、2つの選択肢の間でジレンマが生じた場合にも、他の編み込みとして用いることもできる。多くの場合、「両手の編み込み」は、標準的プロトコルを使用しなくても違いを明確にしたり、2つの異なる選択肢や自我状態や状況を、選択したり統合したりする。EMDR処理であるか否かに関わらず、選択や区別に関する話題を扱うことが可能である。選択肢のいずれか、または両方に苦痛が

生じても、標準的プロトコルを必要とすることなく完全に解決することもある。

　例えばセッション開始時の手続き中に、クライエントは新しい仕事に就くという選択が正しかったかどうか迷っているとする。

セラピスト：あなたが選んだ仕事を片方の手に、そうして選ばなかった方の仕事をもう一方の手に置きます（15DAS）。
クライエント：「新しい仕事」を置いた方の手は軽くなってきています。もう一方の手は死んだように重く感じています。
セラピスト：それと一緒に（15DAS）。
クライエント：自分の選択にいくらか不安を感じていたような気がします。それはもう消え去りました。最良の仕事を選んだと私は思います。

◆◆◆◆◆◆　両手の編み込みの目的　◆◆◆◆◆◆

　この「編み込み」には多くの活用法があり、以下にいくつかの例を示した。これ以外の独自の新しい利用法も自由に考えてもらいたい。

- 意思決定と選択を区別：「この仕事に就いた場合のあなたの将来を片方の手に、仕事なしのあなたの人生をもう一方の手に置きます」
- 意思決定の源が身体の内側のどこにあるのかを見つけるのを助ける：「行きたい気持ちを片方の手に、留まりたい気持ちをもう一方の手に置きます。それ以外で、行きたいと感じているのは、身体のどの部分でしょうか？　留まりたいと感じているのはどの部分でしょうか？」
- 自分がどのように感じているかわからない可能性がある失感情症のクライエントに対しては、例示して質問をする：「チョコレートを片方の手に、バニラをもう一方の手に置きます。どちらの方が欲しいですか？　この他、あなたの身体の中でこのような好きな感じはどこで感じますか？」「ロマンチックコメディーを片方の手に、ホラー映画をもう一方の手に置きましょう。

第6章　両手の編み込み

今、身体のどの部分が反応していますか？」

- 「漂い戻り」(float-back) または「感情の架け橋」(affect-bridge) の手法によりターゲットを見つける：「現在の非常に良好な状態を一方の手に、あなたの気持ちをもう一方の手に置きます。(DAS) 昔の気持ちと一致するのは過去のどのような時や状況ですか？(DAS)」そのような過去の出来事に対してEMDRを実施する。
- 複数の感情を持っている境界例のクライエントや初診クライエントに対しては特に有効：「怒りはどちらの手にありますか。恐れはどちらの手ですか？(DAS) あなたの中にこのような両方の感情を入れておくスペースはありますか？(DAS)」
- A. J. Popky の「Level of Urge to Use」(LOUU Chapter 7 を参照) または Jim Knipes の「Level of Urge to Avoid」(LOUA Chapter 8 を参照) と同様、または補足する内容：「仕事でストレスいっぱいの1日を終え帰宅して、独りうんざりとしていたとします。お酒を飲むとどれだけ楽しく感じるかを片方の手に、このようなときに飲んだ後で起こる結果をもう一方の手に置きます。(DAS)」。あるいは、「事務仕事をサボり続けたらどんなに楽しいかを片方の手に、その事務仕事をやり終えてしまったらどんな気持ちがするかをもう一方の手に置きます。事務仕事をしようとするあなたを邪魔しているものは何でしょうか？(DAS)」
- 虐待者に対して複数の感情を持たせる：「父親に対して抱いている愛情を片方の手に、彼の行為に対して感じる嫌悪感をもう一方の手に置きます」。あるいは、「暴力的な夫が優しく振舞ったときに、あなたが彼に対して感じる愛情を片方の手に、逆上している彼に対して感じる憎しみや恐怖をもう一方の手に置きます」。これまで虐待者に対する愛情を大きな恥と感じてきたクライエントは、その関係の全体を理解し、受け入れはじめる。虐待者と暮らしている人が、「彼が憎い。彼は悪い人間だ。出て行こう」「彼を愛しているからここに留まろう」という2つの態度の間を行ったり来たりしないですむようになってくる。このような両方の側面を理解できてはじめて、「彼を愛しているが、私に対して辛くあたるので出て行こう」あるいは「時々

私にひどい事をするが、彼には治療を受けさせよう」といった判断が下せるようになるのである。

- 投影：「虐待するあなたの父親を片方の手に、とても優しいご主人をもう一方の手に置き、それに気づきながら。（DAS）何が浮かんできますか？ "父が私を殴る場面です"あなた自身のことに関してはどのような考えが浮かびますか？」。標準的プロトコルを用いて父親の虐待に関連するものを扱う。以前から存在していたターゲットを直接的な EMDR によって処理できたら、本来の両手を使ったターゲットに戻る。「今度は父親を片方の手に、ご主人をもう一方の手に置きます。今、何がありますか？（DAS）"2 人がいかに異なっているかがわかります。夫は決して私を殴りませんし、いずれにせよ、私はもう大人ですからそのようなことはさせません！"」

- 感情と心理状態（絶望感、恥、無力感、不安）を対比させる：「絶望感はどちらの手にありますか？ それに対応しているのは何歳の頃ですか？ 今、あなたの実際の状態をもう一方の手に置いて注目してください」「この状態に関するあなたの不安はどちらの手にありますか？ もう一方の手には本当に悪い結果が起こる可能性を含めた事実を置きましょう」

- 感情転移：「それでは、あなたは今、私があなたに対して怒っていると思うのですね。私を片方の手に、あなたをもう一方の手に置いてください。どちらの手に怒りがありますか？」「私を誰と混同しているのですか？ 彼らはどちらの手にいて、私はどちらの手に置かれていますか？」

- 自我状態の描写：自我状態を調べるには多くの優れた方法がある。「両手の編み込み」手法は、異なる自我状態間の違いを明確にしたり、相互作用を確立したりするひとつの方法である。
    1．異なる自我状態をそれぞれの手に置く。
    2．身体的特徴、情緒的特徴や自我状態の具体的な特徴の違いを描写する。
    3．両側性刺激を加えながら、両手に置かれた自我状態の相互作用を促進する。感情、感覚、不安、考えを問いかけながら、クライエントの内面へのアクセスを継続する。

- 過去の状況や能力と現在の能力を区別する：「過去に抱いていた償いの感情

第6章　両手の編み込み

を一方の手に、自分の現在の能力についてわかっていることをもう片方に持ちましょう。あなたに能力がなかったのは、小さかったからだけなのだと思い出してください。こちらの手にいるあなたはこんなに大人で賢くなっています。幼く、未熟だったあなた自身ができなかったことで、今ここにいるあなたができることは何でしょうか？」

● 将来の可能性：「今のあなたやあなたの現在の状況を一方の手に、賢く大人になったあなたが今後できることをもう片方の手に置きます」

♦♦♦♦♦　内在化された大人／子どもの自我状態の統合　♦♦♦♦♦

　怯えたその小さな女の子はどちらの手にいますか？　どの位、彼女が小さいかを感じられますか？（DAS）彼女の考えや現実的な脆弱性を感じ取ることができますか？（DAS）今度は最も賢く、強く、大人びたあなた自身を見つけ、もう片方の手に置きましょう。その小さな女の子と比べ、いかに大きいかを感じてください。（DAS）彼女の力を感じることができますか？（DAS）彼女の賢さは？（DAS）彼女の能力を感じることができますか？（DAS）彼女がどのようなリソースを持っているかに気づいてください。（DAS）また、彼女がそのような状況に置かれたら有能な大人として何をするか気づいてください（DASを継続）。大人のあなたを置いている手を、小さな女の子のところへ持って行きましょう。小さな女の子を包み込み、あなたがそこにいることを知らせましょう。あなたの持つ力、能力、リソースによって包み込まれていることを感じさせてください。これからあなたと一緒に生きることを彼女に教えてください。仕事、家、子どもたちを持つあなたの大人の生活に彼女を連れて行って。大人としての生活において、あなたを愛してくれる全ての人を彼女に紹介しましょう。あなたはとても優れた親で、小さい女の子の面倒をどんなに見ることができるのかを彼女に見せましょう。あなたがこの状況にうまく対処していけることを彼女に知らせてください。これは彼女ではなくあなたの仕事です。（DASを停止して）小さな女の子は今どんな様子でしょうか？（DAS）小さな女の子は今どこにいますか？（DAS）まだあなたの手にいますか？（DAS）

クライエントの多くは、このとき彼女は"内側"にいると報告する。もし小さな女の子がそこにいない場合、どこにその子がいるのでしょうか？　あなたが、これからずっと女の子を癒していくことを、その子は知ることができますか？（DAS）

　無理に統合を進めないように。この方法で、完全に解離したトラウマ経験の断片が、自然に統合することがあるからである。この手法は、トラウマ経験の処理が終わった後の解離性同一性障害に有効である。次のようなやり方によって断片が統合する例を筆者は数多く見てきた。「虐待を見た４歳児を片方の手に、感情を持った４歳児をもう片方の手に置きましょう。統合の準備は整いましたか。上手くできていますよ。私があなたにタッピングしている間に一緒にさせましょう」。もちろん、標準的EMDRプロトコルによってトラウマを除去した後で自然に統合が起こる場合には、この方法や他の編み込みを用いる必要はない。

◆◆◆◆◆　結　論　◆◆◆◆◆

　「両手の編み込み」はそれ自体、または処理中の編み込みの手段としても、EMDRの処理を加速させるのに有効である。筆者自身、あるいは相談員や研修生の経験において、この方法は不透明な感情と選択を区別する上で95％のクライエントに役立っている。クライエントも気に入っており、「何かを決断するには両手を用いた考察が必要」であり「自宅でこの手法を用いて区別や選択をしている」という報告をよく受ける。また境界例のクライエントは、「先生がいつも話すグレーの部分がわかるように、２つの感情を両手に持つようにしている」と語ってくれる。

第7章

DeTUR、アディクションおよび機能不全行動のための衝動低減プロトコル

A. J. ポプキー

　DeTUR（THE DESENSITIZATION OF TRIGGERS AND URGE REPROCESSING）のモデルと理論は、私個人によるクライエント観察と、このプロトコルを使ってみた他のセラピストたちからの事例報告に基づいて開発された。これは折衷的モデルであり、さまざまな方法論を取り入れている。いくつか例をあげるなら、認知行動療法、解決志向アプローチ、エリクソニアン催眠、ナラティブ・セラピー、対象関係論、感情解放テクニック（Emotional freedom techniques: EFT; Craig & Fowlie, 1995）などである。EMDRの加速情報処理モデルにおける両側性刺激（BLS）*は、癒しのプロセスを速める触媒ないしターボチャージャーのような役割を果たすようだ。

　このプロトコルは、治療モデル全体の一部分を担っているにすぎない。セラピストはケースマネージャーの役割を取り、必要な資源をうまく組み合わせていくことによって、患者が回復し、再発を乗り越え、機能的で対処能力の高い健全な状態へと首尾よくたどり着けるように援助する。セラピストは、アディクションの重症度をアセスメントするだけでなく、併存診断があれば、それも確定しなくてはならない。治療モデル全体の中には、外部からの援助も含まれる。例えば、投薬のために医師に紹介することや、身体検査や神経学的検査を受けてもらうなどである。状況によっては入院治療や外来治療、解毒治療が必要になることもあるだろう。その他の外部からの援助としては、

---

*原註：Popkyは、二重注意刺激（DAS）の代わりに両側性刺激 bilateral stimulation（BLS）という言葉を使用する。

12ステップや教育プログラム、スキル・トレーニングのようなサポートや、夫婦療法・集団療法・家族療法、あるいは鍼灸などが含まれる。併存症や、日々のストレス、生活していくための問題なども扱うことになる。高率で併存症が認められるため、DSM-Ⅳに記述されているありとあらゆる障害や問題を見ることにもなり得る。

◆◆◆◆◆ アディクションの治療モデル ◆◆◆◆◆

　DeTURは、これまで幅広いアディクションや機能不全行動に適用され、効果が報告されてきた。化学物質の使用問題（ニコチン、大麻、アルコール、覚せい剤、コカイン、クラック、ヘロインまたはメサドン）や、強迫的過食や拒食症・過食症などの摂食障害だけでなく、セックス依存やギャンブル依存、万引き、怒りの爆発、強迫性障害、抜毛癖などである。DeTURは衝動低減プロトコルであるため、幅広い適用が可能である。例えば、不安やパニック、恐怖症なども適用範囲に入るであろう。

　DeTURモデルは、クライエントのニーズ、目標、価値観に沿う形で柔軟に使用されるべきである（図7.1参照）。治療プロセスを使って、アディクションの背景にある中核的なトラウマを扱う。使う治療的編み込みや介入は、セラピストのスタイルや受けた訓練、そしてクライエントからのフィードバックによって決まってくるだろう。治療では、クライエントが行き詰まりを打破し、原因となった出来事を再処理するのを援助する。EMDRの両側性刺激は、この治療モデルでは処理を加速させる触媒であり、中核的な出来事や問題にアクセスして永続的に変化させるための重要な役割を果たす。

◆◆◆◆◆ DeTURの治療アプローチ ◆◆◆◆◆

1．衝動プロトコルとして、あらゆるアディクションを同列に扱う。アディクションの対象が、化学物質であろうと行動であろうと同じである。
2．クライエントの注意を問題行動からそらすのではなく、ポジティブで魅

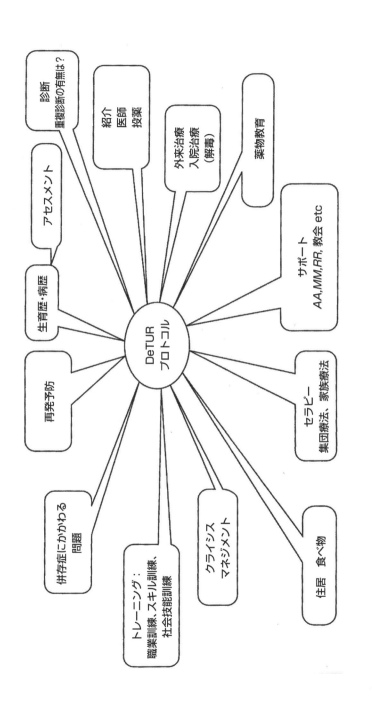

図7.1 アディクションの治療モデル

力的で、到達可能な目標へと向ける。
3. 治療目標として、アディクション対象を完全に断つことが絶対に必要というわけではない。しかし、クライエントが、ポジティブなやりかたで対処したり、機能したりできるようになることは必要である。
4. 自我の力とエンパワーメントによって、対処スキルを向上させる。
5. 再発は、「新たに出現してきた扱うべき問題」という枠組みで理解される。
6. アディクション対象を完全に断つことができれば望ましいが、それが絶対条件というわけではない。
7. アディクションを引き起こしている中核的問題を扱うために、個人療法も行う。
8. 治療介入は、臨床家のスタイルや受けてきた訓練に合った形で行われる。
9. 化学物質の離脱症状や不安についても処理がなされているようだ。そのプロセスはクライエントの意識しないところで進むらしく、それ故、クライエントが常時、自覚的に取り組む必要がない。クライエントたちは、一日の終わりになって、その日、問題行動をとらなかったこと、あるいは問題行動をとったにしても頻度が少なく、問題行動に耽りたい衝動が生じても脇によけておくことができたので驚いたと報告することがしばしばある。
10. 系統的な脱感作をするために、引き金をターゲットとして処理することで、モデルをクライエントの回復初期から使用することができる。

　当初、回復初期にEMDRを実施することは望ましくないと考えられていた。というのも、初期に行うと、出てくる感情に患者が耐えきれず、再発すると考えられていたからである。トラウマの代わりに引き金をターゲットにする場合は、引き金が脱感作されるに従って、患者の自我も強くなっていくようである。引き金を一つ一つ処理する中で表面化してくるトラウマや中核的問題を、その都度、処理していくことができるらしい。トラウマの代わりに引き金をターゲットにするやり方は、トラウマを露わにし、再処理するための、より穏やかな方法とみなせるだろう（図7.2参照）。

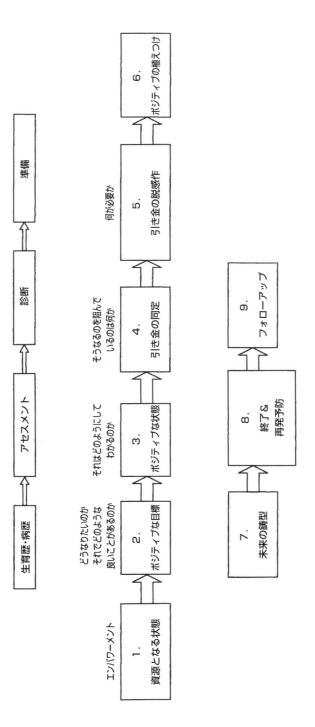

図7.2 DeTUR フローチャート

1．内的資源にアクセスする（Accessing Internal Resources: RA）

　通常のセラピーでは、セラピストがクライエントに対して「どのような問題でいらっしゃいましたか？」と尋ねることから始まる。毎回のセッションを、問題を尋ねることからはじめることは、クライエントのエネルギーを問題に集中させ、無力感の生理学的状態においてしまうように思われる。私は、1990年に、Robbie　Duntonに子どもにEMDRを使った面接をするときのやり方を教わった。Robbieは、子どもたちをポジティブな力に集中させ、そこに両側性刺激を加えていた。彼女のクライエントたちは、落ち込み、不幸な様子で面接室に入って来るが、自分がした「良いこと」について語ってもらうと、彼らの生理学的状態も、物腰も、よりポジティブな状態になるようだとのことだった。DeTURで私は、毎回のセッションを以下のように尋ねることからはじめる。「こんな気持ちになったときのことを思い出してください。自分のことを、力強く、豊かで、コントロールできていると感じられたときのことです。その体験とそこに含まれるあらゆる感覚に集中してください」。そこに両側性刺激を加えて、感覚を強化する。このやり方は、クライエントをエンパワするため、治療のプロセスを速めるようである。クライエントの生理学的状態が全体としてシフトし、エネルギーが湧いてきたように見える。

　一瞬だけポジティブな題材を思い浮かべるのがせいぜいで、直後にはネガティブな内容に切り替わってしまうクライエントもいる。その場合、私は、体験を凍結させ、ポジティブな要素にだけ集中してもらってから両側性刺激を加えるようにしている。見えているものや身体の感じに気づいてください、その空気を吸い込みましょう。体中、くまなく感じていきましょう。どんな感じなのか、どんな匂いがするのかに気が付き、全てを取り込んでいきましょう。

　クライエントの中には、人生の中でポジティブな題材を何も見つけられない者もいると報告するセラピストもいる。そのようなクライエントには、例えば以下のような例をあげてみてもいいだろう。スポーツをした体験、洗濯や洗車なども含め何かやり遂げたときのこと、ひいきのチームが試合に勝っ

たときの気持ちなど。困難な状況下では、創造性と柔軟性が重要である。

クライエントが自分の体験したポジティブな題材を思いつくことができなければ、以下のようなやり方もある。尊敬する人や、映画やテレビや本の中の英雄を浮かべてもらい、その人になったらどのような感じかを想像してもらうのである。

2．ポジティブな治療目標

セラピーの究極の目標は、クライエントが困難な状況を克服し、自律的な機能を回復するように援助することである。セラピーの最近のトレンドは、クライエントを決まった治療プログラムの枠に押し込めるのではなく、治療をクライエントのニーズに合わせていくことである（Hanna, 1994）。治療目標の適切性は、治療の成功を予測する重要な要因である。個人はそれぞれに異なる存在である以上、あらゆるクライエントに適した決まった治療法など存在しないのである（Lewis, Dana, & Blevins, 1994）。アディクション対象を完全に断つこと（例：完全断酒など）は、治療目標ではなく、治療計画が成功裏に遂行された結果として生じる状態である。

ポジティブな感覚の視覚化や、それに焦点を当てるという概念は、新しいものではない。大事なのは、治療目標をクライエント自身が決め、自分のものにするということである。セラピーはクライエントのものなのだから、目標もそうあるべきである。アディクション対象を完全に断つことは、極めて望ましいことではあるが、ポジティブな目標（positive goal: PG）の定義からすれば、必要条件ではない。ポジティブな目標は、魅力的、達成可能で、クライエントが集中を維持しやすいような惹きつける力をもつべきである。自分で治療目標を組み立てていくのであれば、クライエントの抵抗は減り、動機づけも高まるかもしれない。動機づけは、治療効果に中心的な役割を果たす（Luborsky, Crits-Christof, Mentz, & Auerbach, 1988）。ポジティブな目標を見れば、ポジティブに「対処できている」「機能できている」と感じることができるのは、どういう状態のことであるとクライエントがみな

しているのかがわかる。

　アルコール症の研究をみると、かなりの数の自然寛解が存在している。自分で回復したアルコール症者たち、つまり「沈黙の多数派」（Edwards, 1977）と研究者に呼ばれる者たちである。幸せで健康な子どもを産むほうが、煙草やお酒の衝動よりもよほど魅力的であるとして、喫煙や飲酒をやめてしまう女性の話はあまたある。目標があったからこそ、焦点がぶれなかったのである。ベトナム戦争中はヘロインを静注していたものの、アメリカ本国に戻ってからは、すっかりやめることに成功した帰還兵たちの話もある。つまりは、他のことがより重要になったということなのだ。喜びや、うまく機能していくことに集中するようになったのである。

　クライエントがポジティブな治療目標を見つけるのを援助することが役に立つと考えている。何を望んでいるのだろう？　どうすればそうなれるのだろう？　目標を達成したら、どうやってわかるのだろう？　そのときには何が見えて、聞こえて、感じられて、味わえるのだろう。どのような匂いがするのだろう？　このように、目標を達成したあかつきには、自分がどのようにうまく、機能していけるかをありありとイメージできるようになるまで、体験の詳細の中に誘導して、味わってもらう。目標の中に、「アディクション対象を完全に断つ」ことが含まれていなくてもよい。それは、暗に示されるものとなるだろう。完全に断つことが必要になるとしても、そのことを目標の中に含めるべきではない。アメリカ合衆国以外の多くの国（カナダ、ノルウェー、英国）では、節酒プログラムが提供されている。完全断酒が、普遍的治療目標として掲げられているのは、合衆国だけなのである。何かをしないことに集中することは不可能だ。

　目標は、ある程度、遠すぎない将来に達成可能であることが大事だ。夢物語では困る。私はクライエントに、目標が既に達成されたときの自分の姿を想像してもらうことにしている。最初に出てくる描写は、「〜していない」という否定形で語られることが多い。例えば、「〜していないだろう」や「〜しなくて済むだろう」などである。そこで私は、次のように尋ねる。もしも……していないなら、または、……しないで済んでいるなら、代わりに何をし

第7章　衝動低減プロトコル

ているでしょうか？　彼らを正しい路線に乗せ、その路線をキープするためにはかなりの労力を要する。覚えておいてほしいのは、「何かを『しない』」ことをするのは難しいということだ（「ピンクの象を思い浮かべないでください」と言われたときのことを考えればわかりやすいだろう）。彼らが自分のポジティブな目標（PGs）を肯定的、具体的、そして感覚ベースで語ることができるように、いかにして誘導していくかがセラピストの課題である。目標像を描き出す手助けをしたら、次にすることは、その内容が本当に自分の望んでいるものかをクライエントに確認することである。**強い魅力を感じ、心惹かれるだろうか？**　魅力が増すように、適宜、修正を加えよう。その映像をもっと大きくする（はっきりさせる、明るくする、近づける、音を加える）と、もっといい感じになりますか？　クライエントが、体重増加を気にしている喫煙者なら、目標イメージの中で自分が望む体型でいることを確認すること。一張羅を着ている姿を想像してもらってもいいだろう（体重減少のために来ているクライエントについても同じことがいえる。何キロ減ったかよりも、何センチ減ったかの方が重要なのである）。浮かべた映像の魅力が最大限になり、本人にとってベストに感じられるところまで来たら、両側性刺激を使って、その目標の魅力、誘因力をさらに高める。このポジティブな目標こそが、治療計画の焦点となる肯定的治療目標となるのである。ポジティブな目標は以下のような特徴をもつ。

- 肯定的表現
- 時間枠がある―つまり、比較的近い時間枠の中で達成可能なもの。遙か彼方の将来に達成されるものではないこと
- 無理がないこと―絵に描いた餅ではない
- 達成可能―手の届かない目標ではない
- 対処や、上手く機能できている状態の描写からなる目標であり、クライエント自身の言葉で表現されていること
- 魅力的で抗しがたいこと

3. ポジティブ状態

クライエントは、置かれている状況「について」考えることで、実際の体験からは解離している。よって、次のステップは、目標と十分なつながりをもてるようにすることである。上手く目標を達成したらどのような気持ちになるのかを体験してもらい、その体験を引き起こすような連想的表現（associative representation）を用いて、目標達成体験を本人の生理学的状態の中にアンカリングするのである。

アンカリングはポジティブ状態（Positive State: PS）を生理状態の中に植えつける。アンカリングとは、特定の感情や状態と結びついている生理学的体験と、物理的、視覚的、または聴覚表現とを連結することにより、その連想的表現（アンカー）をつかって体験を再現できるようにすることである。私自身は、物理的なアンカーを用いることを好む。具体的には、本人に許可を得てから、指関節にそっと圧力を加える。侵襲性が最も低いので、小指に行うことにしている。

クライエントを以下のように誘導する。ポジティブな治療目標の映像の中に足を踏み入れていきましょう。その身体の感じになっていきましょう（つもり状態）。その前向きな感じに気がつき、体験していきましょう。その感覚を吸い込み、その中で動き回ったりしながら、成功している体験をしていきましょう。何が見えるのか、何が聞こえるのか、どのような匂いがするのか、どのような味がするのか、気がついていきましょう。上手く機能できるというのがどういう感じなのか、気がついていきましょう（成功の生理状態）。次に指関節にそっと圧力を加える（アンカー）。その後、クライエントを再びそのポジティブな体験の中に誘導し、気持ちの良い感覚を強める。

視覚的調整：視覚的要素を調整しましょう。明るさを変えたり、ピントを変えたり、コントラストや色合い、サイズや見えている距離など。そうしたら内的感覚がどのように変わるか教えてください。良い感じが強まっていくときに、先ほどと同じ指関節のところにそっと圧力を加える。指関節に触れてアンカリングを行っている最中に、両側性刺激も同時に加える。こうして、連

想的表現を用いた際の、心と身体の結びつきを強めるのである。

　聴覚的調整：音を使って同じプロセスを繰り返す。自分につぶやいているポジティブな言葉に耳を傾けてください。そして、周囲の人があなたにかけているポジティブな言葉にも耳を傾けましょう。その聴覚的要素を調整しましょう。ボリュームや、トーン、テンポ、音のバランスを。成功体験への連想が高まったら、アンカーとなる刺激を加え、同時に両側性刺激を加えて、成功の感覚を生理学的状態の中にアンカリングしていく。ポジティブな状態のアンカリングがうまくいったかを確認するために、クライエントに、指関節に触れてもらい、どうなるかに気づいてもらうこと。うまくいっていれば、快適な体験が報告されるはずである。

　クライエントの生理学的状態の中に、ポジティブで強い、感覚基盤のある体験がアンカリングされることが重要である。

4．わかっている引き金を同定すること

　このステップでは、使用衝動をもたらす引き金を同定する。引き金があるからこそ、クライエントは成功を阻まれているのである。クライエントは、いつ、機能不全行動にいそしめばよいかを、どうやって知るのだろうか？引き金によって、使用衝動が起こるのだが、そこで起きてくるアディクション行動は、過去のトラウマエピソードにまつわる不安や不快を和らげ、生活に対処するのを可能にしてきたのである。引き金は場所のこともあれば、人、時間、感情、におい、味、出来事、行動や物のこともある。いずれもそのトラウマをとりまく生物学的反応に関連している。引き金は、使用衝動が起きてくるときに、クライエントが気づいているどのようなものにでも結びついている。

　いつ……したらよいか、どうやってわかるのですか？　クライエントを誘導して、引き金の一つ一つを具体的に同定していくこと。それぞれに t1、t2、t3……tn とラベルをつけ、次の脱感作ステップで用いる。例えば、喫煙者のクライエントが、喫煙衝動を感じるのは、朝のコーヒーを飲むとき、食後、

お酒を飲むときであると言ったなら、私は引き金にt1朝のコーヒー、t2食後、t3お酒とラベルをつけるだろう。体重管理の問題を持つ者であれば、過食するとき、食べない方がよい物を食べるとき、不要なスナックを食べるときの引き金を探すことになるだろう。

わかっている引き金のリストを作成したら、引き金の重要度に応じて優先順位をつける。弱い引き金からはじめて、先に進めていくようにすれば、それぞれの引き金が脱感作され、ポジティブ状態が植えつけられていくにつれて、クライエントの自我強度も育っていくであろう。ある引き金の脱感作が、ほかの引き金へと般化していくこともあるだろう。

5．引き金の脱感作

- 引き金を代表するような映像をクライエントに同定してもらう。私は以下のように尋ねている。
  - その映像を、一緒に出てくる言葉や、味や、においと一緒に浮かべてください。
  - 衝動のレベル（Level of Urge: LOU）は0から10のうち、どのくらいですか？ 0が最も弱い衝動、10が最も強い衝動とすると、どのくらいですか？
  - 次に、そのLOUを、身体感覚の場所につなげてもらう。その数字を身体のどこで感じますか？ 映像を、一緒に出てくるあらゆる言葉や、味や、においと一緒に浮かべてください。どのような衝動があって、それを身体のどこで感じているのかに気づいてください。両側性刺激を開始する。
- 各両側性刺激の後に、このように尋ねる：今、何がありますか？ あるいは、今、何が出てきていますか？ または、今、何に気づいていますか？
- 回答を記録し、このように言う：それとともに行ってください や それに集中して や それについて考えて。
- 使いたい気持ちが0（LOU=0）になるまで上記を繰り返す。
- クライエントがLOU=0を報告したら、「それとともに行って」と言い、両

第7章　衝動低減プロトコル

側性刺激をもう1セット加える。

　以上の手続きは、刺激と学習された機能不全反応の間のつながりを切っていると考えてもよいだろう（図7.3参照）。クライエントの反応が堂々巡りをするときや、脇道へそれていくときには、ターゲットにした引き金に戻ってもらい、LOUがその時点でどうなっているかを尋ねる。その数字を身体感覚に結びつけてもらい、再び両側性刺激を加える。

　12往復程度の両側性刺激を加えた時点、あるいは、クライエントの生理状態に変化が見られた時点で、「そうです」や「いいですよ」と声かけし、クライエントが内的に観察している内容を、承認していくようにしている。この声かけに感謝を表明したクライエントもいた。自分がきちんとやれているかどうか確信が持てずにいるときに、声かけをしてもらえてよかったという。

　クライエントに除反応が見られたら、落ち着きを取り戻すまで、両側性刺激を続けること。丘の斜面を運転して昇っている最中に、アクセルから足を外してしまえば、車はふもとへと後ろ向きに下がっていってしまうだろう。しかしながら、アクセルを踏み続ければ、その勢いで路線を外れずにいることができるかもしれない。除反応においても同様で、クライエントに以下のように言うことが役に立つ。それは過去のことです。ずーっと前のことです。だから、昔のものが行くべき場所へと、行ってしまうにまかせましょう。

　両側性刺激のセットの間でクライエントが何の変化も報告しなかったら、変化が報告されるようになるまで以下のやりかたを試してみるべきである。

- 眼球運動の幅または目からの距離を増やしてみる
- スピードを上げる（特に知性化に走っている場合には有効）
- 眼球運動の回数を増やす
- 眼球運動の方向を変える；タッピングまたは聴覚刺激に切り替える

　中核的問題につながるような新しいチャンネルが開いたら、処理が完了す

るまで脱感作する。場合によっては、標準的なEMDRの8段階を使うことになるだろう。

クライエントが解離するときは、以下のような声かけで、身体の中にとどまってもらうようにする。その感覚を身体のどこで感じているのかに気づいてください。少しでも変化があるようなら、それに気づいてください。

クライエントが知性化に走るときには、両側性刺激のスピードを上げるようにしている。というのも、速い刺激を追いつつ、同時に考えることは難しいからである。頭で考えたり、起きている変化について語りすぎることは、処理のプロセスを止めてしまう。

以下のような場合は、ターゲットにした引き金にもどってもらうこと。

● 長く会話を挟んでしまった場合
● クライエントが途方に暮れたり、混乱した場合
● クライエントのLOUが0または1になっているとセラピストが感じた場合

クライエントが行き詰まったり、堂々巡りをしたり、除反応を示したり、新しいチャンネルが開いたりするのは、脱感作段階であり、このときこそセラピストのスタイルやスキルがものをいう。EMDRレベルⅡトレーニングで学ぶ治療的編み込みは、脱感作／再処理段階のクライエントを援助するための強力なツールとなる。治療的編み込みは、セラピストのスタイルとクライエント情報を利用して創られるべきである。治療的編み込みには、リフレーミングや隠喩、選択などが含まれる。このようにして創られた編み込みを使って、適切なタイミングでクライエントを援助する。治療的編み込みは、両側性刺激のセットの間で提供してもよいし、刺激の最中に提供してもよい。

6．植えつけ

このステップでは、引き金となる衝動にポジティブ状態（PS）を植えつ

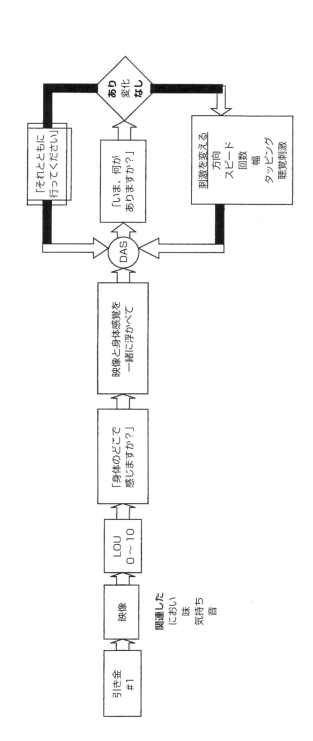

図 7.3　引き金の脱感作

ける（図7.4参照）。刺激−反応メカニズムと同じように、ここでは「使用」反応を、その人の生理学的状態と結びつくようにアンカリングされたポジティブ反応で置き換えるのである。そうなれば、引き金刺激が活性化されたときに、ポジティブな状態が反応として引き起こされるようになる。このステップにおける変化のプロセスは、意識の外で起こるらしく、クライエントが離脱症状を感じないで済むようにするようだ。

クライエントに、引き金となる出来事を再び思い浮かべてもらい、両側性刺激を加えている最中に、指関節に圧力を加えてもらおう。刺激セットのあとに、クライエントが気持ちなど、何かポジティブなことを言ったら、それを浮かべてもらい、さらに両側性刺激のセットを加える。もしもクライエントが何かネガティブなことを言うようなら、恐らくは別のチャンネルが開いたことを示しているので、扱う必要があるだろう。

7．植えつけのテストと未来のチェック

植えつけがうまくいったかをテストするためには、クライエントに引き金を再び想像してもらい、LOUを尋ねること（図7.5参照）。少しでも衝動が残っているようなら、脱感作プロセスを繰り返す。LOU=0なら、クライエントに未来を想像してもらい、その状態で再びLOUをチェックする。LOU=0ならそれについて考えてもらい、アンカーと共に、両側性刺激のセットをさらに加える。

8．終了と再発予防

私は毎回のセッションの終了時にクライエントに対して、処理のプロセスは面接室を出た後も続くので、さらに変化を体験することもあれば、体験しないこともあることを伝えている。必要があれば電話をかけてくるように言う。もしも、不快な衝動が出てきたら、壁の上に適当な点を見つけて、目を素早く左右交互に動かしてください。衝動がおさまったら、指関節に触れましょ

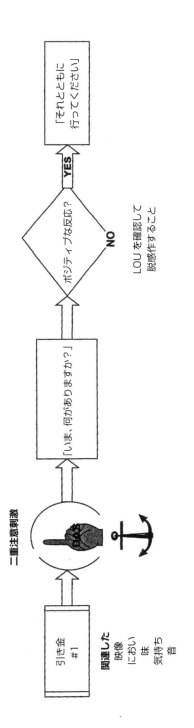

図 7.4 植えつけ

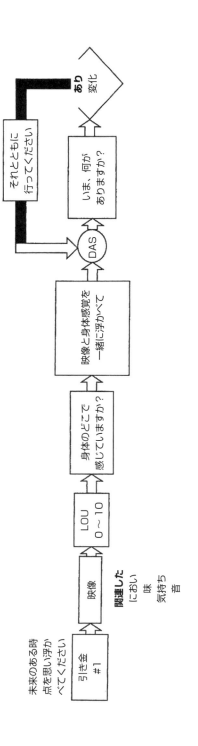

図7.5 植えつけのテストと未来のチェック

う（ポジティブ状態のアンカー）。それでも衝動が残るようなら、主催者に連絡してください。もしも（アディクション対象を）使ってしまったら、そのときの引き金が何だったのか、メモをとっておいてください。再発のことは、次のセッションでターゲットにすべき新しい引き金の出現であるというようにリフレーミングしている。この扱い方は、再発に伴う恥の意識を和らげるようだ。私はカリフォルニア出身なので、アーティチョークのたとえを使う。外側を一枚一枚むいていくと、内側の実が出てくるというわけだ。さらに、EFTのタッピングを教え、タッピングすると良いスポットの一覧をわたしたりする。

9．フォローアップ・セッション

毎回のセッションのはじめには以下をチェックする。

- 新しいターゲットにする機会（再発の引き金）がなかったか
- 新しい情報
- 過去に脱感作したターゲットがどうなっているか

過去の引き金に接しても衝動が出てこなかったとういうことであれば、両側性刺激を使って、その成功全体、あるいは一部でも成功した部分があればその部分を植えつける。こうすることで、その時点までに達成した成功体験に関連して、自我強度を高めることが出来る。クライエントが再発を報告したら、使用の衝動を引き起こした新たな引き金に取り組むこと。クライエントが新たなストレスを経験しているようなら、そのストレスをターゲットにして両側性刺激を行わなければならないかもしれない。

◆◆◆◆◆ **事例研究** ◆◆◆◆◆

以下の事例研究では、DeTURやEMDRのプロトコルを修正して用いた

面接が記載されている。本文中の「／」は、両側性刺激を実施した箇所を示す。アスタリスク「*」は、ターゲットに戻ったことを意味する。数字は、使っているプロトコルに応じて、LOU ないし SUDS を示している。

#1　マリファナと覚醒剤

　クライエントは離婚歴がある 33 歳の白人男性で、子どもが 2 人いた。彼は、アルコール＆薬物のプログラムに参加しているのだが、検査にひっかかってしまっていた。前妻は親権を取り、子どもたちを連れて別の地域へと引っ越していった。彼は養育費を、裁判所を通して支払っていたが、子どもたちにはこの数年、会っていなかった。彼は失業中の架線作業員だった。この 13 年間、覚醒剤を週に約 1/4 グラムほど使っており、マリファナについては、9 年生（15 歳）の頃から吸っていた（週に 1/4 オンス〔訳注：約 7g〕程度）。これまで 8 日ほど薬物を断ったことがあったが、そのときには頭痛や悪夢を経験したとのことであった。

　クライエントのポジティブな目標は、もっと良い仕事に就くことと、子どもと一緒に釣りを楽しむことだった。資源にアクセスした後、私たちは彼のポジティブな目標のイメージを力強いものへと育て、植えつけた。次に、彼のマリファナ吸引の引き金を同定した。t1 ―目覚めの一服、t2 ―駐車場にて、t3 ―職場に向かってトラックを運転中、t4 ―仕事をはじめる準備をしているとき、t5 ―10 時から 11 時まで、t6 ―昼食時、t7 ―仕事後、友人と一緒のとき、t8 ―友達とテレビを観ているとき、t9 ―マリファナを見たり、匂いを嗅いだとき、t10 ―仕事で車に乗っているとき、t11 ―釣りの最中。彼は最初の引き金（t1）に対して、LOU＝5 であると感じていた。眼球運動のセットを加えると、LOU＝0 になったと報告した。t2 ― LOU＝5 も 0 に下がり、t3 ― LOU＝3 も 0 へ、t4 ― LOU＝0 であった。t2 ― LOU＝2 では、腹の中に感覚／空虚感／孤独／大きな除反応／学校に通う子ども時代の記憶／家から追い出された／母親は、ボーイフレンドが彼を家から追い出すのをそのままにした／母親は彼の味方になってくれなかった／自分が悪かったと思わない

第7章 衝動低減プロトコル

／怒りが出はじめた。私はEMDRプロトコルへと切り替えた。彼の否定的認知（NC）は、「自分にはどこかおかしいところがある」、肯定的認知（PC）は、「私はこのままでいい、悪かったのはむこうだ」であった。出てくる感情は怒りだった。自覚的障害単位（SUDS）は、8だった。認知の妥当性（VOC）は5だった。眼球運動を各セット行った時点で／イライラして興奮しやすい／楽になってきた／もっと落ち着いた／リラックスした／*、SUDS=2／除反応／リラックスした／SUDS=0、VOC=7／植えつけ、終了。ベースライン測定のために、尿を採取した。

　次の面接は1週間後だった。クライエントの報告によれば、大変に気分が良く、前よりも幸せで、平和で、衝動もなく、悪夢も頭痛もなかったとのことだった。子どもたちと会えるようになりたいし、教育も受けたいと希望を述べた。私たちは残りの引き金についても取り組みを進めた。引き金の中には、般化によって0になっていたものもあった。彼は、新しい職に就くために改めてトレーニングを受けることについての不安を述べた。NCは「私は無能だ」であり、PCは「私は学ぶことができる」だった。SUDS=3に両側性刺激を加えたところ、0となり、さらに両側性刺激を加えてからPCの植えつけを行い、終了した。尿検査の結果は、彼の薬物使用レベルが下がっていることを示していた。

　次のセッションは2週間後だった。クライエントは、その後、クリーンを保ち、衝動も感じず、気分がよいと述べた。そこで、その気分の良さに両側性刺激を加えた。尿検査の結果、覚醒剤使用については陰性、マリファナ使用については、レベルが大幅に下がっていた。

　1週間後に次のセッションを行った。クライエントは、トラック運転手になるための学校に通っており、授業料補助のための制度を探していた。頭痛も悪夢もないとのことだった。尿検査の結果、覚醒剤についてもマリファナについても、陰性だった。その後、プログラムの終了まで、彼の尿検査結果は陰性だった。

#2 マリファナ

　クライエントは28歳の離婚歴のあるヒスパニック男性で、高校2年レベルの教育歴だった。前妻と4人の子どもたちはテキサスで暮らしていた。彼は息子と、そのときのガールフレンドと暮らしていた。薬物使用の検査結果が陰性にならないという理由で、私のところに紹介されてきた。彼はこの15年間、週に約1/8オンス（訳注：約3.5g）ほどのマリファナを使い続けていた。いわく、ガールフレンドはコカインを使うし、近所の人間も皆、薬物を使うとのことだった。使うとリラックスできるのだという。彼はそのとき、失業中だった。彼が同定したポジティブな目標は、息子やガールフレンドともっと良い関係になること、彼らを公園やスポーツ・イベントに連れて行ってやること、もっと痩せてシェイプアップすること、そして自動車整備士として働くということだった。引き金は、t1―隣に住む人がバーベキューを開催、t2―前の家に住む人と一緒にガレージの前にいる、t3―誘われたとき、t4―夜遅く、t5―パーティーで。マリファナがあって、コカインもある、t6―ビールを6杯飲んだ後、t7―一人で、あるいは弟と移動中。検査によれば、彼はマリファナについて陰性だった。

　次の面接で彼は、ガールフレンドとの現在の暮らし方についての怒りを述べた。腹痛があるとのことだったが、医学的検査では、異常がなかった。私たちは、標準的なEMDRを使ってその痛みにターゲットをあてた。映像は、自分が行き詰まってしまい、出ていく自由がないというものだった。映像は、ガールフレンドに対する怒りに関するものだった。NCは「私には何の権利もない」であり、PCは「私には権利がある」であった。VOC=5で、情動は、怒りだった。SUDS=10／子どもの養育費を巡って前妻と争ったこと／自分は進歩している／*0。お腹が前よりもリラックスし、腹痛がなくなったと述べた。そこでDeTURプロトコルを使って、衝動にターゲットを当てはじめた。そして引き金毎に、LOU=0のあとに、ポジティブ状態を植えつけしていった。t1―LOU=6／0、t2―LOU=7／0、t3―LOU=0、t4―LOU=3／0、t5―LOU=5／0、t6―LOU=5／0となり、残りの引き金は、般化

により0となった。その日の検査結果は、陽性だった。次の面接では、薬物使用はしなかったと言った。近所の人間がマリファナたばこを勧めてきたが、断ることができて、気分が良かったという。私たちはその良い気分に対して、両側性刺激を加えた。その日の検査結果は、以前よりも使用のレベルが下がっていることを示していた。次の面接で彼はクリーンを保てたと言い、短期大学に行こうかと考えているとのことだった。その後のセッションでは、検査結果はクリーンを示し続けた。

#3 マリファナ、コカイン、ニコチン

クライエントは、10代の息子のいる、30歳の白人既婚男性だった。高卒の彼はシリコンバレーの不況のあおりを受けて、解雇された。そのときは、妻が家計を支えた。彼はこの10年、週に約1/2オンス(訳注:約14g)のクラック・コカインを使用していた。また、20年間、毎日約1箱半のタバコを吸っていた。コカインは使用するだけでなく、一部を売りさばくことで、次の購入費を稼いでいた。過去に、薬物所持および薬物使用で逮捕されたこともあった。家計を支えられないこと、妻と息子から信頼と尊敬を得られないことなどが、彼の自己評価を下げていた。かつての対外的な最大の関心事は、自転車競技で審判をすることだった。薬物の最終使用は、最初の面接の4日前だと彼は言った。彼のポジティブな目標は、自分のことを今よりもよく感じられること、そして妻や息子から信頼と尊敬の態度を示されること、そして息子が出ている試合を家族で観に行って楽しむことであった。彼は以下の引き金を同定した。t1―退屈、t2―(物質を)使うことを考えたとき、t3―朝、t4―夜遅く、t5―お金が欲しくなったとき、t6―顧客から薬物が欲しいと連絡を受けたとき。私たちは、まず、「t1―朝」を扱うことからはじめた。衝動はLOU=8／妻との諍い／自分のことはどうでもよかった／なんで使いたいんだ？／馬鹿げている／やりながら馬鹿らしい気がしている／LOU=0。t2―LOU=0／もう一体感を感じられない。ポジティブ状態の植えつけと終了段階の後、セッションを終えた。その日の検査結果はコカイン陽性だった。

翌週やってきたクライエントは、良い1週間だったと報告した。覚醒剤を勧められ、使いたい衝動も覚えたが、家族に受け入れられ、必要とされる方がよほど重要に思えたので、断ったとのことだった。断れたことで、自分に対しても良い気分になれた。良い気分になったことについて、両側性刺激を加えると、彼はこう言った「（薬物は）要らない」。私たちは残りの引き金も扱った。残りの処理は速く進んだ。また、般化によって0になったものもあった。その日の検査結果は陰性だった。

次のセッションでは、衝動を全く感じていないこと、6回のAAミーティングに参加したこと、クリーンであり続けたいと思っていることなどが報告された。私たちはそのような気持ちに対して両側性刺激を加え、強化した。彼の検査結果は再び陰性だった。

その次の面接は2週間後だった。彼は、全く衝動を感じていないと言い、家族との関係を再構築しつつあることを誇りに思っていると言った。また、採用面接にも行きはじめていた。プログラムの残り期間中、彼の検査結果は陰性であった。

#4　覚醒剤

クライエントは離婚歴のあるヒスパニック男性で、子どもが一人おり、女性と同棲していた。この10年間、週に3グラムほどの覚醒剤を使っていた。薬物使用による逮捕歴もあった。彼は治療プログラムを開始したが、出席率が低く、やめさせられていた。再びプログラムに入ったときに、他のセラピストの紹介で私のところにやってきた。彼のポジティブな目標は、息子のためにそばにいてやること、トレーラーの運転手として働くこと、やる気があって、身体も健康なことだった。引き金は、t1―つまらないことをしているとき、t2―悩みごとを心から追い払いたいとき、t3―昼下がりにテレビを観ながら退屈しているとき、t4―やるべきことがあるとき。この事例でも私はまず、内的資源へのアクセス（RA）、ポジティブ目標の同定、そしてポジティブ状態の植えつけを行った。その結果、t1―LOU=4／0、t2―

LOU=8／0、t3 ― LOU=9.5／怠けている／0、t4 ― LOU=0 となった。その他の引き金は、般化によって0になった。

次の面接で彼は、自動車会社に仕事を見つけたと言った。衝動は感じておらず、それで気分が良いとのことだった。その気分の良さに対して、両側性刺激を加えた。

次の面接で、衝動は感じないと言った。良い気持ちに対して両側性刺激を加え、強化した。プログラムの残り期間中、彼の検査結果は陰性だった。

#5　覚醒剤

クライエントは離婚歴のある28歳の白人女性だった。彼女の親も離婚していた。父親がアルコール症で、兄もまた薬物を使っていた。11歳のときから父親と暮らしはじめた。しかし、クライエントによれば、父親は彼女をがっかりさせ、再婚して、ついには彼女が家を出て行かざるをえないようにした。兄も彼女を支えることはなく、マリファナをくれようとした。夫は、2人目の息子が生まれると、彼女を家から追い出した。子どもたちは1歳と4歳で、法的に後見を受けていた。母親が4才児をひきとり、1才の子は、里親家庭に預けられていた。夫はアルコール症で、彼女に身体的暴力をふるい、子どもたちに会わなかった。彼女は7才のときに、家族の友人から性的虐待を受けていた。母親はとても批判的な人だった。彼女の職歴は乏しく、とても知的であったが、顕著に共依存的だった。14才のときに飲酒をはじめ、15才で覚醒剤、高校でLSDを使うようになった。

クライエントは、覚醒剤をやめることの困難について語った。クライエントのポジティブな目標は、家の外で子どもたちと遊ぶことだった。私たちは引き金の同定を行った。引き金のそれぞれについてLOUを明らかにし、LOUが0になるまで、両側性刺激を行った。クライエントを催眠トランスに入れ、将来の中で引き金を体験してもらった。薬物を使いたいという衝動や願望が生じたらいつでも目を開けて、私の指を目で追うようにと伝え、両側性刺激を2回与えた。その後、クライエントに肯定的暗示を与え、トラン

スから覚醒してもらった。最終的にボディスキャンを行い、セッションを終了した。

2回目の面接では、クライエントは、覚醒剤を伺いたいという衝動は覚えないと言った。しかし、大麻を勧められ、使いたい衝動が強かったという。そこで、大麻を使うことへの引き金を同定し、脱感作を行って、LOU=0になったので、植えつけを行った。ボディスキャンと両側性刺激により、兄、父、虐待者に対する怒りが表面化した。そこで標準的EMDRプロトコルへと切り替えて、SUDSが0になるまで脱感作を行った。そして植えつけを行い、セッションを終了した。

3回目の面接で、クライエントは、もはや覚醒剤にも、大麻にも衝動を覚えないと言った。家族歴のふりかえりを行った。

4回目、クライエントは、覚醒剤にもマリファナにも衝動を感じないと言い、検査結果も陰性だった。

クライエントは面接の最終回には現れなかった。彼女はAAの主催者と同棲をはじめたのだった。彼女曰く、彼が彼女に、感情を持つことを教えてくれるのだと言うことだった。彼女の共依存が表面化していた。しかしながら、治療は終結した。

#6　性的行動

クライエントは離婚歴のある39歳の白人男性で、15歳の息子がいたが、この息子は前妻と一緒に別の州で暮らしていた。彼は自宅を保有し、コンピューター関係の会社を営み、双子の弟と住んでいた。彼も、弟もかつて性的、身体的、情緒的に虐待を受けていた。クライエントは、性器を露出しているところを逮捕され、メーガン法に基づいて性犯罪者リストに載せられ、保護観察を受けていた。彼は再発し、裁判所にて再び審判を受けることになって私のところに紹介されてきた。彼を刑務所に入れたくなかったので、私はEMDRに関する研究を束にして裁判所に出向き、「彼を刑務所に送る変わりに、就労のための一時帰休プログラム（訳注：就労や治療プログラムを受けるために刑

第7章　衝動低減プロトコル

務所から一時的に外出することを認めるプログラム。毎日、刑務所に戻るタイプから、週に決まった日だけ刑務所に戻るタイプなどがある）に入れるべきである、そうすれば仕事を続け、セラピーを受けることもできるから」と裁判官と弁護士を説得した。刑務所に入れられてしまえば、彼は住むところも、仕事も失ってしまい、彼も弟も無職のホームレスとなって、福祉の世話にならないわけにはいかなくなってしまう。もしも治るなら、彼にとっても、国のシステムにとっても、どちらにも有利な結果になる。クライエントは、顧客や近所や前妻に、彼が性犯罪者であることが知られてしまい、仕事を失い、家を失い、息子への訪問権を失ってしまうのではないかという考えに打ちのめされていた。まずは資源へのアクセスからはじめ、露見してしまうことへの不安から扱った（このテーマ自体は、治療期間中、続いていた）。彼のポジティブ目標は、幸せに、自由な心を持って、息子と弟と一緒にサンタ・クルーズでサーフィンをすることだった。引き金を同定するために過去を振り返っている内に、性的問題行動の引き金が引かれるためには、2つの出来事が、比較的短期間の間に続けて起こる必要があることがわかった。最初の引き金は、息子の生活をどのようにコントロールするかについて、前妻とひどく言い争うことだった。それは彼に勝ち目の無い言い争いだった。次の引き金は、前妻に似た女性を見ることだった。そうなると、たとえ「露出なんかしたくない」と自分に言い聞かせても、彼は露出してしまっていたのだ。そこで、取り組みの焦点は、露出の引き金を脱感作し、露出してしまうことの不安を払拭することにおかれた。6ヶ月ほど取り組み、再発の兆候は何も見られなかった。2年後の時点でも、彼は自分を保ち、家も仕事も保持したまま、弟と住んでいた。息子は彼と暮らすようになっていた。再発は経験していなかった。

◆◆◆ 研究：EMDRとDeTURを用いて性的強迫を治療する ◆◆◆

　Alex SpenceとCharles Walkerによるこのパイロット研究（表7.1参照）によれば、予備的研究であるとはいえ、EMDRもDeTURも、性的強迫を治療するために効果的な臨床介入になりうることを示しているように見える。

表7.1　研究デザイン

研究デザイン					
統制群	対象者数	セッション数	治療形式	治療形式	治療形式
グループA	6	10	対話型治療		
グループB	6	10		EMDR	
グループC	6	10			DeTUR
グループD	6	10		EMDR	DeTUR

　グループB（EMDR治療）の対象者は、SUDS、VOC［MO1］、そしてトラウマプロフィールの減少と、健康的生活尺度の増加を報告した。しかし、同時に再発に関連した問題に苦しんでいるとも報告した。

　グループC（DeTUR治療）の対象者は、LOUレベルの顕著な減少を見せたが、トラウマプロフィールの減少や、健康的生活尺度得点の増加は見られなかった。

　グループD（EMDRおよびDeTUR治療）では、SUDS、VOC、LOU、そしてトラウマプロフィールに有意な減少が見られ、健康的生活尺度得点の増加も見られた。

　こうした予備的研究結果からは、EMDRとDeTURを組み合わせて使うことが、性的強迫行動の治療に有用であることを示しているように思われる。

　DeTURプロトコルは、これまで3回のEMDR国際学会、多くのEMDRレベルⅡトレーニング、そして数回の一日ワークショップで紹介されてきた。世界中から500人以上のセラピストが、プロトコルのコピーを希望し、このプロトコルを使うことで、幅広いアディクションや機能不全行動をもつ患者に適用して成功を得ている。

◆◆◆◆◆ **まとめ** ◆◆◆◆◆

　DeTURプロトコルは、幅広いアディクション行動や強迫的行動に効果がある。内的資源へのアクセス（RA）によってクライエントをエンパワーすることからはじめ、次に、人生・生活の中で問題に対処しうまく機能できているというポジティブな目標（PG）を作ることを援助し、そのポジティブな目標を生理学的状態にアンカリングし、引き金を同定し、強迫行為やアディクション行動の引き金を処理するために衝動のレベル（LOU）を使い、その際、催眠的な編み込みや、アンカリング技法も使う。とり組みの効果を確認するために、未来のリハーサルを使い、再発予防のために両側性刺激とEFTの自己使用を教えるのである。

◆◆◆◆◆ **参考文献** ◆◆◆◆◆

Craig, G., & Fowlie, A. (1995). *Emotional freedom techniques, the manual.* Marin, CA: Author.

Edwards, G. (1977). Alcoholism: A controlled trial of "treatment" and "advise." *Journal of Studies on Alcohol, 38,* 1004-1031.

Hanna, F. J. (1994). A dialectic experience: A radical empiricist approach to conflicting theories in psychotherapy. *Psychotherapy, 31*(1), 124-136.

Lewis, J. A., Dana, R. Q., & Blevins, G. A. (1994). *Substance abuse counseling: An individualized approach* (2nd ed.). Pacific Grove, CA: Brooks/Cole.

Luborsky, L., Crits-Christoff, P., Mintz, J., & Auerbach, A. (1988). *Who will benefit from psychotherapy: Predicting therapeutic outcomes.* New York: Basic.

Shapiro, F. (1995). *Eye movement desensitization and reprocessing.* New York: Guilford Press.

第8章

報われない愛の苦しみ、共依存、回避、そして先延ばしを取り除くために肯定的な感情をターゲットにすること

ジム・ナイプ

　クライエントがトラウマ後症状を解決するのを援助するのにEMDRが非常に効果的であることが、公刊された16の治療実験で認められている（Maxfield & Hyer, 2002）。数多くのクライエントが世界中で1989年のShapiroのシンプルな所見から恩恵を受けている。それは、もし人が心をかき乱すような経験の多くの側面を心において、同時に両側性刺激に注意を向け続けるならば、混乱は減少に向かうというものだ。

　しかしながら、治療に来るほとんどのクライエントの抱えている問題は、単一の記憶が心をかき乱しているというようなシンプルなものではない。より典型的なものとして、クライエントは感情的な混乱だけでなく、混乱を和らげ、こらえ、あるいは避けるための最適な方法を意識的・無意識的に選択する歴史が混じり合って表現された状態で治療にやってくる。従って、ほとんどのクライエントが最初に見せるものは複雑であり、しばしばアンビバレントなものである。以下に示した例を検討しよう。「夫がセックスを求めると、私はとても不安でビクビクし、彼に対して怒りっぽくなるの。義理の父が私にやったこととこれがつながってるんだってことはわかってるの。この古い記憶の話をして解決することが役に立つだろうとはわかっているのよ。でも、それをすることを考えるのはとても耐え難いの。私はしたいことをしたいけれど、でもしたくないの」。別の例をあげよう。「この前、息子はもう僕にキャッチボールをしようって頼まないことがわかったんだ。息子は頼むことに

疲れたんだと思う。僕はそれについてはいい気持ちじゃないけれど、仕事から帰って僕がしたいのは、ドスンと座ってテレビを見ることなんだ」。また、別の女性は治療の中で次のように話した。「私ね、前の彼氏とはもう終わりにしなきゃいけないことはわかってるの。あいつ、本気でむかつくやつだったのよ。バカげてるんだけど、本当は、私、まだあいつのことを四六時中考えているの」

　これらの例のひとつひとつにおいて、クライエントは肯定的な感情の要素と否定的な感情の要素が包含された問題を持っている。適応的情報処理モデル（Shapiro, 2001）で言うと、その経験的な連合の連鎖－機能不全的に保存された記憶のネットワーク－にはネットワークの入口に肯定的負荷のかかった経験があり、心をかき乱すような題材は他の地点にあって、よりアクセスしにくい場所にあると言うことができるだろう。クライエントはしばしばこの状況を、葛藤する複数の自我状態の中のひとつとして経験する（Watkins & Watkins, 1998）。厳密に言うと、ひとつの自我状態はある結果、言い換えると、その人のより大きな人生の目標にとって障害となるものに肯定的感情の心的エネルギーが授けられるだろう。これが起こり、否定的な感情をターゲットにする通常のEMDRの方法が行き詰った時、問題の肯定的な側面、つまり**肯定的**な感情価を持つイメージをターゲットにすることが役に立つだろう。そのようなクライエントは二重注意刺激（DAS）に注意を向けている間、解決困難な望みやアイデンティティの楽しい側面を心に抱くよう求められる。このようにして、彼らはこれらの肯定的な側面を処理し、問題に「心的エネルギーを授ける」ことをやめて葛藤の解決に取り掛かることができる。

　セッションの逐語録をいくつか次にあげているが、それらはこのアプローチが実践の中でどのように役に立つのかを示している。全体的な手続きは次の通りである。

- 治療の目標についてアンビバレンスを表現し、アンビバレンスの2つかそれ以上の側面を同定しているクライエントに対して。以下に例をいくつか示す。

第8章　肯定的な感情をターゲットにする

- 心をかき乱すような古い記憶を癒したいが、その記憶は怖すぎて考えることができないと感じているクライエント
- 他人に正直でありたいが不快なことは何も言いたくない人
- 自分の両親と大切な会話をしたいが、「そのための時間を絶対に見つけない」クライエント
- （例えば、アルコールや薬物、買い物、インターネットポルノ、テレビといった）問題に没頭することをやめたいが「やめられない」依存症の人

一般的に言って、アンビバレンスは回避か、非現実的な肯定的感情の心的エネルギーを注ぎ込むこと（例えば、自己や他者のある種のイメージへ注ぎ込むこと）かのいずれかの問題であろう。そのようなクライエントには隠された「ブロックする信念」があることがあり、治療が進行するためにその信念が同定され、扱われなければならない（Knipe, 1998a）。

- これらの状況の中でさえ、標準的なEMDRをストレートに使うこと（例えば、否定的感情の源をターゲットにすること）が非常に効果的なことがある。しかしながら、もしこのアプローチが行き詰るならば、葛藤の肯定的な極に移ることが有益なことがある。多くの場合、シンプルな質問でこれがなされることがある。
  - 「ただ座ってテレビを見ることができて、台所で配偶者を手伝わなくてもいいということの良いところは何ですか？」あるいは
  - 「その古い記憶を考えないことの良いところは何ですか？」

別のケースでは、肯定的な極を明確にするためにより多くの準備が必要となる。例えば、クライエントは次のように質問される。

- 「あなたが嘘をつくことで実際にその場をやり過ごした一番最初の時はいつですか？　嘘をついてその場をうまくやり過ごすいい気持ちを表しているイ

メージを思い浮かべて。そのいい気持ちを考えて、イメージを思い浮かべた時に、それは 0 から 10 でどれくらいの強さですか？ それ（『数字』）は体のどこにありますか？」

セッションの記録の中で、私はこの数字をクライエントの最初の肯定的感情のレベル（LOPA: Level of Positive Affect）得点と呼んでいる。治療者が、アンビバレントなジレンマのこの側面を判定も支持もどちらもせずに、冷静にこの質問をしているということをクライエントが知ることは重要である。この手続きを開始する時、ほとんどの場合、私は代表的な視覚的記憶と肯定的に感じられる感情の 0 から 10 の得点、そして体の中のその「数字」の位置を尋ねる。しかしながら、自己言及的な認知は通常は尋ねない。なぜなら、そうすることで恥の感情が現れる可能性があるからだ。

- それから、クライエントからしっかり許可を得て、肯定的要素を心において、DAS と組み合わされることが可能になる。こういう状況の中で起こりうる結果は、肯定的感情、特にその様相が弱まることである。それは、ある意味で、自己破壊的あるいはその人の優先的で現実的な人生の目標と自己感に敵対的なものである。これが起こると、肯定的な題材が「覆い隠していた」心をかき乱すような記憶が出現するだろう。なのでクライエントはこういうことが生じるかもしれないことをあらかじめ助言されるべきである。そして、心理学的防衛になっているであろうことをターゲットにする前に、処理のための十分な時間がセッションに残っていることを治療者は常に確認しているべきである。心をかき乱す題材が出現したら、その時に EMDR の標準的な手続きステップを用いてターゲットにアクセスできる。

- 時として、アンビバレントなジレンマの両方の極が強烈に感じられる場合、ロビン・シャピロの両手の編み込み（6 章）を使うことが役立つ。そこではクライエントは葛藤の一つの側を右手に置き、もう一方を左手に置くよ

第8章 肯定的な感情をターゲットにする

うに言われる。それから DAS を用いると、通常はどちらかの手の感情の強さが、葛藤を適応的に解決する方向に移るだろう。

次に具体例を逐語録で示すが、そのひとつひとつはセッション内の録画記録あるいは会話の筆記記録から取り出されたものである。個人を特定する情報はクライエントのプライバシーを保護するために変更されているが、話されたことや起こったことの順序は変えていない。自分たちのセッションの一部を公開することを許可したクライエントのみなさんの寛大さに感謝する。本文中の「***」は、私がクライエントに「それと一緒に」か「そのことを考えて」と言って、次の眼球運動のセットをはじめたことを指している。

◆◆◆◆◆ 関係が終わった後で前の恋人を忘れること ◆◆◆◆◆

コーラはうつを治療するために、以前、私のところに来ていた。それは厳しい状況的ストレスに端を発したものであり、同様に出生家族での子ども時代の情緒的な見捨てられ体験に端を発したものであった。彼女はセッションの6ヶ月前に治療を成功して終えていたが、彼女の人生の予期せぬ敗北の後で彼女は戻ってきた。これは彼女が戻った後の2回目のセッションである。それより3週間前、彼女のパートナーは自分たちの愛の関係を解消した。そして、この後の数週間、彼女に電話をかけて彼女をひどくしかりつけ続けていた。前のセッションでは、コーラは EMDR を用いてこの関係の喪失に関する自分の無力感と怒りに取り組んだ。その結果、彼女の主観的障害単位（SUDs）のレベルは9から4のあたりに下がった。今回のセッションのはじめでそれは4のままであった。なぜなら、クライエントの言葉で言うと、「私はまだ彼女を愛しているの。私は彼女にしがみつきたい」からだ（訳注：レズビアンのカップル）。その後、セッションは以下のように続く。

JK（Jim Knipe）：起こった全てのことの後で、あなたがこれ以上彼女を愛さず、そして彼女を忘れることができる方法がもしあるとすると、それをしたいで

すか？
コーラ：もし私がそれをできるのならしたいけれど、どうすればそれができるのかわからないわ。私は彼女のことを四六時中考えてるし、私たちが楽しく過ごした全ての時間のことを考えてる。たとえそれが痛みを与えるものであるとしても、それを考えることをやめられないの。
JK：こんな感じですか？ あなたは楽しかった時のことを考えはじめて、それからそれは痛みを伴う悲しみに変わる？
コーラ：ええ、それは何度も何度も起こるの。
JK：今日私たちはこれに取り組むというのでいいですか？「いいわ」。今、心のイメージ、彼女と一緒に過ごした最も楽しい時の映像を思い浮かべることはできますか？ 愛する気持ちや、まだ彼女に対して持っている肯定的な感情を本当に表している時ですよ。「ええ」。それが何であるか私に言う必要はないですが、今はそれを思い浮かべていて。それに関係した肯定的な感情はありますか？
コーラ：ええ。それは何か心の中の良い感情みたいなんだけど、心の痛みに変わるの。
JK：今その映像を思い浮かべている時にですけれども、ここで質問をしますね。0から10の数字を使って、10は最大です、その愛情のこもった時間の映像を思い浮かべる時、まさにこの瞬間にどのくらい、あなたが彼女をまだ愛していて彼女にしがみつきたいですか？「10」その映像と心の中のその気持ちを心に思い浮かべて、私の指を追いかけて。＊＊＊今、何がありますか？
コーラ：寝てる時だけじゃなく、私たちはよく外に食べに出かけたの。前は楽しく過ごしてたわ。よく冗談を言ってたのよ。＊＊＊私、自分が盲目だったような気がする。彼女は自分のことを思いやりがあって、正直で、率直だって言ってた。彼女はいつも、自分が助けようとしている他の誰かと電話していたわ。それは正しいことじゃなかった。＊＊＊それは共依存よ。＊＊＊彼女は将来性のない仕事をすることに行き詰ってたの。それは障壁だったんでしょうね。＊＊＊私はまだ彼女のことを大切に思ってるわ。＊＊＊でも将来、ものごとは困ったことになるわ。＊＊＊そして、彼女が言うには私

第8章 肯定的な感情をターゲットにする

があまりにも依存的だったから彼女は私と別れたということ、それは私を悩ますのだけど、それはまるで、風邪を引いたりインフルエンザにかかっているから別れるというようなものよ。***心の一部分では、彼女に電話をかけてぼろかすに言いたい。***でもそれは正しくない。それは人を傷つけるわ。***私は彼女がとても冷たかったことに対して腹を立てているわ。***他にもあるわ。***私はイカれてない！　私は今、たまたまストレス状況にあるというだけの健康な人間なのよ。***私は回復するはずだわ。私、昨日、何日かぶりにシャワーを浴びたの。***

これは情報のチャンネルの終わりであるように思われたので、その後、私は彼女に元々のイメージに戻るように言った。

JK：私たちがはじめた映像に戻りましょう。それはあなたの肯定的な感情の全てを代表するものですね。今それを考えた時、0から10の数字で今その肯定的な感情、彼女を愛したり、しがみつきたい気持ちはどのくらいの強さですか？

コーラ：5に下がったわ。彼女がどれくらい人を傷つけ、未熟であるのかがわかったわ。彼女は今、別の関係に飛び込んでいるの。***

JK：5であって10ではないことを、今、前よりも心地よく感じますか？

コーラ：ええ。前よりずっといい気持ち。

JK：でも、0ではありません。何がそれを5にしているのですか？

コーラ：楽しく過ごしたことを考える時、楽しかったの。***そういう楽しみがないことを寂しいって思う。***彼女が○○さんと一緒にいるなんて信じられない。今はずっといい気持ちよ。彼女だけがそうじゃないってわかりはじめてる。彼女はあまりにも働きすぎなのよ！

JK：もう一度元に戻って、あなたの愛情と楽しく過ごした時間を代表する映像を一緒に考えて、0から10で今いくつですか？

コーラ：3か4。彼女が新しい恋人と別れて私のところに戻りたいと思う時に、私がそれを拒否できればいいんだけれど。***彼女は自分の言ったひどい

こと全てについて謝罪さえしないのよ。***私の心はまだ壊れてるように感じるけれど、ほんの少しの間だけだわ。***今またおなかが減ってきたわ！ 2日間食べてないのよ。***家に帰って何か食べるわ。土曜日までにすることのリストがあるの。

JK：もう一度戻って、その映像を考えて。今どれくらいですか？

コーラ：2か3のような気がするわ。私は誰かほかの人と素敵なことができると考えはじめてるの。***むしろ、誰かほかの人と楽しいことをしたい。***今とてもいい気持ちよ。***彼女は電話でそういうことを言ってるけど、それは彼女が罪悪感を感じているからなの。***彼女たちが別れたら、私はクックッと笑うわね。私はとっくにいなくなってるのよ。***

JK：もう一度戻りましょう。今どれくらいですか？

コーラ：ほんのわずかよ。今、心にあの痛みはないわ。私たちが一緒だったとき、彼女の気持ちは本当だったってことはわかっているわ。***彼女は親密になりすぎるのがただ怖くなったのよ。***私は彼女を行かせることができる。あきらめをつけることができるわ。

次のセッションで、コーラは自分が以前に感じていたわずかな愛の痛みにもう悩まされていないと報告した。私は彼女に悲嘆と無力感と怒りが9だった2週間前のセッションのことを振り返ってもらった。彼女は笑いながら「どうして？！と」答えた。

◆◆◆◆◆◆ 共依存 ◆◆◆◆◆◆

同様に、肯定的に感じられる衝動が処理の開始地点であることがある。例えば、ある30代の女性は自分の母親との繰り返されるやりとりのパターンによって欲求不満になっていた。彼女の母親は毎日彼女に電話をかけてきて、1時間かあるいはそれ以上話をしたがった。このような電話はいつも一方的で、母親は自分の人生の不満を並べ立て、娘の人生に対する互恵的な関心をほとんど示さなかった。EMDRによって、彼女はアサーションや限界設定

行動をすることの不安がより小さくなり、効力感が強くなった。しかし、この結果は完全に満足のいくものではなかった。彼女のこれまでの共依存的行動は彼女のアイデンティティの一部であり、さらにそれは自分の母親と関係を持つための生涯にわたる方法であった。このクライアントに対して、有益な処理が次の質問に続いて起こった。「今日かかってくる電話のことを考えると、お母さんの家に行ってキッチンの床にモップをかけて、ほえる犬について近所の人に話をし、ダイニングルームの机のぐらつきを修理することを 0 から 10 でどれくらいやりたいですか？（それはその日の問題のリストである）」クライアントは「10 だわ！」と言った。10 の場所を身体感覚の中に探して、DAS を開始した。そして、徐々に得点が下がり、4 になった。その時クライアントは、母の愛を失うという、いつまでも続く恐れにはっきりと気づいた。この恐れは子ども時代の特定の出来事を起源としており、EMDR のアセスメント段階で直接ターゲットにされ、DAS を続け、結果として、自分自身も母親もどちらも尊重するという枠組みの中で、適切な限界設定を明確にして快適に実行することができるようになった。

◆◆◆◆◆ 自己破壊的行動を伴う強迫 ◆◆◆◆◆

別の例として、ある男性は前妻に関する接近禁止命令を破って逮捕されていた。彼の自己概念は法に従う市民の一人というものであり、彼は前妻の保護領域の中へ歩いていくことで法を犯したことについて後悔と自責の念を感じていた。しかしながら、これらの感情に関わらず、次のセッションで、彼は「ちょっと彼女の家まで車で行って」他の男の車が車庫の入り口にあるかどうかを見たいという強い衝動を感じていた。彼はこれが賢明なことではないだろうとわかっていたが、それにもかかわらず、彼は結果がどうなろうともどうしてもそれをしたいという強い衝動を感じていた。彼に対して、0 から 10 であなたは今夜どのくらい彼女の家に車で行きたいですか？という質問をすることで処理が始まった。この衝動が DAS で下がるにつれて、彼はこの衝動と、この関係の中で彼が感じていた不十分さの感情との間の関連につ

いて気づくようになった。そしてその後、これらの問題が直接扱われた。

◆◆◆◆◆ アイデンティティと特権 ◆◆◆◆◆

　このアプローチも自己破壊的なアイデンティティのさらに複雑な問題に対して効果的であるだろう。もし、特定の行動や心の状態が強烈な子ども時代のストレスを和らげるためにたびたび使用されるならば、その反応は個人のアイデンティティに組み込まれるだろう。つまり、特定の考え方はその人が世界で生き残るのに必要なものとして経験されるだろう。例えば、自己愛的な特別性と特権の自己概念はしばしば、早期の虐待やネグレクトの経験に対する防衛である(Kohut, 1971; Manfield, 1992)。以前の論文(Knipe, 1998b)で、私は自己愛的な「偽りの自己」と関連する肯定的な感情をターゲットにすることを説明するケースを記述した。防衛に関連したLOPAをターゲットにする方法が記述されている。この方法を、心をかき乱すようなトラウマ後の題材をターゲットにするEMDRで使われる手順のステップとは対照的なものと考える人がいるだろう。つまり、自己愛は、その人の非合理的で歪んだ機能不全的な認知が、否定的ではなく肯定的な自己感を反映する、一種の耽溺後特権障害(postindulgence entitlement disorder)と概念化される。もしそのような個人が治療者の相談室の安全性に高い信頼を持っており、同様に治療者の肯定的な関心をはっきりと理解しているならば、クライエントの非現実的で自己破壊的な特権の感覚を代表する、肯定的で価値付けられた視覚的イメージを同定することは可能であるだろう。その後、治療的な注意を払って、そのイメージに関連した肯定的な感情が0から10で査定され、その後、DASを組み合わせる。起こりうる結果として、イメージや関連する自己愛的自己概念が肯定的でなくなり、この防衛が必要だった否定的な経験が明るみに出るだろう。この否定的な経験は、その後、EMDRの標準的なプロトコルの焦点となるだろう。クライエントの防衛構造を「中性化する」この形式は、非常に堅固でうまく行っている治療関係を必要とする。なぜなら潜在的なトラウマは強烈に心をかき乱す感情を伴うからだ。このプロセス

第8章 肯定的な感情をターゲットにする

を経験するクライエントたちは一般的に自分たちの防衛の除去を喪失として体験しない。むしろ、もはや必要のない杖を手放すことと見られることが多い。あるクライエントは、自身の衝動的で破壊的な気質の問題から解放された後で「そのことを気持ちよく感じることを克服してうれしい！」と言った。

　なぜこれがうまくいくのだろうか？　DASが個人の自己の歪んだ不正確な知覚と組み合わされた時に、その歪みを取り除く効果があると推測できる。これは歪んだ感情が肯定的（例えば自己愛的）であろうと否定的（例えば現実的な危険がないのに不安である）であろうと正しいようだ。それぞれのケースでは、歪みは情報のチャンネルが眼球運動やタッピング、左右交互の音で処理されると減少するだろう。もしクライエントにブロックする信念や、治療目標についてアンビバレンス、二次的疾病利得の問題、いわゆる治療プロセスへの抵抗がある場合、それは肯定的に価値付けされた問題の要素があるからなのかもしれない。もしこれが真実ならば、そしてもしこれらの要素を同定することができるならば、これらの障害物への肯定的感情の注入を直接ターゲットにすることができる。

◆◆◆◆◆　回　避　◆◆◆◆◆

　この現象の他ならぬ例は回避である。回避は心理的あるいは行動的なものであるだろう。多くのクライエントは自分たちの示す問題の一部分として回避の問題を持って治療にやって来る。回避は肯定的に負荷のかかった機能不全性の一つの型と概念化することができる。その機能不全性とは、つまり、未解決のトラウマティックな出来事を意識的に覚えていることが明らかに不愉快である一方で、うまく回避することができたり、その記憶を抑圧することができたりすることが、安らぎと快適さの感情を伴って、心地良いことをいう。Andersonら（2004）は、脳のSPECTスキャンのイメージングを用いた記憶抑圧の実験の中で、抑圧は前頭葉の活性上昇と海馬の活性下降の識別可能なパターンで生起することを示している。神経学的メカニズムがどのようなものであろうと、もし不愉快な記憶の体験が繰り返し遮断され、その

遮断が安らぎの感情によって何度も何度も強化されるならば、抑圧や回避の確立した習慣が生み出されるだろう。そのため、治療に来る何人かの人にとって、回避衝動は最初の主な臨床像の大きな感情の要素であるだろう。より大きな意味で心をかき乱す問題の助けをその人が本当に望んでいるにもかかわらずだ。従って多くの人にとって、全体的な機能不全性を抱える神経ネットワークへアクセスする最良のポイントは、その機能不全性について考えたり直面するのを回避したい衝動を実際にターゲットにすることであるだろう。

　一つの例がこのアプローチがどのように進むのかを説明するだろう。ある40代の女性が、現在の人間関係の問題で以前にEMDRから利益を得ていたのだが、以前には語られなかった子ども時代の性的トラウマの事件を癒すのに「EMDRが役に立つのかどうかを確かめること」に強い関心を示した。しかしながら、次のセッションとその後の数回のセッションで、彼女はこの作業を妨害するようなやり方で「気づかずに」振る舞っていた。彼女はよく次のように言ってセッションをはじめた。「今日、あの近所の人との間に起こったことについて取り組むって計画してたことはわかってるんだけど、その前に、大切なことが職場で起きたの。5分間それについてちょっと話しあってもいいかしら？」5分は決まって40分になり、子ども時代の事件に移る十分な時間が残されなかった。あるいは、別のセッションで、このクライエントは25分遅刻してくることがあった。セッションをはじめてから4週間が過ぎるころには、クライエントも私もそこに回避の問題があることに徐々に気づくようになった。さらに、彼女は自分自身に対して次第にイライラしてきた。彼女はこの心をかき乱す記憶を解決することをとても望んでいるのだが、この作業をする機会があるときはいつでも強い回避衝動に捕えられるのだった。このパターンを考えると、彼女の回避衝動は、記憶を直接扱うことができるようになる前に理解され、処理されなければならないだろう。それで、セッションのはじめに、私たちには90分という時間があり、それは近所の人との間に起こったことについて今日取り組むのにたくさんの時間であるとわかっているとき、0から10でどのくらいしたくないですか？　あなたが頭のレベルでこれに本当に取り組みたいと思っていることはわかります。あ

第8章　肯定的な感情をターゲットにする

なたはそれが役に立つだろうと思っていますからね。しかし、私が聞いているのは、あなたが他のことを話し、それからただ逃げたいという、お腹のレベルでの衝動がどのくらいかということなんです、と私は言った。彼女はそれが10であり、胃と胸に10を感じることができると言った。彼女の許可を得て、それに取り掛かりたくない強い衝動を心に持ってもらいながら眼球運動を開始した。それぞれのセットで情報が出現したが、それは回避衝動だけでなく、トラウマそのものに関連していた。それは「もしそのことを考えたら、その感情を感じるわ！」であったり、「両親には絶対に言えない」というものだった。チャンネルの端に到達したと思われた時に、セッションで○○分残っていて、残った時間をこの古い記憶に取り組むために使うことができるとわかっているとき、0から10で今、どれくらいしたくないですか？と質問してターゲットに戻った。この数字は続くセットで減少し、数字が4の時にクライエントは「今、そのことを考えるのは前よりも楽だわ」と言った。その後、EMDRの標準的なプロトコルを用いて事件を直接ターゲットにした。そして、このセッションの振り返りから、そして次の3回のセッションで、このクライエントはこの特定の出来事と関連した心の混乱を著しく解決する体験ができた。

　セッションの記録の中で、私はこの逆説的な方法を回避したい衝動のレベル（LOUA: Level of Urge to Avoid）と呼んでいる。心をかき乱す考えや記憶に本当にアクセスしたくないと望むクライエントには使うべきではない。しかし、アンビバレンスに欲求不満を持つ他の多くのクライエントにとって、問題の処理にEMDRを効果的に使うための最もアクセスしやすい入り口は、その問題を回避することと関連した安心感であろう。この手続きの基礎の一部となっているのは、嗜癖障害の治療にEMDRを使うためのPopky（1994と第7章）のプロトコルである。このプロトコルは複雑であるが、この手続きの一つの要素は、彼が衝動レベル尺度（LOU: Level of Urge）と呼ぶものの使用である。それは、ある特定の明確な引き金のある状況で嗜癖的物質を使いたい衝動の強さを0から10でアセスメントする手法である。Popkyのアプローチはここで述べたモデルに適合する。その点において、一般的に嗜

癖行動は、使うことに関連したストレスからの解放によって維持され強化される傾向がある。LOUA 法は、心をかき乱す題材を含む精神的な（言い換えれば、物質の力を借りていない）回避を習慣的に用いる人に Popky のアプローチをシンプルに拡大したものである。

次に示す逐語録で LOUA を説明する。これはある 44 歳の男性への治療の第 4 回目のセッションの録画記録から取ったものである。カールは以前、短くて不完全な EMDR の治療を受けていた。彼は現在のいくつかの欲求不満にうまく取り組んでいたが、子ども時代に起源のある問題にすすんで取り組もうとはしなかった。これらの前のセッションで、自分の成長期に父親の酒乱が家庭環境の持続的なストレスであったことを私がわかるように十分話していた。カールは頻繁に、身体的、情緒的虐待を受けていた。しかし、もっと彼を困らせていたことは、父が母や妹に身体的な虐待をするのを何度も無力な状態で目撃していたことだ。以前の取り組みでは、これらのことを話すことにとても気がすすまない状態だった。彼は、救急車の救命士の仕事からの強制的な休職の期間中に、再び治療に訪れた。

彼の雇い主は、ある死亡事故に対応している時にカールが経験した「機能停止」の直後に、彼に休みを取ることを強く主張した。事故現場では、運転手は酔っ払っていたが比較的無傷であった。しかし、小さな少年は死亡し、女性は重症だった。そして、後部座席にいた 6 歳の少女は無傷だったが怯えていた。その状況を見たとき、カールは「感情を抑えられなくなり」現場から立ち去った。セッションが録画された時点では事故から 10 日が過ぎていたが、彼はまだ強い恥の感情を経験していたし、十分に仕事を遂行する自分をもう信じることができないことを恐れていた。以前の彼の仕事の業績はとても良く、自分の専門的職業をやり続けることにとてもやる気があった。しかし、彼は苦悩し、自己批判的であった。それは、彼がこの事件中の感情の起源を理解していなかったからである。

カールは以前 EMDR を受けたことがあり、急性のストレスに役立てるためにもう一度使いたいと思った。問題となっている事故現場のイメージ全ての中で、最も心をかき乱すのは怯えた少女の顔であった。彼の否定的認知

第8章 肯定的な感情をターゲットにする

（NC）は「私は誰も助けることができない。私は価値がない」であった。肯定的認知（PC）は「私は他の人を助ける能力があり、私の最善の行為は十分良い」であった。認知の妥当性尺度（VOC）は1から2であった。どんな感情がその女の子のことを考えることとつながっているのかを聞いた時、彼は「その子のことを考えたくない！　それは本当に私の失敗だった！」と言った。彼が非常にイライラした状態にあるのは明らかだった。彼は私たちの取り決めから利益を得たかったが、この記憶を回避したい衝動は彼の意思を圧倒した。逐語はセッションのこの時点から続く。

治療者：カール、助けになるかもしれない質問をしますね。この事故とこの少女に関連した気持ちに今日取り組むことができるとわかっている時に、0から10でこのイメージについて考えることからどのくらい逃げたいですか？　彼女を見たくないという気持ちや衝動はその数字を使うとどのくらいの強さになりますか？

カール：8か9だね。そのことは考えたくない。

JK：その8か9は今、体のどこにありますか？

カール：ここ（みぞおちに手を当てる）。実際のところは、全体で感じているよ。

JK：あなたが私の指を追いかけている間、その気持ちと一緒にいるのは嫌ではないですか？（カールは肯く）その少女のことをどれくらい考えたくないのか、その気持ちとただ一緒にいて。＊＊＊

カール：そのことを考えても意味がないよ。＊＊＊僕は失敗したんだ。＊＊＊僕は、大丈夫、大丈夫って言い続けたんだ。それで、その後、僕は、大丈夫じゃない、大丈夫じゃないって言った。＊＊＊すこし気持ちが良くなった。

JK：0から10で、今、数字はいくつですか？

カール：6くらい。まだ、考えたくない。あの夜、僕はまるで自分の父親のようだった。（事故現場にいることは）僕の仕事だったのに、そうしなかったんだ。父さんの仕事は僕を守ることだった。そして、父さんはそれをしなかったんだ。＊＊＊車の中で僕らみんなと一緒にいて、酔っ払っている時がたくさんあった。ある時、速度計が時速95マイル（訳注：152km/時）を

指しているのを見て、「僕の人生にはたいした価値はないんだろうな」って思ったことを覚えているよ。（声にとても感情をこめて）父さんは自分の責任を果たせなかったし、僕は自分の責任を果たせなかった。***僕も違いはないと思っている。でも、その一方で、ほとんどの点では、僕は違うんだって思う。

JK：今、そのことをどのくらい考えたくないですか？

カール：2 か 3。それを考えることができる。***10 歳の少年がいた。僕は彼を助けることができなかった。女の子は助けを求めたし、その子の母さんも助けを求めた。彼女はやり遂げた。みんなやり遂げた。ただ…僕はやり遂げなかった。***大丈夫。***本当に僕は大丈夫だ。

JK：カール、それと一緒にいれますか？

カール：それと一緒にいれるといいんだけど。***挑戦する準備はできたと思う。***体の緊張はほとんどなくなったよ。***大丈夫。ドティー（カールの妹）は大丈夫。母さんも大丈夫。て言うか、母さんは死んでるんだけどね－母さんは数年前に死んだんだ。でも大丈夫。それから、あの夜の車の中の女の子も大丈夫。あの子は手当てを受けたんだ。僕にではないけれども、でも、それでもやはりあの子は守られたんだ。

　カールはこの時点から標準的な EMDR を使って、直接事故の記憶にアクセスし、心をかき乱していたものを解決し、子ども時代の出来事と事件の夜の自分の行動との間のつながりを知ることができた。以前は追加的なトラウマティックな子ども時代の記憶をターゲットにすることを望まなかったけれども、ある意味で、この今存在する状況を経て、子ども時代の重要なテーマに取り組んだ。このセッションの後の週、彼は救命士として仕事に復帰することができた。10 ヶ月後のフォローアップの電話では、彼は仕事の中で自信と有能感を感じていて、この事故はもう自分を困らせないと話した。

◆◆◆◆◆ 先延ばし ◆◆◆◆◆

　繰り返し起こる回避行動のパターンは、たとえ物質が関わっていなくても、嗜癖障害とよく似ていることがある。先延ばしは一種の嗜癖－物事を延期する嗜癖と概念化することのできる行動上の問題である。つまり、先延ばしする人は仕事を遅らせたり回避したりすることで短期の満足を常に選択し、その結果、最後にはより大きな満足が得られる長期的な結果をなしで済ませる。先延ばしと物質の嗜癖の間には他にも共通点がある。先延ばしする人は持続する自尊心の低下に苦しんでいる。それは今度は、続いて起こる先延ばしの悪循環を導く可能性がある。また、物質乱用のように、先延ばし行動は防衛－心をかき乱している他の人生の問題を回避する方法－として機能することがある。このタイプの嗜癖行動は一般的に、人の人生を破滅に導くことはないが、より巧妙なやり方で大きなダメージを与えていることが多い。以下の介入は嗜癖障害にEMDRを用いるPopky（1994）の方法を色濃く受け継いでいる。

　「イザベル」はこのセッションの時点でおよそ2年間私のもとで個人心理療法を続けていた。この期間、治療は必要に応じて行われてきた。毎週のときもあれば、2、3ヶ月に一度のときもあった。最初、私たちが焦点を当てたのは身体的外傷から生じた彼女の心的外傷後ストレス障害（PTSD）であり、外傷から生じた持続する慢性的な痛みにも同様に焦点を当てた。身体的な妨害物も心理的な妨害物もEMDRにすぐ反応した。私たちは彼女の出生家族の機能不全性に関連する自尊心の問題もターゲットにした。そして、長期間の同棲相手との関係の破綻の後のイザベルの寂しさと怒りをターゲットにした。治療がうまく終結に近づいていくとき、私は「何が残ってますか？」とたずねた。彼女は、一つ残っている問題があって、それは現在進行中の問題であり、人生のいろいろな領域において先延ばしをするという問題だと答えた。私たちはこの問題を代表する例に焦点を当てた。逐語録は55分のセッションの10分目あたりから始まる。

JK：これからいくつか質問をしますね。それで、真実をどんなことでも答えてください。もしあなたが先延ばしの問題を克服するならば、あなたの人生に今はないけれども、どんないいことがありますか？（クライエントは泣き出す）ねえ、イザベル。このことが少し気持ちを呼び起こしていますね。それが何についてのものかに注意を向けて。

イザベル：それが何についてのものかわからない。何かの不安のように感じるわ。質問は……？ 先延ばしをする人でいないことについて良いのはどんなことだろうか、だったかした？ 何か、する必要のあることをもししてしまったならば…、私、いつもぎりぎりまで待つの。そういうことをせずに気分が良くなったときは人生で2回あったわ。終わらせなければならないときに終わらせることはそういうことをするよりも気持ちがいいわ。

JK：それで、もしあなたに先延ばしの問題がなければ、もっと気分がよくなっていただろうと思いますか？

イザベル：ええ、たぶん食べ過ぎないだろうし。たぶん、ずっと気分はいいでしょうね。

JK：たくさん食べないこととはどんなつながりがあるのでしょう？ あなたの言っていることはわかりますが、でも、つながりは何でしょうか？

イザベル：先延ばしは私をいくらか不安にさせると思う。それでその後「食べなきゃ」って思うの。あるいは「食べようかな。少し食べるものを作ろう」っ言うでしょうね。そういうのは、請求書の支払いをしたり、授業計画の準備をしたり、そういうことから気を紛らわせてくれるの。

JK：つまり、もし先延ばしの問題を解決したら、実際のところ、それはボーナスになるでしょうね。自分をなだめるために食べる必要はもうなくなるでしょう。自分をなだめるためにではなく、お腹が空いた時に食べるでしょうね。

イザベル：どうして私がそれをするのかちょっと思い出したわ。私は型にはまらないような感じの人間だと思う。私のことを人がそう考える理由はわからない。私の言う極端なことのせいだと思う。それは……、もし私が請求書の支払いを遅れずに済ますと、私は他のみんなのようになるでしょう。つまり、他のみんなのようでありたいと望んでいるのに、違っていたいと

第8章　肯定的な感情をターゲットにする

も思っているの。つまり、それが問題なのよ。

JK：オーケー。それで、これがどうにかして処理する問題ならば、自分の態度がどんなふうであったらいいですか？

イザベル：えーと、私が本当になりたいのは、もし毎日小さなこと全てを片付けるならば、好きなこと、興味を持っていることをするためにスペースを開けたり、もっときれいにするだろうということなの。でも、私は先延ばしにする。それで、どんどん、どんどん、どんどん大きくなるの。

JK：自分の好きなことが全部できるとするならば…、本当にこれ以上先延ばしの問題がない将来のある一日を心に描いて。スペースが開けられて、自分自身について良い気持ちを感じています。不安はありません。未来のこの日のことをちょっと考えて。その写真を撮って。自分の時間を楽しむために将来のこの日に何をしていますか？　できるだけ肯定的に考えて。

イザベル：私は家にいて、美しく晴れた日で、デッキの扉を開けているわ。ちょっとレモネードを飲んで、何人かの友だちは立ち寄ろうとしていて、私の家は全てきれいで、全て片付けられている。私は快適な感じがしていて、彼らがやってきて、楽しい時間を過ごし、話し、そして笑うの。

JK：オーケー。今、ちょっとこれをしましょう。部屋に入ってきた友達と楽しんでください。本当に良い友だちです。そして、自分の家がきれいに片付けられ、支払いも済んだことを知ってとても気持ちがいいです。これはあなたにとって良いイメージですか？（「ええ」）その絵をちょっと思い浮かべて、色を使って、明るくはっきりさせて、それをイメージして。本当に良い気持ちです。さらにもっと肯定的な気持ちにさせるものを他に加えましょう。それがどんなに良い気持ちかにただ気づいて。（イザベルは目を閉じ、この肯定的なイメージにアクセスしているようである）それは今、良い気持ちですか？（イザベルは肯く）その良い気持ちを感じる体の場所に気づいて。（彼女は胸に手を当てる）いいですよ。さあ、それを考え続けて、それを味わって、私の指を追って（ゆっくりとした眼球運動***が、治療者が話し続けている間に始まる）。そうです……ただそれを味わって。そこにいることを味わって、さあ……その絵の中に入りましょう。そうですよ。（眼球運動は止まる）

どうですか？

イザベル：いいです。

JK：ただそれを考え続けましょう。***そして、あなたがそれを味わいながら、右手で左手の甲をトントン叩きましょう。それらの気持ちが体にあるの注意を向けながら、素敵な楽しい気持ちです。仲の良い友だちがドアから入ってくるのを考えながら。いいですよ。

　この方法は、ここでは楽しいイメージを味わいながらイザベルが手をトントンと叩くというものだが、Popky の嗜癖のプロトコルの重要な要素である。肯定的資源－先延ばしのない将来のある一日の肯定的感情－が眼球運動で強められ続けている。このようにして、イザベルは先延ばしから得る短期の安心をあきらめるかわりに、自分が何を手に入れる立場にあるかをよりはっきりすることができる。

JK：オーケー。ちょっとギアを入れ替えましょう。（「オーケー」）あなたは自分には先延ばしの問題があると言いました。そして、それは「もし私が請求書を遅れずに支払ったら、他のみんなのように－普通に－なるだろう」という考えと結びついています。そして、あなたが持ちたい態度は「もし、ささいなことを全てしてしまえば、本当に自分が楽しむことをするための、もっとたくさんのスペースを生活の中に持つだろう」です。さて、本当にはっきりとした例－先延ばしをする人であることについて本当に問題のあることの代表的な例を思い浮かべてください。

イザベル：私は地下室をすっかり掃除したの。実際、私は何かを探してたの。私はこれらの箱を全て運び出したけど、階段の一番下にまだあったの。それらを持ち上げようとした時に背中を痛めたから、誰か私を助けてくれる人が必要だったの。私は本当に誰か助けてくれる人が必要なの。私は一人で生活していて、そのことが全てに関わってくるのよ。（イザベルは泣きはじめる。）私を助けてくれる人は誰もいないから、圧倒された感じがすることがあるの。そして、もしあなたが私の家に来たら、あなたはこうい

うでしょうね。イザベル、きれいに片付けなきゃならないようなごちゃごちゃは、本当は何もないよってね。でも、この小さなことが本当に私を悩ますの。階段の下のこの箱のようにね。

JK：それで、階段の下の箱のことを考えるとき、今、あなたが感じている感情は何ですか？

イザベル：箱は重すぎる。誰が私のために箱を動かすの？

JK：箱を動かさないことに良い理由があるようですね。これが先延ばしの問題であることに間違いないですか？　あなたは背中の筋を痛めたくない。もしかして先延ばしの問題かもしれない。（「ええ。たぶん」）もしかすると、2つの異なる問題があって、糸のように絡まっているのかもしれない。ひとつは生活を共有する人がほしいということ。もうひとつはこれらの箱はある種の障害物であり、あなたはそれらをどかしたいということ。

イザベル：自分で全てしなくてはいけないということで思い出したわ。たくさんあるのよ。例えば、箱の真上、電球が切れて、箱を移動させる場所がわかるように電球を替えなければいけない。それで、私は電球を替えていないの。どうしてかって言うと、電球は4個必要なんだけれども、私はたった2つしか持っていなかったの。（彼女は笑いはじめた。）それはまるで、ひとつのことが片付くと、別のことしなくてはいけなくて、その後また別のことをしなくちゃいけなくて、私はそれを全て一人でしなくちゃならない。一人以上の人間がすべきことみたいね。

JK：この先延ばしの問題はその一部ですが、他の問題にもつながっています。でももし、あなたが今日家に帰って、箱の問題を単純に解決するとするならば、もし、あなたが決心して、本当にそれを考えるとするならば、今日はこの箱の問題を解決する日です。あなたは何をするでしょうか？

イザベル：それらを足で倉庫に押し込むかもしれない。

JK：できそうですか？　それで問題が解決されるでしょうか？

イザベル：ええ。箱を全部見なくちゃいけないなということを除いては。中身を一つ一つ調べないといけないでしょう。でももしかすると、通りの向こうの高校生に私が箱を持ち上げるのを手伝ってもらえるかもしれない。

それはいいアイデアだわ。近所の人が自分の息子を私の手伝いに出そうと言ってきたことがあったわね。もし私が物を動かす必要があっても、彼にさせないわ。

JK：オーケー。じゃあ質問をしますね。階段の下にある箱のことを考えて、0から10までの数字を考えて。今、それらの箱を見て、一人で生活しているために悲しい状態にあるそういう気持ちに気づいた時、0から10でどれくらい他のことをしに行きたいですか？

イザベル：つまり、10というのは何か他のことをしに行きたいってこと？（「はい」）10だわ。

JK：そして、その10は今、身体感覚でどこにありますか？

イザベル：胸に。それと首にちょっと。

JK：まるで箱の真ん前に立っているかのように、今それらの箱を思い浮かべることはできますか？　そして、まだあなたは決めていない……もしかすると、箱で何かしようとするかもしれないし、あるいは、他のことをしようとするかもしれません。それから、他のことをしたい衝動にただ気づいていて、私の指を追いかけて。＊＊＊他のことをしに行きたい衝動がどれくらい強いかにだた気づいていて。いいですよ。（眼球運動が止まる）考えていることをちょっと声に出して。

イザベル：それらを動かしていないのは、箱に何が入っているのかわからないから。＊＊＊箱の中に何があるか知ってさえいないから、それからもしかすると、したくない全ての物事、あるいはもしかすると、見つける必要のあるものがそこにあるのかもしれない。わからない。＊＊＊それらがかなり長い間そこにあったことを考えてた。それからひとつの言い訳のあとに別の言い訳があるの。人生は…、人生は私に追いつき、それで私はそれをすることができなくなっていることに、本当に少し何か頭にきているの。

JK：オーケー。さて、深呼吸して。さて、はじめのイメージに戻りましょう。あなたは箱の前に立っています。何がありますか？

イザベル：それは箱ではないの。それは私が忙しすぎてそれらを片付けることができないということなの。＊＊＊それからそれは私に、忙しすぎて気ま

第8章　肯定的な感情をターゲットにする

ぐれにでもちょっとやってみることができない他の全てのことを考えさせるの。法律の問題、仕事上の問題、友だちや家族や責任、そして私の家の優先順位は一番最後なの。でも、家は本当に大切なのよ。***それは聖域のようなもので、私はそこに行き、そしてもう一度元気になるの。***

JK：オーケー。もう一度戻りましょう。あなたは箱の前に立っています。今、何がありますか？　あなたは箱をきれいに片付けることができるし、あるいは他のことをしに行くこともできます。今、何がありますか？

イザベル：えーと、最初の気持ちは、今日それらを扱うことが本当にできるだろうというものだけど、次の気持ちはそれをする前に電球を換えなくちゃっていうものなの。でも、電球をかえるために箱を動かさなくちゃ。（クライエントは笑う。）それから、大声で、電球を換えに行け！って叫ぶ息子や夫がいればなあって思う。だから、代わりに自分で自分に叫んでいるのよ。

JK：それら全てを前提として、戻って、箱の前に立ちましょう。今、何がありますか？

イザベル：一番大切なことは、最初に電球を取り付けることね。とても暗いから。その後で箱を動かすことができるわ。それは、したいとかしたくないとかに関係なく、ただする必要のあることだわ。***

JK：もう一度戻りましょう。あなたは箱の前に立っています。今、他のことをしたいという衝動は、0から10でどれくらいの強さですか？　変わっていないかもしれないし、変わってしまったかもしれない。

イザベル：たぶん5くらいに下がったわ。

JK：10の時と何が違いますか？

イザベル：そのことはたいした問題ではないわ。もしかすると、私は強情とか、バカとか、そういったものかもしれない。だって、それをするのに10分か15分かかるだけでしょう、多くてもね。***自分の人生の全てのことを何かの象徴にする必要はないわ。ちょっと片付けることができるわ。***

JK：10でしたが、今は5です。いいですよ。でも5であって0じゃないです。今、

それを 5 にしているのはどんなことですか？ 私はあなたを説得して 5 じゃないようにしようとしているのではないのです。ただ、その 5 について話してください。

イザベル:5 なのは、私の住む場所というような、私の部分があるからなの。でも、それは私がそこで一人で住むには大きすぎると感じるの。スペースが広すぎるのよ。それを全て埋めてしまうのが不安なの。私はその途中にいるの。ものを捨てるべきか、置いておくべきか私にはわからない。***昔、狭いところに住んでいたときは、ほんのちょっとだけ持っているだけでなんとかやっていたし、それで良かったから。今持ってるもの全てが必要というわけじゃないわ。

JK：じゃあ、これを全て前提として、今戻って、箱の前に立って。今、何がありますか？

イザベル：捨てる前とか、あるいは貯蔵庫に押し戻す前でさえも、ひとつひとつ箱を調べて、中に何が入っているか見る必要が本当にあるわね。***それから、もしかすると、2 個の箱を全部 1 個ずつにまとめていくかもしれない。***それができる時のことを考えている。***私は奥さんが必要だわ。それが私の問題なの…。私のためにこういうこと全部やってくれる人がね。（彼女は笑う。）

JK：もう一度戻りましょう。あなたは箱の前に立っています。今、他のことをしにいきたい衝動は、0 から 10 でどれくらいの強さですか？

イザベル：今は 4 です。〔「オーケー」〕私はそれらの箱を探して、そこに何があるか見て、それと他のものも見て、グッドウィルにあげるものを見るの。***

JK：オーケー。イザベル、4 について話しをしてください。それはどんなことですか？

イザベル：4 なのは、今日しなくちゃいけないことが他にあるけど、本当はそれを終わらせたいから。それで 4 なの。***もし私が箱をきれいに片付けても、動かしたいものが他にある。でも、これを終わらせたいから大丈夫。私はそれをしたいわ。***これはいいわ。

第8章 肯定的な感情をターゲットにする

JK：もう一度それに戻って、どんな衝動が残っているか、痕跡でさえもね、箱を処理する代わりに何か他のことをしたいというどのような衝動でも、残っているか見てください。

イザベル：下がったわ、肯定的な方向へ、それはたいしたことじゃない。衝動は０じゃない……考えさせてね。〔長い休止〕もしそれを全てしたとしても、つねに何か他にすることがあるでしょう、家の中ではね。決して終わらないようなものだし、何というかつまらないものだわ。＊＊＊一人の人間がそんなにたくさんの物事を持っているなんて私には驚きだわ。私はただそれに圧倒されたの。私はこれらを全てほしいわけじゃない。＊＊＊人生の中でたくさんの面白い経験をしたし、もしかすると、日々のことは私が興味をたくさん持ち続けるものではない。それがわかるのに役に立つわ。大丈夫。それが私よ。

JK：別の質問をしますね。あなたは０でありたいですか？〔「ええ！」〕オーケー。さて、戻りましょう。もう一度箱を見て、今、何がありますか？

イザベル：自分でそれをしなくちゃいけないということ。＊＊＊もしあなたが一人で住むならもっと簡単に済む方法があるんだろうなってずっと考えてるの。でも実際はそのための役割モデルはない。私は自分自身のやり方を見つけなくちゃならないし、それから、……それはちょっと好きじゃないわ。

JK：一人で暮らすことの問題…先延ばしとの関連を考えることはできますか？（イザベルは肯く）この関係を考えることは役に立ちますか？（彼女は肯く）

イザベル：その関係を考えることは役に立つわ。もし私がこれらの箱をすっかり片付けるなら、家に誰かを招待しやすくなるでしょうね。

JK：オーケー。このこと全てを心において、箱を見るというシンプルなイメージに戻りましょう。私たちが話しているまさにこのときに、彼らがあなたの家にいて、あなたが今日家に帰ったとき彼らはそういうふうにしています。今、何がありますか？　それを考える時ですね。

イザベル：もし私が今日家に帰って、本当に忙しいなら、まるであちこちを大きな音を立てて動き回るように−全てやるでしょう。私、その気持ちは好きじゃない。＊＊＊むしろそこに置いておきたい。この時点でイザベルは

10秒間黙っていて、困った表情を浮かべていた。私たちはセッションの終わりに近づいていて、まもなく時間が終わるところだったので、私は認知の編み込みを導入した。

JK：提案をしてもよろしいですか？　もしも、あなたはこれらのことをするけれども、大きな音を立てて動き回ることはないとしたらどうでしょうか？　もしも、あなたが時間をかけて、それを終わらせる作業を真ん中でやめて、お茶を一杯飲んで、自分のペースでそれを楽しむとしたらどうでしょうか？（彼女は肯く）それをイメージできますか？＊＊＊

イザベル：気分が良くなったわ。＊＊＊

JK：じゃあ、もう一度戻って箱を見ましょう。今何がありますか？

イザベル：家に帰って今すぐそれをどかしたい。＊＊＊

JK：じゃあ、箱を見ている間、何か他のことをしたいという衝動の痕跡はある？

イザベル：いいえ、今は0よ。

JK：そのことを考えて。ただそれに気づいて。（クライエントは肯く）それから、それに気づいているときに、手を伸ばして、右手で左手をトントンと叩いて（先延ばしをあきらめることに関連した肯定的な感情を活性化させて、この作業を強化するためである）。＊＊＊

イザベルが2週間後に戻ってきた時、セッションの日に、家に帰って、箱を動かし、請求書を支払い、たくさんの他の用事をし、これらのことをすることに元気づけられ、良い気持ちを感じたと報告した。さらに加えると、セッションとセッションの間の週に、彼女はデートの見込みのある相手とあと何回か連絡をとることができるかもしれないという希望を持って授業の登録をした。彼女は、寂しさの問題とのつながりを考えることと同様に、先延ばしの問題で著しい進歩をすることができたようである。箱に関する私たちの作業は般化し、彼女が繰り返しの平凡な仕事に対する自分の態度を再構築する助けとなった。その次のセッションは1ヶ月後であったが、彼女はもう自分のことを先延ばしする人とは呼ばないだろうと言った。

◆◆◆◆◆ 肯定的資源の開発と植えつけとの対比 ◆◆◆◆◆

　ここに記述された方法は、広く用いられているアプローチである肯定的資源の開発と植えつけ（RDI; Kiessling, 2003 & Capter 2; Leeds, 2002）とどう違うのか？　両者とも肯定的な感情に関連したイメージと記憶をターゲットにするが、ここに記述した方法では、肯定的な感情は心をかき乱す人生の問題の解決にクライエントが到達する経過中に減じる。RDIは対照的に、純粋に肯定的な経験的資源の強化という結果になるよう意図される。実際には、この区別は不鮮明であるかもしれない。資源として役に立つイメージは実のところ、防衛や非現実的なあるいは理想化された考えの表現としても機能しているのかもしれない。例えば、クライエントは「スーザンおばさん」を肯定的な資源として同定するかもしれない。「私は彼女が私を愛していたことをいつも知っていた。彼女はいつもとても親切だった。私はどんなことでも彼女に言える。彼女と一緒にいることを考えるととても良い気持ちになる」。しかしながら、もしスーザンおばさんと関連した暖かい感情が、繰り返し、眼球運動と組み合わされる時に、クライエントはスーザンおばさんの肯定的な評価の一部は母親の冷たさやよそよそしい態度との対比から出て来たものだと気づくようになるかもしれない。RDIの提案者は資源の植えつけは短いセットで続けることを薦めている。おそらくその理由は－多くの肯定的資源のイメージは「否定的な方に行く」という可能性を持っているからだ。治療者はこの問題に気づいて、肯定的なイメージが資源として用いられるときには短いセットを用いて、目標が防衛の真下にある未解決のトラウマにあるときはより長いセットを用いるとよい。

◆◆◆◆◆ 強い治療的関係の重要性 ◆◆◆◆◆

　多くの場合、この章に記した方法は、個人心理療法の終盤での使用に最も適している。過度に理想化されたイメージや防衛を取り除くことは、クライエントにとって傷を負いやすい行為である。従って、クライエントが以前の

治療から良い結果を得たことがあったり、治療者と一緒であることが快適であったり、防衛をあきらめることで得られるであろう利益をチラッとでも見ることができる時にだけ試みるべきである。ときには、非現実的な感情のエネルギーを注いだり、防衛したりというクライエントの経験は 1 回のセッションで再構成されることがあるだろう。他の場合では、さまざまな異なる例に焦点を当てるために、多くのセッションが必要だろう。シンプルに肯定的なイメージや防衛を「使う」クライエントがいる。他のクライエントにとって、思考や気持ちのパターンはまさに彼らのアイデンティティの一部であったり、自己についての核となる定義であったりするかもしれない。後者の場合、もちろん、もっとたくさんの準備が必要だろうし、治療がうまくいき続けるために、明確な治療契約は適切なものであるべきである。

◆◆◆◆◆ まとめ ◆◆◆◆◆

この章の目的は、介入のためのはっきり限定された定式ではなく、クライエントの利益のために柔軟に適用されうる一般的な概念を示すことである。そして、もちろん、ひとりひとりのクライエントの反応は唯一のものであり、驚くべきものであることがある。例えば、クライエントは「0 から 10 でどれくらい、そのことを考えたくないですか？」と聞かれて、ためらってから「0！　私はそのことを考えて、克服したい」と答えることがときどき起こる。これらの場合には、LOUA の質問は、いくらか困難な作業を勇敢に続けていくというクライエントの決心を増加する効果を持っているように見える。他のケースでは、特定の行動を避けたい衝動を DAS で処理することで、回避されていた状況のいくらか本当の危険に、どんどん明快に光が当たるようになり、クライエントが適切で現実的な注意を持って続けることができるという肯定的な結果をもたらす。このアプローチが治療的行き詰まりを解決するのにどのくらいうまくいくかについて体系的にデータを集めていない。しかしながら、LOUA 法（Knipe, 1995）をはじめて用いて以来、それがとても役に立ち、時として、70 人を越すクライエントには絶対に欠く

ことのできないものだということを発見してきた。

　EMDR は、心をかき乱す記憶を治療する一連の手続きとして 1989 年に生み出され、多くの治療者は今日、この方法をトラウマ後症状を示すクライエントにとって第 1 に有益であると考え続けている。もし EMDR がこの限られた方法でのみ用いられるならば、「業務の転換」の現象が起こるだろう。つまり、治療者の取扱件数の種類は、どんどん数が増えている複雑な表現を見せるクライエントたちの集団へといずれ変化するだろう。心理療法の適応的情報処理モデルにまだ忠実である一方で、より広範囲のクライエントの問題を扱うことを可能にすることで、ここに記した方法はこの問題の部分的な解決を提供する。

参考文献

Anderson, M. C., Ochsner, K. N., Kuhl, B., Cooper, J., Robertson, E., Gabrieli, S. W., Glover, G. H., & Gabrieli J. D. (2004). Neural systems underlying the suppression of unwanted memories. *Science, 303* (5655), 232-235.

Kiessling, R. (2003, June). *Integrating resource installation strategies into your EMDR practice*. Paper presented at the EMDRIA Conference, Denver, CO.

Knipe, J. (1995). Targeting avoidance and dissociative numbing. *EMDR Network Newsletter*. August, 7.

Knipe, J. (1998a). A Questionnaire for assessing blocking beliefs. *EMDR International Association Newsletter*. Winter, 12-13.

Knipe, J. (1998b). It was a golden time: Healing narcissistic vulnerability. In P. Manfield (Ed.), *Extending EMDR* (pp. 232-255), New York: Norton.

Kohut, H. (1971). *The analysis of the self: A systematic approach to the psychoanalytic treatment of narcissistic personality disorder*. New York: International Universities Press.

Leeds, A. (2002). A prototype EMDR protocol for identifying and installing resources. In F. Shapiro (Ed.). *Part 2 training manual* (pp. 45-46). Pacific Grove, CA: EMDR Institute.

Manfield, P. (1992). *Split object/split self: Understanding and treating borderline, narcissistic, and schizoid disorders*. Northvale, NJ: Jason Aronson.

Maxfield, L., & Hyer, L. A. (2002). The relationship between efficacy and methodology in studies investigating EMDR treatment of PTSD. *Journal of Clinical Psychology, 58*, 23-41.

Popky, A. J. (1994, February). *EMDR protocol for smoking and other addictions.* Paper presented at the Annual Meeting of the EMDR Network, Sunnyvale, CA.

Shapiro, F. (1989). Efficacy of the eye movement desensitization procedure in the treatment of traumatic memories. *Journal of Traumatic Stress Studies, 2*, 199-223.

Shapiro, F. (2001). *Eye movement desensitization and reprocessing: Basic principles, protocols and procedures* (2nd ed.). New York: Guilford Press.

Shapiro, R. (2000, September). *Two hand interweave.* Paper presented at the EMDRIA Conference, Toronto, Ontario.

Watkins, J. G., & Watkins, H. H. (1998). *Ego states: theory and therapy.* New York: Norton.

第9章

トラウマとトラウマに関連した身体的痛みへの再演プロトコル

ジム・W・コール

　トラウマの後に、その悲劇的な出来事のイメージに悩まされることがしばしばある。こうした想起が、悪夢、侵入的思考、フラッシュバックである。トラウマに関連した体の痛みはトラウマの想起を刺激する。想起されたイメージは被害感情を強める。トラウマのさなかで逃げようとした人や戦おうとした人は積極的なイメージを保つのに対して、そのときに固まって動けなくなった人はより消極的なイメージを抱く。再演プロトコル（The Reenactment Protocol: RP）とは、新たな積極的イメージを開発していくプロセスである。こうした積極的イメージはコントロール感、安全感、効能感をもたらし、クライエントはトラウマに対して新しい意味を生み出すようになる。RPによって除反応またはトラウマの再体験が起こるということは経験したことがない。RPの後に、クライエントはコントロール感を報告してくれる。彼らのSUDSは大幅に下がり、身体的苦痛はしばしば低下するか消失する。クライエントは物語を再演しているときに笑い出すことがよくあり、その後、肯定的な情動がセッション中続いたりする。RPを十分に活用した治療では、多くのクライエントがコントロール感と確信を獲得し、主張的行動が増えるのである。

第9章はJames Cole氏の再演プロトコルを紹介している。再演プロトコルはEMDRではない。もし、クライエントがEMDR処理に入れない時には使えるだろう。もし、入れるならば、ターゲットはEMDRで、3分岐のプロトコルについて、アクセスして、処理されるべきである。

◆◆◆◆◆ いつ再演プロトコルを使うのか ◆◆◆◆◆

　トラウマの被害者の多くは、自分自身が無力で、何の助けもなく、何もできない観察者のようにトラウマの再体験をしている。こうしたクライエントが、自己主張をしているイメージや、トラウマ記憶をコントロールしているというイメージによって自分の注意を身体的経験に変容していくと、抑うつ感や慢性的疼痛を含むトラウマ症状を軽減することができる。

- クライエントがトラウマのさなかに「動けなく」なっていた場合には、再演プロトコルによって積極的になれる。RPがクライエントを動き出させ、出来事を耐えるしかないものから、なんらかの力をくれるものへと変化させるようだ。
- トラウマがもともと「**身体的**」出来事であった場合は、クライエントはその出来事の結果を自分が管理して変化させるイメージを作ることが可能である。また、異なる意味付けを持つ新しい終わり方を想像することもできる。多くののクライエントはユーモラスな終わり方を創造し、自然に微笑したり、笑い出したりする。この時点で、クライエントのトラウマの見方は、セッション後も継続するような劇的な変化をとげるのである。
- 「無力感」と抑うつ感が現在の症状の一部であるときは、身体活動のイメージが抑うつを克服し、異なる感情が活性化するようにしてくれる。クライエントは再演の後で、しばしば新たな力をみせてくれるようになる。
- トラウマ関連の**慢性的疼痛**には、痛みおよび痛みに関連した障害の減少が可能である。これはコントロールが自分の内にあるという感覚を強めることと、痛みによる破滅的な気持ちや警戒心を減少することでもたらされる。痛みそのものを減らせなくても、痛みに対する投薬の必要性や痛みに関連した障害の重篤さを軽減できるようだ。
- 「単一の身体的トラウマ」の場合は、RPを使って素早い反応があると報告している治療家たちがいる。数分のうちに変容がおきる、ということもときにはある。

理　論

　トラウマはコントロール感の欠如、無力感、安全感の喪失を明白にする。トラウマ記憶は、安全ではない、恐ろしい、という感情を強化する。Peter Levine（1997）が描き出したように、トラウマ的出来事の再演とは、未完了の出来事としてその人が引き寄せられてしまうものである。彼の治療法であるソマティック・エクスペリエンス（Somatic Experiencing）は、クライエントの再演への取り組みを動機づけ、クライエントがその過程を生産的に終結するように支持していくとともに、より肯定的な終了と統合の創造を援助するのである。

　EMDRにおいては、責任、安全、選択が認知の編み込みの焦点となる（Shapiro, 2001）。自分に対する責任とコントロールの感覚は健康な人にとって基本的なことであり、トラウマ後の痛みの対処能力にとっての助けとなるものだ。レイプ後にすぐに自分を責める女性は、そうしない女性よりも予後が良い（van der Kolk, 1989）。当初の自責は間違ったものであるとはいえ、その人の自己コントロール感や、自己責任感を反映しているからである。トラウマのさなかに反応が凍結してしまうということは、将来の病理を予知している（Ehlers, Mayou, & Bryant, 1988; Ozer, Best, Lipsey, & Weiss, 2003）。そして、この固まった状態が治療のターゲットになるのである。凍結反応に働きかけ、クライエントが力強く超人的な自己表現を身体的に行為化しているところを映像的に想起するように励ましていくと、回復に向けてクライエントが自由になるようだ。RPはトラウマ記憶を書きなおし、否定的な自己同一性を変化させて、一連の新たな連想を創り出す。

　RPを開発してから、私はBarry Kralowが既に同様の治療的要素を使い、イメージリハーサル療法と名付けてPTSDの効果的治療をしていることを知った（Kralow et al., 2001a; 2001b）。ある研究では、イメージリハーサル療法が、PTSD患者の悪夢を1ヶ月の間で71％減少させている。この療法とRPは治療的要素がある程度共通しているが、私の見解では、RPはさらに強力な要素を持っている。RPでのセラピストの仕事は、ファンタジーの

中でクライエントが逃避せずに、状況へのコントロールを強めるような新たな結末を創造するようクライエントに働きかけることである。身体と痛み、およびトラウマの感情についての身体記憶に焦点化する。トラウマにさらされた身体部位が、夢やトラウマの再生産の中心となっているのだ。スローモーションでなされる再演プロセスでの両側性の刺激が、統合を増大するようだ。クライエントの注意を、自らの力強い姿勢と表情に向けてもらうと、治療過程が強化される。RPの最終段階では、行動に加えて、新たに開発されたクライエントの同一性が定着化されリハーサルされる。

◆◆◆◆◆ 過　　程 ◆◆◆◆◆

　SUDSを聞いた後に、クライエントがトラウマ出来事を変化させるようなファンタジーイメージを創造してもらうようにする。以下のような要領である。

　「ファンタジーと夢は強力な影響力があるようです。あなたは多分、起きたときに強い感情を伴う夢を見て、その夢の中では物理的にあり得ないことも起きていたのを思い出す、そのような経験を持っているでしょう。こうした内容は明らかに起こりえない不可能なことであるとしても、あなたはそのとき、その感情をありありと経験していたのです。このような過程を、両側性の刺激を一緒に使って、ある種の感情や回復へとしっかりつなげていきましょう。

　あなた自身が物理的法則から自由になっていると想像してください。あなたは超人的なことが可能なのです。ずっと遠くまで手を伸ばしたり、すごい力を発揮できたり、光の速さで動けたり、とにかくどんな超人的行動もできると想像してください。これらの力とともに、トラウマがあったその時点まで、またはその直前まで戻って、肯定的な結末をもつ新しいストーリーを創り出してください。そうしながら、自分が経験した体の痛みに注意を向けて、自分がその身体部位を超人的ファンタジーの中で思う存分に使っているところを想像してください。その部位の身体的力を力強く使っている自分を想像してください。どんな内容にするかは自分で決めて、そして私に教えてください」

第9章　再演プロトコル

　再演ファンタジーの最中には、全ての描写が現在形かつ一人称能動態で表現される必要がある。既に起きた何かであるとか、これから起きる何かであるとか、起こりうるかもしれない何か、ではないのである。それは、クライエントが今やっていることであり、今経験しつつあることなのだ。
　クライエントは、イメージの中に以下の要素を持っている必要がある。

- クライエントはその状況をコントロールしている
- クライエントはその状況に安全を感じている
- クライエントは能動的であり、受動的ではない
- クライエントはどこへも逃げずに状況を支配している
- クライエントは傷ついたりトラウマの感覚を保持している四肢や身体部位を、必要に応じて適切に使用している

以下のことは重要である。

- クライエントに十分な時間を与える
- 新しいストーリーによく耳を傾ける
- 必要なら、明確化するための質問をする
- 超人的ストーリーを支持する。決して批判的にならないこと。

　もしもクライエントが上記の要素をきちんと含めていない場合には、いろいろと提案をする。例えば、次のように言ったりする。「あなたが職場への別の道をたどるのはこのファンタジーに役立たないみたいです。まず、向こうから車が向かって来るのを想像してください。それから自分の行動をしっかり管理してその状況を支配できるようにしてください」
　私は身体的関与を奨励し、能動的過程の中で身体感覚に焦点化する。
　「いいですよ、今あなたは超人的パワーを持っている自分として、新たにその出来事を再創造しています。では、このプロセスをゆっくりと進みながら、両側性の刺激を体験してみてください。必要なだけ時間を使えますよ。ファン

タジーが終わりまで来たら、どうぞ教えてください」
　それから両側性刺激を開始して、ファンタジーが終わったというサインをクライエントが出すまで続ける（このプロセスでは、私は眼球運動、タッピング、聴覚刺激による違いは経験していない。しかし、多くの人にとって、誘導イメージを追っていく際には、目を閉じていた方がやりやすい）。ストーリーが展開するにつれて、適宜クライエントの注意を身体感覚に向けるようにして、自己評価と自己効力感についての肯定的感情を励ます。このときには、クライエントの注意を方向付ける簡単な言い方をする。
　「さあ、腕を伸ばして向こうから来る車を止めてしまうときに、その腕の力を自分がよく感じるようにしてみましょう」または、あるクライエントには、「さあ、あなたを傷つけた人たちに抵抗して、その状況を自分がどうにかできるようになっているときに、自分の腕、肩、背中の力をよく感じてみましょう」と言うこともある。また、別のクライエントにはこのように提案した。「さあ、あなたがその車を持ち上げて宇宙へ思いきり放り投げてしまうとき、自分の背中の力をよく感じてそれに集中してください」
　クライエントが両側性刺激を受けているときに、断続的に言葉をはさむ。「腕の力を感じてください（または、どの体の部分でも関連しているところは全て）。自分がいろいろコントロールできているときの物事の見え方を楽しんでください。自分が完全にコントロールしているその感じを感じてください。全てをどんな恐れもなく決定できる自由を体験してください」
　再演プロセスでは、クライエントはしばしば笑い出して自分の想像を楽しむことがある。消防士として働いた経験のある女性が「こんなマッチョな男性たちが泣いているのを慰める想像をするのは楽しいし、それを私が自分の傷ついた腕でやっているという想像をするのも楽しい」と表現していた。私は、身体緊張の緩和とともに表れるような、こうした軽快な表現を支持するようにしている。あるセラピストが私に教えてくれたのだが、彼女のクライエントが「他の車は私の車に衝突するかわりに、つぎつぎに私の車を追い越しながら、私に手を振って挨拶をしていった」と自然に語ったそうだ（Judy Webb, 私信, 2002）。

第9章　再演プロトコル

　次に、超人的ファンタジーがクライエントの自己認知や同一性に対してどのような意味を持つか、ということに焦点を当ててもらう。あるクライエントは、自分が別の車の運転手とともに高速道路の横に立っており、彼女の車の同乗者が彼女の行為を深く賞賛しているのを想像した。もしも彼女が超人的な早さとパワーで行動しなければ事故が起きていたために、それを阻止した彼女にみんな大変に感謝したのである。こうしたプロセスを完成するために、私はクライエントが超人的ファンタジーの中で他の人たちからどのように見られていたかということに焦点を向けさせる。そして、その結果として生じる自己認知に焦点を向けてもらうのだ。これらの認知は一般に肯定的であり、私はクライエントに自分自身をこのように見てみるようにと励ます。クライエントが自分の特性を反映するイメージと行動を創造しているのだ。この自己イメージは超人的ファンタジーに対応する肯定的認知となる。この自己認知に焦点が向けられている間に、数回の眼球運動または他の両側性刺激を加え、さらに本当らしい気持ちや、それを信じられるという感じになるまで行う。しばしば、私はクライエントに「あなたはこうした力強く肯定的なことをやりたかったのだ」、ということを示唆する。そして、こうした良いことへの願望が彼らの真の特性を反映しているのだ、と伝える。この後に、この新しい肯定的認知を定着させるために、数セットの両側性刺激を加える。

　高速道路での事故体験を処理したあるクライエントは、再演ファンタジーの最中に、左腕に違和感があると報告した。彼女は事故によって左腕を怪我したのだ。彼女はファンタジーの中でその左腕を車の窓から伸ばして、後ろから来た車が衝突しないように止めたのである。この再演のあとに、左腕の痛みは減少したようであった。

　再演ファンタジーの最後にはSUDSレベルを毎回チェックする。SUDSが既に0になっていない限り、処理過程は調整と繰り返しが必要である。

　私はRPを伴う標準的EMDRプロトコルを使って何人かのクライエントのトラウマ記憶をSUDS=0まで下げたことがある。標準プロトコルがクライエントの不快感を除去し、RPが彼らを微笑ませ、力付けて自由にした。

　Sandra "Sam" Foster（2001）は、クライエントは肯定的植えつけのとき、

力強く誇り高い姿勢を保っている、ということを示唆している。私は、クライエントが立ち上がり、しっかりと地に足をつけた感じで、自分の身体的な力強さと目的の明確さに焦点付けている間にこうした編み込みを行い、その後で、肯定的植えつけを行うと効果的であることを見いだした。しばしば、クライエントに立ち上がってもらい、足を力強さを感じる程度に開き、肩は強い誇りを感じるように保ってもらう。この姿勢に加えて、顔つきで感情を表してもらうのが重要であるようだ（Ekman, 2003）。

　無力感に浸ってしまっていたり、他の何らかのブロックする力動があるような困難なケースでは、私はクライエントの再演ファンタジーを含む内容のリラクセーション用オーディオテープを作成する。再演ファンタジーとそれに伴う肯定的身体感覚が繰り返し強調されているテープを、クライエントに聞いてもらうわけである。これらのテープはリラクセーション、コントロール、そして自信のイメージを含むものである。クライエントが自宅でバタフライハグをしながらこのテープを聴くように提案する。

◆◆◆◆◆　攻　　撃　◆◆◆◆◆

　再演イメージがほとんど仕返し的な内容にならない、というのには驚かされる。最も仕返し的なファンタジーは、性的暴行歴のある男性によって喉にナイフを当てられてレイプされたある女性が語ったものであった。男はこの事件ではまったく告発されなかった。彼女は超人的ファンタジーの中で、自分の体から男を振り払い、口から炎を吐いて彼がひとつかみの灰になるまで燃やしてしまった。そういう表現をして、彼女はその男が他の女性を傷つけるのを防ぐという強い必要を感じたのである。

　ときには、怒りは攻撃として表現される。攻撃的ファンタジーに関わってからあまり時間が経たないうちに、クライエントは自然に他の感情へとスイッチしてプロセスを継続していくことがよくある。一般に、攻撃的ファンタジーは表現しやすい表面的な感情であったことがわかる。それらが表現されるとすぐにクライエントの感情は、より強くかつ攻撃性の少ないものへと変

第9章 再演プロトコル

わっていく。行動というものがいかにして自分自身の同一性の表現となるか、ということを話し合っているときに、クライエントの攻撃的ファンタジーがよく蒸発するように消えていくことがある。ときどき、真の力と攻撃との違いについてクライエントと話し合うことがある。例えば、攻撃的な小型犬の場合のように、攻撃は力の不足を補おうとする補償行為であること。これに対して、大型犬の気質を比べてみて、どっちがよりリラックスして、より力強いかということを話し合ったりするのである。

◆◆◆◆◆ 事　例 ◆◆◆◆◆

このプロトコルの適用と反応をいくつかの事例で描いてみよう。

- 資源としての再演：あるクライエントは子ども時代にひどい育児放棄を受けていた（片親である母親による家からの閉め出し、および頻繁な無視）。彼は、母親が自分をちゃんと育てざるを得なくなるくらいに、母からの養育をしっかりと引き出させたいと望んだ。私たちは再演イメージを設定して、そこでは自分が必要な全ての愛情と養育を母からちゃんと引き出している男の子になっている、と想像するように提案した。私は、彼の手にタッピングを開始して、彼が母親の愛情と注意を感じている様子を短い言葉で言葉掛けしていった。必要なだけ時間をとっていいですよ、と伝えてあったので、彼が長く沈黙している間もタッピングをしつつじっくりと待った。彼にとって邪魔にならない言葉掛けをして、身体の感じと自分が大切で価値がある、という気持ちに彼が焦点を向けるように援助した。50分という長い時間の後に、彼は目を開けて、想像上の母親がピザパーティーを開いて友だちをお泊まりさせてくれたと言った。彼はちゃんと養育されるという経験をしたのだ。後になって、このセッションは突破口として位置付けられた。このセッションに先立ち、彼の愛情不足ゆえに妻は家を出る計画をしていたのだが、現在2人は一緒にやっており、彼は愛情を与えかつ受け取ることができるようになっている。

- 組織的な虐待被害の記憶があるクライエントは、自分が縛りつけられているという記憶の再演をしたことについて、以下のように記してくれた。

　「私は自分がとても長細くてツルツルになって、縛りヒモから抜け出られるという想像をしました。そして、私は自分が**猛烈**に強くなり、壁を背にしてベッドの上に立ち上がり『やめなさい！！』と大声で叫ぶのです。それから、私はその部屋の大人が全員とっても小さくなってしまうまで『**やめろ！！**』と叫び続けました。それから、そいつらを手ですくい上げて小さな木の箱に詰めて、警察に渡して始末してもらいました。こんなつもりになってみることは、自分の記憶を変えるのに役立ちました。今は、このひどいときのことを思い出すたびに、自分がすごく大きく強くなって、悪い男たちを**止め**させて、そいつらを箱に入れるのが目に浮かびます。この嫌な出来事は私が考えたいことではないけれど、それがもし頭に浮かんでしまっても、私はそんなにひどい感じにはなりません。私は強くなって傷つかないようになる方法を持っているのです。弱く、捕われたままでいる代わりに、その出来事を**希望**をもって見る方法があるのです。ですから、これは私には大変に良かったですし、とても気に入っています！」

- ときどき、クライエントはプロセスを自分の判断で繰り返す。レイプ被害のイメージに対してRPを用いた後に、あるクライエントは次のように記した。

　「私はこのイメージを、私を襲った他の男たちにも使ってみることにしました。つまり夫や、夫の前で妊娠2ヶ月だった私に勃起したペニスを押し付けた友人や、私が16才のときに嫉妬にかられて私を殴り倒し、脳損傷を負わせた少年に対してです」

　同じ手紙の後半で彼女はこう言っている。

　「私は自分が泣いてしまうのをコントロールできる感じが変化したのに気がつきました。いつもなら、私はDVのサポートグループの中で泣くのです。今週は泣きませんでした。そして裁判について、不安にかられずに積極的な気持ちで話ができました。私に嘘をついているとわかっていた2人に、最近になって、『本当なの？』と言ってやりました。今まではその

第9章　再演プロトコル

嘘のことは何も言えなかったのにです」

◆◆◆◆◆　警　　告　◆◆◆◆◆

　しばしば、ストレスとトラウマに対するクライエントの主要なアプローチが治療のプロセスを邪魔することがある。クライエントのアプローチが、回避・解離・無力感・「犠牲者」としての同一性やその他のものであれ、もしそれが治療過程と矛盾したり妨げになるならそれを扱う必要があるのだ。

- 解離的反応をしがちなクライエントは自分の身体から離れていくとか、何らかの方法で分離していくというファンタジーを創り出すかもしれない。こうした場合には、クライエントは意識を完全に現在に保って、ファンタジーをひとりの人としてやり遂げる必要があると伝える。
- 急に飛び去るとか、姿を消してしまうといった逃避的ファンタジーを創りがちなクライエントには、そのように逃げるのではなく、問題に対して直接的・能動的に関わって解決していくように勧める。
- 再演プロセスの中では、クライエントは明確かつ十分に自分のファンタジーをコントロールして、無限の力と能力を持っているという想像をしなければいけない。ファンタジーの結末ははっきりとして、端的で、断固としたものであって、決してだらだらとした曖昧なものであってはならない。あるとき、私は良い結末を強調しなかったことがあった。長時間のプロセスの後で、私はクライエント（彼女はワークショップでのデモ・セッション用のボランティアであった）に様子を確かめた。すると、ファンタジーの中で彼女は高速道路の上で大型トラックのタイヤに自分の爪を突き刺して、トラックを止めようとしていたのがわかった。彼女のトラウマ体験は、トラックが彼女をはねて事故現場に置き去りにしたというものだった。再演の中で、彼女の爪はトラックのタイヤを引っ掻くときの摩擦で煙を出していて、そのトラックを停止させるのも上手くいかなかった。
- 力やコントロールを邪悪なものととらえてしまうクライエントには、彼ら

が力強い人を尊敬したり賞賛したりすることがないか尋ねる。そして、クライエントにその力強く善良な人が、自分の状況にいるところを想像してもらう。それから、その素晴らしい人が再演をやってくれている、という想像をしてもらう。これは誘導イメージをやりやすくしてくれるようだ。すると、今度は自分がその誘導イメージを完了することがしばしばできるようになる。

● 力を邪悪だととらえてしまうタイプの人にとっては、クライエントが悪人になる感じになるようなことを、セラピストがうっかり言わないことが大切のようだ。例えば、あるクライエントは自分がコントロールしているファンタジーの中で心地良くいられるが、支配する（dominate）という言葉に対して否定的連想を抱くクライエントもいるだろう。ここで必要な調整は、セラピストが「責任を持っている」「行動を仕切っている」「自分が

表9.1　再演ファンタジーの要素

効果が最小		効果が最大
受動的	→	能動的
犠牲者	→	勝利者
未来について悲劇的	→	未来について楽観的
環境に支配されている （コントロールが外在）	→	環境を支配している （コントロールが内在）
心配し恐れる感じ	→	落ち着いておだやかな感じ
自分への疑い	→	自分への信頼
焦点が抽象的	→	焦点が身体的 （身体感覚への焦点付け）
他者や環境条件への恐れ	→	なにがあっても対処できるという 自分の能力への信頼
痛みの苦痛や痛みに負ける感じ	→	痛みを乗り越えて痛みに負けない感じ
痛みへの焦点付けと 痛みに対する警戒心	→	活気への焦点付けと 痛みをわずかしか意識しないこと

ハンドルを持っている」とか「完全にコントロールできている」などの言葉使いをするというシンプルなことであろう。

◆◆◆◆◆ トラウマ関連の痛みへの対応 ◆◆◆◆◆

慢性的疼痛の結果としてトラウマを体験しているクライアントに対しては、その痛みに影響を与えている心理力動をさがして、それらを再演に編み込むようにする。

- 生育歴聴取の際に、心理力動のわずかなサインを聞き取ること。これらのサインは悲観的思考や無力感、痛みの恐れ、痛みへの警戒心、トラウマの不当性への強迫的とらわれ、「もし・・さえしていたら」という思いのくり返し、非現実的夢、強度の不安、またはその他の強い表現として表明されるかもしれない。
- 感情を承認して不快感に共感するが、一方では痛みに味方するようないかなる力動をも妥当化しないこと。こうした心理力動は彼らが自らのおかれた現実に直接的に関わらずにすむように、保護的に働いてしまうらしい。未来の痛みに対する不安とともに、このように現実を受容することに失敗すると、不自由な姿勢が作られ、痛みの程度が維持されてしまう。
- 痛み、非難、被害感情、痛みへの恐れについての思い込みの強さを優しく確かめること。これらの力動の強さと、クライエントがどの程度こうした立場を守ろうとするのかを探策する。
  - もしラポールが確立していて、さらに不安が問題となっているなら、再演プロセスを漸進的弛緩法の短いセッションとともに行う。
  - 再演プロセスを防衛や無理強いせずにやるように勧める。私はこんな言い方をするかもしれない。「夢というのは現実ではなくて、でも、夢は確かに情動に影響を与えるようです。では、肯定的感情の夢を創作してみましょう。あなたができるだけ生き生きした夢を想像するのをお手伝いします。そしたら自分でその夢をやってみることができますよ」

○ クライエントが自分自身で再演ファンタジーを作り出せるように、十分な承認と支持をすること。クライエント自らが関わることでクライエントはさらに積極的に取り組めるようになるのだ。

痛みとトラウマ的出来事の記憶は、おそらくセラピーの最も明白なターゲットであるが、痛みについての思い込みと、その下地になっている考え方は同じように重要である。クライエントが再演をしている間に、クライエントが痛みについて抱いている考えに焦点を向けてみるよう優しく提案するのは役立つ。セラピストは「痛みへの恐れ」を減少させることや、「コントロールが内在する感覚」の強化、または、「無力感の減少」を提案できる。クライエントが両側性刺激を受けながら再演ファンタジーを行っているときに、セラピストは「痛みでパニックになる」のを減少させるよう優しく励ますことができる。セラピストはまた、「痛み」、「痛みへの不安」さらに「自己効用感」についても、同様のことができる。クライエント自身の言葉や、もっと日常的な言葉（"コントロールの内在性"とか、"自己効力感"などの言葉ではなく）を使用して、セラピストはクライエントが自分自身の力とコントロールに集中して、再演を恐怖感なく経験できるように援助できる。

標準的EMDRセッションでは、セラピストは「それと一緒に」とか「いいですよ」などの言葉をクライエントに言うかもしれない。再演セッションでは、セラピストは「自分の力と、自分がコントロールしている感覚に気がついてください（コントロールの内在性）。さあ、自分がその状況を支配しているのを感じてみましょう（痛みの恐れとコントロールの内在性）。自分が管理している感じを経験してください。自分の腕と肩の力強さを感じてください（運動皮質に関連する脳神経をターゲットにしている）。または、背中でコントロールの感覚と力を経験してください（コントロールの内在性と運動皮質に関わる脳神経をターゲットしている）」などと言うのである。

これらの提案はクライエントがゆっくりと再演プロセスを行っているときになされる。私は、ときどきクライエントにこの再演をスローモーションでやってみるように勧める。クライエントが、関連する筋肉群を全て感じられ

第9章　再演プロトコル

るためである。クライエントが強さ、コントロール、落ち着きなどの身体感覚に焦点付けができるよう、セラピストはこうしたゆっくりの動きを利用できる。

◆◆◆◆◆◆　トラウマにさらされた筋肉を用いる　◆◆◆◆◆◆

　誘導イメージが、元々のトラウマに巻き込まれた特定の身体部位と関連付けられていることは大切である。一番良いイメージは、クライエントが容易に同一化できるものである。例えば、私は夫からいつも殴られていた女性とワークをしたことがある。彼女は自分が何度もそうされていたのと同じように、拳が自分の顔面に向かって伸びてくる、という悪夢を見るようになっていた。私たちは沢山のイメージを描いてみた。彼女はまるでスクリーン上にイメージがあり、それらを自分の手で拭き消すかのように自分の手を動かしてみた。しかしこれはあまり効果がないようだった。彼女は自分の手を使っていたが、どこか抽象的な感じになっていたのだ。しばらくしてから、私たちは、彼女が元のトラウマ時に顔面に苦痛を経験したので、その筋肉を使ってみようかと話し合った。彼女は自分が口を開いて拳をあっさりと噛み砕いたり、空気の固まりを吐き出して、拳をゴミのように散らしてしまうという想像をした。このイメージは拭き消すイメージよりも強力で、顔面に向かってくる拳の恐怖を減少してくれたようだった。彼女がこのイメージに取り組むとき、私は彼女が拳を取ってそれに噛みついたり、息を吹きかけて消し去るような動きをさせた。こうしたイメージのひとつひとつで、彼女の恐怖は減少し、微笑みが浮かぶほどまでにこのプロセスを楽しめているようだった。彼女はより多くのコントロールを感じられたし、犠牲者としての感覚はより少なくなったのである。

　Scaerは筋膜（myofascial）の痛みについての自説をこう述べている。「事故当時に伸張受容体（stretch receptor）によって発動される身体の保護的動きについての自己受容性記憶（proprioceptive memory）は、すぐさまにかつ消し去れない形で脳幹の運動中枢に記憶される。従って、それらは生命

が危機にさらされるような状況が認知されると、繰り返し賦活され、その部分の筋膜の痛みの反復的パターンを形成する」(2001, pp.75-76)

Scaer はまた、トラウマと再演の化学的循環について記しており (Scaer, 2001)、トラウマの生化学は再演過程の繰り返しへとクライエントを条件づけるものだ、と主張している。劇的に異なる結末をクライエントが再演の中で創り出すことで、RP はこの循環を断ち切るのかもしれない。何人かのクライエントが「古いトラウマのイメージが頭に浮かぶ度に、新しい結末を思い出すようにしている」と私に自然に語ってくれたことがある。

身体的痛みと情緒的痛みの関連は、「傷心 (broken heart)」や「肩の荷 (a pain in the neck)」などの表現にみられてきたが、最近になって Eisenberger ら (Eisenberger, Lieberman, & Wiliams, 2003) は、身体的な痛みと情緒的な痛みには深い神経学的共通性があることを示す研究を公刊している。EMDR の標準的プロトコルのボディスキャンにおいて、これと同様の関連性が示されている。RP では、トラウマとそれに関連した身体的痛みを同時に取り扱うことが重要である。身体的痛みの中心的要素は心理的トラウマの回復にとっても中心となるようだ。

トラウマ被害の既往があるクライエントは、より多くの慢性的痛みを持つ (Green, Flowe-Valencia, Roqsenblum, & Tait, 1999)。子ども時代に性的虐待を経験しているクライエントには、身体各所の痛み、拡散的疼痛、繊維筋痛症 (fibromyalgia) の診断、手術、入院、通院などがより多くみられる (Firestone et al, 2000)。痛みとトラウマに関連した心理的要因との相互性は注目すべきことがらである。

RP では、もともとの事故や痛みの出来事で被害を受けていた運動中枢 (motor centers) に注意を向ける。同じ運動中枢に刺激を与えて、新たな強い連想を創り出し、かつ現在の痛みの連想が弱まるようにするためである。このような理由から、再演ファンタジーでは脳幹に信号を送ったもともとの筋肉と同じ筋肉を利用するのだ。こうして、「"被害者のサバイバルの試み" としてのメッセージ」を「"クライエントの自信ある安全な主張" としてのメッセージ」へと置き換えていく。同じ脳幹の運動中枢および同じ伸張受容

第9章　再演プロトコル

体の間に、これらの連合を作り出していくためである。

◆◆◆◆◆　**効　果**　◆◆◆◆◆

　私自身の経験と RP のトレーニングを受けた 150 人のセラピストの報告から、次のようなことが伺える。

- RP は身体に基盤をおいたトラウマに効果的である。
- RP はトラウマによるある種の痛みを軽減できる。
- RP は PTSD 反応をしばしば 10 分以内に（ときには 5 分以内）、クスクス笑いにかえることができる。
- RP は除反応（トラウマの再体験）を引き起こさない。
- RP は標準的 EMDR では堂々巡りや除反応、または緩慢な進展になっているクライエントの再処理を、完了させることができる。
- RP はほとんどのクライエントに可能である。
- 複数のトラウマがあるクライエントの場合は、主として RP を適用すると、コントロール、力、確実さの感じを今まで以上の主張的行動を示しつつ獲得することができた。
- RP はクライエントとセラピストにとってしばしば楽しいものであり、セラピストの二次受傷が少ない。

◆◆◆◆◆　**まとめ**　◆◆◆◆◆

　RP は責任ある力の感覚を定着化する。この感覚は被害者であるという苦痛に満ちた記憶に接ぎ木されるものだ。RP は過去に起きたことを変えるものではないが、その記憶に関する個人の同一性の再構成をもたらす。クライエントは被害感情の記憶についての責任ある力と、安全、コントロールのイメージを作り出していく。結果として、RP によって PTSD と慢性的疼痛の症状はしばしば減少したり消失する。

参考文献

Ehlers, A., Mayou, R. A., & Bryant, B. (1998). Psychological predictors of chronic posttraumatic stress disorder after motor vehicle accidents. *Journal of Abnormal Psychology, 107*(3), 508-519.

Eisenberger, N. I., Lieberman, M. D., & Williams, K. D. (2003). Does rejection hurt?, an fMRI study of social exclusion, *Science, 302*, 290-292

Ekman, P. (2003). *Emotions revealed*. New York: Henry Holt.

Finestone, H. M., Stenn, P., Davies, F., Stalker, C., Fry, R., & Koumanis, J. (2000). Chronic pain and health care utilization in women with a history of childhood sexual abuse. *Child Abuse & Neglect, 24*(4), 547-556.

Foster, S. (2001, February). *Using EMDR for performance enhancement*. Workshop, Vancouver, British Columbia.

Green, C. R., Flowe-Valencia, H., Rosenblum, L., & Tait, A. R. (1999). Do physical and sexual abuse differentially affect chronic pain states in women? *Journal of Pain & Symptom Management, 18*(6), 420-426.

Krakow, B., Hollifield, M., Johnston, L., Koss, M., Schrader, R., Warner, T. D., Tandberg, D., Lauriello, J., McBride, L., Cutchen, L., Cheng, D., Emmons, S., Germain, A., Melendrez, D., Sandoval, D., & Prince, H. (2001a). Imagery rehearsal therapy for chronic nightmares in sexual assault survivors with posttraumatic stress disorder: A randomized controlled trial. *Journal of the American Medical Association, 286*(5), 537-545. Available at http://www.nightmaretreatment.com/

Krakow, B., Sandoval, D., Schrader, R., Keuhne, B., McBride, L., Yau, C. L., & Tandberg, D. (2001b). Treatment of chronic nightmares in adjudicated adolescent girls in a residential facility. *Journal of Adolescent Health, 29*(2), 94-100. Available at http://www.nightrnaretreatment.com/

Levine, P. (1997). *Waking the tiger: Healing trauma*. Berkeley, CA; North Atlantic Books.

Ozer, E. J., Best, S. R., Lipsey, T. L., & Weiss, D. S. (2003). Predictors of posttraumatic stress disorder and symptoms in adults: A meta-analysis. *Psychological Bulletin, 129*(1), 52-73.

Scaer, R. (2001). *The body bears the burden*. Binghamton, NY: Haworth Medical Press.

Shapiro, F. (2001). *Eye movement desensitization and reprocessing: Basic principles, protocols, and procedures* (2nd ed.). New York: Guilford Press.

Simonton, O. C. (1978). *Getting well again*. New York: Tarcher.

van der Kolk, B. A. (1989). The compulsion to repeat the trauma: Reenactment, revictimization, and masochism. *Psychiatric Clinics of North America, 12*(2), 389-411.

Wilson, S., Tinker, R., Becker, L., Hofmann, A., & Cole, J. (2002, September) *Treating phantom limb pain with brain imaging (MEG).* Paper presented at the EMDRIA, Toronto, Ontario.

Wilson, S., Tinker, R., & Cole, J. (2000, April). *Phantom pain.* Presentation at EMDR Conference, Vancouver, British Columbia.

第10章

文化的、そして世代的取り入れへの EMDR

ロビン・シャピロ

　主にトラウマの治療法として知られている EMDR は、破壊的な文化的、または世代的な取り入れを排除することができる。EMDR は、人種的偏見、性差別、階級によって予期されるもの、文化的な伝達や、受け入れ可能な外見、興味、そして性格などのさらに狭い要素をターゲットにすることができる。同様に、破壊的な信念やアイデンティティ、そして感情の状態などの世代的伝達の影響を変形させることもできる。ある人の生まれつきの性別、人種、階級、成功のレベル、または外見などのいくつかの事実は、その人の家族も含めた周囲の人々の多くにとって、絶対に受け入れられることはないかもしれない。我々は（ある人が、自分は）受け入れられないという外部からのメッセージで攻め立てられている人でも、自分を受け入れられるように援助することができる。

　"労働者階級の人たちは馬鹿だ"、"インディアンは怠け者だ"、"金髪の人は頭が軽い" などの文化的な予測は明らかに否定的な形になっていることがある。"女性はスレンダーでかわいいはずだ"、"大きくなった男の子は絶対泣かない"、"アジア人は優秀であるはずだ"、"誰もが若く、美しくあるはずだ" など、肯定的な予測にも同じように否定的な影響があるかもしれない。

　人種、性別、文化、民族、または階級などを基盤として内在化された取り入れを探る時、私は標準的なプロトコルと共にしばしば2つの他のテクニックを用いて、クライアントの自我と否定的または肯定的な文化的予測との分離を探り、明確にしていく。

◆◆◆◆◆ **標準的プロトコル** ◆◆◆◆◆

　EMDRの標準的プロトコルは、トラウマや情緒的な状態、または人種的偏見，性差別，または何かの文化的な基準による違いなどの生涯の経験から生じて深く抱え込まれている信念をターゲットにすることができる。標準的プロトコルは、人種的偏見に関するひとつの特定の出来事や、文化的に引き起こされた認知（例："受け入れてもらうためには、私は小食でなければ、または背が高くなければ、または運動ができなければ、金髪でなければ、または白人でなければならない"）に焦点を当てることもできる。文化的に引き起こされたトラウマのいくつかは、ターゲットにし、片付けるのが簡単である。EMDRの生育歴聴取の段階である第1段階では、トラウマのターゲットと一緒に、後々のEMDR処理のための適切な否定的認知（NC）と肯定的認知（PC）を集めることはたやすい。ターゲットとしては、暴力やつまはじきの経験、何かのグループに属していることや、他の人とは違っているということに対して恥ずかしく思った経験などが含まれる。いくつかの例を以下にあげる。

- 出来事：同性愛者いじめ事件
    - 否定的認知（NC）：私は無力だ。私はそうされても仕方ない。
    - 肯定的認知（PC）：それは終わった。私は強い。私は尊敬に値する。

- 出来事：ユダヤ人であるということで、近所の子どもたちから、繰り返し暴力を受けること。
    - NC：私はこれからも常に襲撃されるだろう。
    - PC：今、私の人生は前とは違う。私は反ユダヤ感情に対決できる。私は安全だ（もし、それが本当なら！）

- 出来事：中学校で、太っている／頭が良い／ふさわしくない社会階級の出身である／人種／宗教、またはその他の違いによって除け者にされたりか

第10章 文化的、そして世代的取り入れ

らかわれること
- NC：私は受け入れられていない
- PC：私は受け入れられている。私はもう2度と中学校に足を踏み入れることはない！　それは終わった。

● 出来事：誰か、特に家族や親しい友人などにカミングアウトしたが、否定的、またはショックを受けたような反応をされた。
- NC：私は受け入れられていない。
- PC：私は受け入れられている。たとえ、人々が是認しなくても。

● 出来事：新しく"IT長者"になり、中流階級、または労働者階級の友人や家族から疎外されるのではないかと恐れること
- 未来の鋳型：あなたの大きな新居に、自分の家族を招待しているところを想像する。
- NC：受け入れられるには、私はあまりにも違い過ぎている
- PC：私は彼らの反応を何とかすることができる。

　標準的プロトコルは、はっきりとして時間的制限のある出来事に対しては非常に効果がある。ときにはそれだけでは十分ではない。クライアントは、彼らの相違点に関連したトラウマや悩みを完全に取り除くことなく、苦痛な記憶のかなめからかなめへと進むことがある。彼らは、自分たちを呪う家族に特有の信念の世代間伝達を特定するのに苦労するかもしれない。彼らは、治療を受けてオフィスを去るものの、毎日同じ差別待遇と非難に直面することで、ひっきりなしにトラウマを再体験しやすくなるのである。これらのケースでは、標準的プロトコルを他のテクニックと一緒に編み込むことで、クライアントが自己受容でき、現在進行形の非難をものともしない回復力をもたらせられるのである。
　私は内在化された苦痛について考える際は、対象関係理論の中の取り入れの考えを拝借する。ここでは取り入れとは、ある人間によって無意識のうち

に取り込まれる精神的な物体のことを意味する。これらの物体とは、情動的な状態や、考え、もしくは他の人間や集団の自我状態ということさえありうる（Ogden, 1991）。Michael White（1995）のナラティブセラピーは、人間が自分たちの現実や自己という感覚を作り上げる個人的、家族的、組織的、そして文化的／歴史的な物語について説明している。ナラティブセラピーでは、問題は外在化され、自分とは無関係とされ、そして征服される。世代的で文化的なトラウマや物語や自我状態は、標準的プロトコルと両手の編み込みの助けによって外在化することができ、意識的に無関係にすることができる。私は、物語的な質問や取り入れや両手の編み込みを使うことで、堅牢な文化的悩みを動かす迅速で比較的痛みの少ない方法を創り出すことができると気づいた。それからしばらくして、同じテクニックが家族特有で世代間的な問題に対しても非常に効果があることを発見した。文化的な問題と家族特有の問題が、しばしば結びついているということに気づくことは不思議なことではない。

◆◆◆◆◆　両手の編み込み　◆◆◆◆◆

　両手の編み込み（第6章を参照）は、このようにしてクライアントの"本当の自分"と否定的または肯定的な文化的投影像との違いを描写することができる。つまり、太った人達／労働者階級の人達／目の不自由な人達のステレオタイプな姿を一つの手の中に置き、もう片方の手には、本当のあなたを置いてください。そしてそれと共にやってみてください（二重注意刺激：DAS）。数回のセットが終わった後、クライアントは、内在化されたステレオタイプな姿に自分たちが当てはまらないということを、自発的に理解する。さらに彼らは、自分にとって受け入れやすくなるために、文化的な期待に当てはまろうとしなくてもいいということを理解しはじめる。そういう場合、"私は、今の自分を受け入れられる"という考えについての自発的に作られたバリエーションを植えつけて、処理を続ける。

　多くの場合、両手の編み込みを数セット行うと、クライアントは自発的に

第10章　文化的、そして世代的取り入れ

自分の悩みの中心に戻っていく。既に否定的認知（NC）はあるので、肯定的認知（PC）を掴み取り、標準的プロトコルをするための準備段階を進み、二重注意刺激（DAS）を開始する。このように処理を行っていくと、否定的な信念が根ざしている出来事に行き当たる。"私の兄が、私のことをデブと呼んだ""8歳の頃から、ユダヤ人ということで暴力を受けてきた""あのGAPの広告め！　絶対にあんな風になんかなれない"。全てのかなめが無くなるまで、処理し続けていく。人は多くの場合、EMDRの一つの長いセッションの中で、"恥かしい"から"怒り"、"悲しみ""自己受容"へと動いていく。

　ある21歳の日系アメリカ人の若い女性は、自分は背が高くて金髪になるか、もしくは控え目で長い真っ直ぐな髪（彼女の髪はもじゃもじゃだった）を持った、"完璧な"日本女性でなくてはならないと考えていた。どちらにしても、彼女は自分が胴は細長くてスレンダーであるべきと考えていた（彼女はそれほど肥ってはいなかったが、背は低くがっしりしていて、食べ吐きの重大な摂食障害があった）。セラピーを開始して18ヶ月後に、標準的プロトコルのターゲットを探す目的で両手の編み込みを使った。

　自分がそうあるべきだと思っている、長身、金髪、青い目の女性を一つの手の中に持ってください。もうひとつの手の中に、実際のあなたを持ってください。（二重注意刺激）巨大な差恥心が湧き出た。標準的プロトコルでアセスメントを行い、それが彼女の身体と「私は、今の自分で十分だ」という認知のどの部分に巣食っていたのかを探った。彼女の主観的障害単位尺度（SUDS）は9だった。EMDRを5セット行ううちに、彼女のSUDSは0へと下がった。彼女は言った。「私は十分以上に素晴らしいんですね」

　私たちはそれを植えつけ、そして次に以下のように進んだ。自分がそうあるべきだと思っている、髪が長くて控え目な完璧な日本人の娘を一つの手の中に持ってください。もうひとつの手の中に、実際のあなたを持ってください。（二重注意刺激）

　ただちに、彼女に対してしかめっ面をしている彼女の母親のイメージが浮かんできた。私たちはそれに対してタッピングを続けた。"ママ"が通り過

ぎてクライアントは言った。「もういいの。私は、彼女が私になってほしいような人間でなくていいの。私はそうではないんだもの！」

それを植えつけたあとに、私は彼女に次のように求めた。**長身、金髪、青い目の女性を一つの手の中に持ってください。もう片方の手には完璧な日本人女性を持ってください。**（二重注意刺激）

彼女はくすくす笑った。「彼女たち、けんかしてるわ！　彼女たちは、私とは全然違う。勝手にけんかさせておくわ！」

それと一緒に！（二重注意刺激）

この介入の後、彼女の食に関する障害は収まった。彼女は、自分の身体と人格を受け入れた。彼女の母親のしかめっ面は、もはや彼女にどか食いさせたり、吐かせたり、飢えさせたりできるだけの力はなかった。

次に、標準的プロトコルと両手の編み込みが、生涯にわたった人種差別の経験を処分した例をもうひとつあげる。関係性の問題について話し合っていた際、ジョーは、白人（彼のボーイフレンドも含めて）を怖がらせることを恐れて、彼らの前では、絶対に怒った様子を見せないようにしていることを話した。とても素敵な人間であるジョーは、黒人で背が高い男性としての自分の存在は、町のほぼ全ての人々を怖がらすというように自覚していた。彼は、他人が自分に対して見せるたじろぎ、"嫌な視線"、そして回避を何度も何度も繰り返し経験してきた。私たちは、EMDR 標準的プロトコルを使って、他人からの恐怖の反応に対する彼の反応（恥、欲求不満、そして抑制）をきれいにしようとした。私たちは、これから先彼が怖れの反応を示された時を想像した。PC：それは私の落ち度ではない。それは私の問題ではない。私たちは、両手のアプローチを使った。**知らない人があなたをどのように知覚するか、を一つの手の中で持ってください。もうひとつの手には、本当のあなた自身を持ってください。**彼は、知らない人の目に映る"意地悪で、無能で、危険な奴"と、実際の、聡明で穏やかで教養があり、親しい人々も彼がそうであると知っている人物との間に大きな食い違いがあることを感じた。それから私たちは、標準的プロトコルの未来の鋳型を使って、彼が自信を持って彼のパートナーをひどく叱っている場面を想像してもらった。**彼がやらか**

した全てのことに対して、自分がどう思っているかを伝えているところを想像して。SUDS は8で、NC は"私はすごく臆病だ"。PC は"私は自信がある。暴力的ではない"だった。彼は SUDS が0になるまで処理することができ、彼のパートナーに真実を告げることを想像しても気持ちよくいられることができた。

　処理が終わった後、彼は町の人が彼に対して見せる反応について、以前よりも気にしなくなった。彼はそれを個人的なことと受け止めなくなった。そして、自分がその奇妙さを面白いと思っていることにも気づいた。「もし、彼らが本当の僕を知ったら、自分たちの反応がどんなにおかしいか、気づくと思うよ」そして、彼はパートナーとの間に以前からあったが、話題に上らなかった問題を解消することができた。実際、ジョーと彼のパートナーは、うまい（そして大声の）紛争解決で疑惑を取り除いた後に、長年一緒にいてはじめて同時に休暇を取った。

◆◆◆◆◆ **ナラティブセラピー** ◆◆◆◆◆

　修正された EMDR プロトコルの中の物語的な質問は、特にひどく有害な取り入れがあるクライアントを援助することができる。クライアントが一つ一つの質問についてよく考えている時に、私は二重注意刺激の短いセットを使って彼らが進む手助けをする。シアトル在住の、ナラティブセラピストであり EMDR セラピストでもある Ellen Fox（私信, 1999）は、いくつかの質問を私に提案してくれた。私はそれらの質問を、明確な段階順に使う。

1．取り入れの確認と、原因の究明
2．自身と取り入れとの分離
3．取り入れからの解放
4．資源の植えつけ
5．予防接種

ここで、自分のことを太っていて醜いと思っているが、実際は魅力的なサイズ 14（小さすぎず、太りすぎず）の複数の要素を持つ 30 歳の女性の答えを、ここに織り込む。

1．取り入れが外から来ていると確認するために、私はこれらの質問のうちの一つもしくは全てを尋ねる。

   RS：どこでそれを学んだの？（二重注意刺激）
   クライアント：最初は私のママから。彼女はいつもダイエットしていて、私が太ることを怖れていたわ。次に学校で。そのことばっかりが話題になってた。テレビに出てる人達や、映画に出てる人達や、全てのメディアに出てる人達は、みんな私みたいに見えないもの。
   RS：その考え／感情／ものの見方は、どうやってあなたの中に入り込んだの？（二重注意刺激）
   クライアント：私のママの恐れや、何百万ものイメージが、私の頭を乗っ取ったんです！
   RS：どうやってこの文化が、それをあなたの頭の中に入れたの？（二重注意刺激）
   クライアント：連呼すること！　ケイト・モス！　私のママ！

   （しばしば、こういうところに素晴らしい EMDR の標準的プロトコルのターゲットがある。人種への／性別への／外見へのあざけりや、嫌悪の目つき、こきおろし、または GAP の広告などである。このクライアントとは、標準的なプロトコルを使って彼女の母親に対する恐れの経験を処理する。SUDS は 9 から 5 に下がったが、それ以降下がらなかった。そうなったら、取り入れの残りをきれいにするために"文化"について追跡するときがきたということである）

2．文化的な取り入れからクライアント自身を分離するために、私はあと 3

第10章 文化的、そして世代的取り入れ

つの質問を重ねる。

　RS：それは、あなたがそう思いたい／感じたいことなの？（二重注意刺激）
　クライアント：いいえ！　もううんざりしてるわ！
　RS：あなたは、そのように自分自身を思いたいの？（二重注意刺激）
　クライアント：いいえ！
　RS：それらのアイディアや感情を、自分の身体のどこに抱いてる？（二重注意刺激）
　クライアント：お腹です。それは嫌悪です。

3．いよいよ2つの質問と1つの指示によって、取り入れを手放す時がきた。

　RS：その考え／感情を自分の中から引っぱり出す準備はできてる？（二重注意刺激）
　クライアント：はい！
　RS：それをどこに送りたい？（宇宙、文化に送り返す、爆破する、など）（二重注意刺激）
　クライアント：服のデザイナーと、広告会社の重役達と、世界中の意地悪な中2の女の子達に送り返したいわ。
　RS：引っぱり出してごらんなさい（二重注意刺激を続ける）。身体的に、そうです。全て出ましたか？　まだ？　それが完全に無くなるまで続けてください。
　クライアント：もう無くなりました！　長い間、ずっと私の中にいたんです。それが無くなった今、私は自分が誰なのかすら、わかりません。

4．資源の植えつけ

　RS：その代わりに、どのように考えたい／感じたい／見たいですか？（二重注意刺激）

289

クライアント：自分を好きになりたい。それと感謝。

RS：その新しい考えや感情を、何が具体的に表してますか？（二重注意刺激）

クライアント：ローズピンクの感情です。

RS：それを、あなたの身体の中の全ての細胞に取り込んでください。（二重注意刺激）

クライアント：わかりました。やっています。

RS：追加の量が必要な部分はありますか？（二重注意刺激）

クライアント：私の太ももと私のお尻です。

RS：新しい感情をもっと取り込んで。（二重注意刺激）

5．予防接種を行う時がきた。それは、EMDRの未来の鋳型のテーマの中のバリエーションのひとつである。

RS：文化は、これからもこの考えをあなたの内側に入れようとするでしょう。それが起こっていることを、あなたはどのようにして気づきますか？（二重注意刺激）

クライアント：もし私があの自己嫌悪の感情を感じたら。

RS：この感情から、どのようにして自由でいられますか？（二重注意刺激）

クライアント：くたばっちまえって伝えるわ。私は私のままでいいの。それから私の身体の中からそれを引っぱり出して、意地悪な女の子達に送り返します。

RS：あなたの中へ最強のこの考え／感情が侵入しようとしている場面を想像して。あなたはどのようにして、それを自分の中に侵入させないでおけますか？（二重注意刺激）

クライアント：私は洋服を試着しています。悪いことに、私の母と一緒に。そして、彼女が"ああいう感じ"で私を見るんです。でも、私はどんなに私が自分の身体を好きかを伝えるつもりだし、それが怖くないのが嬉しいです。反抗的になっていることを感じます。それはすごくいい感じです。

第10章　文化的、そして世代的取り入れ

RS：それと一緒に。もし、それが忍び込んできたら、どうやって自分自身から出しますか？（二重注意刺激）

クライアント：今日やったように自分自身から取り出して、広告会社の重役達がどれくらい稼いでいるか、を考えます。

RS：それをやっていることを想像して。自分自身についての、あの新しい考え（肯定的認知）で自分を満たすことができますか？（二重注意刺激）

クライアント：はい。私は、今のままの私を受け入れられるし、私はローズピンクの受け入れを取り込んでいます。特に、私のお尻の辺りに。

RS：それじゃあ、あなたがお母さんと一緒にいて、洋服を試着していて、彼女があなたの外見に対する否定的な何かを言ったところを想像してみて。（二重注意刺激）

クライアント：かまうもんですか！

◆◆◆◆◆　家族特有の、そして世代的な取り入れ　◆◆◆◆◆

　世代的な問題とは、一世代以上にわたって伝え続けられた取り入れである。それは不安（ときには、存在の危機の感覚）、恥、不可能な期待、自我状態、または家族や家族の一員とは何かとか、どうあるべきかについての複雑な考えから構成される。家族への忠誠、アイデンティティ、そして生き残ることは、多くの場合家族特有の取り入れの中に強く埋め込まれている。例えば、"失敗"という家族の遺産を手放した場合、息子は父に対して不実だったと思うかもしれない。また、別のあるクライアントは、もし彼女が自己愛的な母親の内にいる幼稚な子どもという取り入れを手放したら、彼女も母親も生き残れないと思うかもしれない。もし、"ジョーンズ家の者は皆エール大に進む"なら、進まなかったベティ　ジョーンズは一体誰ということになるのだろう？　モウリーン・キッチャーのジェノグラム（第1章を参照）は、家族の傾向や取り入れを見つけるには素晴らしい場所だ。周期的に起こる家族の役割（"おちこぼれ"、"救世主"、"ネグレクトされた真ん中の子"）などが紙面から浮かび上がってくるかもしれない。

個々のケースで役に立つような質問をここにあげる。

もし、"失敗"を手放したとしたら、あなたにどんな影響がありますか？
あなたの中の一番大人の部分は、あなたのお母さんのあの部分をあなたから引っぱり出すことについて、何て思っていますか？
もしあなたが、自分の面倒は自分で見なさいと彼女を突き放したら、何が起こりますか？
あなたの中からこの家族の不安を引きずり出すためには、何が起こることが必要ですか？
〜になるってどういうことか、考えてみてください。

EMDRの標準的プロトコルを使ってターゲットにするのは、

1．取り入れの伝達
2．家族の問題の始まり（もしわかるなら）。例えば、コサック人が曾祖母をレイプして、家を焼き落とした時（PC：それは終わった。私は今は安全だ）とか、私たちがミシシッピーのお腹を空かせた小作人たちだった時（PC：それは終わった。私は十分に持っている）。
3．取り入れを手放すことの恐れ（PC：私は生き残れる）。

　昔と今を区別できるように、両手の編み込みを使って援助すること。一つの手の中には、家族が生き残るためには警戒することが必須だった頃を持ってください。もう片方の手には、今現在の生活を持ってください。または、一つの手の中に、あなたのお父さんの挫折感を持ってください。もう片方には、あなたの才能と状況を持ってください。そして、ただ気づいて……。
　以下に標準的プロトコルと物語的な質問そして両手の編み込みを使用した例をあげる。

◆◆◆◆◆ 自己犠牲 ◆◆◆◆◆

　エレンの祖父母は移民だった。彼女の父は小さい会社を経営し、収入は暮らしてはいけるが少なかった。エレンの母も祖母も曾祖母も、強い責任感を持って家族の世話をする人達だった。彼女の家族の中には、自己犠牲という強力な道徳がある。彼女が子どもだった頃、読書したり、休憩のために座るとそれは恥ずかしいことだと言われた。家族の物語のうちの一つは、女は家族のために全てを犠牲にしなくてはならないということだった。エレンは2回の結婚生活で、全く同じことを行った。裕福な家に嫁いだにもかかわらず、彼女は手伝いの人を家に入れることや彼女が無数に持っている興味の何一つとして求めることを拒んだ。それぞれの結婚生活において、彼女は家族の機能のほとんど全てを熱心に引き受けた。それぞれにおいて、彼女は"自分自身を投げ打った"、そして、彼女の夫に対して嫌気がさしたので、身を引いた。彼女の子どもに安定した家庭を提供するという義務で、彼女は現在の結婚生活を保っていると言える。

1．同定と病因：エレンの祖先は貧しい東ヨーロッパ系のユダヤ人で、最低限生き残ることすら非常に困難であった。家族やコミュニティの利益のために自分を犠牲にすることは、生き残るために必要なことだった。この物語は、たとえ話や、彼女が"わがまま"だった時に恥ずかしいと感じさせられることや、沢山のことわざや命令などによってエレンに伝えられた。
2．物語と自己の分離：私たちは標準的プロトコルを使って、恥ずかしい出来事を処理した。そして両手の編み込みを行った。タッピングの最中に、家族の以前の状況に注目した。曾祖父母の現実を一つの手の中に、そして、あなたの現在の現実をもう片方の手の中に持ってください。違いに気づいてください。あなたは十分なお金を持っていますか？　他の人達はあなたを殺そうとしていますか？　あなたは何とかうまくやっていますか？成功していますか？

3. 取り入れを手放す（二重注意刺激）：あなたの祖先の歴史のあらゆる点を振り返って思い起こしてください。ユダヤ人在住地域にいた全ての世代の人たちを。国から国へと追い回され、飢えや憎しみ、そして新しい状況の中を必死で生き延びようとした全ての世代の人たちを。エジプトの奴隷だった昔まで、思い起こしてください。それぞれの世代の女性が、生き延びるというギフトを次の世代に与えたことに気づいてください。あなたのお母さんや、お母さんのお母さんや、そのまたお母さん、そしてあなたの祖先の最初にまで遡る人たちが、生き延びるというギフトを与えたこと、そしていかにそれぞれの世代に生き延びることを保証したか、に気づいてください。あなたの子どもが生き延びるためよりも、むしろあなたが生き延びるため自分自身を犠牲にしなくてもいいということを知って、彼女たちはどんなに喜ぶことか。彼女たちは常にもがくことなくやっていける安全な時代を作ろうと3000年もの間、努力してきたのです。自己犠牲というギフトに対し、彼女たちに感謝できますか？　自己犠牲がもはやあなたには適切ではないということを示すことはできますか？　彼女たちのうちの1人が、ようやく自分が何が欲しいかがわかるという贅沢を手に入れ、自分自身の面倒を見る事ができることを知った彼女たちの歓喜を感じることができますか？　今が、あなたがギフトに対して彼女たちに感謝をし、そのギフトはあなたの娘が生き延びるために適切である場合にのみ使うつもりだと伝える時ですか？

4. 資源の植えつけ：あなたのどの部分を大きくしたいですか？　エレンの楽しいことが好きで、冒険好きで、創造性の豊かな若い自分です。あなたの内側にいる彼女を感じてください。彼女を、あなたの存在の全ての細胞の中に連れて来てください。彼女は、あなたの日常をどのように生きるでしょうか？　彼女は、どんな違うことをするでしょう？

5. 予防接種：どんな状況が自分を押し殺す過剰なあの責任感を沸き上がらせるのかを考えてみてください。あなたはそれに対し、どのように戦いますか？

第10章 文化的、そして世代的取り入れ

　このセッションの後、エレンは家のことや子育てについての責任を夫にもっと手渡すことができるようになった。彼女は家を掃除する人を雇った。彼女はいくつかのクリエイティブなプロジェクトをはじめた。彼女は、自分が何を求めているのか、がもっとわかるようになり、自分がやりたいことをやっても、以前ほど罪悪感を感じないですむようになった。家族の問題について屈服しないことに対して、彼女の不愉快で自己愛的な義母から辱められた時にも、エレンは"自分自身を保つ"ことができ、優しさと権利の感覚を保つ事ができた。彼女は、自分が何を求めているか、をさらにはっきりと夫に伝える事ができるようになった。彼女は、彼や自分の娘をもっと身近に感じる事ができるようになった。彼女のうつ状態はかなり浮上したが、完全ではなかった。

◆◆◆◆◆ **憤怒と暴力的な態度** ◆◆◆◆◆

　我々は前回のセッションで、自分の家族に対するビルの憤怒は、自分の母親に対する自分の父親の憤怒、そしてまた、自分の父親に対する祖父の憤怒や暴力と全く同じように生じていることを話し合っていた。このセッションはビルの家族の世代にまたがる憤怒の"abusectomy（暴力切除術）"となるように計画された。私たちは、それが何世代にも渡って、家族の中の男性から男性へ伝え続けられてきたのかもしれないということを推測した。ビルは、自分の代で暴力を終わりにしたがっていた。彼はいい夫でいい父親になりたかった。（二重注意刺激を続けながら）あなたが前回アイリーンに対して怒りを爆発させたときのことを考えてください。あなたの身体のどこにそれを感じますか？　胸の上の方です。何を言ったか、どのようにそれを言ったか、を考えてください。自分が"とどめを刺そうとしていた"ことに気づいてください。（間があく）あなたの父親の暴力を、そしてあなたの祖父の暴力や、愛する者達の全ての世代に対する憎しみと屈辱を感じてください。この家族の伝統を続けたいですか？　よろしい。それでは、考えや感覚や感情を、あなたの中から身体的に引きずり出しましょう。続けて。いいですよ、続けて。そうです。そ

して解放して。それをきれいにして。無くなりましたか？　その場所に、代わりに何があってほしいですか？　彼はわからなかった。私は、彼の母方の立派な祖父の落ち着き、寛容さと自制を提案した。彼は、それは素晴らしいアイディアだと考えた。私たちは、彼の母方の祖父の性格的な特徴を資源の植えつけで植えつけた。そして私たちは、アイリーンの態度の中で最も怒りのきっかけとなる態度をとっているところ、そして暴力を除去し資源の植えつけ後にビルがそれに対して反応しているところを想像した。彼は、SUDSは2と報告したので、それは標準的なプロトコルで処理した。彼がアイリーンについて再び考えた時、彼は愛する祖父の力強さとユーモアのセンスを彼自身の中に感じることができた。アイリーンとビルの２人とも、ビルが家族の全員に対して憤怒や暴力を以前よりも見せることが減ったと報告した。ビルは、自分自身を"もはや怒らせるのは難しい"と報告した。

◆◆◆◆◆　"親離れ"　◆◆◆◆◆

　うつ状態で不安状態の30歳の女性の、ある特定の自我状態に対するセッションのための準備段階の中で、私たちは二重注意刺激をはじめ、内なるアドバイザーを発見し、彼女の中の３歳の部分とつながりを持つことができた。６歳の部分が飛び出てきた。彼女は恐怖におののき、混乱してしまい、そのため３歳の部分とつながりを保ち続けることが不可能になった。

クライアント：それは、私の母です！　彼女は私の中にいるんです！　私は彼女の面倒を見なくてはならなくて、それはいっぱいいっぱいなんです。
RS：あなたは、このままずっとあなたのお母さんであるこの部分の面倒をみようと努力し続けたいですか？
クライアント：いいえ！
RS：あなたが子どもだった頃から、あなたのママは成長しましたか？
クライアント：はい。
RS：あなたは親離れする準備はできていますか？

第10章　文化的、そして世代的取り入れ

クライアント：今すぐにでも！

RS：それじゃあ、あなたの中からその6歳の部分を引きずり出して、その子を、今あなたが持っている有能なお母さんのところに送ってやりなさい。（二重注意刺激）

5分後、顔を輝かしながらメラニーは、巨大ないい空間が彼女自身の中に開けた、と宣言した。彼女は、彼女の母親が自分の中の全ての空間を占めていたけれど、今や自分自身のための空間があることを報告した。彼女はその空間を、"自分を愛する光" と "私は魅力的だ" という肯定的認知で満たした。

◆◆◆◆◆　**まとめ**　◆◆◆◆◆

否定的認知と破壊的なアイデンティティの創造者の可能性がありうるものとして、クライアントの家族、副次的な文化、そして文化全体を調べることは有益なことである。破壊的な取り入れを同定し、描写することができたら、破壊的な文化的で家族に特有の取り入れの効果を処分するために EMDR を単体、もしくは他の心理療法と組み合わせて使用することができる。

◆◆◆◆◆　**参考文献**　◆◆◆◆◆

Ogden, T. H. (2001). *Projective identification and psychotherapeutic technique*. Northvale, NJ: Jason Aronson.

Turner, E. (2003, April). *EMDR weekly class, level II*. Children's Unit, Seattle, WA.

White, M. (1995). *Re-authoring lives: Interviews and essays*. Adelaide, Australia: Dulwich Centre.

第11章

「むちゃ食い・ダイエットサイクル」からの脱出

スーザン・シューヘル

　体験を理解する枠組みを決定的に変化させる臨床的なひらめきに出会うことがしばしばある。私たちの多くにとって、EMDRは臨床体験を再体系化させる出会いであった。私にとっての、より局所的なもうひとつのひらめきは、1980年代の後半にアルコール依存症のシンポジウム（Berenson, 1988）で起こった。ファミリー・セラピストのBerensonは、アルコール依存症患者を抱える家族が「飲酒」と「禁酒」のサイクルを巡る傾向にあり、「飲酒段階」は混沌と行動化、「禁酒段階」は強力な支配のもとに達成された緊張を伴う表面的な秩序、が特徴的だと説明した。Berensonは、FossumとMason（1986）の業績を参照し、このような支配と解放のサイクルは嗜癖のスペクトルのどこででも起こり、耐え難い恥に対処する試みとして家族が用いる方法から原動力を得ている、と語っている。

　このアルコール依存症のシンポジウムに参加した当時、私は何百人という減量（やせ）患者を対象にしたグループのリーダーとしての役割を与えられていた。むちゃ食い障害（BED）はまだ臨床用語の仲間入りを果たしていなかったが、むちゃ食いはグループ参加者の多くにとって、体験の一部であった。これらのクライエントは、このグループプログラムの構造内で感じる莫大な安堵感について繰り返し語った。プログラムは、苦痛を感じるほどにまで強い、食べることへの圧倒的な渇望から自分たちを救ってくれる、と彼らは考えていたのだ。メンバーのほとんどは、自らの体験の全か無か的な側面、次から次へダイエットを試すものの、制限のきかない世界に再び戻っている自分がいる、ということの繰り返しであった、と語るのだった。

私は彼らの体験を Berenson のモデルに結びつけてみた。そして、クライエントにも自分の体験をそのモデルの枠組みで考えてみるよう薦めてみた。すると、「むちゃ食い・ダイエットサイクル」の各ステップを通して自らの体験を描写する中には、脈々と存在する恥と、頑なな行動コントロールによって何とかその恥を封じ込めようとしている死に物狂いの努力が、顕著に見てとれたのだ。

　当初、このモデルをクライエントとのやり取りに使用した主な理由は、彼らが自らの体験を基にダイエットを敵対視していたからである。調査研究は、生理学的データを証拠に同様の主張を繰り広げていた。それは、普通の人に絶食ダイエットをさせると、好きな物を食べられるようになったとき、むちゃ食いをする（Johnson & Connors, 1987）ということである。食べる量を極端に減らせば、誰でも食べ過ぎるようになる。Fossum と Mason のモデルは、心理的なデータを用い、同様の主張をしている。そこで、私は「過食サイクルのエクササイズ」と名付けたものを考案し、クライエントの理解を促すことを目的とした。では、このエクササイズの第1部をエリカという架空のクライエントと一緒に、彼女の視点から状況がどう見えるのかを示す。

◆◆◆◆◆　過食サイクルのエクササイズ：ラウンド1　◆◆◆◆◆

　まず、白紙の左側に「むちゃ食い」、反対側に「ダイエット」と書く（図11.1を参照）。それぞれの言葉は、エリカがサイクルのその段階にいた期間を表す。

　次に、「むちゃ食いやダイエットについて、今日、話すのではない」、とエリカに伝える。その代わり、このサイクルの2段階のひとつに出入りする移行点について重点的に取り組むのだ、と。エリカが普段（強迫的に）考えることに慣れていることとは違うことに注意を促す利点を私は気に入っている。なぜならば、少なくとも彼女の注意を引くことができるからだ！

　まず、むちゃ食いがそろそろ終わると彼女が気づくとき（エリカを含む全てのBEDクライエントはそれが正確にいつかわかる）に出てくる考えや

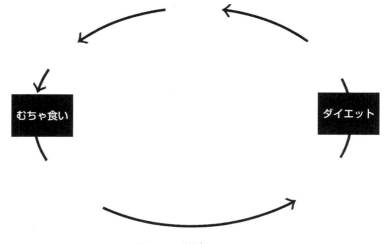

図11.1　過食サイクル

感情について話してくれるようエリカに伝える。すると、エリカはしつこいほどの自己嫌悪を発する。「私は豚……私は自分のことが大嫌い……またやったなんて自分が信じられない……私は嫌悪される人間……私は絶対細くなれない……私は（こんな状況や自分に）耐えられない……絶望的……私は最低！」

　彼女の語りを聞きながら、「むちゃ食い」段階の下にそれらを正確に記録する（図11.2）。エリカが語り終わったとき、むちゃ食い段階の余波がどれほどひどいものであるのかを承認する。次に、むちゃ食いが終わり、ダイエット段階に入る瞬間について話してくれるように頼む。もしかすると、彼女は雑誌で見たダイエットを選ぶかもしれない。あるいは、過去に試したことがある商業ダイエットプログラムをもう1回やろうと計画するかもしれない。どんな方法であれ、彼女がこれをやろう、と決める瞬間を見定めたいのだ。ここでも、その瞬間に浮かんでくる思考や感情を尋ねる。エリカの反応は典型的なものである。「私はまた主導権を握っている……今回は本当にやり遂げる……私は細くなれる……私は希望に満ちて、わくわくする……私は気分がすごく良くなる」

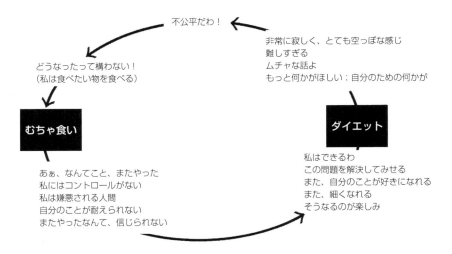

図11.2　過食サイクルのエクササイズでのエリカの反応

　ここで、エリカと一緒にこれらの2組の反応を比較し、対比させる。読者も時間を取り、同じ作業をしてみてもいいだろう。ダイエットに取り組むという決断が、エリカの体験を完全に変換することに対して、正真正銘の畏怖の念を生み出す。その変換とは、真に惨めで、絶望しているところから希望に満ち、陽気で、陶酔しているようですらあり、希望なく、コントロール不能の状態から、主導権を再び握り、毅然とし、良い結果が出ると確証していて、心の底からの無価値感から自己価値感を回復させる道を歩みはじめたという感覚への変換である。魔法よりすごい！　エリカが慣れ親しんだ状況を、私が抱いた驚きを持って、見てくれるようになることを期待するのだ。

　次に、ダイエット段階がそれほどワクワクすることがなくなる時点を教えてもらう。ちょうどこの時期には、もし減量が起こるのであれば、ゆっくりではあるものの体重が落ちてきている頃だと思われる。しかし、必要とされる努力はその効果に比べ、あまりにも理不尽であり、望んでいた褒美は想像していたものとは比較にならないほど小さいのだ。この移行期を「スリル消滅」と名付けた。この段階でのエリカの考えや感情は、「辛すぎる！……そんなに頑張るだけの価値はないわ……うまくいっていない……ウンザリ！」

第11章 「むちゃ食い・ダイエットサイクル」

エリカの次の反応は、世界共通のもので、次の段階への移行を示していると思われる。「不公平だわ！」と言いながら、エリカが抗議の地団駄を踏んでいるのが聞こえてきそうだ。

　ここで、私はエリカと共にわき道に逸れる。そして以下のように問う。これまでの人生で、褒美や結果に比べたら必要とされる努力があまりにも大きい、あるいは、目的地があまりにも遠すぎる、と感じたことはないか。すると、エリカは自分の仕事について振り返る。彼女は、知名度の高い地位におり、広く尊敬を集めている。しかし、常に敗北感を抱き、一寸先には彼女の無能さを曝露するような機会が待ち受けている、と感じている。自分がこうありたい、と思うような期待に沿えた例がない、と言うのである。つまり、自らが作り出しているストレスからの疲弊が常なのである。

　このわき道に逸れる行為は、摂食障害の症状の裏にあり、エリカの人生の多くを支配している信念を予見するためである。摂食の症状を解消するためには、これらの信念が変化しなければならない。

　そこで、むちゃ食い段階に入る直前、彼女が何を考え、何を感じているのか、を問う。まだ、口が食べ物で一杯にはなっていないが、心理的には、むちゃ食いを誓っている状態である。エリカの応えは、「ダイエットなんかクソ食らえ！」である。さらに、「どうなったって構わない！」（自発的に「どうなったって構わない！（どうにでもなれ！）」という言葉が出てこない場合、サイクルのこの段階で多くの人がこの台詞を報告していると伝え、クライエントにも該当するか否かを訊ねるようにしている。なぜならば、常にその通りだからだ）。この状況下では、「どうなったって構わない」とは「その行為（決断）の結果、どうなったって構わない。私は食べたい物を食べるのよ」を意味するのだ。

　「どうなったって構わない！」はむちゃ食い段階への入り口だ。明確な瞬間なのだ。より良く理解するために、別の比較対比を示したい。「スリル消滅」期への反応を例に取る。ここでは、エリカの完璧主義的な基準と期待に全く沿えないという思いが、ダイエットの厳しさに対する反応として、くっきりと浮き彫りになる。「辛すぎるわ……絶対、到達できない」これらの反応は、

構いすぎていることを表しているように思われるかもしれない。エリカがダイエット段階を進む中で、自発的願望と痩せ、完璧と支配の要請の間にある緊張の糸がどんどんきつくなってきているかのように。この緊張は、エリカの努力が行き詰ったときに最高潮に達する。そして、こうすべきと感じていることと、できること、やりたいと思っていることの間に亀裂が生じていることを意味する。緊張の糸がどんどんきつく巻き上げられ、エリカは我慢の限界に達し、全ての自制を振り払い、頑な状況に反旗を翻すのだ。そこで、「全く構わなくなることは、構いすぎることへの完璧な対抗手段に思える」、とエリカに伝える。不平等な労働環境に対してストライキを起こすのに似ていると説明する。多くのむちゃ食いサイクル体験者は、「どうなったって構わない」と思う瞬間が、実は食べ物よりも重要な獲物であると告白するであろう。

　もちろん、この段階では「どうなったって構わない」は、ただの振りでしかない。根底に潜む完璧主義的な要求や信念はいまだ変わっていない。エリカはただ単に一呼吸おいているだけなのだ。彼女は、牢獄から抜け出し一時外泊し、規則が一時的に保留になった「仮定」の世界に足を踏み入れたに過ぎない。このことに熟知しているエリカは、すぐに牢獄に戻ることを十分すぎるほど知っているのである。

　むちゃ食い段階のどこかの時点で、エリカは自分自身に対する無慈悲な基準へ確実に戻って行き、再び自己嫌悪の日々が始まるのである。

◆◆◆ 過食サイクルのエクササイズ：ラウンド１の臨床的な利用 ◆◆◆

　この過食サイクルのエクササイズは元々、ダイエットを阻止するために使用していたことを、エリカの話に移る前に述べた。ラウンド１のステップをおわかり頂けたと思うので、ダイエット阻止とそれ以外の目的のためにどう使えるのかを考えてみたい。

　まず、このサイクルの片方を演じていると否応なくもう一方も演じることになるのだ、とエリカに指摘する。つまり、むちゃ食いをすると、それによって生じる自己嫌悪や絶望を「治癒する」ためにダイエットに引き付けられ

第11章 「むちゃ食い・ダイエットサイクル」

る。ダイエットをすると、厳しい体制から起こる自己否定や剥奪に反抗することになる。別の言い方をするならば、むちゃ食いはダイエットの引き金であり、ダイエットはむちゃ食いの引き金なのだ。これはダイエットこそ救世主と考えているエリカやむちゃ食いサイクル体験者にとっては、大ニュースと言える。

また、人間の常として、ある方向に行き過ぎた場合、人は真逆の方向に突き進む傾向があるのだ、とも指摘する。このような自己修正的サイクルは、問題の発端から独立し、独り歩きするようになる。この自己修正を妨害するために、サイクルに楔を打ち込める場所を見つけるのが有益なのだ。そして、エリカと私が行ってきた作業が楔の役目を果たす。まず、私たちはダイエットを失脚させた。次に、多くのサイクル体験者と同様、エリカは、慣れ親しんだ体験を新たな視点から見ることで少しショックを受け、畏怖の念を抱く。その結果、ダイエットをやめるべき、との直接的な提案を、エリカは素直に受け入れてくれるのだ。

クライアントによっては、この時点が栄養士を紹介する絶好のタイミングとなる。エリカの場合は、セッションの中で、健康のガイドラインと彼女の好みに沿った、ダイエットとは違う食生活を見つけるための話し合いを行うだけで十分である。彼女は、短期間で変化をもたらす方法は、ダイエットをするのと同じようだと感じ、結果、むちゃ食いを引き起こす危険があることを理解している。よって、彼女は全く新しい付加的なアプローチを採用し、残りの人生において食べることができる方法を、徐々に開発していくことにした。

エリカは、多くのサイクル体験者と同様、自身が持つ食べることや人生に対する、白か黒か、全か無かのアプローチをはっきり意識している。自分にとって正しく、行き過ぎでない食べ方を徐々に開発していく作業は、妥協点を見いだす素晴らしい練習の場となる。

過食サイクルのエクササイズ、ラウンド1に伴うその他の目的について言及したが、その中でも、私の経験から非常に重要な点が2つあると思う。第1の目的は、この分かち合いの作業は、BEDの新患と関係を作る際、とて

も有益な道具であるということ。この作業を通じて、クライエントの症状体験の非常に個人的な領域へ短期間に参加することが可能になる。それに加え、慣れ親しんだ事柄に対して新たな視点を持ち込むことで、臨床家の専門性とクライエントが痛々しいほど必要としている希望をも示すことができるのだ。

第2の目的は、このエクササイズをするだけでも脱恥効果が期待できるからである。むちゃ食いについての臨床家の説明とクライエントの説明を比較してもらいたい。クライエントの説明は、むちゃ食いをした後の彼女の反応に見て取れるだろう。「私は無精者。私は嫌悪されるべき。私は弱い」それに反して、むちゃ食いは厳しいダイエット体制、そしてそれに伴うとても厳しく、圧倒されるような人生の要求に対する、理解できる反応であることをあなたの説明は示している。また、同様に、むちゃ食い・ダイエットに代表される自己修正サイクルが人間の営みの一部であることを示しているのだ。

◆◆◆ 包括的EMDR治療計画における過食サイクルのエクササイズ ◆◆◆

では、エリカの事例から離れ、BED患者のために、この過食サイクルのエクササイズを、包括的EMDR治療計画にどう統合すればいいのかについて考えたい。そこで、BED患者の多くに必要とされるであろう3つの主要な作業について触れる。第1は、情動マネジメントスキルの開発。第2は、むちゃ食い・ダイエットサイクルの根底に存在する信念と力動に関連するターゲットの処理。第3は、目の前にいるクライエントが抱えるその他のターゲットの処理。

8段階の治療モデル（Shapiro, 2001）の第1段階、クライエントの生育歴・病歴聴取に、過食サイクルのエクササイズのラウンド1を加える。治療の早い段階でこれを取り入れたいのは以下の理由からである。(a) ダイエットを阻止する早い機会を提供できる、(b) 価値ある関係作りの道具となる、(c) 脱恥効果。また、後に処理することになるBEDが抱える特定的な力動のターゲットをこのエクササイズは教えてくれる。

他のクライエントと同様、綿密な生育歴・病歴聴取が必要になる。むちゃ

第11章 「むちゃ食い・ダイエットサイクル」

食いサイクルの根底にある力動は、BED症状を維持させるのを助ける課題と共存していることが多い。高い頻度で、摂食障害（ED）クライエントはトラウマ体験と愛着欠損を抱えており、これら全てを扱う必要がある。また、摂食障害歴についても聴取しなければならない。発病時期は、当時クライエントや家族が苦しんでいた課題を特定する糸口となるであろう。そこには思春期のセクシュアリティや成人期に向け家族から独立するなど、クライエント自身や家族の一員に対して脅威をもたらす発達段階の入り口に差し掛かっていることが多い（Terry, 1987）。また、臨床家は、ベースラインを確立するために、クライエントが抱えている現在のBED症状（ダイエット行動を含む）の一覧を作成するべきである。

　第2段階の準備は、BEDクライエントの場合、長期にわたることがある。摂食障害は、クライエントが抱えるさまざまな問題を表しているわけだが、特に、情緒的な自己制御を達成するための十分な内的スキルを構築せずにきた人々が、それを必死に試みていると言える。情緒面での自己統制を達成するために、John Omaha（2001）は情動マネジメントスキルトレーニング（AMST）、Eileen Freedland（2001）はAndrew Leedsの資源の開発と植えつけ（RDI）をED患者のために応用している。そして、Victoria BrittとNancy Napier（2002）著のSomatic Experiencingをはじめ、Shirlye Jean Schmidt（2002）、April Steele（2004）、Debra Wesselman（2000）、Roy Kiessling（第2章参照）らの業績を応用した、「身体的編み込み」など愛着の欠損を扱うための効果的な方法を、EMDRコミュニティのメンバーらが開発している。EDクライエントは治療過程で待ち受ける作業をするために必要で十分な安定とそれを行う際に不可欠な内的スキルを、これらの方法を通して習得する必要がある。

　クライエントが自己を沈静化する妥当な能力を持っており、対処可能な範囲内で反応を収めることができる場合、前の段階で特定したターゲットを処理する作業に入ることができる。その場合、私は一般的なものは後回しにし、ED特有のターゲットからはじめる。BEDクライエントは、その症状に圧倒されていることが多く、それに関連する事柄が落ち着かないと他の領域を

扱うことが難しいからである。

◆◆◆◆◆ 過食サイクルのエクササイズ：ラウンド2 ◆◆◆◆◆

　過食サイクルのエクササイズ　ラウンド2では、ラウンド1で得られた情報からED特有のターゲットをクライエントと共に特定する。私がこの作業をクライエントと行う際、むちゃ食いダイエットのサイクルは個人のニーズが抑圧され後回しにされながら、完璧さとコントロールが何にもまして重要であるという内的な信念によって維持されている、という考えを基盤にやりとりを見守る。ラウンド2は、ターゲットの開発をしながら、これらの根底に存在する信念についての教育的編み込みの再処理と呼ばれるものを導入することになる。そして、以下のように伝える。家庭によっては、人間の不完全さに対して心地よさを持つことなく成長しなければならないことがある。また、そのような家庭で育った人の中には多くの恥を抱え生きている人がいる。そうなると、日々の生活は自尊心への絶え間ない脅威で溢れる。なぜならば、毎日の生活は自分の欠点を暴露するような瞬間の連続だからだ。このような家族や家族で育った人が行う「治癒」への試みは、行動の厳しい規制をすることで、恥に満ちた間違いや失敗の可能性を最小限にすることである。ダイエットもこのような厳しい規制のひとつである。

　同時に、厳しい規制に基づく治癒は、個人のニーズを面倒の種と捉えさせるような傾向にあることも教える。自己を無くし、無私無欲であることは、きっと、クライエントが内在化させた完璧な理想の一部であることだろう。そこで、ラウンド2のどのステップにおいても、以下の力動2点を示すクライエントの題材に注意を払わなければならない。1) 厳しい規制と完璧主義は恥を治癒する試み、2) 自分のニーズの軽視、そうでなければ抑制。では、実際、どんな風に行うのかを示そう。

　ラウンド1で取り上げたように、むちゃ食いの直後、私たちは恥の反応にのたうち回る。恥についての説明をクライエントに行うのは第1の教育的な編み込みとなる。恥は、自己全体を評価し、個人の無価値度合いを表すもの

第11章 「むちゃ食い・ダイエットサイクル」

で、「私は○○した」ではなく、「私は○○だ」で表現されるようだ。これは、社会の群れから疎外される、疎外されるべきだとの社会的な意味合いを持つ感覚である。そこで起こる衝動は、暴露から隠れ、穴があったら入っていたい、というものである。このような会話の後は、クライエントが恥をどう体験してきたのかを話してもらいながらこれまでの情報を振り返るよいタイミングとなる。

次に、クライエントが示したむちゃ食い後の反応から得られた「私は○○だ」リストからひとつを選ぶ。ほとんどのクライエントから得られるため、普遍的とさえ言えるものが「私は嫌悪されるべきだ」である。そして、嫌悪されるべきだという「私は○○（現在の状態）だ」という言い回しは、過食と同様「私は○○（過去の行動）した」ことに続いて起こることなのだ、とクライエントと共に注目する。そして、以下のような質問をクライエントに投げかける。すなわち、食べることをやり過ぎる、たとえそれが極めてひどいやり過ぎだったとしても、その行為が彼女の人としての価値を一掃することになるのだろうか？ この質問は2つのレベルに向けて行っている。第1は修辞的な意味を持ち、彼女に立ち止まり、少し混乱してもらうためであり、非常に当たり前で適切と感じた反応に疑問を抱きはじめてほしいのだ。

この質問に対する答えをクライエントが考える時間を十分に取り、同時に、一緒に考える時間も持つ。そして、同じ質問を尋ねる。今回は、説明、源、つまり、ターゲットを見つけるために。その質問とは、こんな風に尋ねるであろう。**それをやり過ぎることが個人の価値を下げる（あるいは嫌悪されるべき人にさせる）ということをどうやって学んだのか？** BED特定のEMDRターゲットを開発することに移行しているのである。BEDの症状を維持させるのを助けている、根底に流れるお決まりの信念を探しているのだ。

◆◆◆◆◆ クライエントへの導入 ◆◆◆◆◆

エリカにとってラウンド2がどのように行われたのかについて述べる前に、彼女と彼女の家族についてより詳しい背景をお伝えしたい。エリカは32歳

の白人、カトリック教徒の独身で MBA を持っている。3人姉妹の末っ子。エリカの父は、彼女が13歳のときに他界したが、短期大学の教授であった。母親は定年を迎えた司書で、熱心なカトリック信者である。

エリカは高校に入ってすぐ、15ポンド（訳注：約7.5kg）の減量をするためにダイエットを行った。彼女は非常に優秀で、医師が処方したダイエット方法を忠実に守った。それから半年経った頃、ダイエット初期の勢いを継続できなくなり、かつ、ある種の社会的プレッシャーに直面するようになったとき、彼女のむちゃ食いが始まった。それから数年、数々のダイエット方法を試すが、最初の数週間こそ完璧にこなすものの、むちゃ食いが始まる、ということを繰り返していた。彼女の体重は30ポンド（訳注：約15kg）以上の幅で増減を繰り返した。私のところに治療を求めてやってきた当時、彼女は週に3回から5回のむちゃ食いを行っていた。むちゃ食いした分を取り戻すために、普段より努力することもしばしばあったが、多くの場合、適度の運動をこなしていた。エリカは、飲酒や薬物は使用したことがない、と話した。また、私のところに来る前に、数年にわたり、セラピーに通っていたことがあった。彼女が抱える摂食障害の役には立たなかったが、他の側面においては役に立ったとのことであった。

◆◆◆◆◆ エリカのラウンド2作業 ◆◆◆◆◆

十分な第2段階の準備を終える頃（開始から5ヵ月後）、エリカのむちゃ食いは2週間に1回程度になっていた。しかし、悩みや淋しさを感じたとき、強迫的な食べ方をしている自分に彼女は気づいていた。この時点で、過食サイクルのエクササイズ　ラウンド2に進み、彼女の症状にエネルギーを注ぎ込んでいる、恥と完璧主義の慣れ親しんだサイクルをターゲットとすることにした。

エリカにとって、むちゃ食いの後に得られる（図11.2）最も役に立つ反応は、「私にはコントロールがない」であることがわかった。これがどんな意味を持つのかを問うたところ、彼女は「恐ろしいこと。私は一人ぼっちで、導き

第11章 「むちゃ食い・ダイエットサイクル」

も、コントロールもない状態」と応えた。私は彼女にこれと似たような昔の体験に漂い戻ってもらった。すると、いくつかの鍵となるテーマを含む家族に関するターゲットに辿り着いた。

　エリカの父親、ジョーは、定期的な怒りの爆発を起こしていた。身体的な暴力についての記憶はまったくなかったものの、父が叫びながら起こす癇癪は家族全員を震え上がらせた。話し合われることもなければ、解決されることもないこの家庭での体験を間違いなく模範したように、エリカも彼女独自の怒りの爆発を起こすようになった。エリカの母親は、夫の際にもそうであったように、エリカの怒りが爆発したときも、なす術もなく、ただ立ち尽くすだけであった。エリカは、自分の新しい行動に対して心の底からの恥を感じた。彼女の否定的な陳述からもわかる通り、コントロール不能に感じることと、恥を感じることは、彼女の体験の中で決定的に関連していたのである。

　エリカの最初のターゲットは、彼女をイライラさせるポイントを心得ていた姉のリサに対して怒り狂っている場面であった。この記憶では、エリカの母親は、近所に聞かれないように声を落としてと、懇願していた。

否定的認知（NCs）：「私は有害な火山の上にいる。私は汚染されている」
　「私は人に知られないように自分の怒りを隠さなければならない。そうでなければ、彼らは私を嫌悪する」
肯定的認知（PCs）：「私の怒りは理解できる。私はサポートと承認を得る価値がある」
　「私は怒ることができ、怒っていても愛され、愛されるべき存在だ」

　当然のことながら、自分のもの、そして両親のものであれ、怒りの表出には驚くほどの恐怖が関連していた。彼女の父親の怒りは家族の中で突出していたが、母親の無言の非難の方が、実際はより有害であった。エリカが数セッションかけて扱っていたターゲットは、非常にとげとげしいものの、母親の父親に対する敵意が（このときは父親が愛する釣りに関して）、受動攻撃的に表現されていたものであった。処理の最中、母親の辛うじて隠された怒

りと非難について、エリカは以下のように語っている。「あたかも、それが私たちをつなげているかのごとく感じるの、とぐろを巻く怒った毒蛇をお腹の中に飼っている恥ずべき秘密が」もちろん、エリカはその当時も、今も、対処不能に感じた怒りで一杯である。処理の大きな目的は、それに気づき、折り合いを付け、最後には、それを自分の物として所有し、自らをエンパワーするやり方で扱うことである。

この題材から生じた別の重要なテーマは、恥まみれの何かをやり過ぎてしまうという身勝手さであった。エリカの母親は、厳格な自己否定の中、やり過ぎの権威であった。父親の釣りについての母の反応に関する先ほどのターゲットは、以下のことを教えてくれた。

NC：身勝手であることは軽蔑に値する
PC：身勝手であることは、他の価値観や他の人とのバランスが取れていれば、健全で快適である

（しかし、父親が亡くなる直前、数年にわたり父親が浮気をしていたことを家族が知った際には、当然のことながら、身勝手であることの問題は最高潮に達した）

サイクル内でのむちゃ食い後に関するターゲットを成功裏に処理した12回のセッション後、むちゃ食いはエリカという人の何を意味するのかと尋ねた。すると、「むちゃ食いや過食をするとき、私は苦痛に対処しようとしているのであって、私が嫌悪されるべきであることを示すわけではない」と答えた。

◆◆◆◆◆ コントロール感を取り戻す ◆◆◆◆◆

ダイエット直前の移行段階で主たる焦点となる教育的編み込みは、恥を癒すためにニーズのコントロールと抑圧をクライエントがどう使っているのかに気づいてもらうことだ。これを達成するために、食生活の制限でもたらさ

第11章 「むちゃ食い・ダイエットサイクル」

れる期待感についてクライエントに質問をする。これらの質問は、過食に関する恥と治癒としての制限の関係への気づきを促す。同時に、この戦略を学習したターゲットへも導いてくれる。例えば、エリカは先の質問に以下のように答えた。「私はできる、この問題を解決できる。また、自分のことを好きになることができる。私は細くなることができる、そうなるのが楽しみ」。以下の質問も投げかけるかもしれない。

- 自分についてのそんな良い感情と（必要なものの）剥奪を結びつけることをどうやって学んだのですか？
- コントロールとは剥奪を意味することだ、とどうやって学んだのですか？
- コントロールは不完全への治癒だ、とどうやって学んだのですか？
- 不完全は治癒されなければならない、とどうやって学んだのですか？
- 必要なものを自分から剥奪することで気分が良くなるなら、自分のニーズを満たすということはどういうことになるのでしょうか？
- 自分のニーズを満たすというのは、あなたがどんな人だという意味でしょうか？（典型的な NCs：私はわがままだ。私のニーズは他の人にとって厄介なものでしかない）（それらを）どうやって学びましたか？

そんな良い感情を剥奪と結びつけるということをどうやって学んだのですか？　という質問をエリカに尋ねたところ、以下の記憶が想起された。10代の頃、彼女が最初のダイエットを行っていた際、一緒にお昼を食べていた友人がこんなことを言った「私はダイエットを続けることなんてできないわ。あなたみたいにやり続けられる人は他にいない」。このターゲットとそれに付随する肯定的な感情を扱うにあたり、Jim Knipe が同僚と一緒に発表した「自己愛的脆弱性と EMDR」で学んだアプローチを参考にした。Knipe は「肯定的な感情の投資が自己という感覚に優越、完璧、あるいはコントロール感を非現実的に与える」場面をどう扱うのか、を示していた。Knipe（1998）は肯定的感情のレベル（LOPA：第8章参照）を応用し、障害の自覚的単位（SUDS）の 0 から 10 を使い、自己愛的壮大さの側面や他の防衛と結びつい

ている不適切な肯定的感情を測定した。

　エリカは、彼女の友人のコメントについて考えるとLOPAで7から8の誇りと強さを胸の辺りに感じると答えた。最初のセットの後、エリカは「他の人はできないが、私は何かを自分に与えるのを拒絶することができるので、私は人より優れた存在だ」と言った。その後、各セット後に以下のようなコメントを報告した。

「母親の自制について考えた。それはより優れたということではないように思える。どちらかというと、窮屈で、小さく、惨めに思える」
「友人のコメントがさっきより魅力的でなく感じる」
「もし、私が身勝手にならなければ、私は父のような嫌悪されるべき人にはならない」

　編み込み：他の人を傷つけない、嫌悪されるとは思えない方法で必要なものを手に入れる見本となってくれる人を誰か知っていますか？　エリカは、彼女が賞賛する実在の人物、「改善した母」らを含む例をあげた。彼らは、導き、食べ物、生き方について、よりバランスの取れたアプローチを示してくれる人たちだ。エリカのターゲットはLOPAが0になり、以下のPCが出てきた。「私は体重を落とすことができるが、人間らしくやらなくてはならない」。
　エリカはむちゃ食い後の段階を成功裏に扱った。そこでのターゲットは、母親の自制の方が父親の身勝手なやり方より、より安全な容器であるような感じがするという内容であった。先述のダイエットにまつわるターゲットを処理することは、ダイエット前段階の目的に十分沿っているように思われた。

◆◆◆◆◆　「スリル消滅」　◆◆◆◆◆

　ダイエットから得られるスリルが消滅する段階で、ターゲットとして引き出し、扱いたいのは2つで、これらの機能不全な信念となり得るものは、a) 価値があると評価されるためには期待に応えなければならないというプレッ

シャーに関連する事柄、b）ミスを犯す、あるいは目的を達成できないということに関連する事柄、である。

　この段階でのエリカの反応は典型的であった（図11.2）。彼女と彼女以外のクライエントらが表現しているのは、耐えることができないギャップである。第1のギャップは、実際に彼らがいるところと彼らがいるべきところの間に、そして、第2のそれは、期待されているだろうと彼らが思っていることと本当に彼らがやりたいことの間に存在している。このような状態は、押しつぶされるような感じ（意識化されている）で、怒り狂わんばかり（それほど意識化されていない）である。そのときの気分を表す言葉を尋ねると、**圧倒される**、**追い詰められた**、**虐げられた**、**囚われた**、あるいは**重荷を背負**った、などの言葉が返ってきた。もしラウンド1で尋ねていなければ、この時点で、こんな風に感じた別の人生体験がないかを尋ねる。ラウンド1で、エリカは「仕事だ」、と答えた。クライエントによっては、家族に対する義務、友人関係などでこのような感情を体験すると答えるかもしれない。どんな場面であっても、期待されることで、より正確には、クライエントが自らの期待を他者に投影することで、脆弱性の可能性が生じるのである。

　過食サイクルのこの段階へのエリカの反応から、「非常に寂しく、とても空っぽな感じ」がした昔の体験に漂い戻ってもらった。彼女は、高校時代や大学時代に遡り、一握りの体験を思い出した。また、エリカは、不幸せな母親の人生が良くなるために、これらの感情を自分に負わせ、価値があることのように見せようとしたことにも気づいた。優秀でなければならないという内的なプレッシャーも急激に増加した。

　エリカの最初のターゲットは、「他の子どもたちが楽しそうなことやっている間、自分は非常に難しい勉強を週末中やらなければならなかったことについて考える」というものだった。サイクルのこの段階で扱うターゲットに費やされる典型的な時間、約5セッションで処理を行い、解決に導いた。

NCs：私は勉強が全部できてはじめて楽しむことができる（でも、勉強は尽きることがない）これをするに十分な自分はいない。私は不十分だ。

PCs：どれだけ引き受けるかは自分で決めることができる。自分の人生にバランスをもたらすことを選ぶことができる。私は私のままでいい。

エリカは大学時代に起こった出来事2つをターゲットとして扱った。それらは、友人らが遊び、リラックスする中、自分は勉強に囚われ、追い詰められ、孤立していたというものであった。

NCs：私は十分ではないので、ひとりぼっちだ。自分に与えられたものは何であっても耐え忍び、苦闘しなければならない。
PCs：自分の価値を証明するために際限なくもがき苦しむことはない。自分が望むときに楽しみ、サポートを得、繋がりを持つために立ち止まることができる。

処理の過程の中で、エリカは子ども時代に欠けていた自己価値、楽しみとのバランスを保つことの重要性、家族内での正しい責任の割り当てについてのメッセージを送ってくれる実在の、あるいは想像上の人的資源を豊富に活用した。その後の処理にも、これらの人的資源は一人、あるいは複数で登場し、あそこまで惨めな気持でいることは正しいことではなかった、とエリカに伝えたのだった。そして、ある決定的な瞬間、エリカは涙ながらではあるが、明快に気づいたのであった。「実行するということだけが重要なのではない。私はOKだと思えることが大切なのだ」。

次に、この段階で出現する、過ちを犯す、そして目標に到達できないというBEDクライエントに特徴的な2つ目の機能不全な信念を扱った。エリカは、両親の結婚が、過ちを犯すことについての意味深い訓戒となっていることを発見した。特に、この結婚は母親にとって大失敗であり、彼女を破滅させていると、エリカは見ていた。この見解を再構築することが彼女の処理の急所となる。

そこで、以下の質問を用いてターゲットを捜しはじめた。「過ちを犯すということについてお母さんからどんなことを学びましたか？」エリカが想起し

第11章 「むちゃ食い・ダイエットサイクル」

たイメージは、お客さんが来る直前に料理を失敗し、泣き崩れる母親であった。

NC：過ちは、自分がどれほど根本的な欠陥を抱え、不適切であるのかを露呈する。
PC：過ちは、とても有能な人にとっても生活の一部である。

　エリカは、母親の苦痛に関係して予期せぬ高い活性化を示したが、それを処理した。このターゲットの処理中に、彼女が両親の結婚を大失敗だと捉えていることに気づいた。最初、彼女は母親が（自分のことは棚に上げ）家族のためよりも、カトリック教会の離婚についての教えを優先したことに激怒していた。結果、家族は大きな痛手を受け、エリカは個人の権利について、問題あるモデルを学ぶこととなった。しかし、それに続くセットでは、父親の死後、母親が自分の人生を取り戻す際に見せた強さに、ゆっくりではあるが気づきはじめた。彼女が得た気づきには、「母の過ちは全て悲劇的で、修復不可能に見えた。いくつかの過ちはそうかもしれないけれど、多くはそうではないかもしれない、と考えた」などがあり、処理が行われた。
　ここであるイメージが出てきた。それは、エリカと母親、そして姉妹らが、生還はしたけれどボロボロで傷だらけの難破船を浜辺で綺麗にしているというものであった。エリカは、はじめて気づいたかのごとく、「私たちは生き残った。私は生き残ったのよ」と数回繰り返した。エリカは具体的な感覚を報告した。
　そして、高校時代の友人との体験のいくつかについて同様の悲惨な評価をしていたことに気づいた。

NC：私の過ちはあまりにも酷いため、許される、あるいは修復することは不可能だ。
PC：私の過ちは他の人のものより悪いわけではない。過ちを犯しても人は私のことを大切にしてくれる。

　これらのターゲットを扱う中で、母親以外にもどれだけ多くの人が、自分

たちの希望や期待をエリカに押し付け、常に最高の行動をしなければならない、と思わせていたか、に気づいた。コーチ、教師、ガイダンスカウンセラー、そして友人。ここから生じる怒りをどう扱うかは非常に重要である。なぜならば、これは新たな視点を得たり、境界線を引いたりするのを助けてくれるからだ。彼女は笑いながら新しい立場を表明した。「あなたたちの期待なんて必要ないわ」

　PC：私のスキルが私の価値を決めるわけではない。

「価値」という概念は、エリカにとって捉えどころのないものであった。そこで、次に、彼女の家族がエリカの過ちにどう反応したかをターゲットとして扱った。エリカは、母親の蔑みを含んだ声の調子や表情を描写した。その記憶にアクセスをした際、余りにも毒々しかったので最初は我慢するのがやっとだった。

　同時に、父親が他の家族と比較し、自分たち家族の価値を誇張したことについて考えた。そして、彼女は他者より優れていることと他者より価値がないという、統合されず、相反する考えを、同時に持ち続けていたことに驚いた。彼女曰く、父親の誇張した見方を披露したために、「高慢の鼻をへし折られた」という大きな痛みを伴う体験をいくつかターゲットとして扱った。そして、彼女は「価値」があるということがなぜ、彼女にとり、とらえどころのないものであるのかだけではなく、危険なことであると感じていた理由を理解したのだ。彼女は、見せかけの自惚れと健康的な誇りを区別する術を知らなかったのだ。

　この部分での作業はエリカをはじめ、多くのBEDクライエントにとり非常にゆっくりと進む。安心感を与えてくれるのに必要だと思っていた人生のルールに挑むからだ。ここでの目的地は、過ちを犯すと考えてもSUDSが0で、自分のことを誇りに思っても安全だと感じられるようになることである。

　過食サイクルのエクササイズのラウンド2を完了した後、PopkyのLOU（Level of Urge to Use：第7章参照）を使い、むちゃ食いの衝動を扱う。衝

第 11 章 「むちゃ食い・ダイエットサイクル」

動は彼女を圧倒するものではなくなっていた。エリカは、EMDRによる処理と行動療法テクニックのいくつかを組み合わせ、過食を止めることに成功したのだ。

◆◆◆◆◆ 結　論 ◆◆◆◆◆

　BEDクライアントに使っているむちゃ食い・ダイエットサイクルの情報収集と、恥への対処方法として家族から学んだ信念とむちゃ食い・ダイエットとを結びつける道具を示した。また、この情報がEMDR治療計画にどう取り入れることができるのかも提示した。

　ここに記した事柄は、BEDに対する包括的治療計画の一部でしかない。感情調整スキルの開発、行動上や栄養学的な情報提供、対人関係の質への留意、恥に関連するトラウマに加え「大きなT」と「小さなt」トラウマの処理、は不可欠な要素である。摂食障害の治療はほとんどの場合、クライアントの体験の全てのレベルに注意を向ける必要がある。身体と身体のイメージ、精神内部、家族内、対人関係、社会、文化的背景。エリカの場合、母親と折り合いをつけるためのスキルの開発と、男性とのパートナーシップに対して抱いているかなりの恐怖心を扱う必要があった。摂食障害への没頭は、これら両方から目を背ける格好の回避策だった。また、私たちは治療において、女性やその身体にまつわる恥と完璧主義を強化するだけの文化的なメッセージが持つ影響についても多くの時間を割いて話し合った。

◆◆◆◆ 付録：一目でわかる過食サイクルのエクササイズ ◆◆◆◆

　ラウンド1はむちゃ食いとダイエットの循環関係についてクライアントの気づきを促す。

1. 白紙の両端に**むちゃ食い**と**ダイエット**と書く。これらの2つの段階のサイクルを出入りする移行点に注意を向ける、と説明する。

2. **移行点1** むちゃ食いの後に始まる。この時点でのクライエントの考えや感情を引き出す。
3. **移行点2** ダイエットに戻ろうと決めたときのクライエントの考えや感情について尋ねる。
4. 移行点1と2に出てきた2つの反応を比較し、これらはクライエントが恥、自己嫌悪、絶望感を、ダイエットを計画すること（つまり、主導権を握る）で「治癒」しようとする試みの表われである、と説明する。
5. **移行点3** 「スリル消滅」の瞬間の考えや感情を尋ねる。
6. クライエントの生活の中で、似たような感情を体験した過食以外の側面について尋ねる（例：仕事、家族など）。
7. **移行点4** むちゃ食い段階に突入する直前の考えや感情をクライエントに尋ねる。そして、そこにあるであろう「どうなったって構わない（どうにでもなれ）」という反応を探す。
8. クライエントに以下を指摘する。
    - サイクルの片方の極が必ずもうひとつに導く。
    - 人間の常として、ある方向に行き過ぎた場合、人は真逆の方向に行く傾向がある。
    - ダイエットという極端な方法を止めることでむちゃ食いの大きな引き金を取り払う。

ラウンド2は、EMDR処理のためのBED特有のターゲットを得るために、ラウンド1で得たクライエントの反応を利用する。（むちゃ食い・ダイエットサイクルの燃料となっている信念システムがターゲットとなる。この信念システムの核は、恥は完璧主義と厳しい規制で治癒することができる、というものである）。

1. **移行点1** ラウンド1と同様、むちゃ食いの後から始まる。主な焦点は、恥を基盤にしている信念に挑むことである。「恥」について説明をする。クライエントから得た反応に恥が存在していることを示す。（処理前の

編み込み）やり過ぎた行動（むちゃ食い）への反応に恥があることを気づかせる。これがむちゃ食いに対する現時点でのターゲットのNCとなる。クライエントの生育歴上にある重大なターゲットを処理した後に、戻ってくることもできる。
2．以下を尋ねる。「何かをやり過ぎるのは嫌悪される人間ということを学んだのは、どの体験からですか？」（注意：クライエントのNCが「私は嫌悪される人間」という場合、この質問になる）ここで得られた出来事が、最初のEMDRターゲットとなる。
3．ターゲット記憶に関する他の要素を尋ねる。NC（当初得られたむちゃ食い後の陳述と異なる場合、新しいNCを尋ねる）、PC、情動、SUDS、身体感覚の場所。
4．標準手続き手順に従って処理を行う。
5．必要であれば、新しい頑強なPCを得るために、この信念システムに貢献している早期のターゲットを必要なだけ引き出し、処理する。
6．むちゃ食いのターゲットに関連するもともとのNC（例：私は嫌悪される人間だ）に戻る。PCを尋ね、両側性刺激を加える。
7．**移行点2** ダイエットをしようと決意する瞬間。主な焦点は、恥の治癒として、ニーズのコントロールと抑制を利用していることをクライエントに気づかせる。処理前の教育的編み込みがターゲットを引き出す質問（「自分についてのそんな良い感情と必要な物の剥奪を結びつけることをどうやって学んだのですか？」）には埋め込まれている。
8．標準的手続きに従ってターゲット記憶を処理する。
9．**移行点3** 「スリル消滅」ここで主に扱う2つの分野は以下の信念である。
（1）高く評価されるには、期待に応える
　(a) この移行段階での感情体験を描写する言葉を見つけるのを援助する。（例：追い詰められた、抑圧された、重荷を背負ったなど）
　(b) 似た感情を抱かせた別の人生体験があるか尋ねる。
　(c) より昔の体験を得るために先述の感情を使い、漂い戻ってもらう。
　(d) 標準的手続きに従って処理を行う。

(2) 過ちを犯す；目的を達成できない
    (a) クライエントの家族内で過ちを犯すことがどんな風に扱われていたのかを尋ね、ターゲットを引き出す。
      ・あなたの家族は、自分たちの過ちにどう対処しましたか？
      ・あなたの家族は、他人の過ちにどう対処しましたか？
      ・あなたの家族は、あなたの過ちにどう対処しましたか？
    (b) 友達や学校に関して関連するターゲットがないか尋ねる。
    (c) 標準的手続きを使い、引き出されたターゲット記憶を処理する。
    (d) 目的を達成できないことについても上記のステップを使用し、処理を行う。

移行点1から3は処理作業の主要な部分となる。「どうなっても構わない（どうにでもなれ）」という重要な陳述が持つ新しい意味や解釈を得るために、むちゃ食いの前である移行点4を扱うこともできる。むちゃ食いへの入り口として、この台詞は「その行動や決断の結果がどうなっても構わない。私が欲するものを何でも食べてやる」を意味している。PCは、クライエントが自分のニーズを尊重し、それらを表現し、満足させるための選択肢があることを示唆しているものであろう。

10. クライエントにとって、機能不全な信念システムが文化的に強化されている場合、関連ターゲットを処理する。

◆◆◆◆ 付録：過食サイクルのエクササイズから得た情報を利用したBED特有のEMDR治療計画 ◆◆◆◆

第1段階：クライエントの生育歴・病歴聴取と治療計画

- 詳細な生育歴・病歴の聴取
- むちゃ食い症状のアセスメント
  過食サイクルのエクササイズ（ラウンド1）

第11章 「むちゃ食い・ダイエットサイクル」

むちゃ食い行動の引き金を全て列挙

上記から得たむちゃ食い行動の引き金情報は、摂食障害特有の準備、ターゲット、処理のベースとなる。

- 準備段階が終わるまで、むちゃ食い・ダイエットサイクルに関連するターゲットの特定は保留にする。

第2段階：準備
摂食障害は、適切な感情調整スキルを携えていないことを示している。どの程度のスキルが不足しているかによるが、この段階において、かなりの作業を行うことがある。必要なアプローチ（例：RDI、AMST、リラクセーションテクニック、誘導イメージ）を選択し、使用する。必要であれば、愛着の修復作業も行う。

むちゃ食い・ダイエットサイクルに関係するターゲットを見つけるために、第1段階の治療計画に戻る。ここでは、過食サイクルのエクササイズにてより複雑な情報を引き出すことができるようになる。クライエントの語りに潜む、自己イメージを制御する信念システムをセラピストが理解することで、ターゲットが浮き彫りになる。摂食障害特有のターゲットを見つけるには、教育的題材と洞察を引き出す質問とフレーミング（「処理前の編み込み」）を織り合わせて行う。

第3から第8段階（アセスメントから終了）までをそれぞれの摂食障害ターゲットに対して行う。

第3から第8段階：摂食障害特有ではないターゲット
残りのターゲットのアセスメントと処理を標準手続き手順に従って行う。

◆◆◆◆◆ 資　料 ◆◆◆◆◆

Britt, V., & Napier, N. (2002, June). *The somatic interweave*. Paper presented at the EMDRIA Conference, San Diego, CA.

Freedland, E. (2001, June). *Using EMDR with eating disorders*. Paper presented at EMDRIA Conference, Austin, TX.

Omaha, J. (2004). *Affect management skills training protocol*. Available at http://www.emdrportal.com/2004/2004-5-19a.htm

Schmidt, S. J. (2002). *Developmental needs meeting strategy for EMDR therapists*. San Antonio, TX: author.

Steele, A. (2004). *Developing a secure self: An approach to working with attachment in adults for EMDR therapists* (2nd ed.). Gabriola Island, B.C.

◆◆◆◆◆ 参考文献 ◆◆◆◆◆

Berenson, D. (1988, May). *Alcoholism and the family*. Paper presented at the LifeCycle "State of the Art" Addictions Symposium, New York.

Fossum, M. A., & Mason, M. J. (1986). *Facing shame: Families in recovery*. New York: Norton.

Johnson, C., & Connors, M. (1987). *The etiology and treatment of bulimia nervosa: A biopsychosocial perspective*. New York: Basic.

Knipe, J. (1998, July). *Narcissistic vulnerability and EMDR*. Paper presented at the EMDRIA Conference, Baltimore, MD.

Shapiro, F. (2001). *Eye movement desensitization and reprocessing: Basic principles, protocols and procedures*. New York: Guilford Press.

Terry, L. (1987). Ordering a therapeutic context: A developmental interactional approach to the treatment of eating disorders in a college counseling center. In J. Harkaway (Ed.), *The family therapy collections* (vol. 20; pp. 55-62). Aspen, CO: Aspen Publications.

第12章

トラウマと虐待の回復グループにおける EMDR と DBT の使用

キャロル・ロヴェル

　Marsha Linehan（1993）の弁証法的行動療法（DBT）は境界性人格障害の人々に素晴らしく効果的な治療法である。これは、境界性人格障害（BPD）とは何か、また、それをいかにして効果的に治療するかについての研究データにきちんと基づいていて、非難めかず、共感的（compassionate）で、治療的なアプローチである。彼女のワークブック、『*Skills Training Manual for Treating Borderline Personality Disorders*』（邦訳『弁証法的行動療法実践マニュアル：境界性パーソナリティ障害への新しいアプローチ』金剛出版，2007）は、トラウマ患者と作業をするのに多くの効果的なツールを与えてくれる。私は過去9年間、女性のトラウマと虐待の回復グループで DBT のテクニックを使ってきた。DBT は、グループにかっちりとした基礎を準備している。EMDR、補助的療法、その他トラウマ関連のリソースは、グループ環境の中でトラウマ治療を包含することで DBT を完全なものとする。グループは症状の強烈さを上手く低減させ、グループメンバーは自分たちの情動を調節する能力が増加したと感じていると報告している。

　EMDR の標準プロトコル、Shirley Jean Schmidt の『*Developmental Needs Meeting Strategy*（発達支援戦略）』（2002）や Roy Kiessling の『*Integrating Resource Installation Strategies*（統合的リソース・インストレーション戦略）』（2002，第2章）を参考に肯定的資源の植えつけを使う効果は素晴らしい。また、グループの心理教育予定表には Babette Rothschild（2000）によって書かれた『*The Body Remembers*（身体が覚えている）』からの資

料、Bessel A. van der Kolk（2000）やその他の EMDR 国際学会（EMDRIA）認定のプレゼンターたちによって行われた講演から拾い集められた情報が含まれている。

　Linehan は、その書の中で、DBT は境界性人格障害（BPD）のコアの問題、即ち、情動の調節に向けられていると述べている。その理論は境界性人格障害は、たとえ情動全部ではないにしろいくつかの情動を調節する困難さを抱えていることを明らかにしている（Linehan, 1993）。情動調節困難は、生物学的気質、環境的コンテクスト、および発達に際してのこの両者の相互作用の合併的結果だとみなされている。DBT はグループメンバーにこれらの情動調節を支援するのに有効なツールを与える。

　DBT は患者たちが生活するなかでの混乱を鎮めるのに必要なスキルを教える。その瞬間にとどまり、何が有効かに焦点をあてることによって彼らは不安のレベルを下げることができるようになる。彼らは自己をなだめることが可能であることに気づき、そうする方法を練習する。彼らは彼ら自身を認証すること、また、セラピストからと同様に他のグループメンバーからも認証を受けることを学ぶ。彼らは人間関係のスキルを練習し、他の人びとの思考や感情を鏡のように映すよりも彼ら自身の知覚を信頼するように能力を改善できるようになりうる。おそらく、最も重要なのは、彼らが自傷や自己破壊的行動を低減するのに必要なスキルを学ぶことだ。

　DBT だけでは、非常に高い割合で境界性人格障害の一部になっているトラウマ問題を対象にすることはできない。Linehan はこの部分を別の治療の段階に委ねた。私はスキルとトラウマを同時に対象にすることが有効だと気づいた。トラウマについて話すことは（大きなトラウマも小さいトラウマの両方とも）グループメンバーの経験をノーマライズするように思われる。これは境界例診断にしばしば付いているスティグマの多くを除去するようであるし、メンバー間に強い絆を創りだすのを助ける。

　Ross（2000）、van der Kolk（2000）、その他の研究者たちが境界性人格障害と外傷後ストレス障害間の関連を指摘している。Ross の書、『*The Trauma Mode*l（トラウマ・モデル）』（2000）は、トラウマがどのようにし

第12章　DBT の使用

てパーソナリティの基盤を粉々に破壊し、境界性人格障害の症状の多くを引き起こすかを詳細に述べている。境界性人格障害は同時に他の疾患を持つことなしには引き起こされない。これはあらゆる社会経済的壁をこえて精神医学的患者に最もよく見られる人格障害である。Ross は、「私は境界性人格障害をトラウマ障害として見ている。それは大人の反応性愛着障害と呼べる」と述べている。Ross はさらに、「境界性人格障害に起源を与えるトラウマは、親の否認やネグレクト、難しい幼児の気質、一貫性のない子どもの躾けの実施などが、厳しい規律、身体的あるいは性的虐待、監督の欠如、人生早期の施設での生活、看護者の頻繁な交代、大家族、非行的グループとの付き合い、ある種の家族の病理などと合わされた複雑で変動的な混合物なのだ」(2000, p.206)。

　私たちは子どもたちが身体的、感情的、あるいは性的に虐待されてきたというのを聞くとぞっとする。赤ちゃんやよちよち歩きの子どもたちが両義的あるいは混乱した愛着スタイルを学ぶビデオを見るとき私たちは首を横に振る。私たちは境界性人格障害とラベルのついた38歳、45歳、あるいは60歳の彼女たちに会うのだ。症状を低減し、トラウマから回復する本当の希望を提供するのは、素晴らしい前進である。

　Ross は医学研修期間に境界性人格障害のクライエントに対して見くびり、品を落とすような態度をとるように教えられたと言う。彼らは質が悪くて、操作的で、危険で、高い確率で退行しやすく、治療できないと教えられたという（2000, p.206）。境界性人格障害をもつ多くの人がセラピストたちと否定的な経験をしている。DBT のセラピストは大量の認証を使わねばならない。最初に、これらのクライエントたちに、自分たちの経験に敬意を払い、生き残る困難さの中で持ってきた自分たちの工夫の力に賞賛を与えるように教えることはとても助けになる。

　境界性人格障害のクライエントたちは、グループの中でも外でも管理するのが困難である。グループの最初の段階では、彼らは危機から危機へ動き、彼らの多くが実際に回復が自分の生活と関係性にどのような影響を及ぼすかに恐怖を抱く。彼らには、混乱のない生活が想像できないのだ。彼らはグル

ープの中で成功を感じ、他の人々が受け入れるのを感じはじめると、希望といくらかの自信を持ちはじめるのである。彼らは他のグループメンバーの受容を信頼し、新しいスキルを試す自信を持ちはじめるのである。

◆◆◆◆◆　トラウマと虐待の回復グループ　◆◆◆◆◆

　トラウマと虐待の回復グループでは、メンバー全員が女性である。メンバーは広い社会経済的範疇にわたっている。ある人たちは障害者で、固定した収入で生活している。その他の人たちは積極的に各種の活発で成功的な職業に就いている。彼女たちは境界性人格障害と外傷後ストレス障害の基準のいずれも、あるいはいずれかに合致している。彼女たちはグループのルールに従わなければならないし、出席することを最優先することに同意しなければならない。

　32週の構成となっており、最低2,5時間はグループと時間を持つ部分がある。宿題はグループ進行の重要な部分である。グループメンバーは、これらのスキルを実践に移すことを学ぶ時に、成功と同じように失敗も共有するように励まされる。こうすることで、彼女たちは新しく開発したスキルを内に採り入れて自己のものとし、グループセッションを越えてそれらにアクセスする能力を広げる。

◆◆◆◆◆　グループの開始　◆◆◆◆◆

　グループメンバーは、診断アセスメントを一通り終えてから選ばれる。このアセスメントには両者の診断のそれぞれの基準を厳正に測定する性格特性図表（profile）が含まれている。グループが進行するにつれて、この性格特性図表は進歩度合いを測定するのに用いられる。予備選考や最初のアセスメントのために他のセラピストからの紹介でグループメンバーを受け入れることもある。彼女たちの最初のセラピストは弁証法的行動療法（DBT）とEMDRに慣れていなければならない。

第12章　DBTの使用

　グループメンバーは、グループ環境では開示したくないと思われる題材を進めるのに個人療法にも留まる。個人療法を必要とする頻度はメンバーによっても、個人の進度によってもさまざまである。個人療法では、自殺やパラ自殺の考え、彼女たちがグループで議論するにはあまりに個人的な問題だと思うもの、セラピストが個人セッションで扱うのがベストだと信じる問題などについて作業する。グループのメンバー全部が自分のトラウマについて個人セッションの中でEMDRを受ける。この理由ゆえに彼女たちは、グループ環境の中でEMDRや補助的EMDRセラピーが用いられる際に快く感じることができる。

　4つのモジュールがLinehanのモデルに従っている。私はこの構成を自分のセラピーのスタイルに合うように少し変え、グループの中における個人の必要性に合うようにした。私は、メンバーの関心と耐性が許す時は、いくつかのトラウマ理論を組み込む。私は自分が学んでいる新しいものを実験してみることもある。あるときには、グループの構成を摂食障害と関連した診断がついたメンバーたちと合わせるように組んでみた。

◆◆◆◆◆　**グループでのEMDR**　◆◆◆◆◆

　EMDRをグループに組み込むことは私には自然なことに思われる。この作業の中では私はどんな新しいEMDRの手技やプロトコルも提示しない。私はグループセラピーとEMDRの経験を積んでおり、心地よい状態でいられる。私はグループに不慣れであったり、EMDRを使いはじめたばかりのセラピストにはEMDRをグループ環境で使用するのを勧めない。EMDRを加える前にグループダイナミックスを理解し、それに心地よくいられるようになっていることが重要だ。

◆◆◆◆◆　**グループの構成**　◆◆◆◆◆

　境界性人格障害のクライエントは、大量の構造を必要とする。2時間半の

セッションは、明瞭な幾つかの部分に分けられる。まず、セッションの最初の部分は、メンバーたちが知り合いになれるようにし、グループのルールを決めさせ、そしてトラウマについて教えるのに費やせるようにする。そのグループの最初の形成が終わると、通常4つのセッションがあり、最初の時間は前週に出された宿題でそのセッションに来る前に終わらせているものを概観するのに使われる。この宿題の部分は最も重要である。これがその週の間にメンバーたちがこれまでとは違うように行おうとやってみたことを話し合うときなのである。

　セラピストと他のグループメンバーたちは、全ての努力に対して承認をあたえる。メンバーたちが上手く行っているときは、これが誰にとっても勇気づけとなる。もし、彼女たちがうまく行っていないときは、そのテープを巻き戻して、その状況をどんなふうに扱いたかったかを述べるように求められる。これに合致させることによって彼女たちは自分の成功を描くことができるようになる。これがたくさんの人々がミスをしても大丈夫なのだと気づくはじめての場面の一つとなる。彼女たちはミスを共有し、もう一度やってみることは受け入れられるのだと感じる。

　もし、メンバーが宿題をしようとしないときは、他のメンバーたちが彼女たちと対決する。これで、何人かがそのグループから排除される。（私はこれを可能にするためにメンバーを14名ではじめる。私たちは大抵32週のセッションをメンバー8〜10名で終える。）

　宿題の部分は、15分の休憩を挟んで続けられる。休憩は大事な時間だ。グループメンバーたちは互いに気張らずに話すようになり、つながりはじめる。私はしばしば彼女たちをからかって、この15分の間にこのグループの他のどの部分で行われるよりも多くのセラピーがされているねと話している。

　この休憩の後で、スキルに関する新しい情報が紹介され、メンバーたちはこれを自分たちの生活にどのように組み込めるかを話し合う。新しい情報というのは境界例の人々には脅威的で、危険を含んでいる。メンバーたちは、自分の速さで進むようにと励まされる。あらゆる動きが大きな進歩だと考えられる。

第12章　DBTの使用

ハンドアウトが新しい情報と共につねに手渡される。宿題は、新しい情報に基づいて作られている。あるグループが他のグループより進度が速いということがある。新しい情報を与えてどれくらい早く進めるかは、メンバーたちがそれまでに与えられてきた情報をどのように使っているかによる。かなりの時間が振り返りに使われる。たくさんのシナリオとロールプレイの練習が新しい情報の部分に組み込まれている。メンバーたちは自分たちが理解できる例を見るとより上手くやれる。

メンバーを積極的に参画させていくことが重要だ。というのも、境界例や外傷後ストレス障害の患者たちは、巻き込まれていないと解離してしまいがちだからである。新しい情報は、常に、後に述べられる4つのモジュールの1つに関連しているからである。

グループの最後の20分は段階的縮小の部分である。メンバーたちはこのセッションの間、グループの中で何を経験したかを話し合うように求められる。彼女たちは、また、グループの他の人たちについて観察したことを述べるように求められる。時々、彼女たちは、自分たちが今得つつあるものではなくて、自分たちが必要だと思いこんでいる何かについて話す。彼女たちは常にせっかちであり、即効性のある救済を欲しがるのだ。

メンバーの家族たちはしばしば批判的である。彼女たちは回復に時間がかかり過ぎるとか、メンバーはグループを必要としないとか、セラピーを必要としていないとか、文句をいう。グループメンバーは互いに励まし合って家族指導の妨害行為に抵抗をする。グループは皆、輪になって立ち上がり、手を組んで、静穏の祈り（Serenity Prayer）を繰り返す。このとき本当の絆が感じられ、続けることへのコミットメントが強められる。

◆◆◆◆◆　グループ設定に適したプロトコル　◆◆◆◆◆

EMDRの標準プロトコルは、ある患者がある場で止まって動かなくなってしまったときに、グループ設定の中で利用されるだろう。これが最も起きやすいのは、彼女たちが宿題を正しくできないと信じているためである。グ

ループメンバーたちはこのプロセスには慣れていて、いつ静かにしているべきか、いつ彼女たちがメンバーたちに認証を与えられるかを知っている。標準プロトコルに加えるにフロート・バック（漂い戻り）およびフロート・フォワード（漂い行き）の両技法は、モジュールのいずれにおいても利用できる。

　これらが、異なったモジュールにおいて最も効果的だと私が発見した補助的技法である。

A．モジュール1――二重注意刺激（DAS）のために両側性の音楽を利用する
　1．安全な場所
　2．リラクゼーションの練習
　3．身体を使ったワーク

B．モジュール2――二重注意刺激（DAS）のために両側性の音楽を利用する
　1．肯定的な輪をつくる―Shirley Jean Schmidt のワークで聖的で自己の中心にある自己と繋がる（Schmidt, 2002, pp.9-10）
　2．肯定的資源の植えつけ―Roy Kiessling の『*Integrating Resource Installation Strategies into Your EMDR Practice*（EMDR 実践の中に統合する肯定的資源の植えつけ戦略）』（ワークショップおよび第2章）

C．モジュール3――両側性の音楽を使いながら、両手を使った編み込み（第6章参照）と、あるいは自分で両肩または両膝をタッピングする技法
　1．情動の包み込み（Wilson と Foster, 2002, p32）
　2．癒しの輪（Schmidt, 2002, pp.11-13）

D．モジュール4――両側性の音楽を使いながら、両手を使った編み込み、肩をタッピングする
　1．スキルを発達させる

2．遂行できたことの強化
3．フラッシュバックを管理する基礎訓練

◆◆◆◆◆ EMDRの標準プロトコル ◆◆◆◆◆

　私がグループ環境の中でEMDRをはじめて使用したのはまったく自然に起きたことであった。これが起こったのは第2モジュールで、対人関係コミュニケーションスキルをやっている時であり、一人のメンバーが前週の宿題を終わらせるのにもがいているのを話し合っているときであった。
　エヴァは、父親の賃貸不動産の管理をもうしたくないと父親に告げることができないという苦痛の中で完全に行き詰まって動けないでいた。エヴァは父方の祖父からの屈辱的な性的虐待の過去を持っていた。彼女は37歳であり、最近、個人セラピーの中でこの虐待の歴史を開示していた。
　父親に対して断固たる態度をとれないことがわかっている彼女の無力さについて、他のグループメンバーたちが彼女の努力に完全に認証を与え、長く話し合われた後でも、彼女は自分の変われる能力を認めることができないでいた。彼女は希望を全く持てなかった。彼女は自分が父親に誠実でなければ自分は父親を失うだろうと硬く信じていた。彼女はこの問題に直面することができなかった、というのも、最近母親が亡くなってしまっていたからである。彼女の見捨てられる恐怖は非常に高いものであった。
　グループのフラストレーションは否定的な経験になりつつあった。私は、標準的なEMDRで行う着席の配置を想定して、自分の椅子のキャスターを彼女の方へシンプルに転がした。

1．彼女の父親との問題
2．描く絵の部分――私は、父親が自分の賃貸不動産についての課題を彼女に与えようとしているところを描くように頼んだ。彼女は「父が私の家にやってきて、私にちょっとの間話をして、それから、このぞっとするような借家人たちについて私に話します。父が話すよりも私が話す方が

ずっと良いんだと父は言います。父はまた、この不動産はいつの日か私のものになるだろうとも言います。父は帰るのに丁度帽子を取り上げて、電話でどうなったか教えてほしい、と言っているところです」と言った。

3．この場面の一番悪いところはどこですか？
4．「私は教師です。私は自分の生活で忙しいのです。私はこれをやりたくないのです」
5．あなたがこの場面を見るとき、あなた自身についての否定的信念は何ですか？
6．「私は父に愛してもらうのに十分には良くない。私は、それを努力して得なければならないんだ」
7．これについて考えるとき、あなた自身についてどんな風に信じられたらいいですか？（肯定的信念）
8．「私はオーケーだ。私はあるがままで良く、私がやりたくないものをする必要はない」
9．その場面について考えるとき、それは完全に真実だを7とし、1を全く真実ではないとする1～7のスケールで表すとき、あなたはいくつだと信じられますか？　認知の妥当性のスケール（VOC）—2
10．どんな感情を感じていますか？
11．「恐怖、私は怖い」
12．これはあなたにとって、1-10までのスケールで、どれ位苦痛ですか？（主観的障害単位［SUD］）
13．「8か9です」
14．これをあなたの身体のどこで感じますか？
15．「胸とお腹です」（エヴァは過食症である。）

最初のセットでエヴァは祖父の話に直行した。彼女は決して彼に立ち向かうことはできなかったと言った。私はこの時点で注意深く彼女をこの不快な開示から遠のくように導いた。私は、父親はどんなふうに彼女に祖父のことを思い出させたのか尋ねた。彼女はもし彼がしてほしいことをしなかったら

彼は彼女を愛さないだろうと恐れていると言った。

　さあ、それといっしょに。

　2回目のセットで、父親もまた、祖父に立ち向かえなかったことを思い出すことができた。父親はいつも祖父によっておびえさせられていたようだったと言った。

　さあ、それといっしょに。3回目か4回目のセットまでに、彼女の父親は彼女が先生なので彼女を非常に誇りに思っているし、彼は彼女が彼よりも人々と上手くやれると多分本当に思っているとエヴァは述べた。

　グループの他のメンバーたちは、この時点まで非常に静かであった。メンバーの一人が、多分、彼女の父親がスキルを学ぶ必要があったかもしれないと言った。それに対してエヴァが反応したので、私は単に言った。**それと一緒に。**

　そこでエヴァは、彼女自身が父親に話しかけていて、彼にどうやって状況を扱うかの提案をしているところを描くことができた。

　彼女のSUDのレベルがグループ内で1に下がって、彼女はこれは彼女が十分には良くないからというよりは彼女の父親が問題を持っているのだとわかりはじめた。

　グループは、10分間ほどこのセッションについて話をし合った。このセッションにおいてはグループメンバー全員がEMDRに馴染んでいたので介入は上手く行った。私はグループの中でこのプロセスについて話し合い、また、個人セッションでも何人かのメンバーたち（エヴァを含めて）にEMDRを使っていた。

　グループメンバーたちは彼女たちがどこで参画していいか、どこでは静かに留まってそのメンバーがワークするようにさせるかわかっているように思われる。グループ環境においてセラピストが個人と集中した作業を行っている他のときと同様である。境界例の人は他の人々の感情と一帯になるふしぎな能力をもっている。この性質によって彼女たちは自分たち自身よりも他の人々の感情を読むことがより良くできるのである。

　私はグループの中で個人個人のクライエントにこの標準プロトコルを使い

続けている。私はその必要性が生じたときにそうし、しかも、ミーティングの宿題の部分では、ほとんどいつでも起きるのである。私たちがある問題で行き詰ったときに、グループメンバーは私が EMDR を使うのを期待している。これは、既に効果のあるグループ療法に多大な力を加えてくれる。

◆◆◆ グループ環境でEMDRを使用する特別なガイドライン ◆◆◆

グループ内で EMDR を使いはじめる前にする必要があるリストは下記の通りである。

1. グループ内の患者全員が、危険と恩恵の両方を含めて EMDR のプロセスを理解しているかを確認すること。
2. グループ環境の中で EMDR を使う前に書類にサインしてもらい、インフォームドコンセントをグループのみんなから取ること。
3. DBT グループに選ばれた候補者たちは通常私が個人療法で会ってきた人々である。しかし、EMDR を認可された他のトレーナーたちからも何人かがリファーされてきていることもある。原則として、クライエントは EMDR のプロセスに馴染んでおり、これに対して圧倒的なほど肯定的である。
4. ブロックしている信念と解離性体験尺度（DES）のアセスメントは、それぞれの患者に対してトラウマ・ワークをする前に済ませておく。（これは通常は個人セッションの中で済んでおり、既にチャートの中に入っている。）
5. 安全な場所のエクササイズをトラウマ的な材料をプロセスする前にグループで 4、5 回済ませておく。
6. グループリーダーはグループ指導の経験がなければならず、また、EMDR を実施した経験もなければならない。

◆◆◆◆◆ グループの4つの中心的モジュール ◆◆◆◆◆

次が、それぞれのセッションのアウトラインを付けたグループモジュールの説明である。これは絶えず変わっている。私はEMDRを使える場所を何箇所か入れている。ほとんどのEMDRが私のグループでは自然的に起きている。これは、個人面接でセラピストたちが1回のセッションで多様なセラピーを使うのとほとんど同じである。

それぞれのモジュールが他のモジュールに基づいて作りあげられ、常に振り返りがあり、繰り返しが行われる。

時々、私たちは、単に新しいスキルを強化するためだけに二重注意刺激（DAS）を使用する。

A.「意識的に生きる」——8回のセッション

セッション1：グループへの歓迎をし、症状を低減させる可能性に関しての希望的陳述をし、基本的ルールを確認、期待を表明、同意書に署名をさせ、構成を説明し、それから"ログ・ストーリー"の紹介をする。「ログ・ストーリー」は、遠い昔には役に立った行動にしがみつく女性を生き生きと描いている。その行動は、過去にはその女性を救ったのだが、最近では彼女を否定的なパターンにい続けさせている。この物語の寓意は、私たちは自分たちが生き残るのを助けてくれたものに対して謝意を表する一方で、現在のためにより有効な方法を学ぶためにはそれは捨てられる必要があるかもしれないということである。

セッション2：トラウマ理論を説明する、メンバーの経験を標準化するために、BPDとPTSDの関係とこれらの障害の差異、他のタイプの情動疾患との差異を議論する。このセッションは、たいてい、参加者たちからの多くの質問で終了する。これを可能にするように時間をたっぷりと割り当てる。もし、メンバーが自分たちの質問を言語化するのが難しいなら、私はよくある質問（FAQ）のリストを彼らに与えることがある。これはグループに関

連する不安の多くを軽減し、メンバーに現実的な期待をさせるのに役立つ。

　セッション3：外傷後ストレス（PTS）とPTSDの差異を説明する。認証することの大事な理由が説明され、基礎的な弁証法的行動療法（DBT）が概説される。患者たちは自分たちが生き残るために使った方法がどんなものであれ、それらが彼女たちをこの時点まで導いてくれたのであり、誇りとされるべきであると告げられる。DBTは、彼女たちにとって少しも破壊的でなく、より役立つように対処する方法を探すという体験に彼女たちが進んでいくように試みる。はじめて宿題が与えられる。

　セッション4：メンバーにトラウマは身体の中でどのように感じられるかを教え、引き金について説明をする。ハンドアウトは彼女たちが身体で感じるような情動に関するものである。グループの時間は、「身体が重荷を背負っているのだ」ということにメンバーが気づく方法を増やすために充てられる。私は「ボディワーク」の概念、さまざまな情動と典型的に関連する身体感覚とサインを紹介する。メンバーたちは、これを同定できるようになるまで続ける。

　休憩が終わると、David Wilsonによる身体への気づきとリラックセーション瞑想（Wilson& Foster, 2002, pp.8-14）と一緒にDavid Grandの音楽を使う。グループは静かにして、できるだけゆったりとし、膝の上にあるものを全部取り去って、それから目をつぶるように求められる。私は両側性の音楽をかけながらリラクセーション瞑想を読む。両側性の効果を得られるようにスピーカーは部屋のあちらとこちらの両側に置かれる。瞑想が終わると、メンバーは身体の中の気づきや彼女らの全体的な経験に付加したものを話し合う。十分に参画できるかどうかの能力にはバラつきがある。この段階では、何人かのメンバーが肯定的な結果を報告できなくてもくじけさせないようにする。私たちが進めようとしていることは身体への気づきを増やすことである。

　セッション5：Linehan（1993）の感情的な心（emotional mind）、理性的な心（rational mind）の概念を紹介し、心の2つフレーム（コア・マインドフルネス）を一緒にあわせることによってグループ・メンバーたちを「賢明

第12章　DBTの使用

な心（wise mind）」に動かしはじめる。私たちは家族や友だちたちが私たちのボタンを押す傾向について話し合い、これを観察するために「輪から踏み出す」ために使われたスキルを検討する。締めくくりのセッションの後で安全な場所を両側性の音楽とバタフライ・ハグを使って紹介する。メンバーたちは、家族のメンバーがどんなふうに自分たちのボタンを押すかをずっと話し合ってきているので、リラックスするのに頃合いの時間なのである。

a．セラピストはJudith Boelのバタフライ・ハグ技法（Kiessling 2000）をデモンストレーションしてみせる。「右の指が左の肩をタッピングし、左の指が右の肩に触れるように腕を交差させて、あるいは、胸の上で両手を交差させて、14回ぐらいタッピングします。このやり方になれるまで4～5回やってください。これをやっている間にできるだけ深く息をすってください」
b．灯りを落として、メンバーたちに目を閉じさせる。
c．メンバーが自分たちの安全な場を見つけ、それを視覚化できたらタッピングをはじめる。
d．「誰かがあなたを感情的な心にしようとしているところを思い描いてみてください」
e．「この真っ最中にあなたの安全な場所を見つけて、思い描けたらたたいてください」
f．「あなたのボタンを押そうとしている人を思い描いてみてください」
g．「イメージであなたともう一人の人の周りに輪を思い描いてみてください」
h．「この輪から一歩下がって出て、それから叩いてください」
i．「安全な場をあなたが今いるところに持ってきて、それから叩いてください」
j．この．演習を完了させてからメンバーに、彼女らのボタンを押そうとしている人たちについての不安が減ったかを尋ねる。何人かは減っているだろうし、それが他のメンバーたちにこのタッピング技法が上手くいくんだという勇気を与えるだろう。

セッション６：私はコア・マインドフルネスのスキル（観察すること、説明すること、参画すること）について一通り話し合うのを援助する。時々私はものを持ち込んで、参加者たちにそれらを観察し、五感を使って考えられるかぎりたくさんのことを書き出させる。また、あるときは、私はたった一つのものを持ち込んで、それについてこれまでに描写されてきたものとどこが違うのかを観察をするようにそれぞれのメンバーに頼む。状況により気づくようになるために五感を使うことが焦点である。私たちはより好ましい感覚について話し合い、それらを発見することが宿題の一部になる。別の宿題は、五感全部を使って２つか３つの観察をし、それを描写するというものだ。シナリオやロールプレイを使って参加するよう励まされる。

　セッション７：何が効果的なのかに焦点を当てる、今ここに留まる、一度に一つのことをする、という新しいスキルを紹介する。メンバーは批判的にならないように心がけるように求められ、バラエティのあるシナリオが使われる。私たちは、どんな性質が爆弾シェルターに逃げ込まなければならないかの優先順位を決める演習課題も行う。これによって価値の概念がグループに導入される。彼女たちは常に同意する必要があるのではなくて、お互いに違うのだということを学びはじめるが、そのときのメンバーをみるのは実に興味深い。

　セッション８：最後のセッションでは、「亀になる」あるいは「時を稼ぐ」スキルを紹介する。メンバーは、自分について尋ねられたことにいつも答える必要がないことや、他の誰かから求められているからいつも時間を空けていることについて、心地よく感じているわけではないことが多い。私たちは、他の人々の要求に合わせる準備が少し良くできたと感じるときまで、時として退却しても良いんだということを教えるのに亀を使う。これは避けるという意味ではないという事実を注意深く考慮して話される。このモジュールは、呼吸をする技法を中心に、瞑想をリラクセーション技法として使用することを話し合って終える。両側性の刺激がこれに合わされる。モジュールを終了するお祝いとして、メンバーたちは、どのモジュールでも最後のセッションに続いて食事をするレストランを選ぶ。

B.「人間関係のコミュニケーション・スキル」8つのスキル

セッション1：4つのコミュニケーション・タイプ（攻撃的、受動的、受動—攻撃的、主張的）を同定する。ロールプレイは、観察のスキルと描写のスキル、これらのスタイルのそれぞれを同定するために輪の外に踏み出すスキルが組み合わされて用いられる。コミュニケーション自己評価ツールが用いられる。患者たちはまた、利き手ではない方の手で名前を書くように求められる、これは関係付けるための新しい方法は心地よくなく、学ぶのに時間がかかるいうことを例証する一つの方法である。これまでの人生で出会った人々のコミュニケーション・スタイルを同定し、今週の相互作用を観察する宿題が与えられる。

セッション2：参加者たちは、自分たちの強みと弱みを同定するパーソナリティ・プロフィールを完成させる。誰もが自分の気性についてより多く学ぶことを喜ぶため、これは楽しいグループとなる。彼女たちがやってみたければ、家族の誰かの評価をするのにも与えられる。これは最終的にはそれぞれの気性への情動の必要性を同定し、患者がお互いに効果的なコミュニケーションを行うの学ぶのに助けとなる。これはまた、同じことでも人が違えば違うように反応するのだということを彼女らが理解する助けとなる。彼女たちは、「それは私のことじゃない」という言葉にとてもなじむようになる。

セッション3：総合は、私たちが既に学んできたものを一緒に引き出すので、患者たちは自分たち自身のコミュニケーション・スタイルを良く理解するようになる。私たちは、自分たちが必要なものを求める大事な会話はどのように構成すればよいかについて話し合う。しばしば、彼女たちは、自分たちは自分たちの必要性が満たされるように求める資格がないという信念に打ち克つのに時間がかかる。私たちは、要求をすることの3つの構成要素、目標、関係性、自尊の考えを紹介する。宿題には、彼女たちの必要性を見つけることが含まれている。

セッション4：攻撃する人に同意して、脅威的な状況に対して非防衛的に応える戦略を紹介する。何が上手くいかないのかを説明したハンドアウトと

ともに、非コミュニケーションのABCが紹介される。これは、実践の中で時間をかけて私が発展させてきた材料からのものである。ほとんどのメンバーは、破壊的な関係性の生育歴を持っており、これは難しいモジュールである。人生で本当にずっと構われてこなかった時に、自分たちが欲しいものを求めるのを学ぶのは難しい。求めることは、そこにほとんど承認がないというリスクを冒すことであり、恐ろしい見捨てられの問題に直面することである。ここで私は、Shirley Jean Schmidtの癒しの輪のワークを紹介する。両側性の音楽を使いながら、私は、次の瞑想を読む。

「さあ、目を閉じて、長く深い息をします。あなたの静かで、穏やかで、落ち着いている部分に触れてください。この場所では、あなたがあなたの存在の中心の部分に触れることができます。これはあなたが誰であるかの存在の最も重要なところです。あなたが、そうであるように創り出された通りのあなたなのです。これがあなたが誰であるかの存在の最も重要なところであり、気づき、純粋な無垢、真実の瞬間以来、ずっとあなたと共にあり続けてきたのです。そして、あなたの身体はあなたのこの部分とどうやって繋がるかをちゃんと知っているのです。あなたがそこに繋がると、あなたは過去の非論理的な恐怖や関心に執着するのが少なくなり、今ここにしっかりと居るのに気づきます。あなたは、静かに、安んじて、平和に、温かく、そして、安全に感じはじめるのに気づきます。これらの感じが強く、より強くなっていくのを感じるままにして、もっと、さらにもっとリラックスしていくのを感じます」（Schmidt, 2002, pp.9-10）

瞑想の後で、私たちは、自分たちの最も内部の自分自身に触れるとはどういう意味かを話しあう。メンバーのほとんどは、馴染みのない概念を見つける。私たちは、この瞑想あるいはこの変法を4〜5回行う。

セッション5：コミュニケーションのヘルプ（HELP）・モデルを紹介する。このモデルの中では参加者は、自分たちの問題の所有権を動かすことなく、自分たちが必要とする情報を他の人々から得るようにと教えられる。これは、エンパワーの道具である、なぜなら、これでメンバーは安心して他のメンバーに関心を示すことができるからである。

第12章 DBTの使用

a）何がおきているのでしょうか？
b）それについてどのように（情動を）感じているのですか？
c）あなたに何が言われたかを積極的に聞き、わかりやすく言い換えてみましょう。あなたがこれについてあれこれ考えていることが私にはわかりますよ。
d）この状況を扱うのにどんな計画をたてますか？

　参加者たちがこれらのコミュニケーション・スキルを学ぶにつれて、宿題の部分で勝利を報告する。今や、彼女たちは、幸せではないがどんどん強くなっている人がいることを発見しつつある。彼女たちはもはや簡単には操作されないし、このことは家族メンバーの調節につながる。境界性人格障害のクライエントたちは、関係性を過大評価するか、過小評価するかの傾向がある。そのため、この時点では、彼女たちがいくつかの関係性を成熟前に終わらせることは簡単なことになっている。どの関係が本当に虐待的で、どの人たちは単に彼女らとより健康的なやり方で関係を持つように訓練される必要があるだけなのかをはっきり線引きするのは微妙なラインである。私たちは、Linehanの効果的なコミュニケーションの3つの構成要素の概念を再検討しながらこのことをたくさん話し合っている。参加者たちは関係性満足調査（the Relationship Satisfaction Survey）を行う（Burns, 1992）。

　セッション6：Shirley Jean Schmidtの『*Developmental Needs Meeting Strategy for EMDR Therapists*（EMDRセラピストのための発達支援戦略）』からの別の瞑想を使って自己養育スキルを教え続ける。セラピストは、両側性の音楽をかけながら瞑想を読む。時々、私たちは、バタフライ・ハグも使用する。深呼吸が常に強調される。瞑想の結果はグループ内の話し合いで進められる。自己養育にほとんど経験がなかったので、患者たちはこれを一つの感情的経験として捉える。患者とセラピストは、たくさんの認証を使用して自己養育する中で一つ一つを励ましていく。

　セッション7：自己主張のスキルを教える。Linehanは、"GIVE DEAR MAN FAST"という利用者に馴染みやすい自己主張スキルのツールを与え

ている、これは彼女の本に詳細が書かれている（Linehan, 1993）。この全てのセッションはこれらのスキルに焦点を当てている。私たちは患者たちの実際の状況を最近の対人間における相互作用を強調しながら、彼女たちが求める必要があるもの、あるいは、誰かに言う必要があるものを同定する。メンバーは、6〜7人が参画した中でロールプレイでやってみる。これは効果的なコミュニケーションの3つの要素と結びつけられている。宿題では、彼女たちがこうしたスキルを強化する一方で、新しいツールを広げていくことが要求される。

　セッション8：最後のセッションでは、これまでのモジュールでカバーされてきたコミュニケーション・スキルのあらゆる側面を振り返る。メンバーは、スキルを応用したら、関連のある人間関係の文脈がどのように変わるのかについて述べる。何人かのメンバーは、肯定的な結果を報告し、何人かはこの変化に脅威を感じている家族のメンバーがいると報告する。メンバーたちは、これらのスキルを使い続けるように励まされる。この時点で、彼女たちはより力付けられ、被害者として感じるのがより少なくなったとほとんどいつも報告する。これはグループの中間地点であるので、外傷後ストレス障害と境界性人格障害のプロフィールが繰り返される。これは、エントリー・データと比較されながら、進展が査定され、治療成果が強化される。

C.「情動に気づき制御するモジュール」―10回のセッション

　セッション1：このセッションでは、歪んだ思考の演習（the Distorted Thinking Exercise）(Burns, 1993) を使う。Burns は、この母集団にうまくはたらく認知のワークシートを取り揃えたものを提供している。私は、認知の歪みのリストを配っている。宿題の一部として患者たちはこのリストを復習し、自分にとって問題である5つの思考の歪みを見つけてくるように求められる。

　セッション2：最初の、次の、3番目の情動の概念を紹介する。メンバーたちは、後ほど情動を制御する10段階のプランを紹介されると告げられる。

第12章　DBT の使用

　私たちは身体が覚えている（Rothchild, 2000）からの材料を使って、患者たちが特定の情動を同定する援助をしている。私は、その週の情動の同定を促進するために情動のリストをグループメンバーに配っている。ほとんどの人が情動を同定することが難しいと気づき、多くの不安を感じていると述べる。ここで私たちは、Roy Kiessling（2002 & 第2章参照）の業績に記されている EMDR の新しい技法を紹介する。

　Kiessling は、EMDR を高度に用いるには、その瞬間に本能的にわかったり、自然に出てきたり、直感的であったり、創造的であったり、事前に準備できたりする戦略を必要とすると論じている。私はグループ環境で EMDR を使うときにこれが真実だと気づいている。Kiessling によると、「認知の編み込み」の使用は、臨床家がクライエントのために新しい軌道や通路を意図的に敷く方法である。臨床家はクライエントの適応不全な展望や指示するものを、より合理的で適応的な展望に変化させることを試み、それゆえ、再処理がスピード・アップするのである。

　不安は、このグループ過程でこの段階の情動として頻繁に同定されるため、私はバタフライ・ハグ技法と認知の編み込みの変法を使用している。私は以下の過程に従っている。

a．セラピストからグループ・メンバーに：あなたの肘を曲げて胸のところで交差して、左手の指が右の肩を、右の指が左の肩をさわります。交代に動かして肩をタッピングしてみてどんなふうに感じるかを感じてみましょう。（皆がどうやってするのかわかるように両側性のタッピングをデモンストレーションしてみせる）
b．目を閉じて、あなたが不安を感じる状況のことを考えてみましょう。（何かを考えているのをみんなが示すまで数分待つ）
c．1〜10のスケールで表すと、この状況について不快さのレベルはいくつですか？（このために数秒待つ）
d．もう一度自分の問題について考えるとき、どんなふうに感じ、自分についてどう信じたいのか考えてみましょう。（考えをまとめられるように時間

をとる）
e．これについて考えている間、交互の動きで約10回ほどタッピングして、この肯定的なやり方で自分自身を描いてみましょう。
f．自分自身について好きな特徴を2つ考えられるか見てみましょう。前に自分について気づいたことのある2つの有用な特徴を思い出せるようにしましょう。（これをすることができたら、手を上げてあなたに知らせるように指示する）
g．これらの特徴のそれぞれを代表するイメージを考えてみましょう。
h．さあ、あなたに不安を作り出している状況について考えてみましょう。
i．自分自身についてどんなふうに考えたいか考えて見ましょう、そして、14回くらい両側性の動作でタッピングしましょう。
j．不安を描いて、2つのイメージの1つをあなたの不安の絵の中に持って行き続け、両側性でタッピングし続けましょう。
k．もうひとつのイメージをその絵の中に入れ、あなたの良い性質を代表する2つの特徴によってその不安を包んでみましょう。
l．タッピングを続けて、これを数回繰り返します。
m．この時、彼女らの不安のレベルを測定するよう患者に求める。

　常に、驚くほど低くなっている。
　これは、彼女たちに自分の感情を自己調節することを教える素晴らしい方法である。彼女たちは、自己調節を助けるのに二重注意刺激（DAS）を使うことにうきうきするようになる。最後の2つのモジュール間ならどのセッションでも使えるだろう。私はこれをグループのニーズに合わせて使用することが多い。
　セッション3：このセッションでは、私は再度、認知の歪みの記録を紹介する。患者たちは自分たちのスキルの広がり具合を測定するために、その週の間自分たちの歪みの記録をとるように指示される。患者たちは別の不安惹起状況を使ってEMDRの過程を繰り返すことを望む時がある。彼女たちは新しい技法を学んでいるのであり、繰り返しはこの学習には不可欠なのであ

る。

セッション４：古いテープと生き残った記憶について話し合う。私たちはこれらの記憶はどのように他の記憶と違って貯蔵されているか、そして、変化させるのに努力を必要とするかを説明する。このセッション中に、私たちは情動調節の10段階を定義する。それらは以下の通りである。

a）身体反応（これを身体のどこで感じますか？）
b）身体感覚に伴う情動に名前をつける
c）情動の背後にある考えをたどる
　1．内的引き金—私たちが再演する古いテープ
　2．外的—ちょうど起きたばかりの苦痛な何か
d）思考チェックを知覚し潜在的な歪みを同定する
e）もしあれば、歪みを正す
f）その思考をリフレームし、誤った知覚と歪みを正す
g）もしその苦痛な状況が現実であったら、選択肢を同定する
h）するべきことを決定する
i）肯定的行動を取る。
j）苦痛からの安らぎを経験する。まだ他に残っていないか身体をスキャンする。
k）現在の苦痛のレベルを評価し，苦痛が続いていたら上記のサイクルを繰り返す。

セッション５：このセッションのほとんどは宿題に焦点を合わせ、これらのスキルを使用して情動を調節するため行った努力を処理するのを許す。私たちは、調節のできない情動はガードレールのない硬い路面の薄氷の上で滑り回るようなものだという喩えを使用している。メンバーたちは、自分たちの感じを描写するのにさらなる隠喩を思いつくことがある。隠喩はとても創造的でありえる。

セッション６：このセッションは、私たちが「壁の仕事」（Wall Work）と

呼ぶものを参照することで始まる。これは私たちが患者たちを自由連想と自分の人生物語を語る感情的な言葉に導く演習である。調整的な情動体験を提供しながら、グループはずっと親密になり、多くの癒しが行われる。私たちは、語って心地良いものだけを開示するように注意深く患者たちに伝える。しかしながら、彼女たちののほとんどは純粋なカタルシスを経験し、自分のストーリーをまるごと語る。メンバーたちは互いに繋がり合い、リーダーシップを取ったり、質問をしたり、この時に認証を与えて助け合う。

セッション7：壁の仕事を続ける。（各人が自分の物語を語るのには時間がかかる。）

セッション8：壁の仕事が終わる。

セッション9：Linehanの感情調節スキルのセクションは優れていて、このモジュールを包み上げるための素晴らしい方法である（1993, pp153-162）。このセッションでは、私たちは情動の価値を認め、それらに注意を払うことの肯定的側面を賞賛する。メンバーたちは、自分たちの情動に耳を貸すだけでなく、それらを肯定的な行動に導くためにそれらを使う。これはあるメンバーたちにとっては驚くべきことなのである。彼女たちはこれまでの人生のほとんどにおいて、感じるべきこと、あるいはまったく感じるべきではないことを教わってきた。これは非常に解放的な経験であろう。時間が許すときは、私は「女性が一番ほしがるもの」と名付けた物語を話すのが好きだ。これは彼女たちの自由の感じを描いたものだ。

セッション10：このモジュールの最後のセッションでは、私たちは罪、恥、恐怖を調節するための戦略について話をする。私たちは概念を概観し、質問に答え、このモジュールの中で学んだものと一緒に合わせて考える。この時点で彼らが回復のどこにいるかを評価するのに多くの時間をかける。質問のための時間も用意する。はじめて終了が言及される。

D.「苦痛に耐えるモジュール」—6つのセッション

セッション1：私たちが自分たちの環境を変え、もっと強くなるために可能

性のあること全てを完了した時、おそらく状況は変化するだろう。多くの場合がそうである。しかしながら、たとえ私たちが強くても、私たちが正しいことを全てしたとしても、人生には変えることのできない困難や障害がある。こうした状況では、私たちは痛みに効果的に耐えることを学ばなければならない。私たちは、ラッパ水仙を愛することを学ぶ話を読んで話し合う。それぞれのメンバーは、選択の余地がないために彼女が何かに耐えていた過去や現在の時間を分かち合うように励まされた。

セッション2：私たちは『*The Joy of Stress*（ストレスの喜び）』というタイトルのユーモラスなビデオテープを見る。私たちは、Linehanの半笑いのような技法のいくつかを使うことを学ぶことや、状況の賛否を評価することについて話す（1993, pp.167, 169, 172）。

セッション3：私たちは、Sam Horneの『*Tongue Fu*』というビデオを見る。これは、困難な瞬間を改善するためのより効果的なコミュニケーション戦略を使うことに関するビデオテープである。私たちは、私たちの情動の目的を話し合い、根本的受容という概念について話す。私たちは、3週間の内にグループが終了することを話し合う。

セッション4：私たちはJohn Bradshawによる『*Mystified Love*（当惑した愛）』と『*Self Love*（自己愛）』というビデオを見る。これはグループのメンバーに、必要なときには自分をなだめるテクニックを用いることを励ましている。これは困難を切り抜けるのに効果的な方法である。Bradshawは、自己愛は健康的であり、それ自体が正当性を証明しており、自己破壊的行動に対する効果的な解毒剤であると強調している。

セッション5：私たちは『*Letting go*（手放すこと）』というタイトルのビデオテープを見る。これはメンバーたちが、自分たちの信じる嘘を手放し、健康的でない実践を手放し、私たち自身でいるための自由を私たちから奪うような否定的な関係性で過ごしている時間を最小化するように励ます。プロフィールが再度とられ、グループは最後のセッションの計画を立てる。

セッション6：最後のセッションでは、他の利用可能なグループセッションのことが話し合われたり、グループのプロセスを評価したり、将来のグル

ープ活動の提案がなされたりする。多くのメンバーは電話番号やeメールを交換する。セラピストはこの実践を促したりも促さなかったりもしない。

◆◆◆◆◆ 結　論 ◆◆◆◆◆

　Marsha LinehanのDBTはBPDを持つクライエントの治療において莫大な進歩であった。EMDR、自我状態療法、資源の植えつけ、トラウマへの注目は次なる大躍進である。私はEMDRや他のトラウマテクニックを使い続けてきたので、グループメンバーの入院率は、全てのグループの期間内で3から4であるのが、過去2年間では1になっている。個人セッションとグループセッションを組み合わせ、スキルと気づきとトラウマに焦点を当てながら、私はトラウマと虐待のサバイバーの治療へのユニークで効果的なアプローチを発展させてきた。

　グループセッションの前半では、教育、自分自身の受容、スキル開発、宿題に集中する。グループへの関与を発展させ、メンバーの体験を標準化し、効果的な限界を設定し、自己破壊的行動を取り除き、女性たちを力づけることに焦点が当てられる。セラピストはDBT、認知療法、ソリューション・フォーカス、危機介入、EMDRの技術、その他その時に必要で役に立つものの組み合わせる。

　グループの後半はトラウマに関連する脳生理学を再教育する作業をして、正しい感情の体験を促進する。私たちはそれぞれのメンバーが最大限に回復するという目標を達成するために、EMDRに限らず、補助的療法、相互作用のエクササイズ、メタファー、ストーリー、ロールプレイ、ビデオ、映画を含めた、多くの方法を用いる。グループ内でEMDRを用いることは、メンバーの境界例、PTS、PTSD症状の自記式プロフィールを約30％低下させる。

◆◆◆◆◆ 謝　辞 ◆◆◆◆◆

　効果的に仕事をするための道具を提供されてきましたこの領域の研究者と

第 12 章　DBT の使用

先駆者のみなさまに感謝しています。私を信じ、人生を共有し、途方もないほどの情熱を感じる専門的職業の実践を許し続けてくださった女性たちに、何よりも畏敬の念を感じ、謹んで感謝を申し上げます。

◆◆◆◆◆　参考文献　◆◆◆◆◆

Burns, D. (1992). *The feel good workbook*. New York: Avon.

Burns, D. (1993). *Ten days to self esteem*. New York: Avon.

Kiessling, R. (2002, October). *Integrating resource installation strategies into your EMDR practice*. Training workshop, Nashville, TN.

Linehan, M. (1993). *Skills training manual for treating borderline personality disorder*. New York: Guilford Press.

Rothschild, B. (2000). *The body remembers: the psychophysiology of trauma and trauma treatment*. New York: Norton.

Schmidt, S. J. (2002). *Developmental needs meeting strategy for EMDR therapists*. San Antonio, TX: Schmidt Press.

van der Kolk, B. A. (2002). In terror's grip: Healing the ravages of trauma. *Cerebrum, 4* (1), 34-50.

Wilson, D., & Foster, L. (2002). *Strengthening the ego, pre and post EMDR relaxation scripts*. Ashland, OR: Personal Development Press.

第13章

カップルセラピーにおける EMDR の利用

ロビン・シャピロ

　EMDR は明らかに個人療法であるが、どうしてカップルに EMDR を行うのであろうか？　EMDR を誰に用いるのかをどのように決定するのであろうか？　また、EMDR はトラウマの処理以外にも、合同カップルセラピーに対して何かをもたらすのであろうか？

　私は 10 組中 8 組のセッションで、2 人が出会う以前および以後に生じ、また、互いの関係性の内外から生じたトラウマを除去するために標準的なプロトコルを用いている。未来の鋳型を用いて、パートナーは新しい行動を想像し、それを訓練する。二重注意刺激（DAS）によって自己鎮静が強まり、それに加え、他方のパートナーが EMDR を受けているのを自分が見たり、自分が EMDR を受けているのを他方のパートナーに見られたりすると、互いに分化が強化される。

　もちろん、他の手法を行うこともある。EMDR それ自体で全ての関係性の問題を解決できるわけではない。Schnarch（1997）や、Bader & Pearson（1988）の報告から、私はカップルにおける分化のレベルに関心を向けた。分化とは、忍耐力や理解力を備えていると見なされることであり、同時に、パートナーがそれらを備えているとはっきり見なす能力である。カップルが分化されると、自己を失うことなく必要に応じてそれぞれが自己の信念を守り、また、適切に譲歩することができるようになる。分化されたパートナーは、苦難が連続した際にも自己を鎮静したり、パートナーを鎮静したりするのに十分な感情的耐性を持っている。Gottman（1994）の研究から、私はカップルに対してコミュニケーションスキルや、つながろうとする "努力"、そし

て傷ついた後の"修復"について教えている。Gottmanについて言及し、また、結婚生活では男性が妻からの影響力を受け入れた時にパートナーがともにより幸せとなり、結婚生活がより長く続くことが研究により明らかにされていることをクライエントに伝えることは役に立つ。最もけんか早いパートナーでさえも、研究に対し反論の余地はない！

◆◆◆◆◆ EMDRの準備 ◆◆◆◆◆

取り除くべきトラウマまたは習慣的な引き金があると判断した時、そのカップルがEMDRを受ける準備ができているかどうか考える。そして、以下のような質問を自分自身に問いかける。

- 現在の互いの問題や痛みについて進めていくのに、お互いの関係性において十分な安全性があるのか？
  - ケンカの際の対抗手段として、カップルのどちらもセッションから得られた情報を使えるか？
  - 処理が起こっている間、カップルのどちらともが自分の見解を控えることができるか？
- 互いが互いの処理を許容するといった分化を学ぶためのベースとなる分化や性格基盤は十分にあるか？
- 相互に支持する能力があるか？
- それぞれに自己鎮静能力があるか？
- 片方のクライエントのトラウマティックな題材（例えば、性的虐待）は、他方が耐えられないほどの悲惨すぎるものではないか？
- 問題は発達上のものか標準的か、またはパーソナリティ障害に起因するか？
- 個人療法として、治療関係性においてEMDRを行うための十分な包み込み（containment）はあるか？
- EMDRについて双方のクライエントともに十分な説明を受け、同意して

いるか？

　クライエントは、他方が治療中であっても自制することができ、EMDRセッションの内容に関して他方を攻撃せずにサポートすることができ、そしてトラウマティックな問題または発達上の問題のどちらかのみを扱うのであれば、彼らは合同EMDRセッションの良い候補となり得る。もし彼らがこれらのことをできずに途中で立ち止まっているならば、EMDRがこれらのスキルのよき師となるだろう。もしも彼らが親しくさえもなれないのであれば、個々のパートナーを別々に治療することを考えることだ。

◆◆◆◆◆　トラウマの除去　◆◆◆◆◆

　トラウマの除去にEMDRを使用することは今さら言うまでもないことである。カップルに対して、2人の関係性の中から生じたトラウマをターゲットにすることができる。これらのトラウマには、ケンカやひどい性行為、虐待、実際もしくは想像上の裏切りや放棄、冷たい態度が含まれる。クライエントの原家族または過去の関係性に起因する生育歴上のトラウマは非常に良いターゲットとなる。両手の編み込み法（第6章）は現在の苦悩と生育歴上の要素を区別する助けとなり、標準的プロトコルにより生育歴上の悪い出来事を取り除くことができる。

クライエント：彼はまるで私の父親のようなのよ！
セラピスト：彼があなたの父親のように感じられる時、あなたは自分が何歳くらいと感じますか？
クライエント：5歳よ。
セラピスト：片手に夫を乗せ、もう片方の手にあなたが5歳の時の父親を乗せてみてください［二重注意刺激］。今、何が出てきていますか？
クライエント：彼らはまさにそっくりよ。私は彼ら2人に対して無力な感じがするわ。

セラピスト：あなたが 5 歳の時の父親について考えてみてください。何かその場面の映像はありますか？　それを体のどこに感じますか？「私は強い」というのはどのくらい本当だと感じますか？　その父親の映像を心に抱いた時、太陽神経叢（訳注：みぞおち）にそれを感じ、「私は無力だ」と自分自身に語りかけた時、どのくらいの苦痛を感じますか？　［標準的プロトコル］トラウマが除去されたら、セラピストは再び両手の編み込みを試すことができる。それでは、今、片手に父親を乗せ、もう片方の手に夫を乗せてみてください［二重注意刺激］。今、何に気づいていますか？

クライエント：彼らはかなり違う人だわ。きっと私の大人げない振る舞いが原因で、これまで夫を違うふうに見てきたのだと思うわ。

セラピスト：それと一緒に［二重注意刺激］。

EMDR は、2 人の関係性ができる前に生じたトラウマの除去にも利用することができる。多くのクライエントは、両親やきょうだい、以前付き合っていた人から受けた虐待のトラウマが除去される。EMDR を受けているクライエントのパートナーは、2 人が知り合う以前のトラウマが取り除かれていくのを目の当たりにすると、「それは私のことではない！」と分化や理解が形成され、そして多くの場合、反応の大きい配偶者に対しては反応が小さくなる。

過去のトラウマに焦点を当ててカップルセラピーをはじめたのはモウリーン・キッチャーである。彼女は、自身の開発した戦略的発達モデル（SDM）をそれぞれのクライエントに対し、別々に行っている。個々の治療が終わると、2 人の人間関係の問題は奇跡が起こったかのように消失してしまうことが幾度も見いだされた（第 1 章参照）。

◆◆◆◆◆ EMDR の他のターゲット ◆◆◆◆◆

合同セラピーから生じるいくつか他の一般的な処理できるターゲットとして、以下のようなものがある。

第13章　カップルセラピー

- 悲嘆または憤怒
  - パートナーが他方のパートナーの全ての要求には応えることはできないであろうということについて
  - 互いの関係性における過去の心の痛みや裏切りについて
  - 以前の喪失について
  - 理想的な関係の幻想を失うことについて
- 世代や文化の問題（10章）（これらが脱構築化されれば、パートナーは「それは私のことではない」と知ることがはるかに容易になる）
- セッションにおける自己鎮静：彼の怒りを見た時に感じている苦痛に気づいてください。それをどこに感じますか？　あなたは自分自身のことについて自分に何と言っていますか？　［標準的プロトコル］1人にはトラウマや頻発する感覚についての処理を行い、それと同時に他方のパートナーには先に処理を行ったパートナーに対する反応について処理を行うことができるかもしれない。セッション中や自宅でも、カップルは2人の間にある軋轢にバタフライハグを利用できることが多い。バタフライハグとは、自分自身を抱擁し、自分の両肩を交互にタッピングする方法である（Boel, 1997 私信）。
- David Schnarch は、分化や興奮するセックスについての革新的な著書『*Passionate Marriage*』(1997)（邦訳『パッショネイト・マリッジ』作品社, 2002 年）の中で、"リラックスするための抱擁"というカップルのエクササイズについて記載している。カップルは起立し、互いに 20 分以上抱き締め合う。その間、いかなる感情や考えが意識の上に浮かんでこようとも、互いに許し合う。たとえ不安が沸いてこようと、互いにしっかりと抱き合う。そして、グラウンディングや呼吸、自分の発言を静めることを通し、各々が自己鎮静する。このエクササイズで大事なことは、どのように感じようとも、いかにしてパートナーとの接触を保ち続けるかを学ぶことである。このエクササイズ中、EMDR のクライエントは、自己鎮静のために両側性の指上げや眼球運動といったいくつかの二重注意刺激（DAS）をよく使う。これらは驚くほどよく効く。

- 未来の鋳型は、将来の変化をもたらす。
  - 彼女が再びそのように振舞った時、あなたはどのような違う行動をとりたいと思いますか？［二重注意刺激］
  - 今度それが起きた時に、自分自身を鎮静しているところを想像してください。
  - もし自分の要求が満たされるに値するならば、あなたは何をしているのかを想像してください。
  - あなたがこの障害を変化させたり、やり過ごしたりするには何が必要か想像してください。
  - 前に：この問題について最終決定に達しているところを想像してください。それはどのように見えますか？　それはどのような感じですか？　その感じについて、EMDRをしましょう［標準的プロトコル］。
  - パートナーがその"怖い"状態に入った時、あなたの中で最も年齢の高くて賢い大人の状態でいるところを想像してください（Golston, 2003 私信）。
  - 後に：そのような状況が生じた時に、その最終決定は断固として譲らないところを想像してください［未来の鋳型］。
- 分化そのものについての懸念：あなたとパートナーとの間にあるあらゆる相違点について気づいているところを想像してください（これはしばしば恐怖を呼び起こす）。　あなたは自分自身のことについて自分に何と言っていますか？　それを体のどこに感じますか？［標準的プロトコル］
- 退行と自我状態：生涯の統合（Lifespan Integration; Pace, 2003）やEMDR関連の自我状態療法のどれもが、セッション中に退行したパートナーが"成長"する助けとなり、互いに大人の視点から関わるための手助けとなる。
- パートナーに愛着を結び、そしてパートナーを失うことへの恐怖。この場合、「私は今、愛を得るために、喪失の可能性を許容する気持ちがある」が良い肯定的認知となる。

◆◆◆◆◆ 浮　気 ◆◆◆◆◆

　浮気は多大なトラウマを生み出すが、多くがEMDRのターゲットとなり、成果が得られる。まずは、浮気をされたパートナーの動揺や悲しみ、怒りを最初のターゲットとすることができる。浮気が最近のことであれば、最近の出来事のプロトコル（Recent Events Protocol; Shapiro, 2001）がとても有用である。通常、クライエントが浮気に気づいた際に、最も心をかき乱されるような局面が最初のターゲットとなる。他の残りの体験は、時系列順にターゲットとされる。最初の処理が完了した数週間後や数ヶ月後であっても、トラウマに対してより大きな感情や、トラウマの新たな側面が現われることがしばしばある。

　時に、苦痛な感情それのみが一番のターゲットとなることがある。情動への働きかけに多くのセッションが費やされることが見込まれる。また、クライエントがいつ、どのようにしてその浮気について知ったのかということや、自分が鵜呑みにしていた嘘の全てを認識すること、そしてクライエントの価値観をターゲットにすることもできる（「どうして自分は知ることができなかったのか？」や、「パートナーを家に留めておくのにどうして自分は十分ではなかったのか？」や、単に「私は愛されていない」）。浮気をしたパートナーは、多くの場合、いかんともし難い恥辱感や罪責感を抱いている。Schnarch（1997）は、浮気をする人々の大多数は家でパートナーに完全と見られることを恐れているから浮気をするのである、と述べている。そのような人々は他の場所で自分自身を演じている。浮気をするようになるまでには、自分自身について嘘をつくのに慣れる。浮気をする前から恥辱感はあるのである。問題を起こしているクライエントの価値の感覚に焦点を当てることは、極めて有益である。浮気をされたパートナーには分化が得られる（「それは本当は私のことではない！」）。否定的認知を通して、両者ともに、浮気をした者のよりはっきりした動機の感覚が得られる。「私は十分なんだと証明するためにみんなを誘惑する必要がある」に対して、「私は今の私のままで十分だ」「家で欲しいものを望むことができない。彼女が私のことを知っ

たら、出て行ってしまうだろう」に対して、「自分の欲しいものは望むことができるし、ありのままの自分を見られることに耐えることができる」

　浮気の後、未来に対する不安は互いに非常に強くなる。もし2人の両方が関係に高く投資していなければ、通常、2人はセラピーには来ない。浮気をした側は、絶縁されることや、決して許してはもらえないのではないかと、恐れる。浮気をされた側は、他にも裏切りがあるのではないかと心配し、信頼することによって生じる結果について恐れる。ここでは、「私は自分を信頼し、パートナーを信頼することによって生じる結果に耐えることができる」という肯定的認知が役立つ。

　浮気をした者がセックス中毒者や精神病質者、または持続的な自己愛性人格者であって、個人療法を必要とする場合を除いて、私は、両方のパートナーともに同じ部屋で全てのセラピーを行う傾向にある。浮気の後遺症は4ヶ月から8ヶ月続く。浮気後のセラピーのステップを以下に示す。

1. それぞれのパートナーから、2人の関係性の経歴や浮気の前歴を含む全体的な話を得る（話が展開していく間、片方または両方のパートナーの感情を封じ込めるために、継続的または間欠的な二重注意刺激を使うこともある）。
2. 浮気は終わったと確約する（これは通常、必ずしもそうとは限らないが、2人がやって来る時までに"完了"していることである）。もし浮気がまだ終わっていないのであれば、終わるまでそれが問題である。
3. 浮気をされたパートナーに最近の出来事のプロトコルを行う。場合によっては、出来事よりも感情から扱いはじめる。
4. 浮気をしたパートナーに最近の出来事のプロトコルを行う。
5. それぞれに対し、恥辱感や罪責感の事柄について取り組む。浮気をした者に対しては、裏切りに焦点を当てることが多い（肯定的認知としては、「私は自分の体験から学んだ」や「自分の行為について責任を取ることができる」などがある）。浮気をされた者に対しては、価値に焦点を当てることが多い（肯定的認知としては、「私は愛される」や「私はパー

トナーを信用するほどバカではなかった」などがある)。

6. 2人の関係性の内側や、浮気を引き起こした個人の内面で何が起こっていたのかを探索する。この時点で、1997年にSchnarchが出版した『*Passionate Marriage*』をクライエントが読むよう試みている。もし2人がその本を読まなかったり、文章が難解で理解できなかったりする場合は、自他の分化や忍耐についての知識の導入をはじめる。そして、自己鎮静の技法を教える。これらの知識が根付くには、本を読んでいれば1セッションで済むこともあるが、あまりにも分化度が低いクライエントの場合、多くのセッションを要するであろう。2人が概念をつかむことができれば、過失の問題やうまくいかなかった事柄について扱う。セラピーにおいてここが一番苦しいが、最も充実した、一番癒しの得られる部分なのである。これらの問題に対し、パートナー同士が心から互いに話しかけ、互いのことを聞くことができるようになれば、これまでには体験したことがなかったような親密さが得られるようになる。EMDRは、分化についての懸念や、問題を起こしたパートナーと再びつながることへの不安、そして裏切られる恐れをターゲットとすることができる。「私は知っても何とかやっていける」や「私は裏切られてもなんとかやっていける」や、Schnarchの言う「私は自制することができる」などが良い肯定的認知となる。

7. 許すことや受け入れることは次のステップとなる。「理解することは許すということだ」と仏陀は言っている。許しは、探索の段階で自然と起きたかもしれない。もしそうでなければ、EMDRには以下のような良い質問がある。パートナーを許すことを考えてみてください。ただし許すということは、それはOKだったと言うことと同じことではないことを忘れないように。体のどこに障害を感じますか？［標準的プロトコル］または、あなたが自分自身を許す時、何が起こるでしょうか？　自分を許すことや、自分がしたことを受け入れること、そして今後の浮気に警戒するのを妨げているのは何ですか？［二重注意刺激］許す準備ができていないことや、許すことができないことをクライエントに恥だと思わせない

ように注意する。そして、あなたや他の誰かが2人がいるべきと考えるところを探索するのではなく、2人がどこにいるのかを彼らとともに探る。

8. セラピーのこの段階で、事態は以前よりもずっと良くなっていることが多い。2人は性生活を再開したかもしれない（その前に、一連の性感染症の検査が必要なカップルも中にはいるだろう）。2人は以前よりもずっと親密になっているかもしれない。話し合いは未来のことや、その他のハプニングを防止することに変わる。真実に即し、パートナーに欠点も何もかもさらけ出し、自己鎮静することにより、結婚生活での浮気対策について話し合う。浮気の機会を避けるために、未来における誘惑について話し合い、未来の鋳型を行う。EMDR国際学会できれいな若い女性が、身体を基礎とした新しい技法について話し合うために、あなたを部屋に誘うところを想像してみてください。あなたはどのように対応する心づもりですか？［二重注意刺激］

◆◆◆◆◆　セックスセラピー　◆◆◆◆◆

　EMDRは、良いセックスを妨げる2つの大きな関連している障害に非常に役立つ。ひとつは過去のトラウマで、もうひとつは現在の分化の欠損である。身体機能の低下といった他の障害については医師に紹介する。それから、もし必要であれば2人に悲嘆のプロセスに戻ってきてもらって処理を行い、なんとしてもつながるための手段を計画する。そして、過去のトラウマをターゲットに標準的プロトコルを用いる。ターゲットには、性的虐待やレイプ、ひどい性行為、セクシュアル・ハラスメント、そして、やりたくなかった時のセックスや必要性が知らされていなかった時のセックスが含まれる。大抵の場合、過去のトラウマを除去することで、現在のパートナーとの間にあるどんな問題も解決する。時に、トラウマ処理の最後に両手の編み込みが使われる。片手にあなたをレイプした男を乗せ、もう片方の手にあなたの愛しのボーイフレンドを乗せてみてください［二重注意刺激］。もしその2人がまだ同

じ男性のように感じるなら、さらなるトラウマの処理が必要である。幼少期の性的虐待をターゲットとした3回のEMDRセッション後、「この10年間の中で、夫と実に素敵なセックスをすることができたわ。祖父が部屋にいなかったのははじめてのことだったわ」というメッセージを電話でもらったが、それを私は大変気に入っている。

　多くの性的な問題は、やりたいことや、やりたくないことをパートナーが言えないことから生じてくる。セックスをしたくない時にノーと言えず、それを続けているクライエントは、セックスの際にそっぽを向き、未来の性的交際をひどく嫌がる傾向にある。私は「ノーと言えなければ、本当のイエスはない」と規定してクライエントを支援することにより、まだ自分の意見をはっきりと言えないパートナーは、恋人を拒絶するところを想像することができるようになる。ノーと言っているところを考えた際に生じる不安を取り除くために標準的プロトコルを使用する。考えられる肯定的認知としては、「ノーと言っても大丈夫」や「ノーと返事をする権利がある」がある。起こり得る全ての反応と、起こり得ない全ての反応について想像し、全ての不安を取り除く。そして、未来の鋳型を使う。ノーと言っているところを想像してみてください［二重注意刺激、必要に応じた回数を行う］。いいでしょう、これから、あなたがまさにイエスと言いたい時にそう言っているところを想像し、その体験に100％打ち勝っているところを想像してください［二重注意刺激、必要に応じた回数を行う］。

　パートナーの中には、つながりが下手で、"部分対象"としてしか関係を持つことができない人達（別称"ろくでなし"）がいて、セックスにおけるパートナーの喜びや興味に気づかず、関心を持たない。私は、そういった人達の最も自己中心的な関心事に直接訴えかけることが多い。あなたはこれまでにセックスで真につながったと感じたことはありますか？　それがどんなものか知らないのではないですか？　それは、あなたがこれまでに感じてきていたものよりも約20倍も熱情的なものです。これをどのようにすればあなたのパートナーと築くことができるようになるのかをお教えしましょう。私たちはこれを心理教育と呼んでいる。まず、彼女が本当にそうすることを望んで

いるのかを確かめる必要があります。それから、彼女とつながらなくてはなりません。彼女を真にその気にさせれば、あなたは心から興奮することでしょう。付き合いはじめた頃のことを覚えていませんか？　その頃のことを懐かしく思いませんか？　どのようにすればその頃のように戻れるのかをお教えしましょう。

◆◆◆◆◆　分　　化　◆◆◆◆◆

　分化の内容に直接働きかける。下記に記している全てを使い、標準的プロトコルに伴う行動を実施することに関する不安を取り除き、そして体験を脳の中に組み入れるために未来の鋳型を用いる。

- 自分に対してしたいことやしてきたことを言っていると想像してください。そして、あなたのパートナーがしそうな反応について想像してください。
- 自分がやりたくないと言っているところを想像してください。そして、パートナーがしそうな反応について想像してください。
- あなた達の間にある壁を乗り越え、パートナーと性的な動作をしているところを想像してください。そして、パートナーがイエスやノーと言っているところを想像してください。
- ありのままの自分でいるところを想像し、まさに自分が欲しいものを欲しているところや、望みを手に入れたことを確かめているところを想像してください（前述の"ろくでなし"に対しては、これを使わないこと）。
- ありのままの自分を見てもらうところを想像し、さまざまな性的な場面でパートナーとつながっているところを想像してください（あなたの大きなお尻／小さなペニス／太った腹／しわ／脂肪／変な音／年老いた体／次に何をすべきかわからない／いつも良いわけではない）。これらの問題は、両手の編み込みで見つけることができる。片手に、こうあるべきだと思う自分を乗せてください。もう片方の手には、ありのままの自分を乗せてください［二重注意刺激］。

第13章　カップルセラピー

- パートナーと真につながっているところを想像してください（飲み込まれたり、姿を消したり、パートナーを圧倒したりしないようにする）。
- セックスの途中でパートナーとのつながりが途切れ、そしてそれから再びつながるところを想像してください。
- 早く絶頂に達しすぎたり、自分の思うかくあるべき早さで絶頂に達していなかったりするところを想像してください［標準的プロトコル］。そして、それを克服し、再びパートナーとつながっているところを想像してください。
- パートナーに、あなたの真似をさせるところを想像してください。
- パートナーがあなたにしてほしいと望む、何か新しいことを試しているところを想像してください。
- 自分の信念を守り、「絶対に嫌だ！」と言っているところを想像してください。
- パートナーを欲しいと望んでいるところを想像してください（Schnarch, 1997）。
- もしパートナーがあなたを欲しているのであれば、あなたを誘惑する必要があることを彼に教えているところを想像し、それから、どのように誘惑すればよいのかを彼に教えているところを想像してください。
- セックス中毒者に対して：不安に感じはじめた時にセックスを求めるのではなく、どのように自己鎮静できるのかを想像してください。セックスをしたいという衝動下にある現実の感覚に気づいているところを想像してください。

　さて、愛する人がこれらの問題のいずれかを進んでいくのをパートナーが目の当たりにするという体験をあなたは想像できるだろうか？　目の当たりにすることから生じるかもしれない分化についてあなたは想像できるだろうか？　ベッドで誰かが何かを言う前に起こり得る行動の変化をあなたは想像できるだろうか？

参考文献

Bader, E., & Pearson, P.(1988). *In quest of the mythical mate.* Florence, KY: Brunner-Mazel.

Gottman, J.(1994). *Why marriages succeed or fail: What you can learn from the breakthrough research to make your marriage work.* New York: Fireside.

Pace, P.(2003, June). *Lifespan integration.* Workshop at the EMDR International Association Conference, Denver, CO.

Schnarch, D.(1997). *Passionate marriage.* New York: Norton.

Shapiro, F.(2001). *Eye movement desensitization and reprocessing* (2nd edition). New York: Guilford Press.

第 14 章

知的障害のあるクライエントとの EMDR

アンドリュー・シューバート

　最近まで、知的障害と精神保健の問題の両方の診断を受けている人たちは、カウンセリングあるいは心理療法の対象になりにくいと考えられていた。気分障害、悲嘆、あるいはトラウマによって引き起こされる問題行動と感情表出は、知的障害の一部としてみなされることがしばしばあり、知的障害の診断によって隠されてしまうということが知られるようになった。しかしこれは、時間と経験と共感的な理解によって変化してきている。知的障害の人々にとっても、カウンセリングと心理療法は、"適用でき、うまくいく"（Fletcher, 1993, p.328）ことが示されてきた。最も効果的なのは、治療の具体的で、経験に基づく、行動上の側面を利用し統合するアプローチである。セラピストに課せられた任務と責任は、クライエント自身の内面と対人関係の変遷をあるがままのものとしてたどり、さらに、健康的な状態に向けて本質的な動きを促進する方法、手段、言葉を見つけることである。

❖❖❖❖❖　**はじめに**　❖❖❖❖❖

　知的障害のある人々は、たいてい次のような特徴の全て、あるいは多くを示すであろう。すなわち、正常以下の IQ、抽象的な思考が苦手であること、受動性と依存性、無我夢中さ、感情の幅の狭さ、新奇なことの回避（変化への恐れ）、発達の遅れ、虐待への脆弱性である。従って、治療計画には、普通の治療目標と、障害のない人にとっては正常発達の一部である治療目標が含まれることになる。それには、自己認識、感情認識と表現、自己充足と自

律性、対人関係と対人接触、変化への恐怖の軽減、境界設定、障害に関連した羞恥心と悲嘆の処理、トラウマの解決がある。

発達の遅れがあるために、例えば感情を認識するというような共通の治療目標でさえも、セラピストとクライエントは、より多くの時間を費やすであろう。このため、トラウマの処理は、トラウマ治療における多くの段階の一つに過ぎないことを、心に留めておくことは特に重要である。

外傷記憶を転換させること（Judith Herman の想起／追悼［1992］、EMDR のアセスメントから終了への段階、あるいは Ricky Greenwald の"竜の退治"（slaying the dragon）［印刷中］に相当する）は、より大きな治療的枠組みの中に組み込まれている。そして、その枠組みは、痛ましい記憶の脱感作を行う前、行っている間、そしてその後まで、クライエントに心の備えをさせ、彼を支えるものである。このより大きな治療マップは、常に大前提として心に留めておかなければならない。

だから基本のプロトコルを参照基準とし、はじめはそれが開発され研究されてきたように使用するのだが、知的なハンディキャップのあるクライエントの治療を担当するときには、必要があればプロトコルを創造的に変えていくことが重要な作業となる。これは児童の治療に携わる人たちが用いる方法と似ている（Greenwald, 1999; Lovett, 1999; Tinker & Wilson, 1999）。知的障害の人たちが私たちの言葉を話すかどうかにはこだわらず、一緒に旅路を歩めるようコミュニケーションのチャンネルを探しながら、私たちは障害のある人の世界に入っていくのである（Seubert, 1999）。

以下では、知的障害と精神保健の問題のあるクライエントに焦点をあてる。話すことができて、知能検査では軽度（知能指数が 50-55 から約 70）から中等度（知能指数が 35-40 から 50-55）の知的障害（APA, 1994）のクライエントである。この章は Francine Shapiro（2001）の 8 段階のプロトコルを基準として使用し、同時にそれを拡張し応用することを提案する。また知的障害のクライエントに関する情報の要点が述べられ、彼らにどのような治療を選択すべきなのかを教示する特異的な戦略とともに、一般的な原則を示す。

◆◆◆◆◆ 第1段階：現病歴と治療計画 ◆◆◆◆◆

　この作業の評価の段階と治療的ラポートの形成は、何週間もの経過の中で統合されていく。この人たちは、評価とトラウマ歴において特異な点が2つある。第1点は、彼らの障害特性から、養育者に対してより依存的で、客観的な報告ができないことである。そのため、クライエントの生育歴を構成し直し、その症状を理解するためには、両親、家族、教師、直接のケアスタッフ、そしてほかのサービス提供者に、十分に面接を行うことが必要である。これを、Greenwaldは"解決行動"（solution behaviors）と呼んでいる（Greenwald, 印刷中）。

　第2点は、"トラウマ"という言葉は彼らにとってはより広範な意味を含まなければならないことである。障害のないクライエントで大文字の"T"、すなわち大きなトラウマを経験したことはないものの、小文字の"t"で表される小さなトラウマ体験に傷つけられて、その記憶が機能不全の状態で蓄えられている人たちがいる。知的障害の人たちでは、その人たちよりもさらに"トラウマ"を広く捉える必要があるのである。心理社会的そして認知的に劣るとすれば、知的障害のあるクライエントは、先天的に一般の形の外傷体験にとても脆弱であり、なおその上に多くのほかの形の経験にも傷つきやすい。特に成長の中での節目の出来事、例えば彼らが学校を卒業する、車の運転をはじめる、デートをするなどに際し、障害のない人々や年下の兄弟たちについていけないと知った時、傷つきを経験するのである（Levitas & Gilson, 1994）。

　もし可能であれば、この段階で援助者全員と会議を行うことは、ケースの理解と治療目標を明確にするために、非常に助けになり、必要なことである。クライエント自身からは主観的な報告がほとんど得られないため、これは特別な配慮により（情報に基づくものであるが）推測を行ったり、症状を言いかえる場となる。感情や行動の症状だけでなく、クライエントの病歴も頭において、この援助チームはクライエントの混乱の中心は何かを明らかにしなければならない。ミッシェルの背景はよい例となるであろう。

ミッシェルは軽度の知的障害である。彼は17歳で、地域の高校の普通クラスに通っている。ウォークマンでシカゴのサウンドトラックを聞きながら、ハーモニカを吹くのが大好きで、その楽しいユーモアと活発な想像力で、一瞬で人の心をつかむことができた。彼の第1の治療目標は、彼がミッシェルという人であり、ダウン症候群であることとその他全てのことを良いと思えるようになることである。しかし、知的なハンディキャップが軽く正常範囲に近ければ近いほど、「私の中の何かがおかしい。でもそれを自分では変えることができない」という信念への気づきが強くなってしまう。従って、羞恥心、喪失感、不安感は、ミッシェルにとって普通の経験になってしまったのである。感情を自覚することがなく、あるいは情緒的なコミュニケーションをする能力がないので、彼はしばしば簡単に引きこもった。そして、その苦痛や恐怖を行動化していた。

　彼の援助者のほとんどは、感情と行動の間の結びつきの可能性を探るよりも、むしろ彼の感情から『彼を守る』ことを常としてきた。苦痛や悲しみ、羞恥心を自覚しないよう「あぁ！　それは放っておきなさい！」「あなたは、大丈夫よ！」などの言い方をしてきた。気分転換も採用され、ミッシェルがフラストレーションと失望から急速に注意をそらし、その苦痛の瞬間以外のものであればどんなものにでも注意を向けるように働きかけが行われた。

　特に身体感覚として表れている感情にミッシェルが気づき、それに名前をつけ、それを適切に表現するよう励ますことに協力してもらうため、私が両親、教師、援助者、就労援助者に会うことは重要になっていた。この援助チームの主なメンバーには、感情に関わる目標（目標設定と治療契約）だけでなく、何が彼の行動を駆り立てているのかの理解（ケースフォーミュレーション）が欠けていたのであった。

◆◆◆◆◆◆　第2段階：準備　◆◆◆◆◆◆

　前述の第1段階のように、準備の段階でもクライエントと援助者を参加させなければならない。トラウマの処理が行われるときには、全ての人が何

第14章　知的障害

を期待するかというだけでなく、治療の目標を理解していなければならない。皆が、感情の認識とその取扱いを学ばなければならない。また、全ての人が、安全と援助のためのケースマネージメントに参加しなければならない。セラピストは、極度に相互依存的なシステムで仕事をしている。そして、そのチームを調整しなければいけないのはセラピストであることが多い。EMDR、あるいは、どんなトラウマ解決の戦略であっても、より大きなトラウマ治療モデルの一部でなければならないということが明らかになってきている。

◆◆◆◆◆◆　コミュニケーション手段　◆◆◆◆◆

　コミュニケーション手段の範囲は、表現性と抽象性を越えてしばしば広がらなければならないことが多い。治療的ラポートの成立とその進展のために、クライエントとセラピストの間のコミュニケーションを促進させる手段を確立することを、前もって準備する必要がある。その手段には、言葉、表情、身体を中心としたもの、動き、姿勢、造形、音楽が含まれる。クライエントは、コミュニケーションの道への手掛かりや合図を持っており、セラピストの仕事は、経過を観察し理解することを繰り返すことである。これは、セラピストとクライエントが言葉、音、姿勢、動き、コミュニケーションを可能にする表現の媒介（芸術、音楽、ドラマ、箱庭、物語）を発見していく進行中のプロセスである（Seubert, 1999, pp. 92-93）。ここにも、児童と思春期の治療的アプローチとの類似性がみられる。

　二重注意刺激（DAS）は、特に視覚的なスキルの予行練習（肯定的鋳型）を行う時、適切なコミュニケーションを練習し、その成功体験を強化するために役に立つことが多い。クライエントは不安が高まった時に誰かを殴ったり叫んだりするかわりに、援助者に不安であることを言葉やジェスチャーを使って伝えるスキルを教えられる。次いで、クライエントは不安が高まる状況にあるとイメージし、新しく獲得したスキルでその混乱を処理しているのを想像するように促される。その間に、セラピストがDAS（眼球運動、聴覚あるい触覚刺激）を行うのである。このように肯定的にイメージする予行

練習の後(そしてその後は体の中で)、その成功は肯定的な資源として植えつけることができる。

セラピスト:さて、自分のイライラをこうやって処理するのがどんな感じかわかりましたよね。それはどんな感じですか?
クライエント:いい感じです!
セラピスト:そして、その"いい"感じは体のどこにありますか?
クライエント:お腹です。
セラピスト:では、それと一緒にいきますよ(DASを加える)。

◆◆◆◆◆ プリセラピー ◆◆◆◆◆

　Prouty(1976)は、知的なハンディキャップを持つクライエントが、(自分自身と他人を)関係付けることと(世界を)経験することの両方が典型的に欠けているのに注目した。彼は、治療的接近ができないものかと、自分のクライエントの損なわれている心理的機能を育てるためにあらゆる種類の反響を用いた方法を開発した。例えば、表情、身体、言語のミラーリングを、クライエント自身の中で自分と他人への気づきを強めるために用いた。そしてそれはその後、機能と行動がより相互的になるように導かれていった。

　さらに、クライエントの"内と外"の感覚を開発する必要があるだろう。思考、感情、身体感覚、願望、想像は全てクライエントの"内"の世界に属するものであり、一方、出来事、願望や恐怖の対象、それらの感覚を刺激する人々と物は"外"に属する。ハンディキャップのない人々には当然の抽象的なこの境界の概念は、障害のあるクライエントにとっては、難問となりうるのである。私がファシリテーターをつとめた"気づきとコミュニケーション"というグループのメンバーは、自分の境界と自他を区別する具体的な感覚を作るために、それぞれが自分のフラフープに入ってそれを携え、お互いの方に向かって歩き接近する必要があった。この例からわかるようにセラピストは、障害のない世界に一般的にある概念や相互的に関わる能力の多くが、

クライエントに当然そなわっていると思うことは避けなければならない。

　準備の段階で、私が"サンドイッチ効果"と呼んでいる順番で、その発達的学習を促進させることができるときにはDASを使っている。この"サンドイッチ効果"では、穏やかにさせる部分とそれを強化させる部分の間で学習が起こる。まずなにか落ち着かせ穏やかにさせる資源のためにDASを用い、それから学習をはじめる。「あなたが今やったことを学んで、どんな気持ちですか？」と聞き、もし答えが、「いい感じです！」であれば、次にそれぞれのそして全ての成功体験を資源として活用できるようにDASを行う。例えば、ミッシェルの他の人の存在に（他の人と接することに）気づくという学習プロセスにおいては、穏やかな状態を作るためにDASを利用する。そして、私やセッションに参加している人の顔や身体の合図を読み取る練習をし、最後に彼がそれを成し遂げたことへの気づきを強化していくのである。この成功の記憶は、独自に引き出された資源となる。そして、穏やかにさせる資源と成功への気づきを強化する間に、DASを予備的にリハーサルとして "サンドイッチ"することを通して、自分をコントロールする感覚が確立される。

◆◆◆◆◆　感情の教育　◆◆◆◆◆

　このような人々との作業では、セラピストは全てのことをできる限り具体的に明確にしなければならない。そして、「はい」で答えられる質問をしてはならない。知的障害の人々は、人の言いなりになったり、感情表現が限定されていることが多い。それは必ずしも障害のためではなく、養育者によって条件づけられ、過保護になっているためであることが多い。感情教育には、忍耐、感情の取り扱いと感情の表現だけでなく、感情認識という非常に基本的な要素を含んでいる必要がある。感情を引き出し、体のどこにあるかを特定し、ビデオ、写真、物語の中で気づかせる必要がある。知的障害のあるクライエントは感情が湧きあがった時に、それに気づくよう教えられる必要がある。DASは、この気づきを亢進させるだけでなく、活性化させるのにと

ても有効である。次に、気づいたことを言葉で言い表す、肯定的な気持ちを吸い込み、嫌な気持ちを吐き出すなどの感情の取り扱いを練習するのに使うことができる。さらに、これらの感情を言語化し、音に出し、絵を描き、ロールプレーをするなどの表現に DAS を使用することができる時がある。これは、Prouty（1976）が言うところのいわゆる自己との"心理学的接触"にあたる。

　ミッシェルと私は、地元のピザ屋での変わりやすい気分と、いくぶんけんか腰な彼の態度を検討していた。そのピザ屋で、彼に介助者の援助を受けながら仕事のスキルを学んでいたのである。彼の態度が、彼の支配人から否定的な反応を引き出すことがあるので、その結果、前もって設定していた自己肯定感を深めるという目標を達成できなくなるのである。

　次のセッションの抜粋では、感情を育てることに焦点がおかれていること、"サンドイッチ"戦略を使用していること、フィードバックと観察（今まで以上の評価と潜在力の再評価）をする援助者の存在を見て取れる。

セラピスト：ミッシェル、ローリー（介助者）が教えてくれたんだけどね。前に仕事場でジャンボ（彼の想像上の友人であり内的な批評家）に大きな声で話しかけたんだってね。その時どんな感じだったか覚えてる？
ミッシェル：覚えてない。
セラピスト：その時、君は何をしていたか、覚えてる？
ミッシェル：覚えてないってば！　そのこと、話したくないんだ。
セラピスト：ちょっとだけそのことを考えてみない？　君が仕事で困らないように。
ミッシェル：えーと……（彼は一瞬沈黙する）うん、まあ、ちょっとなら。
セラピスト：（ミッシェルに音が交互に鳴るヘッドホンをかけてもらう）ミッシェル、前に練習したみたいに、まずお腹で深く呼吸をしてみよう。そして、君をほっとさせてくれる人を思い出してみよう。（少し間をおく）浮かんできた？
ミッシェル：うん。

第14章　知的障害

セラピスト：素晴らしい！　じゃあ、ちょっと戻って、あの日仕事しているところを想像してみてね。君は何しているかな？
ミッシェル：ピザの箱をいつもと違うように折りたたむように言われたんだ。でも僕はどうやっていいかわからなかったんだ！
セラピスト：そうか。じゃあ、前に話した体の中に起こる合図に集中してみてね。仕事をどうしていいかわからない時、君の体の中で何が起きているかな？
ミッシェル：ぼくのお腹が変な感じがする……。（しばらく感じて）
セラピスト：その変な感じに名前はあるの？
ミッシェル：なんていうか……、緊張かな。
セラピスト：すごいよ、ミッシェル。では、ジャンボに話すかわりに、君がどんなふうに緊張していたかをリサに話すことを想像してみよう。

　気づくことが第1である。気づくことができればミッシェルは想像上のジャンボに大きな声で叫ぶかわりに、彼の仕事の補助の人や他の誰かに自分が気づいた変化への不安や恐怖を伝え、それに対処する方法をより簡単に得られるようになる。彼の叫び声は、客のピザの消化を妨げることになっていたのだった。その後、私たちは持続的な聴覚DASと未来の鋳型を用い、この新しい気づきとスキルを練習した。最後にそのような状況をより適応的に扱うことができるようになると、どんなに心地良いものなのかを強化した。
　内部自我状態と呼べるかもしれないものに向かって大きな声で話しかけるというミッシェルの独特なやり方は知的障害によると見なされる（診断によって覆い隠される）。しかし、もっとさりげない方法ではあるが、私たちは誰しも似たような対処法を用いているという現実がある。知的障害のクライエントは、障害のない人たちと同じ内部メカニズムと防衛機制を使っている。彼らはただよりわかりやすいだけなのである。
　未来の鋳型を作るときには、まず眼球運動を用いる。もし、これで効果がない場合は、目を閉じてタッピングか聴覚刺激を用いるか、あるいは持続的なDASを試みる。クライエントはいつも何がよく効くかについて最もよく知る達人である。

視覚化は効果的なことが多い。またあるときには、抽象化と一般化ができないので、何人かの知的障害のクライエントたちは、具体的に今、ここという現実で作業を行う必要があった。ゲイルは57歳のクライエント（軽度精神遅滞）であるが、私が「あなたの言い方は、まるであなたの中で幼い部分が傷つけられたように聞こえますね」と言ったことを、信じられなかった。「先生、そんなの馬鹿げているわ！　あなたは、私の中で小さな子どもが走り回っているって言うの？」自我状態はもはやこれまでである。しかし43歳のキャロル（軽度精神遅滞）は、彼女自身が強いと思うために何が必要かと質問すると、「私が必要なのは…ポパイよ！　私のちょうど心の中でほうれん草を食べてるの！」と答えた。そして、彼女が家族や友人の死をどう扱うかを学んでいる時、ポパイは彼女の資源になった。

◆◆◆◆◆　資源の開発　◆◆◆◆◆

　知的障害のクライエントにとって、資源の開発では、発達上の成長という側面をターゲットにし、その質を高める。彼らの抽象化と一般化の能力の多様性を考慮すると、資源となりうるのは以下のものである。(a) 物質：写真、絵、クライエントの描画、物体、(b) 表象：記憶、イメージ、創造的視覚化、(c) 身体的位置：「その気持ちは体のどこにありますか？　あるいはそのイメージを体のどこに蓄えられますか？」などの質問から得られる。資源の種類と数が多いほど、停滞した処理を活性化させるための選択肢が多く使えることになる。

　「m」という文字も、記憶（Memories）、反映（Mirrors）、モデル（Models）、想像（iMaginings）などの多様な種類の代表的資源を思い起こす仕掛けとして役に立つ。助けになる感情や内的な資源を経験したというクライエントの記憶（Memory）は、想像したものよりも、いつも強い影響力を持つ。反映（Mirror）とは、ある資質がクライエントの中に見つかったものの、彼らがそれに気づかない時に、それを教えてくれる人のことである。モデル（Model）は、その資質を具体化し、クライエントの中にそれを引き起こし鼓舞させ

るような人である(そのモデルは持っていない何かを与えくれるわけではない)。想像(iMaginings)された資源とは、文学や映画、アニメあるいはクライエント自身の想像から得られたものであれ、他の全ての資源がうまく得られない時に求められる。

　ミッシェルの場合、アセスメントや脱感作の段階に入る以前に、さまざまな資源を使うことができた。私は、彼の人生の中で資源となっている人々(実際の友人、家族、援助者)の写真、ボウリングとスペシャルオリンピックでの彼の成功を伝える新聞記事の切り抜き、そして肯定的な気持ちの状態について彼が描いた絵に、集中するように指導した。その間、通常DASには、両側性の音楽かそれにつながるヘッドホンを用いた。

　ミッシェルは抽象概念を用いて作業することが少しできたので、私は彼が"資源の場所"のイメージを作るように導いた。(特に"安全な場所"はないクライエントがいるので、"資源の場所"の方がより幅広い解釈ができることを私は見いだしている)。その場所の中で、私たちは輪("優秀の輪"という神経言語プログラミングを採用した [Collingwood & Collingwood, 2001])と森の中の空き地のイメージを開発した。その中で彼は私たちが確立していた全ての資源をより具体的な方法で配置した。ここから、私は彼の体の中に情景全体を位置付けていった(この情景全部の写真を撮るような感じ。全ての人々や情景、良い記憶、良い感情といっしょにね。そして、たった今あなたがリラックスするように感じるどこかに植えつけてみてね)。そして、私は彼にそのイメージにぴったりする手がかり語やフレーズ("うれしい"、"穏やか"、"すてき"が、ミッシェルのお気に入りだった)を選んでもらった。最後に、彼はその場所を自分の体の中に吸い込んだり吐き出したりした。その資源は今や、イメージ、感情、認知、身体の場所、そして呼吸によって固定された。十分に練習すれば、体の中のその場所に息を吸い込んだり、手がかり語を繰り返すことで、ミッシェルは必要な資源を呼び戻すことができるだろう。

　DASはクライエントが肯定的な感情や身体感覚を経験したその瞬間を強化するために通常用いられる。一般的には、聴覚刺激を用いるが、クライエ

ントの手、肩、膝をタッピングすることもある。

　DASはクライエントが強い感情を解放し調整するやり方を学習している時にも役に立つ。この作業では、私はクライエントのステップの概略を示すのに、頭文字をとって「LIDS」という言葉を使っている。

"L"— locate 位置付け：その気持ちが体のどこにあるかを調べる。
"I"— intensity 強さ：0－10の尺度を使ってその気持ちの強さを決める（私は2つのことを測定している。ひとつは現在の苦痛レベル、もうひとつはクライエントが到達したいレベルである）。
"D"— describe 描写：その気持ちを表現する（その気持ちには色、形、大きさ、温度はありますか）。
"S"— send 転送：その気持ちに息を吹き込み、その感情エネルギーを吐く息とともに宇宙に撒き散らすために形を変える。あるいは、前にクライエントが目に見える形で作っておいた入れ物（壺、ミルク缶、金庫、箱）に、しかるべき時がくるまでしまっておく。望ましいレベルの強さが得られるまでこれを行う。このはじめの3段階が達成されれば、感情の解放と調整の最後の段階でDASを併用する。

◆◆◆◆◆ 第3段階：アセスメント ◆◆◆◆◆

　アセスメント段階の主要な目標は、機能不全の状態で蓄えられている記憶にアクセスすることである。ここでは標準的なアセスメントの要素をできるだけたくさん用いなければならない。それが難しいときには、特に感情的、身体的な形で、クライエントが関係付けたり、その機能不全の情報にアクセスできそうなことならなんでも用いるようにする。これを行うには、しばしばさまざまな調整が必要である。知的障害の人を担当する中で、私はただの一度も、正規のアセスメントを完成させたことはないし、またそのような必要性に迫られたこともない。アセスメントの要素（映像、否定的認知［NC］、肯定的認知［PC］、認知の妥当性尺度［VOC］、感情、感覚、主観的

第14章　知的障害

障害単位尺度［SUDS］）を頭に置き、私はできる限りたくさんの情報を集める。これらの情報は、別の時（例えば、評価あるいは準備の段階で手短にターゲットについて触れたかもしれない時）に得られることもある。そして、処理をはじめる前にまとめるのである。

　知的障害と精神保健の問題の両方の診断を受けているクライエントたちは、ターゲットの映像を思い出すことができないか、あるいは思い出すことを嫌がるかもしれない。時々、最悪の瞬間をイメージすることもできるのだが、その出来事やそこにいた人を代表する絵の方がしばしばもっと具体的で効果がある。

　NCとPCは得るのが難しいことが多く、それらにこだわっていると、既に活性化されているかもしれないクライエントの身体的、感情的動きを止めてしまうことになるだろう。認知をリストの中から選べるクライエントがいる。もし、選べなくても、その処理の中で、セラピストがしばしば共感的に推測することによって、定着している認知を発見することができる。そして理想的には、クライエントが自らそれを発見できるような質問をすることで、それをフィードバックしていく。ハンディキャップのあるクライエントたちにはより指示的にならなければならないことが多いという事実を考え合わせると、彼らの従順な傾向に気づき、「はい」という答えを鵜呑みにしないことは重要である。

　セラピストは一般的には、今の肯定的信念をどの程度本当だと感じられるのかを決めるためにターゲットの映像とPCを同時に結びつける。そして、感情と身体的情報にアクセスするためにクライエントたちに映像とNCを合わせるように言う。ハンディキャップのあるクライエントにとっては、植えつけとボディスキャンの段階の間、同時に2つのことに気づくのは、難しいことかもしれない。今ある信念を評価している間に過去の出来事に焦点を合わせるように求めるのは、大変混乱しやすいことである。そこで、私たちは創造性に賭けてみなければならない。クライエントの能力に応じて、できる限り情報を集め、どんな感情的、身体的動きにも注目しなければならない。クライエントに感情あるいは身体感覚があるように見えた時、通常私は「そ

379

れといっしょに行きましょう！」と言うだろう。

　感情のトレーニングがどのくらい進展しているかによっては、感情の認知はうまくいくことがある。感情に名前をつけると、知らない間に抽象化することができるが、ミッシェルやキャロルのようなクライエントにとってそれは通常は苦手な領域である。

　たまに私は感情に名前をつけることを省き、単にクライエントに身体感覚に集中するように要求している。またときには、感情が存在するかもしれない身体の領域に名前をつけなければならないこともある。自分の身体に気づき、それに触れることを促すために、必要に応じて、より主体的な反応がある部位からより多くの案内が必要になる部位まで移って名前をつけていくのである。

　子どもを対象とする時と同じように、私たちはしばしば独自の VOC と SUDs を作らなければならない。2 つの異なる尺度を使うと、Michael は混乱するということがわかったので、私たちは「全部に使えるひとつの尺度」を作った。「0 〜 10 だよ、Michael」と私は提案した。「**0 は最低、10 は超すてきなんだ！**」これはとてもうまくいき、彼は否定的な感情状態の度合いを 0 を最悪として 0 から 5 の間くらいと評価して示すことができた。否定的な感情がなくなり肯定的な感情が増えるとその値は 10 にまで上がった。彼が否定的な経験を思い浮かべることができ、それでもなお「10 ！」と感じていると言えた時、そしてそれを 2 回行うことができた時、脱感作は完了した。その後のセッションでも、処理の力がちゃんと残っているかをチェックする時に、この尺度は有効であることがわかった。また別のときには、彼に私の手を広げさせたり閉じさせさせたりすることも、苦痛が多いか少ないかを示すのに役立った。

◆◆◆◆◆　**第 4 段階：脱感作**　◆◆◆◆◆

　他の全ての段階と同じように、もし標準のプロトコルが役に立つのであれば、ただそれに従うべきである。しかしながら、この人たちにたいへんよく

第14章　知的障害

見られるのは、たとえ準備を重ねたとしても、感情に耐えることは難しく、目標を決めたとしてもトラウマの処理の必要性をまったく理解できないことである。結局、「ただつらいだけなんだ。なんで困らせるの？」と彼らは言う。こういう時は、クライエントの脱感作に耐える能力をセラピスト自身が疑っていることが投影されていることがある。クライエントとセラピストの両方に恐怖があると、癒しへの扉がしばしば閉ざされたままになってしまうのはこの段階においてなのである。

　「それはスープを作るようなものですよ」と私はクライエントに説明している。「あなたがもし材料（トラウマ）をあまりにもすぐに飲み込んでしまったら、気分が悪くなります。このように生の材料が全部ありますね、ある物は最初から入れるし、料理の途中でスープの味を濃くしたり、薄くしたり、スパイスをきかせたり、なめらかにする（資源）時、もっと加えていくことがあります。そして、あなたが好きなスープになるまでゆっくりと料理します（処理）。最後に、消化できない物のかわりに、素晴らしいスープができあがります」

　知的障害と精神保健の問題の両方の診断を受けているクライエントでは、この脱感作の段階で多くの資源が編み込まれるべきである。なぜなら、これらのクライエントたちは資源を一つの出来事から他の出来事へ一般化することができず、時折感情をコントロールすることが持続して困難であるため、よりたくさんの資源をもっと頻繁に用いる必要があるかもしれないからである。これらのほとんどは前もって作っておくべきである。処理での緊急事態には、その脱感作自体の中で新しい資源を作る必要が出てくるのは当然である。

　特に、クライエントが堂々巡りしていたり、依然として痛みに向き合うことを回避しているのであれば、持続的な資源の編み込みを用いると、たいてい上手い解決を促進できるだろう。クライエントが自発的に資源を発見することを待ったり、時折、前にあるいは今作った資源を示すかわりに、クライエントの注意を頻繁に準備段階で開発された資源に向けることができるかもしれない。それは通常短いセットでターゲットに集中させ、その後資源に注意を向ける短いセットを行うという方法をとる。時々、資源は堅固でより大

きな容器に入れておけるかもしれない。その容器の中では、難しい題材は簡単に放り込まれ、その後、意識から遠ざけることができるものである。例えば、私は次のように提案するかもしれない。「あの安全な場所（あるいはあなたを世話をする人々とのあの輪の中に）留まってください。そしてただ_____についてちょっと考えて（あるいはその写真をみて）みましょう。（少し間をおいて……）さあそれを追い払って……」これは処理のバランスを調整し、同時に悩ましい内的な体験を乗り越える感覚をもたらすのである。

ターゲットと資源の間を行きつ戻りつするという Peter Levine（1997）の"振り子運動"の概念は、クライエントたちに、あまりにも恐がらせるものでなければ立ち向かってみる勇気を与えてくれた。しかしながら、私たちは、脱感作が完了したかどうかを確認するために、ゆくゆくは、元々経験したようなターゲットの記憶に戻らなければならない。

標準的な処理の方法と異なるもうひとつの点は、知的障害と精神保健の問題の両方の診断を受けているクライエントたちは限られた時間しか注意集中できないので、ターゲットと映像に頻繁に戻り、評価尺度（例えばSUDS、「全部に使えるひとつの尺度」）を多用することである。このクライエントたちはしばしば障害のない人たちのように学習したことを一般化することができないという事実を踏まえれば、選んだターゲットを多くは急速に処理したとしても、似たような出来事でも分けて処理することが必要であろう。これについては再評価の段階でもっと詳細に検討する。

以下の臨床例からは、特に治療の脱感作の段階の間、創造的な応用が常に必要になっていることがわかるであろう。

ミッシェルは、銃を手に入れて人を撃つと脅したことから、最近停学になっていた。彼はそんなことをしそうにもなかったが、コロンバイン高校での射殺事件後、社会の不安が高まっていたためそのような処分がなされた。ミッシェルは明らかに2つのことに関してとても憤りを感じていた。ひとつは、彼は1回ダンスをした後で障害のない高校生の女の子に恋をしてしまい、彼女を自分の「ガールフレンド」だと確信したことである。そして彼女が今のボーイフレンドといっしょにいるのを見て、怒り、嫉妬したのであった。同

第14章　知的障害

時期、1番の親友のジョシュ が（彼もダウン症候群であるのだが）、電話の返事をくれないということがあった。この友人はミッシェルにとっては兄弟のようなもので、彼はこのことで腹を立て傷ついていた。

　停学になってからのセッションで、ミッシェルは両耳から交互に音楽を聴くためにイヤホンをつけたが、左の耳からうまく聴こえないことに気づいた。すると即座に彼は怒りを爆発させた。

ミッシェル：この耳は大嫌いだ！　僕の人生なんて大嫌いだ！　人は僕を憎んでるんだ！
セラピスト：そうか、ミッシェル、まずそのイヤホンをとってごらん。そして私といっしょに深呼吸をしてみよう。

（この時点で私たちは床の上に座っていたが、彼の前に2組の絵が並べられていた。1組は彼が描いた顔で、それはいろいろな感情を表現していた。もう1組は彼にとって肯定的資源となる少数の人々や出来事の写真であった。彼は私の提案に従い、深呼吸をし、怒りと苦痛の表情を指差した。）

セラピスト：大変なことがたくさんあったんだってね？
ミッシェル：ああ。ありすぎだよ。（少し口を尖らせた）
セラピスト：学校ではあの女の子を見たんだね、そしてジョシュのことでしょ、そして今は耳のことだよね。
ミッシェル：いつも何か悪いことがあるんだ！
セラピスト：他の人が悪いの、君が悪いの？
ミッシェル：僕が悪いんだよ！

　自然に我々はNCに到達した。それは、自分の何かが正しくないとわかるぐらい理解力のある知的障害の人たちが経験する多くの困難の背後にあるものである。ミッシェルは、自分の気分を良くする方法を試してみることに同意した。はじめに傷つき怒っている描画を数秒見て、次にその注意を資源と

383

なる写真に移すように促した。その間に、私は彼の後ろに立ち彼の肩を交互に軽く叩いた。1クール終わるごとに素早くSUDSの評価を行い、これを繰り返した。2分くらいで「全部に使える一つの尺度」の0から10で、ミッシェルの気分は尺度の低いものから6に変わり、そして最後には最高の10になった。
　彼の顔は輝いていてエネルギーがみなぎり確信に満ちていたので、私を満足させようとして10と言ったのではないことはわかった。障害のあるクライエントの否定的な感情を解き放つ能力は、子どもたちでしばしば経験されるものと大変似通っている。今の瞬間に戻ってくる能力を持つことと同じように、深い「精神的な重荷」につながれていないことが、そのような急速な感情のシフトが起こる理由であろう。
　次に続く2つのセッションでは、ミッシェルは両側性の音楽を使うことを選んだ。

セラピスト：ミッシェル、いいかい、女の子、ジョシュ、そして君の左耳、これ全部、どのくらい君を悩ませたの？　今それは大丈夫？

　私は直感から、何かひとつに特に焦点を当てるより、これら全てをひとまとめで扱うことにした。特定の痛ましいイメージや出来事を回避する傾向のあるミッシェルのような場合は、"全部の嫌なこと" として取り扱う方がうまくいく時がある。

ミッシェル：それほどでもないけど。でも……、大丈夫だよ。
セラピスト：（今、両側性の音楽が持続的に流されている）目を閉じてはじめよう。林の中のあの輪を考えてみて、ほら、君の大好きな動物と大好きな人たちみんなと一緒にいるよ。さあ、目を開けて、この楽しい写真をみてごらん（10秒ほど）……それではこの怒って傷ついて、何か自分に悪いことが起きていると思っている顔を見てください（5〜10秒、彼の表情とボディランゲージから示されるものによる）。0から10の間で、これはどのく

第 14 章　知的障害

らい？
ミッシェル：2 かな
セラピスト：いいね、ではもう一度ね。楽しい写真といっしょに……次はその絵だよ……0 から 10 でどのくらい？
ミッシェル：2

　ここで、明らかな堂々巡りが出てきているので、音楽を聴かせたまま、私はただ何回かの眼球運動を加えてみた。彼は音楽が大好きだったので、当初、処理の手技としては聴覚刺激を選んでいた。しかしながら脱感作を進めていくために、以前はタッピングが、そして現在は標準的な眼球運動が必要となっていた。

セラピスト：じゃあね、ミッシェル、この気持ちが書いてある絵を見て、そして私の手が行ったり来たりするのをただ追ってね。（10 往復ほど眼球運動を行う）今度は、楽しい写真に注目して……また、この絵に戻ってね。今 0 から 10 でどのくらい？
ミッシェル：10！

　彼は晴れやかな顔をしていた。そして私は、彼が実際ターゲットを処理できたのか、あるいは、彼が背負い込んでしまっている痛ましい出来事に触れないで欲しいだけなのかを考えた。私たちはこのプロセスを数回繰り返したが、10 は変わらなかった。次の週、同じことを続けたが、今度はもう少し明確に、左耳、失ってしまった「ガールフレンド」、その女の子の新しいボーイフレンドに焦点をあてた。全て 10 のつらくないと評価した。続くセッションでも同じ結果で、今はおよそ 1 年過ぎているが、ミッシェルに彼の耳や片思いについてのどんな悩みも再燃することはなかった。

◆◆◆◆◆ 第5, 6段階：植えつけとボディスキャン ◆◆◆◆◆

　知的障害と精神保健の問題の両方の診断を受けているクライエントたちは肯定的認知の植えつけとボディスキャンを常に行えるわけではない。なぜなら、彼らは意識の中で2つのことを同時に保つことがいつもできるとは限らないからである。それは、2つの抽象概念（記憶とPC、記憶とVOC）あるいは抽象概念と身体への気づき（記憶やPCとボディスキャン）といったことである。障害のないクライエントですらこれらの作業を難しいと経験している。まして障害のあるクライエントはこの作業を難しすぎると感じることが多い。そして成功の後に失敗したと理解してしまうことで、処理の肯定的で成功した経験が消されてしまいかねないのである。

　通常、私はクライエントに元々のターゲットとNCを思い出してもらい、次にボディスキャンに導く。このときには両方を同時に意識させることにはこだわっていない。そのかわり、ボディスキャンの間に、簡単にターゲットとNCにふれ、そしてスキャンを続けることをするかもしれない。

◆◆◆◆◆ 第7, 8段階：終了と再評価 ◆◆◆◆◆

　前にも述べたように、知的障害と精神保健の問題の両方の診断を受けているクライエントのこの段階では、クライエントの支援者のネットワークにより大規模な関わりを求める。支援チームの継続がないと、自然な処理が進むことにクライエントは戸惑ってしまうかもしれない。どう理解していいかわからず、"不適切な行動"や反応をして、ときにはペナルティを課せられることがある。

　地域に根ざした支援を受けている場合では、家族、直接の援助者、精神科医、そして他の精神保健の専門家全員に、処理セッションにより起こりうる後遺症について知らせる必要がある。それは、彼らの行動を誤解することを防ぎ、時折起こりうる治療の波及効果にどう対処するかをスタッフに教育するためである。気分の変化、睡眠障害、わめき声、あるいは攻撃的な行動が

第14章　知的障害

増加するクライエントに対して、薬の増量や行動療法プログラムは必要ないであろう。そのかわり、これがセッション中話し合われたことで、一過性のものであるということを共感的に思い出させることが必要なのである。一方、施設環境の中では、全てのチームメンバー、特に行動の観察とクライエントとの関わりなどほとんどを行う直接のケアスタッフには特に、この調整がなされなければならない。

　覚えておかなければならない最後のポイントは、ひとつの出来事から学習したことを他の似たような種類のものに一般化することが、知的障害のあるクライエントはしばしば苦手だという点である。特にキャロルのケースでは、成功した行動の未来の鋳型を行うのと同じように、個々の今あるトリガーを処理することの重要性が示されている。

　40代のはじめ、家族の親しい友人が亡くなった後、キャロルは攻撃的に行動していた。彼女は検査から中等度の精神遅滞と診断されていた。最初のセッションで、ケースマネージャー同席のもと、過去1年間に家族と友人が次々に亡くなったことを教えてくれた。このことについて彼女はどう処理したらよいかわからず、将来経験するかもしれない死、特に両親の死を恐れ、仲間からどんな気持ちでいるのかあるいは誰かが死んだのかと聞かれるといつも、喚き暴れていた。

　生き生きとした想像力のおかげで（スタッフの中には"呪われて"と言う人もいるが）、キャロルは視覚的な資源を作ることができた。そこで私は彼女に、さまざまな感情、特に悲しみと恐怖を代表する絵を描くように求めた。話をする中で、おそらく彼女のNCである、"私にはどうしようもできない！"というのが出てきた。

セラピスト：キャロル、あなたのまわりでこの人たちがみんな死んでいるとなると、こんなことにはもう2度と耐えられないと、あなたが信じているように聞こえます。

キャロル：その通りです、私はただどうすることもできないんです！

眼球運動と両側性の音楽の組み合わせで、彼女は資源を開発し、喪失体験と将来あるかもしれない喪失にまつわる不安を処理した。その後すぐ、彼女の両親から電話があり両親の大学の友人の1人が死んだことが知らされた。私はこのことを聞いてすぐ、彼女の両親が準備段階であまり十分に関わっていなかったことを後悔した。Carolは再び行動化をはじめたが、1回のセッションでその電話でもたらされた痛みを消すことができた。最後の2回のセッションで、私たちは、治療中での成功から資源を作り、仲間から質問を受けたことへの反応を脱感作し、確かなスキル（"そのことについて本当はもう話したくない"）を練習した。

◆◆◆◆◆ 結　論 ◆◆◆◆◆

　知的障害のクライエントとその家族にとって、彼らの人生をより耐えられるものにするためのセラピーを拒否されることなく、支援を受けることはとても難しい。これらの支援には、クライエントのトラウマ歴に注目することが含まれなければならない。それは、知的障害のクライエントの治療においてほとんど見過ごされてきた治療領域である。そして、これらの支援は共感性と創造性を駆使して提供されるべきである。

　障害の有無に関わらず、私たちは皆、幸福だけでなく心の痛みも経験する。私たちには皆、平衡を保ち健康な状態に戻そうとする生まれながらの癒しのシステムがある。また、共通した感情の解放と人とのつながりを渇望している。ハンディキャップのある人と仕事をする臨床家は、クライエントをより完全な正真正銘の人生に向かって、案内することへの挑戦と創造する喜びの経験に直面するのである。正真正銘の人生とは、気づき、自己選択と非人間的な歴史からの解放を基盤とするものである。

　キャロルがその喪失体験を扱うために必要な（扱う勇気があった）資源を開発しはじめると、彼女は障害を持つかどうかに関わらず、苦しみから誰をも自由にできる解決策を創造していた。

第14章　知的障害

セラピスト：強くなるには誰が助けてくれるかしら？
キャロル：えーと、わかったわ、ポパイよ！　ほうれん草を食べるポパイ！
セラピスト：素晴らしい！　そして、彼にはどこにいてもらうの？
キャロル：私の心の中に。
セラピスト：それからあなたは何をするの？
キャロル：彼は私の心の中にいるの。それから心の中にはドアがあってね、私はただドアを開けて全ての悲しみを外に出さなければならないだけなの！

そして、それはまさに彼女が行ったことであった。

◆◆◆◆◆　資　　料　◆◆◆◆◆

　多面的な情報収集の素晴らしいフォーマットは、Beth Barol の "Biological timeline" である（Barol, 2001）。
　資源の開発の詳細な治療を知りたい場合は、Andrew Leeds（Leeds & Shapiro, 2000）の著作物を参照して頂きたい。
　The National Association for the Dually Diagnosed（NADD）は、知的障害と精神保健の問題の両方の診断を受けている人たちの治療に関するカンファレンス、メール、テープ、出版物などの主要な情報資源である。電話：(845) 331-4336. ホームページアドレス：www.thenadd.org.
　私が以前に書いた論文（pre-EMDR）"Becoming known: Awareness and connection with the dually diagnosed" と、知的障害と精神保健の問題の両方の診断を受けている人たちに EMDR を使った臨床的な治療成功事例のケースレポート集は、私たちのホームページでみることができる。http://www.clearpathhealingarts.com.

◆◆◆◆◆ 参考文献 ◆◆◆◆◆

American Psychiatric Association (1994). *Diagnostic and statistical manual of mental disorders* (4th ed.). Washington, DC: Author.

Barol, B. (2001). Learning from a person's biography: An introduction to the biographical timeline process. *Pennsylvania Journal on Positive Approaches, 3*(4), 20-29.

Collingwood, J. J. P., & Collingwood, C. R. J. (2001). *The NLP field guide: Part 1. A reference manual of practitioner level patterns.* Sydney, Australia: Emergent Publications.

Fletcher, R. (1993). Individual psychotherapy for persons with mental retardation. In R. Fletcher & A. Dosen (Eds.), *Mental health aspects of mental retardation* (pp. 327-349). Lexington, MA: Lexington Books.

Greenwald, R. (1999). *Eye movement desensitization and reprocessing (EMDR) in child and adolescent psychotherapy.* Northvale, NJ: Jason Aronson.

Greenwald, R. (in press). *Child trauma handbook: A guide for helping traumaexposed children and adolescents.* New York: Haworth.

Herman, J. (1992). *Trauma and recovery.* New York: Basic.

Leeds, A. M., & Shapiro, F. (2000). EMDR and resource installation: Principles and and procedures for enhancing current functioning and resolving traumatic experiences. In J. Carlson and L. Sperry (Eds.), *Brief therapy strategies with individuals and couples* (pp. 469-534). Phoenix, AZ: Zeig/Tucker.

Levine, P. (1997). *Waking the tiger: Healing trauma.* Berkeley, CA: North Atlantic Books.

Levitas, A., & Gilson, S. F. (1994). Psychosocial development of children and adolescents with mild mental retardation. In N. Bouras (Ed.), *Mental health in mental retardation: Recent advances and practices* (pp. 34-15). Cambridge, UK: Cambridge University Press.

Lovett, J. (1999). *Small wonders: Healing childhood trauma with EMDR.* New York: Free Press.

Prouty, G. (1976). Pre-therapy: A theoretical evolution in the personcentered/experiential psychotherapy of schizophrenia and retardation. In G. Lietaer, J. Rombauts, & R. Van Balen (Eds.), *Client-centered and experiential psychotherapy in the nineties* (pp. 645-658). Leuven, Belgium: Leuven University Press.

Seubert, A. (1999). Becoming known: Awareness and connection with the dually diagnosed. *The NADD Bulletin, (2)*5, 88-96. Available at http://www.clearpathhealingarts.com

Tinker, R., & Wilson, S. (1999). *Through the eyes of a child: EMDR with children*. New York: Norton.

第15章

EMDR で不安障害を扱う

ロビン・シャピロ

　不安は誰にとっても必要なものである。不安は、何かがおかしい、と教えてくれる有能な初期警報である。たった今ドレッサーに財布を置き忘れましたよ。前を走っている車が蛇行運転していますよ。気を付けて！　Daniel Siegel（2003）によると、私たちの身体は、自分に何が起こっているかを認識する前に、恐怖を生じさせるきざしに反応するようだ。私たちの低次脳が、身体に行動を起こす準備をさせる。その後に、脳は、私たちに何をすべきか教えてくれる。不安は、社会的な制御としても機能する（あなたが最後に人前で鼻をほじったのはいつだろうか）。不安は、軌道修正をしてくれるものであり、かつ、最高の安全監視装置といえるだろう。Gavin de Becker は『*The Gift of Fear*』（1997）の中で、大抵の人は、自分の不安に注意を向けることで安全を保てると述べている。

　その他の人々にとっては、不安は無力感をもたらすものとなる。パニック発作は、彼らの身体を通り抜ける嵐といっても過言ではなく、心臓をドキドキさせ、手をジンジンさせ、過呼吸を起こし、おびただしい汗、ふるえ、知覚の歪み、死の恐怖、差し迫った破滅への恐怖、そして、次の恐ろしいパニック発作への恐怖を引き起こす。不安が広がっていくと、「もしもこうなったらどうしよう？」と繰り返し考えるような、常に覚醒が高い心配性の人になってしまう。社会恐怖は、たいていシャイネスとも関連しているが、あらゆる公的・社会的な状況を不快で耐えがたいものにしてしまう。強迫的な人は、儀式を繰り返してしまうことで、何もできなくなってしまうことが多い。恐怖症の人たちは、自分の反応が不合理で過剰であることを知っているが、

それでもなお恐怖の対象を避けずにはいられない。誰一人として分別がないわけではなく、ただ単におびえているだけなのだ。

EMDRは外傷後ストレス障害（PTSD）を除去する。PTSDに付随する不安を根こそぎ取り去る。純粋なPTSDではない不安に対しては、どのようにEMDRを用いたらよいだろうか。

まず、担当するクライエントがどのようなタイプの人なのかを知る必要がある。病歴と家族歴を徹底的に聴取していれば、クライエントが不安の遺伝的もしくは文化的な背景を持っているかがわかるはずだ。家族の中に、恐怖症や不安発作、あるいは心配性の人がいないかどうかも判明する。もしも叔母が決して家から外に出ることがなく、父親が儀式的な強迫をもっていた、というように、クライエントが神経質な人が多い家系の出身であれば、それはクライエントの不安の起源の手がかりとなる。もしクライエントが、例えば「自分の家族は以前ポーランドでの大虐殺を経験していて、強制収容所で危うく全滅させられる所だった」と報告したら、その人には家族のトラウマを受け継いだものがあって、現在示している過覚醒は遺伝的要因によって複雑化されている可能性もあると推測できるだろう。もしクライエントが、いつも全てうまくいっていて、生活は素晴らしいものだったが、2ヶ月前、特別な理由なくパニック発作が起こったと報告したら、生理機能によるところが大きいと推測するかもしれない。

不安障害の始まりがトラウマであれ生物学的な要因であれ、クライエントが面接室に来たときには、その両者を扱わなくてはならない。不安は強烈な身体的経験であり、身体をコントロールできない体験というのはトラウマティックなものである。

◆◆◆◆◆ 不安をアセスメントする ◆◆◆◆◆

詳細なアセスメントの中で、クライエントの不安についての情報を得る。私は、Kitchurの戦略的発達モデル（SDM）（第1章）を用い、不安な家族メンバー、症状、出来事に応じてジェノグラムを色分けする。

第15章　不安障害

- 不安が始まったのはいつか。不安が生じるのはどんな時か。引き金はあるか。不安は、常にある状態なのか、それとも時々生じるのか。
- クライエントはいつも、「非常に張りつめている」状態なのか。強い刺激（騒音、人ごみ、感情的な人）に耐え、平静を保つことはできるか。
- 不安はどのようなものか。その体験に関して行動的、身体的にはっきりしたものにする。
- その不安は、実は他の疾患による症状ではないか（躁や精神病、PTSD、愛着障害、あるいは解離性同一性障害（DID）による症状の可能性はないか）。
- 家族の中の、他の人は同じ経験をしているか。
- 家族歴はどのようなものか。
- クライエントが不安になっているとき、周囲の人はどのように対応しているか（支持的か、侮辱するのか、それとも無視するのか）。
- 不安を感じているとき、自分自身をどのように扱っているか（自分を恥じるのか、罪悪感を感じるのか、それとも自分をなだめるのか、あるいは、無価値感や絶望感を感じているのか）。
- もしあるとすれば、落ち着くためにはどのようなものが役に立つか。何を試したことがあるのか。効果がなかったものは何か。（薬物療法、リラクセーション訓練、ランニング、飲酒、気晴らしのための麻薬、ペットを可愛がる、落ち着く場所に行く、コンピューターゲームなどはどうか。）
- もし症状が消えてしまったり、警戒をゆるめたりしたら、何か悪いことが起こるだろうか？

◆◆◆◆◆　不安反応をノーマライズする　◆◆◆◆◆

不安障害をもつ人々はたいてい、自分は狂っているとか、愚かであると感じている。そうではないということを、以下の介入によって理解させる。

- 不安の生理学についての情報を共有する。身体と脳で、何が起こっているのかを説明する。

- 不安の肯定的な利用法（本章第一段落参照）を伝え、脳と身体がそれを過剰に行っているのだということを説明する。
- 不安であるがゆえに愚かだ、ということはないと伝える。たとえ自分自身でまだそのように感じていたとしても、治療者がクライエントを愚かではない、狂っていないと信じていることを、確実に信じてもらう。
- 繰り返し不安を経験することで、どのように引き金に反応する全体的な神経ネットワークができていくのか、そしてどのようにそれが覚醒を高め、そして身体に大混乱をもたらすのかについて話す。
- 行動の連鎖について説明する。つまり、ある内的あるいは外的な出来事が起こり、それから恐怖を感じ、その後でどうして自分が怖がっているのかを自分自身に説明し（「何かが私をおびやかしているに違いない」）、そうすることで、さらに怖くなるのだということを説明する。
- 心配性の人や強迫型の人には、感情すなわち危険ではないことを説明し、脳と身体がこれまであなたをそのようにだましてきたのだと伝える（私の面接室には、トラウマ反応、行動の連鎖、そして「感情≠危険」、「不安で死ぬことはない」と書かれたホワイトボードがある）。
- たくさんの外的刺激に耐えられない人がいる。そのような人たちは、警戒心によって消耗しており、まるで周囲のあらゆる微妙な変化をとらえる長いたくさんのアンテナを持っているかのようで、それゆえ、おだやかな時間を切望している。彼らは、不安障害ではないかもしれないが、なりやすい傾向を持っている。彼らに、Elaine Aron の『*The Highly Sensitive Person*』（1997）を読んでもらうといい。それは驚くほど多岐にわたっていて、世界中のとても敏感な人（Highly sensitive people: HSPs）に適したアドバイスがたくさん書かれている。治療者も、この本を読むべきである。

◆◆◆◆◆ 処理のための準備をする ◆◆◆◆◆

もしも、不安が完全に PTSD によってもたらされたもので、その他の面では落ち着いているのであれば、先に進んで EMDR 処理をはじめる。もし、

第15章　不安障害

クライエントが、不安の心理生理学的、あるいは愛着の基盤を持っているならば、EMDRに進む前に、以下の介入のいくつかを試みる。

- クライエントがこれまでに「安全だ」と感じた経験があると是認しているなら、そういう場合のみ、安全な場所を植えつける。不安をもつ人の中には、そこに到達できない人もいる。時に、名前を変えることが功を奏する。「心地のよい部屋」、「リラックスできる部屋」、あるいは「警戒を緩ませることができ、そうしても悪いことは何も起こらない場所」などがよいかもしれない。強迫性障害（OCD）の人は、彼らの「場所」の周りに、大きくて頑丈な防御壁を建てる必要があるかもしれない。その場合は、そのようにさせる。不安をもつ人の多くは、安全な場所に監視員を配置する。私は、クライエントがこの役に鷲やオオカミ、サムライを使うのを見てきた。
- リラクセーション訓練を行う。漸進的筋弛緩法（頭からはじめて下のほうへ、筋肉群を緊張・弛緩させる）、自己催眠、Mark Grant の『*Calm and Confident with EMDR*』（1997）、その他のリラクセーションの録音テープ、グラウンディングと呼吸、マインドフルネス瞑想などが利用できるだろう。私は、どれが一番しっくりくるか確かめるため、それらの技法のうちいくつかをクライエントと一緒に試すことがある。「体感できた」と感じられるポジティブな体験ならどんなものでも十分である。不安な人の大多数は、自分の身体を「敵」とみなしている。身体は、あらゆる不安を感じるまさにその場所なのだから！
- 「あなたを落ち着かせるものは何か」の質問に戻って、落ち着いていられた経験をいくつか植えつける。例：あなたがとても神経が張りつめていた時に、夫があなたに腕を回して、落ち着いた時のことを考えて。（二重注意刺激：DAS）今それを感じることができますか？（DAS）彼があなたを抱きしめているのを感じて、身体の力が抜けていくのに気づいていてください。（DAS）その調子。（DAS）その感じを身体全体に吹きこんでください。（DAS）そうです。（DAS）安全だという感覚を感じてください。（DAS）その良い感じは全体にいきわたりましたか？　もっと必要なところはありますか？　で

は、これから先、落ち着かなきゃ、っていう時のことを考えて。その状況の中で、夫がいる感覚を呼び起こしているところを想像してください。（DAS）続けて。（DAS）その調子。
- 愛着の問題がある人には、April Steele の安全な自己を発展させる手続き（2004）が非常に役立つ。
- Roy Kiessling の会議室（第 2 章）が、植えつけに役立つだろう。私は不安の高い人たちが、仲間としてライオンやアーノルド・シュワルツェネッガーを植えつけるのを見てきた。
- 感情耐性訓練はどんなものでも役に立つ。多くの強迫的行動の根底には、情動の回避がある。あまりにも強く感じすぎるため、情動を感じないよう避けている人もいるかもしれない。感情は覚醒を高め、そして覚醒はしばしば不安を高める。ある感情をほんの少し「さらけ出す」ようにさせ、ほんの少しの DAS（2, 3 回の眼球運動あるいはタッピング）を加える。徐々に、そのセットの長さを増やす。耐性がわずかに増強したら、それを褒める。これを、数週間の間、毎セッション行う。日常的に生じる感情を統制できるようになったら、最大の不安、強迫観念、あるいは強迫行為をもたらすものについて考えさせ、その情動のまま過ごす時間を徐々に長くしていく。Marcia Whisman は OCD に EMDR を使う第一人者である。もし、OCD のクライエントを担当していたら、彼女の 1999 年あるいは 2001 年の EMDR 国際学会（EMDRIA）の口頭発表のテープを参考にするとよい。
- クライエントに、以下のことをさせてパニック発作を止める、もしくは緩和する。
  - 「負の呼吸（negative breathing）」を行う。すなわち、ひたすら息を吐きだし、半分だけ息を吸うことを 10 回以上繰り返す（私が 1998 年の EMDR と不安のワークショップの講師をしているとき、ある参加者がこの方法を教えてくれた）。
  - その場で走らせることで、過活動の「闘争か逃走か」反応を、クライエントが「逃げた」のだという考えにすりかえる。
  - バタフライハグ（J.Boel, 私信、1997 年 7 月 10 日）を行う。もしタッピ

第15章　不安障害

ングが不快さを増すようであれば、すぐ止めるように言う。
○ 以下のように言うことで、パニックに伴う不合理な信念に挑戦する。例えば、
    ―私は今これを切り抜けようとしている。
    ―これは、私の身体が過剰に反応しているのだ。これはパニック発作であって、死ぬわけではない。
    ―私は正気で、私の身体がただ発作を起こしているだけだ。
    ―これは5分以内には終わるだろう（たとえどんなに発作が長く続いていても）。

◆◆◆◆◆　EMDR処理のターゲットを選択する　◆◆◆◆◆

　Francine Shapiroは、次のように述べている。「臨床家は、現在の不安や行動に関して、扱うべき不安をクライエントが特定できるように援助する。つまり、（可能ならば）最初のきっかけや最初の記憶、そして望ましい反応などを見つけられるようにする。……（中略）……それらのターゲットは、以下の順で扱われる。1、最初の、あるいはより早期の記憶。2、最も最近の、あるいは不安を引き起こす現在の状況を代表するような例。3、望ましい感情反応と行動的反応の未来への投影（2001、p224）」。多くのケースでは、これで十分である。その他、次のようなものがターゲットになりうる。

● 不安の引き金
  ○ 恐怖症の対象物や、不安を生じさせる社会的状況、あるいは試験を受けるといった「課題を課された」状況などの外部の引き金。
  ○ 以下のような内部の引き金。
    ―考え：「起こりうる最悪の出来事がもし起こったとしたら、それはどんなことだろう？　この飛行機が墜落する。昼食をのどに詰まらせて死んでしまう。ばかなまねをして、恥ずかしくて死んでしまう」
    ―感覚：心臓の拍動、胸苦しさ、筋肉のこわばり、速い呼吸など。

―感情（OCDの人々にとっては、どんな感情も圧倒させられるものであり、儀式的な考えや行動の引き金となる）。
- 不合理な信念は、否定的認知（NC）そのものである。肯定的認知（PC）を見つけて、標準的なプロトコルのその他の部分を設定したら、あとは通常通りやればよい。私は、問題を言語化するためと、（願わくは）正しい神経ネットワークと結びつけるために、両手の編み込みを用いることがある。
  - 一方の手に、もし橋を渡ったら死んでしまうという考えを留めてください。もう一方の手には、あなたが橋の上にいることの実際の危険の程度を留めてください。（DAS）
  - 一方の手に、もしあなたがそのパーティに出かけたら感じるかもしれない、狼狽することへの恐れを留めてください。もう一方には、あなたが知る限りの、狼狽して死んだ人の数を留めてください。（DAS）
- パニック発作と、極度の不安を伴う出来事はPTSDを引き起こす。標準的なプロトコルを用いて、私は、最初と最も最近、そして最悪の出来事をターゲットにする。時折、処理が般化されずに、ほとんど全ての発作を処理しなければならないことがある。不安の認知は、たいてい生死に関するものである。ときには、「あなたはそれを生き延びましたか？」というささやかな認知の編み込みが処理を速めることがある。
- 不安に伴うその他の認知は、コントロールできないことの恥に関するものである。私は、恥そのものをターゲットにする。**あなたの身体の中の、恥を感じる場所に気づいていてください。どんなイメージが心に浮かびますか？**（多くの場合は、以前恥ずかしい思いをした出来事である）プロトコルの残りの部分を設定し、その目標に向かって進む。たとえその人がさらなるパニック発作を体験したとしても、ほとんどの場合その恥が元に戻ることはない。どういうわけか、この方法は発作の重篤度を弱めるようだ。おそらく、発作をやり過ごすための構えができるからなのだろう。
- OCDの人に対しては、治療関係と感情耐性を十分構築した後で、彼らが最も避けたいと思うものを避けられないというストーリーをターゲットに

第15章　不安障害

する（Whisman, 1999）。不潔恐怖の人であれば、例えば、何か不潔な物（紙幣のような）を触って、洗う場所や手段が何もないというストーリーを使う。そのストーリーには、脚色を加える（町中どこにも水がない、お店は全て閉まっている、そしてハンドクレンザーが乾ききっている）。それから標準的なプロトコルを設定して、進める。他に、強迫的思考を行わず、ストーブを消したか、あるいはドアに鍵をかけたか確認しないといった例もある。

- 文化的・遺伝的なトラウマを処理することで安心が得られる人もいる（第10章）。
- 不安をもつクライエントの多くにとっては、悲嘆もターゲットとなる。治療者が不安を統制下においたときに、悲嘆が現れる人もいる。彼らは、不安でいたこと、回避した状況、あるいは潜んでいた感情のために費やされたあらゆる「失われた時間」を嘆き悲しむ。また、常に「やせこけた神経質な人」あるいは「とても敏感な人」であったことを悲しむ人もいる。処理の後には、より受け入れられるようになる。適切な肯定的認知（PCs）は、「神経質だけれども、私は自分を全て受け入れる」「私は不安を持っている、でも不安に私の邪魔はさせない」「私は敏感だ、それでも私はOKである」などがありえるだろう。
- EMDRの未来の鋳型は、対処スキルを練習するのに優れている。
  - 「あなたがいつも強迫をはじめる状況を想像してください」。その状況について標準的なプロトコルを設定し、処理を行う。もし、SUDSが0まで下がらなければ、「さあ、大きくて赤く「止まれ」とかかれた標識が掲示されているのを想像して、もし強迫的思考が浮かんだら、心の中で『止まれ！』と言ってください」。（DAS）
  - 新しい社会的状況にいて、グラウンディングや呼吸法、そしてリラクセーションの技法を使っているところを想像してください。
  - 橋を渡っているところを想像してください。
  - 強迫的／心配／反すう思考になりかけているところを想像して、それからあなたがすべき計画／練習に切り替えているところを想像してください。

401

（DAS）
- その引き金となる状況の中でも、なんとかやり過ごしていて、むしろ楽しんでさえいる場面を想像してください。（DAS）

◆◆◆◆◆ 解離した部分の不安除去 ◆◆◆◆◆

　過度の警戒は、多くの場合見捨てられや死の恐怖などの早期のトラウマと結びついている。もし、クライエントがトラウマを覚えているか、トラウマに「漂い戻る」ことができるならば、標準のプロトコルを使うと統合が自然に起こるだろう。もしクライエントがその状況を覚えていなかったり、あまりにも脆すぎたり解離されているためにEMDR処理ができないならば、あなたはその幼くておびえている神経ネットワーク（自我状態）と、成熟した賢明なネットワークとを結びつける他の方法を見いださなければならない。

　神経ネットワークを統合する方法の例を以下に示す。私はたいてい、この誘導の間、それぞれの指示や質問の後にDASを使う。

　あなたの最も成熟した賢明な部分、つまり仕事をしたり子どもたちの面倒を見たりする部分を意識してください。そうです。とても警戒している、あなたの中のおびえている部分、絶えず警戒している部分を見つけてください。いいですね。その子は何歳ですか？　ほんの赤ちゃんですか！　彼女に注意を向けて。彼女を抱き上げることができますか？　いいですね！　彼女に、あなたが誰なのか教えてあげてください。あなたが生きている世界を見せてあげてください。あなたの身長では、あの棚のてっぺんに触れられますか？　その棚は、彼女の身長よりも高いですか？　どのくらい？　その赤ちゃんは運転できますか？　あなたはどうですか？　あなたは何歳ですか？　彼女は何歳ですか？　あなたたちのどちらが、現在の状況をよくみて、そこに危険があるかの判断を上手にできるでしょうか？　いいですね！　それが正しい答えです！　その赤ちゃんに、これからは危険がないか私が気を付けるよ、って伝えられますか？　あなたはこれ以上見張っている必要はないよ、って伝えられますか？　素晴らしい！　その赤ちゃんは今、何をしていますか？　眠りについたのですか？

すてきですね。彼女は、あなたがそこにいたとわかるまで、ずっと眠れなかったのでしょうね。その赤ちゃんはあなたの中で生きることができますか？　どこで？　胸の中なのですね。彼女はもうそこにいますか？　中に入れてあげてください。彼女に、これからずっとあなたには何でもしてくれる大人がついているよと教えてあげて、そう、つまりあなたのことね！

　もしクライエントが過去の出来事を思い出しはじめたら、適切な編み込みを加える必要がある。それで、お母さんはずっと行ってしまったままだったのですか？　お母さんは毎回戻ってきたのですか？　お父さんは本当にあなたを殺したの？　あなたは生き残りました？　もし、それらの質問が難しいようだったら、あるいは全く違った答えを返されたら、大人の、とても賢いあなた自身はこのことについて何と言っていますか？　と尋ねる。もしその質問に答えが出されたら（治療者がわからないなら、答えを求めないこと）、残りの処理に進む。

　もし、長年の不安が早期のトラウマに基づいているとき、その症状は標準的な EMDR 処理や、Kitchur の一次処理（第 1 章）、Kiessling の資源の会議室（第 2 章）、April Steele（2004）の安全な自己（Secure self）のワーク、あるいは他の自我状態の介入で完全に消失する可能性がある。

◆◆◆◆◆「やせこけた神経質な人々」「HSPS」◆◆◆◆◆
そして「そのように備わっている」人々

　生まれつき敏感で、環境に対してより反応しやすい人がいる。その人は、よい家庭の出身で、愛着もよく、大きな「T」トラウマの既往も持っていないかもしれない。しかし、彼らにとっては、見かけは小さなトラウマでも、大きなトラウマのように反響する。トラウマ処理が成功した後、いとも簡単に処理したはずの恐怖に再び引き込まれてしまう場合がある。彼らの不快な経験は、恐怖症に姿を変えることがある。彼らは、覚醒への耐性が低い。皆ではないにせよ、多くの人は内気である。よいことには、Elaine Aron（1997）によると、過敏になるよう備わっている人の多くは、とても創造性があり感

受性の高い人である。あまり良くないことには、不安が彼らの生活に浸透する可能性がある。彼らは、より不安障害になりやすい傾向をもっている。彼らの PTSD は、より重篤で、より簡単に引きおこされやすい。中には、ほとんど薬が効かずに衰弱してしまうようなパニック障害を持つようになる人もいる。彼らの生理機能は EMDR で治すことはできない。しかしながら、この種の人々の EMDR のターゲットには以下のようなものが含まれる。

- 敏感な心をからかうのを一番楽しんだ、サディスティックな年上の兄弟、小学校の同級生、その他の人々。
- 「統制を失っていること」あるいは、人と「違って」いることに常に伴う恥
- 何事に対しても、そんなにも強く反応してしまう身体を持ったことへの悲嘆と怒り
- セルフマネジメントスキルを練習するための未来の鋳型の利用
- 薬を飲むことへの恐怖
- うまくセルフケアをするために必要な自己主張性に焦点を当てた未来の鋳型
  - パートナーにあなたが家に帰ってから 30 分時間が必要だと言うところを想像してみてください。あなたの恋人が、それをよく思わないところを想像してみて。
  - 友達に、メタリカのコンサートに行きたくないと言っているところを想像してみてください。
  - 登山のパートナーに、小川に掛かった細い丸太を渡るのを助けてほしいとお願いするところを想像してみてください。
  - ランニングをしたら「健康な自分」になるだろう、と言っているところを想像して。それから、ランニングに行くところを想像してみてください。

◆◆◆◆◆ **事例1** ◆◆◆◆◆

　シルヴィアは、小柄でとても筋肉質な、才気にあふれ、美的感覚の鋭い結婚して10年目の中年の女性であり、スポーツの成績の向上を目的に筆者のところへやってきた。彼女は既にこれまでいくつもの治療を受けてきたと言い、スポーツだけに焦点を当ててほしいと望んでいた。当初、彼女の生育歴はとても幸せだったように聞こえたが、パフォーマンスの問題をターゲットにすると必ずトラウマがとび出してきた。その都度、標準的なプロトコルを使ってトラウマを除去すると、彼女のパフォーマンスは劇的に向上した。この約160cmの女性は、幅広い年齢層の男女が入り混じった仲間と一緒にスポーツをしていた。彼女はさまざまなスポーツで骨折を経験していたが、それでもまだ彼女より30cmも背の高い人々に突進するのにもっと積極的になりたいと思っていた。

　不安は、少しずつ明らかになってきた。シルヴィアは家に一人でいるのが怖くて、常にドアを確認していた。車を駐車するときには、3回も4回も戻って、鍵のかかった車のドアを確認していた。彼女は老化のサインや外見、口臭に関して強迫的であった。シルヴィアの知覚の問題のために、タッピングを行った。私が彼女にタッピングをする前に、彼女は歯磨き粉のチューブをひっぱりだし、舌の上にいくらかのせた。彼女は、自分の口臭で私が不快にならないか心配していた（彼女の口臭は問題なかった）。彼女はスポーツをするときも悪臭がするのではないかと強迫的であった（誰でもそうだというわけではないだろう）。彼女は講師をして生計を立てていた。評判によると、彼女はひときわすぐれた講師であり、全ての授業でキャンセル待ちがでるほどだった。生徒は何年も彼女の授業を再受講する傾向があった。もしも、何の理由であれ、1人が去ると、シルヴィアは授業が崩壊するのではないかと思い悩んでいた。電話のベル音は恐怖をもたらすものだった。親切な近隣の人に囲まれていても、ドアをノックする音は危険と感じられた。

　シルヴィアは、過覚醒と解離をあわせ持っていた。長い時間かけて明らかになってきた本当の生育歴には非常にたくさんのトラウマがあり、そこには

シルヴィア自身のトラウマと、世代間にわたるトラウマの両方が含まれていた。シルヴィアの両親は2人とも孤児で、不安定でほとんど養育されなかったという生い立ちを持っていた。彼女の母親は「じっくり点検する自己愛的な親」の選手権があったら優勝していただろう。母親は外見や老化に関して強迫的だった。身体的な接触は全て父親からで、父親は誘惑的であり、ついには彼女に乱暴した。彼女の姉は若い頃より双極性障害だった。姉はシルヴィアが20代前半のとき自殺した。父親は70代で亡くなった。シルヴィアは、父親の死因は、老けて見えることを嫌がったための自殺だと思っている。

　治療では、彼女に不安とOCDの情報を与え、たくさんのEMDRによる処理と、情動を緩和させるための思考場療法（Thought field therapy: TFT）を行った。我々は、EMDRのワークの中で出てきた解離された部分のために、これまでにないほど複雑な安全な場所を用いた。シルヴィアは強い反応を示したため、多くの種類の両側性の刺激に耐えることができなかった。結局、膝あるいは手の、4秒に1回のタッピングに落ち着いた。彼女の主張により、通常は、電話の呼び出し音に対する不安といったような現在の懸念からはじめた。EMDR処理の中で、私たちは根底にある恐怖を発見した。電話に関しては、それは2つあった。彼女は、姉の死を電話で知った。そして、彼女の両親は2人とも、常に最悪のニュースが来るのではないかと予期して電話を怖がっていた。姉の死に対する彼女の反応について、最初はトラウマ処理、次に悲嘆と、多くのEMDRセッションを費やした。さらにいくらかのセッションを、悪い知らせや悪い出来事に関する彼女の両親の恐怖をターゲットにして費やした。EMDRセッションの中で、苦痛や、レイプや、「ドアをノックする音」など、世代間にわたる不安を全て彼女の先祖に送り返した。（あなたの中にある、あなたの両親の世代の恐怖がある場所を探して。それは、あなたのものではありません。それを、あなたの中から引っ張り出して、両親に返しましょう。あなたの祖父母の恐怖について考えて。虐げられた全ての世代のあらゆる先祖の恐怖を想像して。それをあなたの中から引っ張り出して。送り返しましょう。それは、あなたのものではありません）彼女の不安の多くと、強迫的な行動はこのワークの後、減少した。彼女は、何年もの間、姉に関

第15章　不安障害

する電話の呼び出し音を「待っていた」ままだったと理解することができた。EMDRの中の認知の編み込みで、彼女はそれが既に起こったことだと理解した。それは終わったことだ。待つ必要はない。シルヴィアは、牢獄から出たような感じがすると言った。彼女はもはや彼女の車やフロントドアを何度もチェックしなくなった。もう寝室のドアに鍵をかけなくなった。電話が鳴ったときに緊張することもない。

　EMDRではその他に、父親からの性的虐待と、母親の容姿と若さに関する恐怖と社会的な強迫を彼女が内在化していることをターゲットにした。(それを引っ張り出して、母親に送り返して。)授業の登録に関する恐怖についてEMDRを行っているとき、私たちは、母親に一人にされ、決して十分に応えてもらえることのない、おびえている子どもを発見した。私たちは安全な場所の中に、彼女のためにすてきな部屋を開発し、そこには彼女と絆で結ばれた愛情深い人をおいた。それから、私たちは、現在彼女に愛情を注ぐたくさんの人々を資源として植えつけた。シルヴィアは、もはや授業の登録と、幼少期に見捨てられたことを結びつけなくなった。彼女はそれを気にせず、キャンセル待ちリストの人が登録することを単純に受け入れる。

　私たちは、週1回、のちに月1回の面接で、3年間かけてワークを完成させた。シルヴィアはまだ「とても敏感な人」のままである。彼女は、彼女の人生をかたどっていた世代間にわたるトラウマを追いやった。彼女は、姉の死を悲しんだ。彼女は、「自分が十分良い子じゃないから見捨てられた」と思っていた、小さく、おびえて、常にとても警戒していた子どもを統合し、癒した。苦痛になるほどの不安や、強迫的な行動はなくなった。シルヴィアは、今や、競技場の中で恐れることもあるし、それは自分を守ることになるので良いことなのだと理解している。彼女の試合は多くの点で改善した。治療の終結から5年後、不安はこれまで元に戻ったことはないと彼女は報告している。

◆◆◆◆◆ **事例2** ◆◆◆◆◆

　パッツィは、ほっそりして背が高く、いつも動揺している 23 歳であった。彼女はいつも「非常に張りつめて」いて、すぐに狼狽し、そして、心配性だった。彼女は人ごみやホラー映画、騒々しいロックンロールを避けた。彼女は、ハイキングや友人との夕食を楽しんだ。ランニングや、その他の有酸素運動をすることで、彼女は落ち着いた。彼女は大家族の出身で、大きなトラウマは何も思い出すことはなく、大学時代からの恋人と幸せな結婚をした。彼女の父親は、少し強迫的で、他人の家のリビングルームであっても、曲がった絵を真っすぐに直すような「常軌を逸したきれい好き」だった。最初のパニック発作は、就職の面接に行く途中に起こった。彼女は、自分は死んでしまうのだと思った。まず、彼女は面接官に電話をし、それから緊急救命室に駆け込んだ。その時から、月に 1～2 回の割合で発作が起こり、毎回死んでしまうとか、狂ってしまうと感じていた。彼女の発作の回数は増えていった。彼女は、「次の発作」の恐怖のなかで生きていた。彼女の主治医は SSRI を勧めたが、彼女は拒否した。その主治医が彼女を筆者に紹介した。

　私たちは、すぐに連絡をとった。詳細なインテークの後、そこで彼女は不安やパニック症状を誇張して訴えていたが、私は不安とパニックの生理学を説明した。彼女に、彼女は狂っているのではないと説明した（そのことを彼女に伝えるため、私は治療中何度も「訓練された専門家」であるという立場を利用した）。初回のセッションは、90 分という長いものになったが、彼女にパニック発作への対処の仕方を教えた。あなたの脳が、間違ってあなたが発作の危険にあると考えたとき、脳は、戦うか逃げるためにはもっと酸素が必要だとあなたに伝えます。それが、あなたが過呼吸になりはじめる理由です。あなたは戦っているわけでも走っているわけでもないので、あなたの身体は酸素過剰になります。それで、本当にあなたの身体全体の pH 値が変化します。その状態を変えるために、こんな風に呼吸してみてください。とことん息を吐き出して、吐ききってください。半分だけ息を吸い込んでください。それを、10 回繰り返してください。いいですね。よりリラックスしているのを感じて

第15章 不安障害

いますか？ 素晴らしい！ あなたはたった今、ご自分の身体の働きを変えたのです。

発作が起きたとき、あなたは自分自身に、私は狂ってしまうとか、死んでしまうと言っています。こんなふうに想像してください。あなたは発作を起こしていて、ここで負の呼吸を行いながら、マントラを唱えます。「これは、アドレナリンが私の身体を活性化させているだけだ。私は正気で健康で、パニック発作が起こっているのだ」彼女の許可を得て、私は1セット6往復、彼女のひざをタッピングした。

次の2回のセッションでは、私は彼女に漸進的弛緩法、グラウンディング、マインドフルネス瞑想を教えた。彼女の全般的な不安は少し緩和され、彼女は前より少しコントロールできると感じた。私は彼女に、あなたは「やせこけた神経質な人」の民族の一員で、それは私が大好きな人種の一つだと話した。私は彼女に『The Highly Sensitive Person』(Aron, 1997) を読むように依頼した。彼女はこの本に書かれたことにぴったりあてはまると感じ、その中のセルフケアエクササイズのいくつかを行いはじめた。

彼女はまだパニック発作を怖がっており、治療開始から2回発作を経験していた。「パニックマネジメントテクニック」は、パニック発作の強さと持続時間を減少させるために役に立った。私はEMDRを導入し、最も最近の発作、最初の発作、そして彼女が最悪と考える発作をターゲットとした。私は彼女にEMDRは発作の引き金となるかもしれないことを警告し、そのときはセッションの中で取り組めるであろうと話した。処理の最中、彼女は発作を起こすことはなかった。EMDRは全てではないにせよ、たくさんの彼女のトラウマを除去した。次の発作は一週間後に起こった。それほど強くなく、苦痛も少なかった。彼女がそう報告したとき、「私はそれを扱える」を植えつけた。タッピングは発作の引き金とならなかったので、彼女はパニック発作を減らすためのスキルの貯蔵庫にバタフライハグを加え入れた。今後の発作に備えて未来の鋳型を行う中で、その場で走りながら、タッピングをし、負の呼吸を行い、そして「私は正気で、健康で、これを乗り切れる」と植えつけながら、2人で声をあげて笑った（彼女はそれを全部行った。それ

はとても効果があった)。

　私たちは、彼女の強迫的ともいえる心配に取り掛かった。私は彼女に、彼女は「もしも」の悪いほうの結果を考えていると話した。標準的なプロトコルを用いて、就職面接、社会的な集まり、地震、飛行機での旅行、素潜りを習うこと、そして家に1人でいることについて、「もし最悪のことが起こったら？」をターゲットにした。短い両手の編み込みを用いると、奇妙な心配は消えた。話し方を忘れてしまう、という考えを片手に留めて、もう片方の手には一番賢いあなたが知っていることを留めて。10回のタッピングの2巡目を行っていると、彼女は笑い、こう言った。「それは、ありそうもない「もしも」のひとつにすぎないわ。私はもう、乗り越えた」。彼女は面接室を離れても、心配と現実にありえそうなことを比較できるように、両手の編み込みの使い方を学んだ。

　治療の終結に近づいたとき、私たちは標準的なプロトコルを用いて、そのような神経システムを持っていたことに対する彼女の悲嘆と恥を処理した。PCには「私は愛される」「私は私自身を受け入れる」「私は不安にひるまない」などが選ばれた。治療は4ヶ月続いた。治療を終えるとき、発作はさらに少なく、重篤さは緩和され、あまりイライラさせるものでなくなっていた。彼女は不安をうまく扱い、とても敏感で、やせこけた、神経質な人である自分をより受け入れていた。

◆◆◆◆◆　結　論　◆◆◆◆◆

　EMDRはどんな不安障害でも治すわけではない。薬、エクササイズ、リラクセーション、そして認知行動療法的技法、そして感情耐性訓練は不安が高い人の多くに有効である。EMDRは不安障害を引き起こしうる、あるいは悪化させるトラウマを除去するのに有効なツールである。EMDRは、感情耐性と自己受容を構築し、OCDの儀式的行動を取り除き、セルフケアと恐怖に挑戦する行動を支持するのに使うことができる。

◆◆◆◆◆ **資　　料** ◆◆◆◆◆

不安を扱うことに関するよいウェブサイト、本、ワークショップがたくさんあるが、これらはほんの一部である。

ウェブサイト

The Anxiety Panic Internet Resource: http://www.algy.com/anxiety/files/barlow.html

Health Beat: http://www.hsilib.washington.edu/your_health/hbeat/hb940426.html

本

Aron, E.N. (1997). *The highly sensitive person.* New York: Broadway Books.
Girodo, M. (1978). *Shy？（You don't have to be!)* New York: Pocket Books.
Levine, P.A. (1997). *Waking the tiger.* Berkeley, CA: North Atlantic Books 1997.

ワークショップ

Whisman, M., & Keller, M. (1999). *Integrating EMDR into the treatment of obsessive compulsive disorder.* Paper presented at the EMDRIA Conference, Las Vegas, NV.

Whisman, M., & de Jongh, A. (2001). *Panic/Phobias: Diagnoses and treatment with EMDR.* (2001), Paper presented at the EMDRIA Conference, Houston, TK. Available at http://www.soundontape.com

◆◆◆◆◆ **参考文献** ◆◆◆◆◆

Aron, E. (1997). *The highly sensitive person.* New York: Broadway Books.
De Becker, Gavin. (1997). *The gift of fear.* New York: Dell.
Shapiro, F. (2001). *Eye movement desensitization and reprocessing: Basic principles, protocols and procedures.* (2nd ed.). New York: Guilford Press, page 224.
Shapiro, R. (1998, September). *Using EMDR with anxiety disorders.* Paper

presented at Northwest Regional EMDRIA Conference, Seattle, WA.

Siegel, D. (2003, March). *Transforming adult authorized*. Presented at the New Developments in Attachment Theory Conference, UCLA, Los Angeles.

Grant, M. (1997). *Calm and confident with EMDR*[audiotape]. Oakland, CA: New Harbinger Publications Inc.

Steele, A. (2004). *Developing a secure self: A handbook for EMDR therapists*. Gabriola Island, BC: Author.

Whisman, M. (1999, June). *Integrating EMDR into the treatment of obsessive compulsive disorder*. Paper presented at the EMDRIA Conference, Las Vegas, NV.

第16章

アート、プレイ、ストーリーテリングによる子どもの感情調節

エリザベス・ターナー

　私がコンサルタントをしていて、子どもや思春期の若者にEMDRを使うセラピストから最もよく聞く問題は、子どもたちが「EMDRをやりたがらなくなってしまう」ということである。

　もしそうなってしまったのなら、それはことを早く進めすぎてしまった結果である。EMDRが非常にパワフルで、子どもの苦しみがとても大きいことを鑑みると、私たちは、準備もそこそこに、一刻も早くトラウマ処理に入るべきと感じてしまいがちである。その結果、トラウマを癒すどころか、彼らにトラウマを再体験させ、解離の傾向を強めてしまい、子どもや思春期の若者がこれ以上のEMDRの治療を拒んでしまうのである。

　Judith Hermanが警告したように「サバイバーからパワーを取り去ってしまうのであれば、たとえどんなにそれが、今一番の最善策に見えたとしても、その介入がサバイバーの回復を促すことはない」(Herman, 1992)。

　子どもに対してパワーを与えるほうが、大人に対してパワーを与えるよりも難しいといえる。子ども時代と発達の本質からして、子どもはまだ言葉と認知能力の発達段階にあり、思春期の若者の心は、過剰反応する感情システムのため激しく変化する状態にある。さらに、論理的思考と計画の機能も働きだしたばかりである。セラピーに来る意思決定権は、子どもや思春期の若者にはほとんどなく、たいていの場合、彼らは周囲の大人が子どもの行動のことで困っているためにセラピーに連れられて来る。そして、子どもには、自分の家庭、学校、近所、医療機関、里親の家庭、療養施設など、自分を見

捨てたり自分にトラウマ体験を与えたりするシステムから逃げたり、それを変えたりする力はないのである。

　さらに、セラピストの面接室に来る子どもや思春期の若者の多くは、新生児期の障害、幼少期の深刻な病気や幼児期の度重なる肉体的または精神的な虐待、母親の鬱や母親との別離など、複雑な経歴を持っている。幼い時のこのような経験は、脳の発達に影響を与え、結果として感情をコントロールする神経回路が少なくなってしまうことが証明されている。そして、このような経験をした子どもは、どのような感情的経験によっても大きな感情の波を引き起こしやすいのである。

　このような子どもたちに対して、標準的なプロトコルをもって治療をすれば、彼らにとっての適切な治療用量を容易に超えてしまうだろう。彼らには、楽しみ・喜びから不安・恐れまでのさまざまな感情を同定したり、感情への耐性をつくるためのスキルと練習が必要なのである。子どもたちがプレイに夢中になっていて、さらにEMDRの原則がプレイに統合されているとき、学習は順調で、楽しくて、速いといえる。

　以下は、準備段階に行うのに好ましい活動である。安全を構築し、感情耐性を発達させ、子どもを自分自身の治療に関わらせるために、EMDRの原則をアート、プレイ、ストーリーテリングに編みこむプロトコルである。子どもや思春期の若者を治療するセラピストは、これらのアイデアを使って、自分の持っている準備活動の数々をさらに発達させることができるだろう。

◆◆◆◆◆　気持ちの色　◆◆◆◆◆

　この感情と色を組み合わせた簡単なエクササイズは、子どもや思春期の若者が安全に感情にアクセスするのを助ける。このエクササイズは、感情をつかさどる非言語的な右脳の処理をターゲットにしている。子どもは、このエクササイズによって広範で漠然とした感情体験を左脳の処理へ移して、名付けたり、整理したり、経験の構成要素をそれぞれ分けて、圧倒されるような経験をコントロール可能なものへと変えることが可能になる。エクササイズ

第16章　アート、プレイ、ストーリーテリング

が具体的なので、子どもにとっては「ただそのことについて考え」させられるよりも、理解するのが発達上容易である。このエクササイズは、子どもに写実的に描くことを要求しないため、不安をあおることなく、その子どもが経験の感情的コアにより早くたどりつくのを助ける。身体を落ち着かせ、感情を処理しやすくする両側性刺激が導入される。多くの大人たちもまた、このエクササイズは、どのように感情を分析し、理解し、耐えるかを学ぶのにとても役立つと言っている。プロセスを通して、セラピストは、子どもの体験に関心と興味を持つことが重要である。また、子どもに、誰でも内的経験は違うのだから、このエクササイズに「間違った」やり方というものはないと教える。

◆◆◆◆◆　ステップ1：セットアップ　◆◆◆◆◆

　まず、子どもと一緒に、怒り、悲しみ、誇り、幸せ、興奮、緊張、恐れ、恥ずかしさ、苦痛、冷静といった感情の言葉のリストを作る。ほとんどの子どもが自分自身の感情を表す言葉からはじめる。例えば、怒り狂う、がっかり、疲れたなどである。しばしば、子どもたちは、さらに分解する必要がある言葉や表現を思いつく。例えば、自分が力不足で、必要とされてなく、存在感がなく、拒絶されているといったような表現を口にすることがある。これらはたいてい否定的認知（NC）であり、悲しみ、怒り、苦痛、恥ずかしさといったいくつかの標準的な感情に落とし込むことができる。子どもには、必要であればいつでも感情をリストに加えることができると教えた上で、まずは言葉の短いリストではじめる。

◆◆◆◆◆　ステップ2：ポジティブな感情　◆◆◆◆◆

　具体的かつポジティブな経験からはじめることは、ポジティブな感情への神経回路を構築し、子どもが安心して、怖がらずに感情を模索するのを助ける。まず、あなたが知っている、その子にとっての楽しい体験、野球をする、

子猫をなでる、コーラスで歌う、絵を描く、おやすみ前のハグをしてもらうなどについて考えてもらう。このとき、テレビゲームをする、テレビを見るといったエレクトリックな経験は避ける。なぜなら、多くの子どもたちや思春期の若者は、自分を慰めるためにこれらメディアに過度に依存しており、それによって対人関係から遠ざかるからである。次に、彼らに、このようなポジティブな経験を思い浮かべた時、どのように身体で感じるかに気づいて、それを言葉で話してもらった後、その体験と「ぴったりする」色を選んでもらう。ひとりひとりの子どもが違った形で表現をする―色つきの素敵な小さな箱や線から実際の人物や顔、大きな渦巻きの抽象画まで―。また色に関してもそれぞれが個性的である。例えば、私が経験した子どもの一人は、幸せに対して黒を選んだが、それを適切に扱うことができた。

　ひとつの体験であってもたいていはいくつかの感情が関連している。例えば、賞をとったという体験は、黄色、ピンク色、オレンジ色が含まれて、それらは、幸せ、興奮、誇りを表現しているかもしれない。それぞれの感情がある身体の場所を子どもに特定してもらったら、数往復（6-8回）のタッピングか眼球運動でよい感情を「入れ込む（tap in）」か「振り入れる（wave in）」。（タッピングが多すぎると、よい感情が拡散されてしまったり、苦痛につながってしまう可能性がある。この段階での目的は、単純にポジティブな感情を特定して増大させることにある。）それぞれの感情が入れ込み（tap in）された後は、セラピストは子どもに、体験を思い出させて、それに関連する全ての感情、幸せ、興奮、誇りを感じさせることができる。「自分はがんばれる」「自分は成功できる」「自分は魅力的だ」といった肯定的認知は、年少の子どもに対しては提言をしなければならないかもしれないが、より年長の子どもや思春期の若者からは誘導で引き出せるだろう。これらの認知は両側性刺激（Dual Attention Stimulation: DAS）によって色、体験、感情、身体感覚と結び付けられる。

　最後に再び、子どもに体験を色で表現させる。その色が大きくなってきているか、その線が太くなってきているか、あるいは子どもの様子が活き活きとしてきたかに注意する。そして、そのことを子どもに伝える。このエクサ

第 16 章　アート、プレイ、ストーリーテリング

サイズを、子どもが興味を持っている間、いろいろな違った体験で何度か繰り返す。

◆◆◆◆◆　ステップ 3：ミニターゲット　◆◆◆◆◆

　子どもにそれほど恐ろしくもない体験を思い出させる。だいたい 5 以下の SUDS レベルで、練習に適したターゲットを探す。子どもによっては、これが難しい場合がある。なぜなら、彼らのネガティブな感情が、圧倒されるような感情の巨大な塊に詰め込まれているかもしれないからだ。セラピストは、臨床上の判断をする必要があり、例えば、アイスクリームを食べられなかった、今日は弟に助手席を取られてしまった、つま先をぶつけてしまった、おもちゃを壊してしまった、くらいのコントロール可能なレベルの感情を喚起するようなターゲットを選ぶだろう。

　再び、子どもにこの体験を体でどんなふうに感じるかを意識させ、その体験にあう色を選択してもらい、それらを紙に描いてもらう。このとき、SUDS レベルを表すものとして、紙の下部に線を引いて 10 の目盛りをつけ、0 を全く問題なし、10 を最悪として、子どもにどれくらい嫌な感じがするかをその線上に示すように言う。子どもにとっては、ただ考えたり、表を指差したりするよりも、実際に SUDS レベルを描くほうが、感情の強さをより具体的に判断しやすくなる。もし、子どもが、怒り、悲しみ、困惑の 3 つの感情の色を選んだら、まずどれを最初にやりたいかを子どもに聞く。そして、**体のどこに怒りを感じるかな？　いいね！　そこに気づきながらタッピング**（あるいは眼球運動かドラミング）しようと子どもに言う。何セットかしたら、子どもに SUDS の線上に印をつけるように言い、今その体験を考えたときに、内部に感じるものを色で表現してもらう。この段階で、多くの年長の子どもや思春期の若者は、自然と他の感情へと移るだろう（子ども：「今は、どちらかというともっと悲しい感じがする」）。一方、年少の子どもは次の感情に移るのにきっかけが必要である傾向がある（セラピスト：**怒りはもう全部行っちゃったかな？　じゃあ、悲しみはどこにいるかな？**）。そして、子どもが

体験に対して何も感じないか、ポジティブに感じるまで処理と色付けを続ける。

時間と子どもの興味が許す限り、子どもが本当にコツをつかむまで、SUDSレベルの低い体験を対象にこれを繰り返す。

◆◆◆◆◆ ステップ４：収容と資源 ◆◆◆◆◆

エクササイズの最後に、処理し切れなかった難しい感情を想像上の容器に入れる（子どもは、その容器を実際に描きたがるかもしれない）。そして、ポジティブな記憶に戻る。子どもに思い出したいお気に入りの体験を選んでもらう。その子どもが体験と結びつけたポジティブな言葉や色や身体感覚を使って、この記憶を両側性刺激で植えつける。ほんの数回（6〜8）のタッピングを使用し、ネガティブなものとのつながりを防ぐ。

◆◆◆◆◆ まとめ ◆◆◆◆◆

このエクササイズの目的は、プロトコルをステップに分けてセラピーの量をうまく調節することである。あなたは、どのように感情と情動を同定するかを少しずつ、コントロールできるくらいの量にして子どもに教え、全体的な感情を、紙上で見たり、体で感じたり、名前をつけたりできる要素に分解しているのである。両側性刺激は、ポジティブな感情を拡大し、ネガティブな感情を下げる。子どもは、どのように自身の体験に名前をつけ、構成し、容器に入れるかを学び、だんだん強いレベルの苦痛な体験をコントロールすることができるようになる。

この少しずつ増えるアプローチを使うことで、セラピストはその子どもが感情に圧倒されて解離しやすいかどうかをより正確にアセスメントすることができる。感情をコントロールできる能力を子どもが十分に持っている場合であっても、この手法は子どもの気づきと理解、そしてスキルを高めてくれる。

◆◆◆◆◆ 火　山 ◆◆◆◆◆

　激しい怒りを体験している子どもにとって、火山はとても優れた教育的メタファーである。一般的にこのような子どもたちは、身体における感情への気づきがあまりない。このエクササイズは、身体への気づきと感情のコントロールを向上させてくれる。

　まず、怒りは火山のようなものだというメタファーを紹介し、溶岩はいつも地下でどうなっているのか、噴火の前にどんなふうに蓄積するのかを子どもに示しながらはじめる。

　火山っていうのはこういう感じなんだよ。例えば、ある子がよく眠れなかったときに、目覚ましが鳴り出すと、その子はもうイライラしていて、くるぶしのところで溶岩が渦巻きはじめているね。そして、その子のお母さんが、まだ着替えをしてないその子に怒鳴ると、溶岩はふくらはぎのところまで上がってくるの。キッチンに向かうと、その子のお気に入りのシリアルはもう全部なくなっていて、枯れた小枝のような味のするお母さんのシリアルしかない。その子はお腹がすいてイライラして、誰ひとり自分の欲求を気にかけてくれないと思っていると、溶岩はさらに上がってきて、もしかすると膝まできているかもしれないね。すると、その子は昨日の夜やるはずだった算数の宿題を思い出して、溶岩は一気にお腹まで上がってくる。この時点で、この子は本当に虫の居所が悪いけれど、何とか保っているね。お母さんは、その子がぐずぐずしすぎだといってさらに口うるさく言う、すると溶岩は肩まで上がってくる。さらに、いつもはその子が座っている車の助手席を今日は弟がとってしまったのに、お母さんは何を言っても聞いてくれない。もうたくさんだ！　溶岩がその子の顔一杯になって、頭のてっぺんから噴き出して、その子はめちゃくちゃになってしまう。暴れて、叫んで、お母さんを叩いて、学校に行かない。

　今から、私たちも火山を作って、君がお母さんといたときのその爆発の最中に君の溶岩に何が起こったのかを見てみよう。じゃあ、木曜日に、何があったのか話してくれるかな。

　目的は、その日の話や出来事を十分に引き出すことで、子どもが、感情を

コントロールしていた地点に気づき、どのように積み重なる体験によって感情が高まっていったかを理解することである。子どもが火山を描き、次にセラピストは子どもと一緒に感情を高ぶらせる要因となった出来事を書き出し、それぞれの段階での"溶岩"のレベルつまり感情のレベルをマークする。各段階で、セラピストは子どもに溶岩が体のどこにあるかを意識させ、数回のタッピングかその他の二重注意刺激（DAS）を使って、体の中の溶岩レベルを"ブックマーク"する。エクササイズを進めるに従って、子どもはより身体とつながり、より繊細な感情を識別するようになる。また、子どもはどれだけたくさんの感情を、一日を通してコントロールできていたかを認識しはじめ、そのことをセラピストから肯定される。次に、セラピストは、自分で安全に溶岩を出せるように、どのあたりで溶岩に気がつきたいか子どもにレベルを選ばせる。

子ども：膝くらいまでだったら、溶岩がきてもそれほど悪くない。
ET（著者）：じゃあ、溶岩が膝まで来ちゃった時に君ができることのリストをつくろうか。（君は、トランポリンでジャンプしたり、シャワーを浴びたり、お母さんに話したり、色で表現したり、バタフライハグをしたり、深呼吸をしたり、シャボン玉を吹いたり、スポンジボールを投げたり、音楽を聴いたり、太鼓をたたいたりすることができるよ。）
セラピスト：これらのうち何かひとつを試してみよう。では、今、木曜日に起こったことを溶岩が膝に来るまで考えてみよう。そうして、私がタッピングしている間、それと一緒にいてね。準備ができたら教えてね。オーケー。（約12回のタッピング）今は、どうかな？
子ども：ここまで下がった（ふくらはぎ）。
ET：すごいね、その調子でもう一回やろう。（約12回のタッピング）じゃあ、今度はどうかな？
子ども：つま先まで下がった―全部なくなった。

　セラピストは――テレビを独占している兄、宿題の時間――といった子ど

第16章　アート、プレイ、ストーリーテリング

もの生活におけるさまざまな引き金ポイントにおいて、イメージ上の溶岩のレベルをチェックしながら、子どもが未来の鋳型を練習するのを助ける。そして、子どもは家に帰ってから、自分で溶岩を"意識する"ことができるか、膝まで溶岩が来る前に自分を落ち着かせることができるかどうか、一週間、溶岩のチェックをするように言われる。子どもの両親も火山のメタファーについて教えられ、子どもが一週間を通して溶岩のレベルを観察することを告げられる。

◆◆◆◆◆　心拍数モニター　◆◆◆◆◆

　これは、簡単なバイオフィードバックのエクササイズで、子どもがどれだけ自分で感情をコントロールできるかを示すことができる。また、これは火山のメタファーと一緒に使うことができる。子どもに、火山の頂上が吹き飛ぶくらいに、ものすごく怒りを覚えるような何かを思い浮かべるように言う。そして、そのときの心拍数モニターの数値を見る。（Gottman Institute が販売している、人差し指で計測できる心拍数モニターは良く機能する。）

ET：体のどこにそれを感じるかな？　じゃあ、私がタッピングする間、それと一緒にいてね。
子ども：ねぇ、自分で溶岩のレベルを下げることができたよ。
ET：すごいね、じゃあ続けてみよう。
子ども：もっと下がったよ。
ET：もっと下げられるかやってみよう。私たち、本当に間違いなく穏やかだよ。

　注意欠陥／多動性障害（ADHD）の子どもたちであっても、この簡単なエクササイズで集中して、呼吸をして、セラピストのタッピングによって、瞑想的な状態に達することが可能である。彼らは、しばしばこのエクササイズのプロセスを楽しみ、ターゲットを変えて何度も何度もこのエクササイズを繰り返すことを求める。子どもに呼吸法やリラックス法を練習させるため

の外的動機づけによるごほうび表とは異なり、このアプローチは、子どもの内部活動における自然な好奇心と興味によっている。この方法によって、子どもたちは感情のコントロールを楽しくやりがいがあると感じ、それをマスターしたいと思うようになるのである。

　ここでは、両側性刺激は SUDS を下げるのを助け、子どもたちが呼吸と安静を結びつけ、自分をなだめるスキルを迅速に身につけるような学習プロセスを強化する。

◆◆◆◆◆　動機づけ面接　◆◆◆◆◆

　セラピストの面接室に着いたときの子どもや思春期の若者は、たいてい自分自身の行動を変えることに、それほど興味がない。実際は、ほとんどもしくは多くの子どもたちは自分の考えに固執し、セラピストが自分を変えられるか挑んでいるのである。次のエクササイズは、「動機づけ面接」（Miller, Rollnick, & Conforti, 2002）の教義に基づき、それを Robin Shapiro の「両手の編み込みテクニック」（第6章）に組み込んだものである。

　私がこれをはじめて使用したのは、重いクローン病を患った12歳の少年とのセッションだった。私の面接室に来たとき、彼は、痩せて、虚弱で、無気力な状態で、しかし一方では怒りっぽく、反抗的で、非協力的であった。この少年（以下、クリスと呼ぶ）は、ある精神科医によって私のところに紹介されたのであった。その精神科医によると、クリスは、彼女がこの何年かの間に診てきた中で最も深刻なうつ状態の子どものひとりであった。クリスは、抗鬱剤もクローン病の薬も飲むことを拒み、宿題も手伝いをすることも拒んでいた。彼は知的に優れた才能に恵まれていたが、全てのクラスを落第していた。クリスは、父親と暮らしていたが、父親はクリスをやる気にさせるために、クリスにどんどん多くの制限を課すようになり、また彼の権限をどんどん減らしていった。テレビ、音楽、マジックカード、テレビゲームなどは全て取り上げられ、一方クリスは、どんどん何もしなくなった。彼は前かがみに私の面接室に入ってきて、ソファの上に崩れ落ちるようにして座り、

第16章　アート、プレイ、ストーリーテリング

帽子を目元まで引き下げた。

　私はクリスに、彼がとても力強いことに感心したと言って会話をはじめた——どうしてどんな制限も彼の態度を変えることができなかったのか、どれほどそれによって彼の周りの大人たちが無力に感じたか、ということ——これは彼の興味をひきつけた。そして、会話は彼が全てのクラスを落第したことに移っていった。

ET：落第に関して良い事全てについて見てみよう。落第の良い事全てを片手に入れて、私があなたの膝をタッピングする間、そのことについて考えて。

クリス：いい感じがする。お父さんは僕に何もさせることはできない。お父さんが僕から全てを取り上げたとしても、僕は平気さ。

ET：落第について他に何かいい事はあるかな？

クリス：友達のジョーみたいになれること。彼は宿題をしないから、先生たちは彼につらく当たっている。僕がジョーみたいになることで、僕らは一緒の仲間になって、それがいいのさ。

ET：すごいね。じゃあ、他に落第についていい事はあるかな？

クリス：先生たちに仕返しすることができること。先生たちも、僕に何もさせることはできないよ。

ET：すごいね。じゃあ、落第についてあまりよくない事はあるかな？　あまり良くない事をもう片方の手に入れて。

クリス：（突然急に）大学に行けない、仕事がない、生活もできない。

ET：他にあるかな？

クリス：僕はお父さんをそんなに傷つけてはいない。自分自身を傷つけている。

ET：他にあるかな？

クリス：僕は、先生たちのこともあまり傷つけてはいない。先生たちは、全く気にしていない。

ET：他にあるかな？

クリス：僕は、どうしてジョーみたいになりたいのだろう？

クリスにとってこの5分間の介入は、決定的に重要な意味を持つ転換点だった。彼は、自分自身と自分の将来を気にかけることを決心したのだった。そして、彼はセラピーに積極的に関与するようになった。彼の鬱は、薬物療法なしですぐに良い方向に向かいはじめた。彼は、ただちに勉強に戻り、2学期を平均評定Aで終了した。彼のクローン病もおさまり、一年後には、水泳で入賞し、ミュージシャンであり、さらに優等生であった。4年後には、彼はストレスレベルをうまくコントロールし続けるために音楽、瞑想、呼吸、境界を使うようになった。彼は、時々出るコントロール可能なクローン病の症状と共にうまくやっている。

　動機づけ面接は、子どもや思春期の若者とセラピーに取り組む上で、非常に価値のあるスキルであり、とりわけ依存行動に大変効果がある。この原則に則ったEMDRの治療については『*EMDR with Children and Adolescents* (子どもと思春期の若者とのEMDR)』(Ricky Greenwald, 1999) を参照するとよい。

◆◆◆◆◆　ゲームとプレイ　◆◆◆◆◆

　全てのゲームとプレイは、セラピーになりうる可能性を持っている。子どもがプレイモードに入っているとき、子どもは安全に感じ、心がより柔軟になって漂っている状態になりやすい。このとき、子どもはより容易に多くのことを学ぶことができ、感情を安全に処理することができる。子どもとのセラピーに慣れているセラピストは、プレイが、硬く、不安で、競争的もしくは防御的であるか、トラウマプレイの強迫的な繰り返しのパターンを持っているか、あるいは興味と喜びと興奮の楽なリズムを持っているかに注目しながら、子どものプレイの質をどうアセスメントするのかを知っている。

　EMDRのセラピストは、否定的な感情や信念を処理し、肯定的な感情や信念を高めるEMDRの原則は、ほとんどどのプレイの状況においても適用できることに気づくだろう。以下は、EMDRの考えをどのようにゲームとプレイに適用するかについてのいくつかの提案である。しかし、熟練したセ

第16章　アート、プレイ、ストーリーテリング

ラピストであれば、これらの EMDR の原則を自身がよくセラピーに使う活動にすぐ適応させることができるだろう。ここでの活動とは、トラウマ処理の標準的なプロトコルという意味ではなく、人間関係、安全感、感情耐性を高めるものを指している。

◆◆◆◆◆　プレイ中の両側性刺激の技巧　◆◆◆◆◆

プレイ中における両側性刺激の使用には注意しなければならない。セラピストと子どもは部屋の中を動き回っているかもしれないし、ボードゲームを挟んで向かい合っているかもしれない。この段階での両側性刺激は、プレイの邪魔になってはいけない。両側性刺激は、正しいタイミングで心地よいと感じられる時にのみ使われるべきである。反射（mirroring）の原則から、両側性刺激をセラピスト自身にすることは、子どもに共鳴効果があると私は考えている。私からタッピングをしにくい位置に子どもがいる場合や眼球運動が心地よくない場合、しばしば私は自分自身にタッピングをする。子どもによっては両側性刺激のテープ（http://www.biolateral.com）やその他の両側性の音をプレイの間に聞くのを好む場合もある。肩や膝をタッピングするのも良い。ドラムスティックは最適のツールになるだろう。セラピストが左右に揺れても良いだろう。また、おもちゃや人形が左右に飛んだり、左右の膝を交互に跳んだりしても良いだろう。5歳以下の子どもは眼球運動において視線を、正中線を越えて動かすことが難しいため、これに代わるような他の両側性刺激の方がうまくいくようである（Tinker & Wilson, 1999）。

◆◆◆◆◆　フラストレーションを伴うゲーム　◆◆◆◆◆

キャンディランド（Milton Bradley 社, Hasbro 社）、滑り台とはしご（Milton Bradley 社）、ソーリー（Parker Brothers 社）といったボードゲームは、長年にわたって子どもに親しまれてきた。これらのゲームに共通する事は、プレーヤーが突然一気に他のプレーヤーを追い越し前に進むこともあれば、悲

劇的に落伍してしまうこともあるという点である。これらのゲームにおいて、スキルは、ほとんどもしくは全く関係しておらず、プレーヤーの運命は未知の運によって決定される。セラピストは、子どもたちがどのようにフラストレーションに対処するかに注目することで、子どもの感情耐性を判断することができる。もし子どもがずるをしたら、それは子どもが挫折に伴う感情に耐えることができないことを示している。これは、苦痛を和らげるためにEMDRを使用する現実的チャンスを与えてくれる。子どもが、フラストレーションに対処するのが難しい場合、セラピストは以下のうちいずれかの方法を用いるとよいだろう。

1．セラピストがフラストレーション対処の手本となる
　　セラピスト：あぁ、しまった！　大きな滑り台に当たっちゃった。ずっと底まで落ちていくよ。もう、私の勝ち目はないなぁ。大きな塊がお腹にあるみたいに感じる。（セラピストは自分の膝をタッピングするか叩く）何とかできるよ。大丈夫。大したことじゃない。また次のチャンスがあるさ。
　　セラピストは、どのように子どもがフラストレーションに対処しているかを反映しながら、子どもと一緒にフラストレーション耐性が進歩するように導く。
　　わぁ！　災難だね。これは君にとって大変そうだね。それが起きることはどれくらい嫌かな？　10くらい嫌いなの？　じゃあ、君はとてもうまく10に対処しているね。その10をどこに感じる？　それをドラミングで下げたい？　それともタッピングで追い出したい？
2．もし子どもがずるをしたら、セラピストはこう言う。
　　6が出ていたら君は底まで下がらなくちゃいけないところだったね。痛いよね、そうなっていたら本当に大変だったね。（セラピストは自分の膝をタッピングする）子どもがしたことに不正行為というレッテルを貼ったり、道徳的な説教をしたり、コマを元に戻させたりする必要はない。そうすることは、恥辱を付け加え、信頼を下げるだけである。ここでの処置は、子どもに共感と気づき、そして苦痛に対処するツールを与える

ことである。そうすれば、子どもはもうずるをしようとは思わなくなる。

　ねぇ、あの時のあの滑り台は、あんまり君を悩ませなかったみたいだね。――それをタッピングして取り込もう。君がどんなふうに対処するか学んでいるところを思い浮かべてね。

　もう君は、あの大きな滑り台を下っていくことにとてもうまく対処できているね。わぁ、君はとっても速く学んだんだ。君は、自分のことを誇らしく思っているように見えるよ。それをタッピングしてみよう。君がどのようにそれに対処することができるか思い浮かべてみて。

3. セラピストは、ポジティブな感情にも気づいて、子どもが単純に楽しんでいる時、あるいは後ろから追い上げていたり、ゴールに近づいて興奮している時、それを強化する。

　わぁ、進んできているよ！　後ろから追いついてきている。やったね！　セラピストは声と体で子どもの熱中に加わり、自分自身の膝をタッピングする。もし、子どもの肩あるいは膝に簡単に手が届くようであれば、子どもにタッピングをする。

◆◆◆◆◆　スキルを伴うゲーム　◆◆◆◆◆

　リバウンド（Tyco社, mattel社）のようなホッケーゲーム、マグネット・ダーツ、ミカド、ジェンガ（Milton Bradley社）といった身体的なスキルや器用さを要するゲームは、先ほどのゲームと同様フラストレーション耐性を高める素晴らしい機会をもたらしてくれる。その上、これらのゲームは集中力、決断力、自尊心を高める機会も提供してくれる。これらのゲームは、とりわけ学習障害や注意欠陥の子どもたちに有効であるが、それはセラピストが、子どもがプレイで学んだスキルを学校やその他の環境まで広げるのを援助することができるからである。

　セラピストは、まず心から一緒にゲームを楽しむことができなければならない。遊びの感覚は、パフォーマンスへの不安を和らげ、子どもがスキル練習の流れに入るのを可能にする。子どもが焦点を合わせて集中力を見せはじ

めたら、セラピストはそれについてコメントし、時々両側性刺激を使いながら、これらの達成体験に伴う気分の状態を"打ち込む（nail in）"。

　わぁ、ミカドの棒を取る時に手が安定してぶれないようになったね。集中力と忍耐力がないとできないよね。その集中してる感じってどんな感じか気づいてね。それをタッピングしてみよう。

　すごく難しいのを選んだね。難関を乗り越えられるかな、できるよね？　その感じをタッピングで入れてみよう。

　もし子どもがこの活動をうまくこなせず四苦八苦していたら、先述のフラストレーションの伴うゲームのように対処する。

　もし子どもが学校の勉強、スポーツ、音楽、その他の活動において、より集中力を高めたい場合、これらの活動領域でのよいパフォーマンスを得るために、遊びで達成した体験を資源として生かすことができる。

　ジェンガで遊んだときの集中力を覚えているかな？　それを体の中に感じて。それをタッピングしてみよう。じゃあ今度は、その体の中の感覚と一緒に算数をしているところを考えてみよう。（さらに数回のタッピング）どんな感じかな？

　このようなポジティブな体験は、関係性や資源として標準的なプロトコルによるトラウマ処理の土台となる。

◆◆◆◆◆　ストーリーテリング　◆◆◆◆◆

　ストーリーテリングは、人間が難しい体験を処理したり新しい態度を学んだりするために発達させた、最も古くまた素晴らしいセラピーのひとつである。創造的なセラピストは、EMDRの原則と子どものためのストーリーテリングを早くから統合していた。『*Small Wonders: Healing Childhood Trauma with EMDR*』(1999)（邦訳『スモール・ワンダー：EMDRによる子どものトラウマ治療』二瓶社, 2010）の中でJohan Lovettは、両親にセラピー効果のあるストーリーを子どものために書かせ、それを聞かせながら両側性刺激によってトラウマ処理をさせる素晴らしいプロトコルを紹介している。Debra

第16章　アート、プレイ、ストーリーテリング

Wesselmanは、両親にストーリーを書かせ、それを子どもに聞かせながら安定した愛着を育ませるための素晴らしいプロトコルを発展させた（Wesselman, 2001）。

　自分自身のことのように感じるようなストーリーを聞くことで、圧倒されたり、抵抗したり、恥ずかしがったりする子どもたちにとって、人形やおもちゃと両側性刺激を組み合わせたメタファー的なストーリーは、非常に効果的となりうるということを私は発見した。物語は、セラピストによって作り上げられる。子どもたちが圧倒されないために、十分な距離がある一方で、子どもたちが想像上の登場人物の問題に関わっていけるように、動物、不思議な生き物、現実とは十分に違う状況を使う。Nancy Davis (1991, 1996) はトラウマやその他の問題に関するセラピーのために書かれた豊富なストーリーを提供している。

　セラピストが見つけたり書いたりするストーリーは、問題や対立をアウトライン化し、トラウマや問題について語り、主人公のもっている難しい感情や信念や行動について明らかにしているものでなければならない。主人公は、賢い指示や援助を受けるだろう（左右に飛んだり、手から手あるいは膝から膝へピョンピョン跳んだり、魔法の杖を振るキャラクターから両側性刺激を与えられる）、もしストーリーが本当に効果的であるなら、それでもやはり主人公は、行動によって問題を克服するために、苦闘しなければならない。そしてストーリーは、主人公が困難に出会ったことで発達させたポジティブな感情、信念、行動の植えつけを行うことによって終わる。

　ストーリーテリングは奥の深いアートである。上手に語られるストーリーは、心全体を刺激し、標準的なプロトコルの多くの要素を織り込み、多面的に作用する。語り手と聞き手は、声のトーンやリズム、そして動きによって、主人公の感情に安全な形で共鳴し、共感的につながれる。ストーリーは、登場人物の感情や信念について納得しやすい首尾一貫した話となっている。登場人物の勇敢な旅は、聞き手をより健全な信念や行動の可能性を開く新天地へといざなう。子どもを対象とするセラピストにとって、地元の朗読団体に参加したり、ストーリーテリングの技術に関するテープを聴くことは、スト

ーリーテリングのスキルを磨くのに非常に有益だろう。

　次に紹介するのは、Nancy Davis の物語『*The Siamese Twins*（体のつながった双子）』（1991）にアイディアを得たものである。一見すると単純で退屈なこの物語の人気とその力に私は驚かされてきた。行ったり来たりする犬は、自然に眼球運動をストーリーに組み入れるきっかけになっている。私は、左右に飛ぶ魔法使いを肯定的認知を強めるためにつけ加えた。

　私は、母親の付き添いなしで学校へ行くことを拒んでいた6歳の少年に対してはじめてこのストーリーを使った。実際、学校でも少年は、母親がトイレに行くために離れることも拒むほどだった。彼が私のオフィスに入ってきたとき、彼は母親にしがみついて彼女の背中の後ろに顔をうずめていた。彼は、部屋の中にあるおもちゃを見てごらんという私の提案を拒み、さらに深く彼の頭を母親の後ろにうずめた。そして、母親をしつこく引っ張って、めそめそと「行こう、もう行こう」と言い続けた。私はこのストーリーを語りはじめたが、少年は「僕は聞いていないよ！」とぴしゃりと言い放ち、耳をふさいだ。私は彼に、お母さんにストーリーを語っているので、あなたは聞かなくてもいいのよと言った。ストーリーが進むと、少年の体はリラックスし、彼の頭が母親の後ろから、ちらちらと見えはじめた。最後には、「もう一度その話を聞かせて」と言った。2度目の話が終わると、少年は立ち上がって、部屋にあるおもちゃを探索しはじめた。オフィスを離れるとき、「お母さん、もう学校へバスに乗っていく心の準備はできたよ」と少年は言った。私は、境界例の母親の子どもたち、極端な分離不安に苦しむ子どもたち、正常な発達の中で分化に葛藤する子どもたちにこのストーリーを使ってきた。私はこのストーリーを成人女性のグループにも語ったことがあるが、彼女たちは、このストーリーによって自分自身の人間関係における、あまり健康的とはいえないいくつかの側面について、バランスのとれた見方ができるようになった。（大人は子どもの物語を聞くのが好きである。ただ、語りに際して「これは、私が子どもたちに話している物語を連想させる」という言葉を前置きするだけである。）

　このストーリー、あるいはどのストーリーにおいても、生き生きしたもの

第16章　アート、プレイ、ストーリーテリング

にするためには、それをただ読むのではなく、演じられるべきであるということを忘れないように。

◆◆◆◆◆　大きな犬と小さな犬：分化の物語　◆◆◆◆◆

　昔々あるところに、双子の犬がいました。（2つの犬の人形を取り上げる。一方の犬はもう片方の犬よりもはるかに大きい。これらの2匹の犬が一緒に"くっついて"見えるように持つ）この犬たちは、とても変わった双子の犬でした。彼らは一緒にくっついて生まれてきてしまいました。その上、一方の犬は、もう一方の犬よりもずっと大きかったのでした。そして、このことはたくさんの問題を引き起こしました。

　大きな犬がどこかに行きたいときはいつも、小さな犬も一緒に行かなければなりませんでした。大きな犬が遊びに行きたいとき、小さな犬も一緒に遊びに行かなければなりませんでした。（大きな犬が遊ぶために小さな犬を引きずって片側へ行き、今度は大きな犬が食事のためにまた小さな犬を引きずって反対側行く様子を実演する）大きな犬が食事に行きたいときは、小さな犬も一緒に食べに行かなければなりませんでした。大きな犬が寝返りをしたいときは、小さな犬も寝返りをしなければなりませんでした。（大きな犬が小さな犬を引きずって寝返りをする）

　これが長いこと続いて、しばらくすると、小さな犬は、大きな犬がしたいことを全て自分もしなければならないことにうんざりしはじめました。小さな犬は、ますますイライラして、ますます怒りを感じはじめました。ついに、小さな犬はものすごく怒り狂って叫びはじめました。「いや、いや、いや、いや。ぼくは遊びたい。ぼくは、今、遊びたいんだ！」（小さな犬は、大きな犬の頭を叩く）そして「いや、いや、いや、いや、ぼくは食事をしたい、ぼくは、今、食事をしたいんだ！」大きな犬は、小さな犬に腹を立てて欲しくなかったので、大きな犬は小さな犬が食べたら食べ、小さな犬が遊んだら遊び、小さな犬が寝たら寝るようにしました。

　次に何が起こったか、わかるでしょう？　そのとおり。大きな犬は、うんざ

りしてイライラして、腹を立てて怒りました。大きな犬は、叫びはじめました「いや、いや、いや、いや！」（大きな犬は上下に飛び跳ねる）「君に全てやりたい放題はさせないぞ！　今からは、君がぼくのやり方でやるんだ」

　そうして、それが長く続きました。2人の犬は一緒にくっついたままで、とても不幸せでした。でも、ある日、2匹がけんかをしていたとき、賢い魔法使いが彼らに偶然出会って、注意深く彼らを観察しました。そして、彼らのためにひとつのアイディアを出しました。（セラピストは知恵を象徴する人形かおもちゃを持ち込む）

　「やぁ、君たち」魔法使いは言いました。「君たちは、こんなに惨めになる必要はないよ。私が君たちを切り離してあげたら、君たちは、相棒を一緒に引きずらなくても、それぞれがしたいこと、しなくてはいけないことができるよ」

　2匹の犬は、魔法使いを疑わしそうに見ました。彼らは、自分たちがそのアイディアを気に入ったかどうか確信を持てませんでした。

　「わからない」小さな犬は言いました。「大きな犬なしで、全くひとりになるのは、怖いような気がする」

　「わからない」大きな犬は言いました。「小さな犬が、ぼくなしでどこかへ行ってしまったら、心配になるような気がする」

　「え～っと」魔法使いは言いました。「一晩考えたら、朝には、君たちはどうしたいかわかるだろう」

　その夜、大きな犬と小さな犬は丸くなって寝て、そして2匹は同じ夢を見ました。魔法使いが彼らの上を左右に飛んで、行ったり来たり、行ったり来たり（魔法使いの指人形あるいは人形が子どもの目の前を左右に飛ぶ。）そして、魔法使いが通り過ぎるたびに（なだらかで、リズミカルなトーンで）「君たちは、安全だよ」「大丈夫、君たちは、安全だよ」「君たちは、安全だよ」と言いました。

　翌朝、大きな犬と小さな犬が起きたとき、2匹はずっと落ち着いて、澄みきった感じがしました。彼らは、まだ少し心配していたけれど、魔法使いのところへ行って、自分たちを切り離してもらうことを決心しました。魔法使いは彼らを眠らせ、優しく、優しく彼らを切り離して、2匹のワンちゃんにしました。

第16章　アート、プレイ、ストーリーテリング

　２匹が目を覚ましたとき、彼らは隣り合って横たわっていました。とても近くに隣り合っていたけど、もうつながってはいませんでした！
　「わからないけど」大きな犬が言いました。「これは奇妙な感じだ。これを自分で気に入ったかどうか、わからないよ」
　「本当に奇妙な感じだ」小さな犬が言いました。「ぼくも、よくわからないよ」
　「じゃあ、試してみよう」大きな犬が言いました。「君が、あそこにある骨をとってきたらどう？」
　小さな犬は、走って骨をとってちゃんと戻ってきました。（人形は、骨をとってくるために向こうへ行って戻ってくる）
　「ふー、これは大丈夫みたいだね」そして、小さな犬は、はっきりしない様子で言いました。「ぼく、あそこにあるボールで遊んでこようかな」
　そして、小さな犬は、行って遊んで戻ってきて、行って遊んで戻ってきて、また行って遊んで戻ってきました。（小さな犬の人形は、子どもの見える範囲内で、行ったり来たり動き回る）小さな犬は、行って戻ってくるたびに、もっと強く、もっと強く、もっと強くなったように感じました。
　そうして、大きな犬も試してみる決心をしました。彼は行って戻ってきて、行って戻ってきて、また行って戻ってきました。行って戻ってくるたびに、もっと強く、もっと強く、もっと強くなったように感じました。（大きな犬の人形は、子どもの見える範囲内で、行ったり来たり動き回る）
　今、この２匹の犬は、とても幸せな犬です。彼らは一緒に遊び、一緒に食事をします。でも、彼らは、行って戻って、また行って戻ってくることもできます。（一匹の人形が、向こうへ行って戻ってくる）そして、彼らは、自分が幸せに感じることをすることができるのです。（２匹の人形は、一緒に真ん中に来て寄り添う）

◆◆◆◆◆　**ストーリーの拡大**　◆◆◆◆◆

　子どもは、しばしば登場人物の一人になって物語の中に入ったり、物語を拡大したり、あるいは劇を演出したりしたがる。もしそうなった場合は、「ス

トーリーを語る」という必要性を手放し、子どものプロセスを勇気づけ、子どもと一緒に即興的にする。セラピストは、EMDRの基本的教義：困難な感情や信念を処理し、ポジティブな感情、信念、行動を植えつけることを念頭において、統合的にやっていく。

　時として、ストーリーは、何週間かの期間にわたり、異なるパターンで繰り返される。両親は、ストーリーをもらうか自分たちで作って、寝る前に子どもにストーリーを話す。話しながら、両側性刺激の音を聞かせたり、両側性のタッピング、あるいはやさしく足を握ったりする。

まとめ

　子どもとワークをするセラピストは、生まれつき創造的で遊び心のあることが多い。この素質だけでも、子どもたちが安全感を感じ、トラウマを処理し、より健全な信念や行動を学ぶのに役立つ。ところが、子どものセラピストが、意図的にEMDRの原則をセラピーの早い段階に統合すると、関係性と安全感をより早くしっかりと築くことができる。そして、子どもの感情をコントロールする能力を発達させ、標準的なプロトコルによるトラウマ処理が安全に進むのを可能にする。

参考文献

Davis, N. (1991). *Therapeutic stories to heal abused children* (revised ed.). Burke, VA: Author.

Davis, N. (1996). *Therapeutic stories that teach and heal*. Burke, VA: Selfpublished.

Greenwald, R. (1999). *Eye movement desensitization and reprocessing (EMDR) in child and adolescent psychotherapy*. New York: Jason Aronson.

Herman, J. L. (1992). *Trauma and recovery*. New York: Basics.

Lovett, J. (1999). *Small wonders: Healing childhood trauma with EMDR*. New York: Free Press.

Miller, W., Rollnick, S., & Conforti, K. (2002). *Motivational interviewing: Pre-

paring people for change (2nd edition). New York: Guilford Press.

Perry, B., Pollard, R., Blakley, T., Baler, W., & Vigilante, D. (1995). Childhood trauma, the neurobiology of adaptation, and "use-dependent" development of the brain: How "states" become "traits." *Infant Mental Health Journal, 16*, 271-290.

Shapiro, F. (2001). *Eye movement desensitization and reprocessing: Basic principles, protocols and procedures* (2nd edition). New York: Guilford Press.

Shore, A.N. (1994). *Affect regulation and the origin of self: The neurobiology of emotional development*. Hillsdale, NJ: Erlbaum.

Siegel, D.J. (1999). *The developing mind: Toward a neurobiology of interpersonal experience*. New York: Guildford Press.

Tinker, R.H., & Wilson, S.A. (1999). *Through the eyes of a child: EMDR with children*, New York: Norton.

Wesselman, Debra (2001, June). *Treating Core Attachment Issues in Adults and Children*. Paper presented at EMDRIA Conference, 2001.

◆◆◆◆◆ 資　　料 ◆◆◆◆◆

Association for Play Therapy, 1350 M Street, Fresno, CA 93857

Play Therapy Bibliography, Center for Play Therapy, University of North Texas, P.O. Box 310829, Denton, TX 76203-0829

用語解説

安全な場所：準備段階で紹介される、イメージ上の安全な場所は、長い再処理中の休憩場所や、不完全なセッションの最後にストレスを下げる方法や、セッション間の自己ケアの方法である。

癒しの場所：「安全な場所」参照

穏やかな場所：「安全な場所」参照

肯定的な認知（PC）：今では真実な、自己に関する思考で、EMDR処理で求めるもの。PCは認知の妥当性スケール（VOC）で測定される。

資源の開発と植えつけ（RDI）：記憶にあるか、イメージ上の肯定的な強さ、経験、帰属、もしくは（頻度はより低い）外的な支持で、準備段階で前もって装備しておく。RDIは、通常のEMDR処理に耐えられないクライエントに用いられ、感情耐性に問題ないクライエントでは用いる必要はない。

脱感作：標準プロトコルの第4段階で、DASを用いて苦痛な出来事を処理する。

適応的情報処理モデル：EMDRの理論的モデルで、脳の生得的な傾向で、苦痛な人生経験を適応的な解決へと処理する。

二重注意刺激（DAS）：EMDRが研究に反応することで、眼球運動、タッピング、音の呼び名が最低三度変わった。まず、眼球運動、そして、今や両側性刺激か二重注意刺激、がEMDRの処理に伴って、最もよく眼球運動や他の刺激の効果を表している。

バタフライハグ：自己管理の両側性刺激で、クライエントが両手を胸の前で交差して、各々反対側の肩に置き、交互にタッピングする。バタフライハグは、よく集団で使われ、また、セッション外の自己鎮静化に用いる。

否定的な認知（NC）：苦痛な出来事に結びついていて、古い、今では合理的でない、自己に関する思考。

標準プロトコル
- 第1段階：クライエントの生育歴聴取でこれには、クライエントの準備性、クライエントの安全の要素、解離のスクリーニングである。
- 第2段階：準備で、これには、クライエントと絆を作る、期待を設定する、安全な場所を作る、眼球運動や二重注意刺激を試すことからなる。
- 第3段階：評価で、絵か苦痛な出来事を選ぶ、否定的認知（NC）を決める、肯定的認知（PC）を作る、認知の妥当性（VOC）を評価する、情動に名前をつける、主観的障害単位（SUDかSUDS）を評価する、身体感覚を見つける、か

- 第4段階：脱感作で、DASを用いた記憶の再処理である。
- 第5段階：記憶を頭に置いて、肯定的認知を植えつける。
- 第6段階：ボディスキャンで、身体的苦痛がないか探す。
- 第7段階：終了で、ホームワーク、期待、そして必要なら情動的にバランスの取れた状態へクライエントを戻すことである。
- 第8段階：再評価で、次のセッションにおいて、連想された題材を探して新しい処理をする必要があるかどうかを見るためにチェックすることである。

ブロックする信念：EMDRの処理をストップする認知。例、「私はこれを乗り越えられない」

ボディスキャン：標準的プロトコルの第6段階において、大半の処理が済んだ後、クライエントに苦痛な出来事を考えてもらい、身体感覚を感じてもらう。どんな感覚であれ、ターゲットとし、DASを加える。

未来の鋳型：EMDRの3分岐のプロトコルの一部分である。3分岐のプロトコルでは、ある処理するターゲットの過去、現在、未来の成分に注意を向ける。

両側性刺激（BLS）：「二重注意刺激」参照

ルーピング：ブロックされた反応の形態。そこでは、クライエントは同じ感覚、情動、イメージや思考をぐるぐる巡り、適応的な解決へと処理は進まない。

SUDS：主観的障害単位で、0-10のスケールで、否定的な感情の強度を測る。

VOC：認知の妥当性スケールで、主観的な1-7のスケールを用いて、提案された肯定的認知の信憑性を測定する。

索　引

━━━　あ行　━━━

愛着
　治療的調律　6-9
　内因性オピオイド　151-152
愛着欠損、むちゃ食い障害と―　306-307
愛着の傷　34
アイデンティティ、自己愛的な特別性と特権　240-241
アクセスする、過程に焦点化した資源　80-81
アセスメント　xiv
　幻肢痛プロトコル　185-186
　戦略的発達モデルにおける再評価リスト　27-31
　戦略的発達モデルにおける生育歴の聴取　9-19
　知的障害　378-380
アディクション（嗜癖）
　―の先延ばしタイプ　247
　「DeTUR」も参照
アディクション治療モデル、DeTURと―　222-226
アンカリングする、ポジティブ状態を植えつける　210-211
安全な場所　「安全な場所のイメージ」も参照
　植えつけ段階　68
　資源の開発と植えつけ戦略の歴史の中での―　66
　戦略的発達モデルの事例　42
　不安障害と―　397
安全な場所のイメージ　111-122
　侵入　119-122
　トラウマ・ワークのコーピング・スキルとして　135-137
　二重注意刺激　122

　―の恩恵　111-114
　―のプロセス　115-122
　―を創造的に使用する、治療プロセスにおいて　114-115
安全のワーク、クライエントの必要性に応える目標設定のオプション　37-38
アンビバレンス、治療目標について　232-233
怒り
　世代間取り入れ　295-296
　むちゃ食い障害　308-309
「意識的に生きる」8回のセッション　337-340
痛み
　苦痛に耐えるモジュール　348-350
　トラウマ関連の痛みへの対応　273-275
　「幻肢痛」も参照
一次処理
　大人の認知的な自己　58
　解離かもしれない部分的な記憶　55
　間接的な記憶　55, 61
　健忘（記憶喪失）　36-37, 54-55
　人生早期の非言語的な題材　33-36
　身体重視の処理　56, 59
　戦略的発達モデルの事例　39
　題材をきれいにする　43-44, 48
　出来事を認知的な観点へ移す　61
　土台をきれいにする　47
　トラウマ記憶に焦点を当てることに対しての怖れ　55
　―の効果　54-56
　―のためのステップ　55
　不完全もしくは部分的な記憶　55
イメージリハーサル療法　263
癒しの輪のワーク　342
植えつけ
　DeTUR　205, 218-219, 222-223, 226

索引

解離、コーピング・スキル 122-123
　現在の日時と生活への意識付け 123-128
　資源の会議室 92, 105
　資源の拡大プロトコル 71-80
　順応しているパーツがいないクライエントのための 128-129
　身長への意識付けの— 122-129
　セラピストとセラピストの診療室 131-133
　知的障害 386
　テストと未来のチェック 216-218
受け入れる、浮気と— 361
うつ 19, 24, 28-29, 34, 153, 181, 235, 262
浮気、EMDRを用いたカップル治療 359-362
オピオイド拮抗薬
　EMDR処理における—補助療法プロトコル 167-169
　EMDRと解離の事例研究 157-160
　学習性無力感 153
　視床下部・下垂体系 155
　—使用上の注意と禁忌 163-167
　トラウマティックストレス症候群における—の治療的応用 154-155
　—の機能 151
思い返し、過程に焦点化した資源 80-88, 91
親との関係、—をターゲットとして扱う 32

か行

外因性オピオイド 151
解決行動 369
海馬、健忘（記憶喪失）と— 7, 36, 55, 241
回避
　オピオイド拮抗薬と— 163-164
　回避したい衝動のレベル ix, xi, 197, 243-244, 258
　肯定的な感情をターゲットにする 241-246
回避したい衝動のレベル 243
解離
　EMDRと 155-157
　EMDRとオピオイド拮抗薬の症例検討 160-167
　一次処理 54-62
　解離性同一性障害／特定不能の解離性障害 107-148
　学習性無力感と— 153
　初期のトラウマ処理に伴う— 135
　心理療法と— 155-157
　戦略的発達モデルで包まれる 4
　第1の— 149
　第2の— 149-150
　第3の— 150
　トラウマ処理の前の安定化 156
　内因性オピオイドと愛着 151-152
　—の現在の症状 150
　—の全体像 149-150
解離性同一性障害（DID）／特定不能の解離性障害（DDNOS）
　安定性を保護すること 134-135
　安全な場所のイメージ（SSI）111-122
　植えつけの重要性 122-123
　外傷記憶の治療 133-134
　外傷的な素材の最初のターゲティング 137-144
　現在の日時と生活への意識付けの植えつけ 123-124
　催眠と— 110-111
　順応しているパーツがいないクライエントのための植えつけ 128-129
　症状軽減と安定化 110-111
　症状と表現 108-109
　人格統合 144-145
　身長への意識付けの植えつけ 129-130
　セラピストとセラピストの面接室を植えつけ 131-133

439

第3の解離　150
転移　123
　—と作業するセラピストが覚えておくべきこと　109
　—と作業をする前のセラピストのためのトレーニング　108
　—とともに用いられる用語　108-110
　トラウマ・ワークを管理し滴定するのを助けるコーピング・スキル　135-137
　—の発展　108
　目標設定のオプションと—　38
　リース状プロトコル　133
解離性同一性障害／特定不能の解離性障害のための治療者の診察室を植えつけること　131-133
解離性同一性障害／特定不能の解離性障害のための治療者を植えつけること　131-133
学習性無力感、解離と—　153
覚醒剤　224-226
核のターゲット　27, 38
過去、現在の日時と生活への意識付けの植えつけ　123-128
火山　419-421
過食サイクルのエクササイズ
　包括的EMDR治療計画における—　306-307, 322-323
　ラウンド1　304-306, 319-320
　ラウンド2　308-312, 320-322
過食症
　オピオイド拮抗薬、そして—　166
　「むちゃ食いサイクル」「むちゃ食い障害」も参照
家族が原因、—に関するターゲット　32, 35, 37, 52
家族システム、生育歴聴取と—に関する質問　11
過程に焦点化した資源　80-88
壁の仕事　347-348
亀になる　340
感覚

資源の拡大プロトコルと—　71-80
「子どもの感情調節」「情動」も参照
感覚的な記憶の断片、一次処理　56
眼窩前頭前野　152
眼球運動による脱感作と再処理法　vii
関係
　関係が終わった後で前の恋人を忘れること　235
　「カップルセラピー」も参照
感情　「子どもの感情調節」も参照
　LIDS　378
　苦痛に耐えるモジュール　348-350
　資源の拡大プロトコルと—　74
　情動に気づき制御するモジュール　344-347
　知的障害に対する感情の教育　373-376
感情（情緒）　369-370
　LIDS　378
　解離性同一性障害／特定不能の解離性障害のクライエントに対する包括的ストラテジー　136
　感情の教育と知的障害　373-374
　感情の自覚と知的障害　373-374
　—の発達　8
　「肯定的な感情、—をターゲットにすること」も参照
感情ダイヤル、トラウマ・ワークのコーピング・スキルとして　136
感情耐性、不安障害と—　398
感情の架け橋、両手の編み込み　197
間接的な記憶、一次処理　54-62
完璧主義、過食サイクル　303-304, 308, 310, 319-320
記憶
　痛み、幻肢痛　191
　一次処理と　54-62
　トラウマ記憶の治療　133-135
義務的なクライエント、目標設定のオプション　19, 35
気持ちの色　414-416
虐待　2, 5, 7, 16-18, 20, 26, 39, 41, 44-47,

索　引

50, 197-198, 200, 225-226, 240, 244, 270, 276, 367, 407, 414
　解離性同一性障害／特定不能の解離性障害のクライエントにおける　132
　カップルセラピーにおけるターゲット　354-355, 362-363
　生育歴の聴取と—　15-18
　　内因性オピオイドと愛着　152, 157, 159-160
　「トラウマと虐待の回復グループ」も参照
共依存、肯定的な感情をターゲットにすることと—　225-226
強化
　資源の会議室　94
　資源の拡大プロトコルと—　72
境界、治療におけるカップル　52-53
境界性人格障害
　大人の反応性愛着障害と—　327
　外傷後ストレス障害と—　328
　情動調整困難　326
　弁証法的行動療法と—　325-328
　「トラウマと虐待の回復グループ」も参照
強迫症状　30
強迫性障害　160, 202, 397
恐怖症　30, 202, 393, 399, 403
拒食症、オピオイド拮抗薬と—　166
苦痛
　ここ最近の過去の書きかえ　76-77
　近い将来の障害を書き直す　97-98
　予想される未来の問題の書きかえ（未来の鋳型）　77-78
　—を感じての自己手がかり　76
　—を感じての手がかり　76
苦痛に耐えるモジュール　348-350
苦痛を感じての手がかり、資源の拡大プロトコル　76
クライエントの安全の因子、生育歴の聴取とアセスメント　19, 38
クライエントの生育歴　xiii

幻肢痛プロトコル　182-184
現病歴と知的障害　369-370
むちゃ食い障害　306
「戦略的発達モデルにおける生育歴の聴取」も参照
ゲーム
　スキルを伴う—　427
　セラピーになりうる可能性　424
　フラストレーションを伴う—　425-427
　プレイ中の両側性刺激　425
結婚生活上の問題　30
言語ストラテジー
　肯定的な内的資源　23
　（催眠的）用語　20
　自信に満ちた祝福の言葉　20
　正常化　20
　種蒔き　20
　段階志向で進歩的な治療的モデルの構造　25
　知的障害　371-372
　問題から注意を逸らす　20
　ユーティライゼーション　22-23
　リフレーミング　20-21
　「コミュニケーション」も参照
現在、現在の日時と生活への意識付けの植えつけ　123-128
現在の日時、植えつけ、解離性同一性障害／特定不能の解離性障害のための　122-128
幻肢痛　177-192
　アセスメントと脱感作　185-187
　クライエントの生育歴・病歴聴取と準備　182-184
　事例　179, 186
　人工装具　179, 183
　切断の意味　187-188
　切断の影響　177-178
　治療後　187
　治療の考察　187-190
　—の研究　190-192
　—の症状　177

441

健忘（記憶喪失）
  コーピング・スキルとして安全な場所のイメージを用いること 111
  第一次処理 54-62
  一の理由 36
コア・マインドフルネス 338, 340
攻撃、再演プロトコル 268-269
交替人格 108-110
肯定的感情のレベル（LOPA） 240, 313-314
  むちゃ食い障害 299
肯定的な感情、一をターゲットにすること
  LOPA 得点 234
  アイデンティティと特権 240-241
  以前の関係性を理解すること 235-238
  回避 241-246
  回避したい衝動のレベル 243
  共依存 238-239
  肯定的資源の開発と植えつけとの対比 257
  異なる2つの可能性の編み込み 195
  先延ばし 247-256
  自己破壊的行動を伴う強迫 239-240
  治療目標に対するアンビバレンス 232, 241
  強い治療的関係の重要性 257-258
肯定的な認知
  一次処理 61
  資源の拡大プロトコル 71-73
  知的障害 378
肯定的なものを同定する、過程に焦点化した資源 80-88
肯定的認知の植えつけ xiv
コカイン、DeTUR の事例研究 223-224
心の部分 110-111, 145
子ども、情動的な調律 7
子ども、一の感情調節 413-435
  火山 419-421
  気持ちの色 414-418
  子どもを扱う際の困難 413-414

心拍数モニター 421-422
スキルを伴うゲーム 427-428
ストーリーテリング 428-431
動機づけ面接 422-424
フラストレーションを伴うゲーム 425-427
プレイ中の両側性刺激の技巧 425
コミュニケーション
  コミュニケーションの HELP モデル 342
  人間関係のコミュニケーションスキルモジュール 341-344
  「言語ストラテジー」も参照
コミュニケーションのための言語、知的障害 371-372
コミュニケーションのヘルプ（HELP）・モデル 342
コンテナ・イメージ、トラウマ・ワークのコーピング・スキルとして 136, 140
コントロール、むちゃ食いサイクルと一 304-307

■■■■ さ行 ■■■■

再演プロトコル 261-279
  いつ一を使うのか 262
  警告 271-273
  攻撃 268-269
  再現ファンタジーの要素 272
  トラウマ関連の痛みへの対応 273-275
  トラウマにさらされた筋肉を用いる 275-277
  一の過程 264-268
  一の効果 277
  一の事例 269-271
  一の理論 263-264
  要素 265
再発予防 30
  DeTUR 203, 205, 216-219, 229

索　引

再評価
　資源の会議室　98-99
　資源の拡大プロトコル　73
　知的障害　386-388
再評価リスト
　戦略的発達モデルでの—　27-31
　典型的な症状　28-29
　典型的に主訴としてあげられる重大な問題　29-30
再評価リストの問題点　「再評価リスト」参照
催眠
　解離性同一性障害と—　111
　自我強化と安全のワーク（EMDRの肯定的な植えつけ、もしくは催眠を使って）　38-39
催眠的な言葉、ユーティライゼーションと　10, 20-23
先延ばし
　肯定的感情をターゲットにすること　247-256
　嗜癖タイプとして　247
サンドイッチ効果　373
ジェノグラム　10-12, 15-19, 25, 39, 50, 56, 291, 394
　一次処理における—　xi
　ターゲットのリストの作成　25-27
自我状態、両手の編み込み　194
　安全な場所のイメージ　120-121
　クライエントの必要性に応える目標設定のオプション　35-39
資源
　言語的戦略、肯定的な内的資源　23
　ターゲットに特化した資源　90
　適切／不適切な—の使い方　101-103
　内的資源にアクセスすることとDeTUR　206
　認知の編み込みとして　87, 92, 99, 101-102
　「資源の開発と植えつけ戦略」も参照
資源の会議室　92-99

　会議室を設営する　93
　強化と植えつけ　94
　最近の障害の書きかえ　95
　再評価　98-99
　資源の開発とそれらのイメージ　93-94
　事前に書きかえた出来事を振り返る　96-97
　終了　98
　チームの合意を得る　95
　近い将来の障害を書き直す　97
　否定的信念を招き入れる　96
資源の開発と植えつけ戦略
　開発する際の重要な配慮　67
　過程に焦点化した資源　80-88
　警告　67
　肯定的資源の開発と植えつけとの対比　257
　資源の会議室　92-99, 105
　資源の拡大プロトコル　71-80, 88, 105
　資源の定義　65-66
　資源を開発する：現実か空想か？　69-70
　準備の段階　66-73
　身体感覚　70
　知的障害　376-378
　二重注意刺激　67-70
　認知の編み込みとしての資源　99-104
　—の歴史　66
　プロセス対イメージ　70
　ポジティブな連想のチャンネル　69
資源の拡大プロトコル　71-80, 105
自己愛、肯定的で価値付けられた視覚的イメージを同定すること　240-241
自己犠牲、家族間、世代間の投影としての—　293-295
自己主張のスキル　343-344
自己鎮静、カップルセラピー　357
自己手がかり、資源の拡大プロトコル　71-73
自己統制、生育歴聴取と—　9-10
自己破壊的な行動を伴う強迫、肯定的な感

443

情をターゲットにすることと—
　　239-240
思春期　2, 6, 31, 307, 371, 423, 414,
　　416-417, 422, 424
　思春期のターゲット　31, 33, 35, 37
　ターゲット設定における柔軟性　35
　ターゲットにする順番　37
視床下部・下垂体系、オピオイド拮抗薬
　　154-155
自信に満ちた祝福の言葉、言語ストラテ
　　ジーとして　20
システム　110
児童期後期のターゲット
　戦略的発達モデル　37
児童期中期のターゲット　32-34
　戦略的発達モデルの事例　39-54
児童期のターゲット　32-35
　戦略的発達モデルの事例　43
　ターゲットにする順番　37
写真、一次処理　45, 56-57, 60-61
終了　xiv
　DeTUR　216
　資源の会議室　92
　資源の拡大プロトコル　72-73
　知的障害　386-387
主観的障害単位尺度　xiii-xiv
主人格　110-111, 115, 124-126, 130, 132,
　　134, 137, 141-144
準備
　オピオイド拮抗薬と解離　156, 167, 170
　過程に焦点化した資源　80
　幻肢痛プロトコル　182-184
　資源の拡大プロトコル　71-73
　一段階での資源の開発と植えつけ戦略
　　71-80
　知的障害　370
　むちゃ食い障害　307, 310, 323
症状
　言葉を用いて問題から焦点をそらす
　　24
　再評価リストにおける典型的な症状

　　29-30
状態変化　67, 72, 92, 99, 101
焦点化、過程に焦点化した資源　80
情動調節、—の10段階　347
情動調節困難　326
情動的な調律　7
情動に気づき制御するモジュール
　　344-350
衝動のレベル　212, 229, 243
情動マネジメントスキルトレーニング
　　307
除反応、引き金の脱感作と—　213
人格結合、解離性同一性障害／特定不能
　　の解離性障害　134
神経生物学的、反復発生、治療的調律
　　6-9
人生早期のターゲット　33-34
　一次処理　33, 35-36, 43-47, 54-56, 59-61
　記憶喪失　36
　戦略的発達モデルの事例　39-49
　土台をきれいにする　47
身体感覚、資源の開発と植えつけ戦略と
　　—　70
身体感覚の同定　xiv
身体重視の処理、一次処理と—　56
身体的編み込み　307
身体表現性解離　150, 169
診断によって隠される　367, 375
身長への意識付け、—の植えつけ、解離
　　性同一性障害／特定不能の解離性障
　　害に対する—　122-129
心的外傷後ストレス障害　「PTSD」参照
心拍数モニター　421
心理療法、解離と—　155-157
ストーリーテリング　414, 428-431
ストレス
　オピオイド拮抗薬とトラウマティック
　　ストレス　153-154
　トラウマティックストレス症候群にお
　　けるオピオイド拮抗薬の治療的使用
　　154-155

444

索　引

内因性オピオイドと副交感神経の調整　152-153
生活への意識付け
　の植えつけ、解離性同一性障害／特定不能の解離性障害のための　123-128
正常化　20
成人
　成人期のターゲット　33
　ターゲットにする順番　37
成長を妨げるような体験
　生育歴の聴取と　15-17
　の問題と症状　28
性的依存　19, 30
性的機能不全、男性と女性　29-30
性的強迫、DeTURと―　227-228
世代的な取り入れ　「文化的そして世代的な取り入れ」参照
セックスセラピー、EMDRを用いたカップルセラピー　362-364
摂食障害　「むちゃ食いサイクル」参照
線維筋痛症（状）　24, 29
詮索好きでお節介な質問　10
戦略学派　4
戦略的発達モデル
　カップルセラピー　49-54
　カップルセラピーにおけるトラウマ除去　355-356
　再評価リスト　27-31
　生育歴の聴取とアセスメントの体裁　9-19
　"戦略的"という用語　3-4
　戦略的なエリクソニアン（催眠的）用語　20-25
　ターゲット設定における柔軟性　31-35
　ターゲットのリストの作成　25-27
　第一次処理　35-39, 54-62
　治療的な調律と神経生理学的取り戻し　6-9
　―の一連のストラテジー　3-5
　―の核となる理念　2-5
　―の起源　1

　の主要な構成要素　5-6
　―の事例　39-49
　発達的な治癒　2-3
　目標設定のオプションと戦略的方法　35-39
戦略的発達モデルにおける生育歴の聴取　9-19
　家族システムと家族力動を尋ねる質問　11-15
　基本的で人口統計学的な詳細と構造　11
　成長を妨げるような体験　15-17
　その他、同様に必要な臨床的アセスメント　19
　文脈上の情報　17
戦略的発達モデルを用いたカップルセラピー　49-54
　争いの絶えないカップル　53
　境界　52-53
　伝統的なセラピーが失敗に終わった理由　49
　導入セッション　50-51
　―の効果　52-53
　ペーシングする　51
その頃のもの（遺品）、一次処理　57
ソマティック・エクスペリエンス　263, 307

■■■■　た行　■■■■

ターゲット設定
　愛着の傷と　34
　親との関係　32
　外傷的な素材を最初にターゲットすること　137-144
　解離性同一性障害／特定不能の解離性障害　38-39
　家族が原因の体験　32-34
　カップルセラピーにおいて　356-358
　義務的、拒否的なクライエント　38

445

クライエントが必要とする自我強化／
　　　安全なワークのために　38
　　根本的なプロセスとして　34-35
　　最近のトラウマ　32
　　思春期のターゲット　33
　　児童期中期のターゲット　32-33
　　児童期のトラウマ　32-33
　　人生早期の題材　32-34
　　成人期のターゲット　33
　　ターゲットにする順序　34-35
　　ターゲットのリストの作成　25-27
　　—における柔軟性　31-35
　　—の時間とペース　35
　　発達的ベースラインからの逸脱　32
　　不安障害　399-402
　　両手の編み込み　196-199
　　「肯定的な感情、—をターゲットにする
　　　こと」も参照
ターゲットに特化した資源、焦点化　90,
　　92, 105
第1の解離　149
第2の解離　149-150, 164
第3の解離　150
ダイエット　「むちゃ食いサイクル」参照
漂い戻り、両手の編み込み　197
脱感作　xiv
　　幻肢痛プロトコル　185-186
　　知的障害　380-385
　　引き金　204-205
種蒔き　20
小さなターゲット、自我強化／安全のワー
　　ク　38
恥辱感
　　浮気と—　359-360
　　むちゃ食いサイクルと—　299-300,
　　　306-312, 319
知的障害
　　LIDS　378
　　アセスメント　378-380
　　植えつけとボディスキャン　386
　　解決行動　369

感情教育　373-376
感情の認識　371
現病歴と治療計画　369-371
肯定的認知　378
コミュニケーション手段　371-372
サンドイッチ効果　373-374
資源の開発　376-378
終了と再評価　386-388
準備　370-371
診断によって隠される　367
脱感作　380-385
特徴のすべて、あるいは多く　367-368
トラウマのより広範な意味　369
否定的認知　378
プリセラピー　372-373
調光スイッチのイメージ、トラウマ・ワー
　　クのコーピング・スキルとして　136
調律
　　情動的　7
　　「治療的調律」も参照
治療的睡眠、トラウマ・ワークのコーピ
　　ング・スキルとして　136
治療的調律
　　戦略的発達モデルの核となる理念　2-5
　　発達的治癒と神経生物学的な発生反復
　　　6-8
治療的トランス　25, 31, 61
治療目標、ポジティブな治療目標と
　　DeTUR　207-209
治療を計画すること、知的障害　369-370
強い治療的関係の重要性と肯定的な感情
　　をターゲットにすること　257-258
抵抗
　　目標設定のオプション　35
　　リフレーミングと—　21
停滞　「知的障害」参照
テーマから離れたターゲット、自我強化
　　／安全のワーク　38
手がかり語、資源の拡大プロトコル　72,
　　75, 79
テストと未来のチェック　216, 218

索　引

テレビ技法、トラウマ・ワークのコーピング・スキルとして　135
転移
　　解離性同一性障害と—　131, 145
　　両手の編み込み　198, 200
投影、両手の編み込み　198
動機づけ面接　422, 424
時を稼ぐ　340
特性変化　67
　　EMDRの目標として—　99
特権、肯定的な感情をターゲットにすることと—　240
トラウマ
　　初期のトラウマに伴う解離　152
　　知的障害と—のより広範な意味　369
トラウマ処理
　　一次処理　54-62
　　オピオイド拮抗薬　160-169
　　解離、最初のターゲット　137-144
　　解離の安定化　133-135, 156-157
　　カップルセラピー　355-356
　　再演プロトコル　261-279
　　知的障害　380-385
　　土台をきれいにする　47
　　—を扱い、滴定するのを助けるコーピング・スキル　135-137
　　「トラウマと虐待の回復グループ」も参照
トラウマティック・ストレス
　　トラウマティック・ストレス症候群の中で治療的に使用すること　154-155
　　内因性オピオイドと—　153-154
トラウマティックな記憶
　　解離性同一性障害／特定不能の解離性障害　133-135
　　—の恐怖と一次処理　54-55
トラウマと虐待の回復グループ
　　EMDRの標準プロトコルと—　333-336
　　意識的に生きるモジュール　337-340
　　癒しの輪のワーク　342
　　確認　336-337

　　壁の仕事　347-348
　　苦痛に耐えるモジュール　348-350
　　グループセッションの構成　329-331
　　グループでのEMDR　329
　　グループにおけるEMDRの事例　337-340
　　グループの開始　328-329
　　コア・マインドフルネス　338-340
　　コミュニケーションのHELPモデル　342-343
　　自己主張のスキル　343-344
　　情動調節の10段階　347
　　情動に気づき制御するモジュール　344-348
　　人間関係のコミュニケーションスキルモジュール　341-344
　　バタフライハグ技法　339, 343, 345
　　不安の減少　326, 337-338

━━━━━ な行 ━━━━━

内因性オピオイド
　　愛着　151-152
　　初期のトラウマと副交感神経系制御　152
　　トラウマティック・ストレスと—　153-154
　　—の機能　151
内在化された大人／子どもの自我状態の統合　199
ナルトレキソン
　　EMDRにおける解離を減らすために—を使用した事例研究　157-160
　　学習性無力感　153
　　トラウマティックストレス症状群における—の治療的応用　154-155
　　—の使用上の注意と禁忌　163-167
　　—の用量と使用　168-169
　　副作用　155, 161, 164, 168-169
ナロキソン

オピオイド拮抗薬をはじめて使用した経験 157-160
学習性無力感 153
　トラウマティックストレス症状群における―の治療的応用 154-155
　―の作用 151
　―の使用上の注意と禁忌 163-167
　―の選択と用量 168-169
　副作用 155, 161, 164, 168-169
ニコチン、―DeTUR 事例 223-224
二重注意刺激
　解離性同一性障害／特定不能の解離性障害のためのコーピング・スキル 122-123
　コミュニケーション手段と知的障害 371
　資源の拡大プロトコル 68
　定義 436
　―を用いる際に考慮すべきこと 68
日常生活チーム 110, 130, 134, 137, 140
「人間関係のコミュニケーション・スキル」8つのスキル 341-344
認知の編み込み
　アプローチ 99-101
　―としてのリソース 100-103
　バタフライ・ハグ技法と― 345, 398
認知の妥当性（VOC） xiii
ネグレクト
　DID 108
　愛着と内因性オピオイド 151
　解離 108
脳の右半球、健忘（記憶喪失）と― 36
脳梁、健忘（記憶喪失）と― 36
望ましい資源のイメージの同定 72

は行

パーソナリティ、（―の用語） 110, 150, 325, 327, 354
バタフライ・ハグ技法 339
　認知の編み込みと― 345
発達的な治療
　戦略的発達モデルの核となる理念として 2-5
　治療的調律と 6-9
発達的ベースライン 25
　―からの逸脱 31-32
　ターゲットにする順番と 28-31
パニック 30, 154, 162, 274, 408
パニック発作、止めるもしくは緩和する 398
引き金
　DeTUR における引き金の脱感作 212-214
　わかっている引き金を同定する 211-212
ピクチャー・イン・ピクチャー（PIP）テレビ技法、トラウマ・ワークのコーピング・スキルとして 135-137
左半球、健忘（記憶喪失） 36
否定的信念、否定的信念を会議室に招き入れる 92
否定的認知
　知的障害 378
　不安障害 393
標準プロトコル vii
　トラウマと虐待の回復グループ 333-336
　―の全体像 xiii-xiv
　文化的そして世代的な取入れ（摂取）287-292
　むちゃ食い障害 306-308, 322-323
不安、バタフライ・ハグ技法と― 339-340
不安障害 393-412
　EMDR 処理前の介入 396-399
　解離した部分の不安除去 402-403
　解離した部分の不安をアセスメントする 402-403
　事例 405-410
　ターゲットにすること 399-402

索 引

パニック発作を止める、もしくは緩和する 398-399
不安反応をノーマライズする 395-396
未来の鋳型 401, 404
両手の編み込み 400
不安の引き金 399
不完全な記憶、一次処理 54-62
副交感神経系制御、初期のトラウマ 152
符号化特殊性の原理 57
負の呼吸 398, 409
部分的な記憶、第一次処理 55
フラストレーション、伴うゲーム 425-427
フラッシュバック 108, 115, 150, 154, 162, 261, 333
フラッシュバルブ記憶 55
プレイ
　セラピーになりうる可能性 424
　―中の両側性刺激の技巧 425
　フラストレーションを伴うゲーム 425-427
分化、EMDR を用いたカップルセラピー 353-354, 356-359, 361-362, 364-365
文化的そして世代的な取り入れ 281-297
　家族特有の取り入れ 291-292
　自己犠牲の事例 293-295
　ナラティブセラピー 287-291
　標準的プロトコル 282-284
　憤怒と暴力的な態度の事例 295-296
　両手の編み込み 284-287
憤怒、家族間と世代間投影として 295-296
文脈上の情報、生育歴の聴取と― 17
辺縁系の核、健忘（記憶喪失）と 36
弁証法的行動療法、境界性人格障害と 325-328
扁桃体、健忘（記憶喪失）と― 36
ポジティブ状態、DeTUR 210-219
ポジティブな連想のチャンネル、アクセスすること 69
ボディワーク 338

ボディスキャン xiv, 66, 144, 161, 226, 276, 379, 386
　知的障害 379, 386

ま行

巻き込む、カップル 53
マリファナ、―の DeTUR 事例研究 222-226
慢性的な疲労 29
身勝手、むちゃ食い障害 314
未来の鋳型、不安障害 400-401, 408-409
報われない愛、肯定的な感情をターゲットにすることで忘れる 235-238
むちゃ食いサイクル 299-324
　過食サイクルのエクササイズ・ラウンド 1 304-306, 319-320
　過食サイクルのエクササイズ・ラウンド 2 308-312, 320-322
　完璧主義 303-304, 308-309
　期待に応えなければならないというプレッシャー 314-316
　教育的編み込み 308, 312, 321
　クライエントの生育歴・病歴 306-307
　コントロール 302, 308-313
　全か無かのアプローチ 305
　ダイエットとむちゃ食いとの関係 301-302, 306
　恥と― 299-300, 308-313
　包括的 EMDR 治療計画における過食サイクルのエクササイズ 306-307
　ミス（過ち）を犯す、そして目標を達成できない 315-318
むちゃ食い障害
　愛着の欠損 307
　怒り 311-312
　身勝手 312, 314
無力感、戦略的発達モデルの事例 42
目標
　治療目標についてアンビバレンス 232,

449

241
ポジティブな目標とDeTUR 202-207, 222-223, 227-229
問題から焦点を逸らす、言語ストラテジー 24

━━━━━ や行 ━━━━━

薬物の乱用 30
ユーティライゼーション 22-23
許す、浮気 360-361
要約した文章 84
抑圧、回避と 241-242

━━━━━ ら行 ━━━━━

リース状プロトコル 133
リフレーミング 20-21, 219
　抵抗と— 21
両手の編み込み 193-200
　カップルセラピーにおけるトラウマの除去 355-356
　肯定的な感情をターゲットにすることと— 234-235
　—ためのターゲット 196-199
　—ためのプロセス 194-196
　内在化された大人／子どもの自我状態の統合 199-200
　不安障害 400
　文化的そして世代的な取入れ（摂取） 284-287
リラクセーション訓練、（不安障害と—） 397
リラックスするための抱擁 357

━━━━━ A～Z ━━━━━

BASK（行動、感情、感覚、知識）次元 55, 138
BED 「むちゃ食い障害」参照
DAS 「二重注意刺激」参照
DBT 「弁証法的行動療法」参照
DDNOS 「解離性同一性障害／特定不能の解離性障害」参照
DeTUR（引き金と衝動の脱感作と再処理） 201-229
　アディクションの治療モデルと— 202
　植えつけ 214-216
　終了と再発予防 216-219
　性的強迫と— 227-228
　テストと未来のチェック 216
　内的資源にアクセスする 206-207
　—の事例研究 219-227
　—の全体像 202-204
　引き金の脱感作 212-214
　—フローチャート 205
　ポジティブ状態 210-211
　ポジティブな治療目標 207-209
　わかっている引き金を同定すること 211-212
DID 「解離性同一性障害／特定不能の解離性障害」参照
EMDRを用いたカップルセラピー 353-366
　一般的な処理できるターゲット 356-358
　浮気 359-362
　自己鎮静 357
　セックスセラピー 362-364
　トラウマの除去 355-356
　—の準備 354-355
　分化 353, 364-365
　未来の鋳型 358
　リラックスするための抱擁 357
HPA 「視床下部・下垂体系」参照 155, 158

索　引

LIDS　378
LOPA　「肯定的感情のレベル」参照
LOUA　「回避したい衝動のレベル」参照
PTSD
　　オピオイド拮抗薬の治療的使用と―
　　　　154-155
　　解離とオピオイド拮抗薬についての症
　　　　例検討　160-163
　　境界性人格障害と―　326-327
　　内因性オピオイドと―　153-154
　　複雑性PTSD　149
　　「トラウマと虐待の回復グループ」も参
　　　　照
RDI　「資源の開発と植えつけ」参照
RP　「再演プロトコル」参照
SDM　「戦略的発達モデル」参照
SSI　「安全な場所のイメージ」参照

■■■■■■　人　名　■■■■■■

Anderson, M.　241
Aron, E.　396, 403, 409
Bader, E.　353
Berenson, D.　299-300
Birbaumer, N.　190
Boel, J.　188, 339, 357, 398
Bohus, M.　154-155, 158-159, 168, 170
Bradshaw, J.　349
Britt, V.　307
Brown, D.　110, 112, 115, 119, 135-136
Burns, D.　343-344
Chu, J.　108
Courtois, C.　109
Davis, N.　429-430
de Becker, G.　393
Dunton, R　206
Eisenberger, N　276
Ferrie, R.　149, 160, 170
Fine, C.　133-134, 157
Fisher, H.　123, 128
Flor, H.　190
Fossum, M.　299-300
Foster, S.　267
Fox, E.　287
Freedland, E　307
Gerson, R.　10
Glover, H.　154
Gold, M.　154
Gottman, J.　353-354
Grand, D.　127, 338
Grant, M.　397
Greenwald, R.　368-369, 424
Herman, J.　150, 368, 413
Hofman, A.　191
Horne, S.　349
Ibarra, P.　165
Janet, P.　110
Kiessling, R.　91, 257, 307, 325, 332, 339, 345, 398, 403

Kitchur, M.   394, 403
Kluft, R.   108-109, 111-112, 134-136, 145
Knipe, J.   197, 233, 240, 258, 313
Korn, D.   66, 122, 156
Krakow, B.   278
Lazrove, S.   133-134, 157
Leeds, A.   66, 122, 156, 257, 307
Levine, P.   263, 382
Linehan, M.   156, 325-326, 329, 338, 343-344, 348-350
Loewenstein, R.,   123
Lovett, J.   368, 428
Lubin, G.   155
McGoldrick, M.   10
Napier, N.   307
Nuller, Y.   154, 166
Omaha, J.   136, 307
Perry, B.   152
Pert, C.   191
Pitman, R.   153-154
Popky, A.   197, 201, 243-244, 247, 250, 318
Prouty, G.   372, 374
Ross, C.   326-327
Rothschild, B.   325
Scaer, R.   275-276
Schmahl, C.   154
Schmidt, S   307, 325, 332, 342-343
Schnarch, D.   353, 357, 359, 361, 363, 365, 367
Schore, A.   7-8, 152
Shapiro, F.   3, 19, 66-67, 69, 71, 99-100, 105, 107, 113, 122, 131, 140, 145, 156-157, 167, 231-232, 263, 306, 359, 368, 399
Shapiro, R.   37, 422
Siegel, D.   8, 393
Spence, A.   227
Steele, A.   131, 170, 307, 398, 403
Tinker, R.   368, 425
van der Hart, O.   131, 150, 170
van der Kolk, B.   7, 121, 149-151, 153-154, 263, 326
Vanderlaan, L.   179
Walker, C.   227
Werk, K.   81
Wesselman, D.   307, 429
Whisman, M.   398, 401
Wildwind, L.   73
Wilson, D.   332 338
Wolinsky, S.   22

監訳者あとがき

　本書は Robin Shapiro 氏の『*EMDR Solutions: Pathways to Healing*』(2005, Norton) の全訳である。2008 年に翻訳を出版する話が始まったが、監訳者の不徳の致すところで、完成までにこんなにも年月がかかってしまった。出版を心待ちにされていた読者の方にお詫びしたい。

　Shapiro という名はユダヤ系の名前としては珍しい名前ではないらしく、Robin Shapiro 氏は、EMDR の創始者の Francine Shapiro 氏と血縁はないらしい。私が Robin 氏の名前を初めて知ったのは故崎尾英子先生と懇意にされていたからだった。大変魅力的な人物であると崎尾先生から聞いていた。その後、本書に出会い、両手の編みこみの開発者、また、編者としての素晴らしい仕事ぶりに大変驚いた。私が日本語翻訳を手がけると伝えると「母が喜ぶわ」と喜んでおられた。随分と時間が経ったが、ぬか喜びに終わらなくてよかったと思う。

　日本においての EMDR をめぐる状況はこの間に大きく変わったと言えよう。2013 年に WHO（世界保健機関）が EMDR の PTSD に対しての効果について、「EMDR は外傷焦点化認知行動療法（CBT）と同様に、児童、思春期、成人の PTSD の治療に推奨される。主観的ストレスを低減し、外傷的な出来事に関する適応的な認知を強める目的は共通している。外傷焦点化 CBT とは異なり、EMDR はトラウマ体験の詳細を語る必要はなく、直接的に信念に挑戦したり、トラウマ体験に長時間暴露させることがない」と、お墨付きを与えた。この年には、NHK の ETV 特集『トラウマからの解放』で EMDR が取り上げられ、EMDR に対して、専門家、一般の方共に関心が大変高まった。多くの問い合わせを受けた治療者は、より姿勢を正して臨床に取り組むようになったと思う。

　本書はそんな臨床家たちに心強い味方となってくれるピカピカの道具たちである。目次を眺めても、発達、精神遅滞、子ども、カップル、解離、嗜癖、衝動低減、共依存、回避、先送り、むちゃ食い、DBT（弁証法的行動療法）、感情制御、オピオイド、痛み、幻肢痛、資源、肯定的感情、文化、世代的取り込みなど、興味深いキーワードがひしめいている。ピカピカの道具は、ピカピカのままでは、道具として価値が高いとは言えない。使い込んで、少し汚れて、手に馴染んで初めて道具としての価値が出てくる。まさに、座右の書として手に馴染むまで使い込んでほしい。

　各章の訳者たちも EMDR の臨床や研究の第一線で活躍をしている方たちばかりである。彼らの臨床心理学や EMDR への造詣の深さが、豊かに読みやす

い日本語を生み出したことに感謝したい。

　最後に、本書の完成には数多くの方のお世話になった。索引づくりを手伝って頂いた宝上真弓さんを初め、市井ゼミの修了生たちには大変感謝している。遅々として進まぬ監訳作業を、辛抱強く待ち、見つめて頂いた吉田三郎前社長、宇佐美嘉崇社長に深謝します。

　2015年6月17日

監訳者代表　市井 雅哉

■執筆者

James W. Cole, EdD は、ワシントン州エレンズバーグで私設開業している心理士。EMDRIA 認定コンサルタントで、Robert Tinker や Sandra Wilson とともに、幻肢痛への EMDR 使用についてのワークショップを行った。これまでに7つの著作がある。最近の2つに関しては、Desmond M. Tutu と Dalai Lama がそれぞれ序文を書いている。

Roy Kiessling, LISW は、HAP（人道支援プログラム）の EMDR 上級トレーナーで、EMDRIA 認定コンサルタントである。オハイオ州シンシナティで私設開業のソーシャルワーカーをしている。合衆国中の電話コンサルテーションと上級 EMDR 専門ワークショップを行っている。EMDR-HAP のボランティアトレーナーとして、アメリカ合衆国、中東、ロシアで、精神保健の専門家の EMDR トレーニングを行っている。

Maureen Kitchur, MSW は、カルガリー（カナダ）の私設開業のソーシャルワーカーで、カップルセラピーのグループを指導し、北米の治療者をトレーニングしたり、コンサルテーションを与えたりしている。性加害者や殺人者、複雑性 PTSD のクライエントを治療している。子どもの性虐待の治療、EMDR の戦略的発達モデルの著作を出版した。

Jim Knipe, PhD は、1994年から独立した開業をしている心理士である。EMDRIA のコロラドスプリングスの地域コーディネーターで、職業心理学コロラド校で、1995年以降講師を務めている。オクラホマシティ、トルコ、インドネシア、中東での人道主義 EMDR トレーニングプロジェクトに関わっている。さらに、複雑なケースに対する EMDR 使用について著作がある。

Ulrich F. Lanius, PhD は、ブリティッシュコロンビア州バンクーバーで私設開業している心理士で、トラウマストレス症状を専門にしている。EMDR Institute のファシリテーターで、EMDRIA 認定コンサルタントである。国内外で、愛着と解離に関する神経生物学や、解離性障害のある人に対しての EMDR 使用に関して講演を行っている。最近、*Psychopharmacology Bulletin* に、PTSD における過覚醒と解離に関しての論文を共著で公刊した。

Carole Lovell, MSW, PsyD は、テネシー州クックビルの Personal Growth and Learning Center を設立し、所長をしている。彼女は、臨床家、コンサルタント、経営者、教師として働いてきた。いくつかの大学院の

学生のSVを行い、テネシー大学拡大教育プログラムで教えている。

Arnold (A.J.) Popky, PhDは、依存の専門家で、全国的にトレーニングやワークショップを行っているコンサルタントである。エリクソニアン催眠とEMDRの資格を持ち、EMDRプログラムにその創世の頃より関わり、EMDR InstituteやEMDRIAのプレゼンターもした。また、カリフォルニア州パロアルトのMRI（Mental Research Institute）で、EMDR研究プロジェクトに最初に臨床的に貢献した。EMDR人道支援プログラムから手に入る *EMDR Chemical Dependency Treatment Manual* の共著者である。

Susan Schulherr, LCSWは、ニューヨーク市で、心理療法の私設開業を行っている。体重、摂食、摂食障害に関する問題について、専門家や一般の人向けの多くの講演を行ってきた。彼女の論文「Binge-Diet Cycle: Shedding New Light, Finding New Exits（むちゃ食い―ダイエットサイクル：新しい光を当て、新しい出口を見つける）」が、*Eating Disorders* の1998年秋号に掲載された。

Andrew Seubert, LPC, NCCは、ニューヨーク州コーニングにあるClearPath Healing Arts Centerの共同代表である。彼は、有資格の心理療法家であり、音楽療法家のトレーニングを受け、ゲシュタルト療法の幅広いトレーニングも受けている。カップル、トラウマ、摂食障害、二重診断（MH/NR：Mental Health/ Mental Retardation）の成人とワークし、スピリチャリティと心理療法の統合を目指している。精神保健／精神遅滞の人々への治療的なアプローチについてのいくつかの論文を書いている。

Robin Shapiro, LICSWは、EMDRIA認定トレーナー、EMDRIA認定コンサルタントで、シアトルで私設開業を行っている。EMDRの毎週クラス、Part 1 & 2を教えている。EMDRIA学会の地方大会、国際大会で発表してきた。2003年の *Seattle Magazine* で、シアトルの女性のためのトップドクターの一人に選ばれた。

Robert Tinker, PhDは、コロラドスプリングスで私設開業する心理士である。子どもへのEMDR使用に関して世界中で治療者のトレーニングを行ってきた。Sandra Wilsonとともに、『*Through the Eyes of Child: EMDR with Children*』の共著者である。

Elizabeth Turner, LICSW は、ワシントン州ベインブリッジアイランド在住の EMDRIA 認定コンサルタント、EMDRIA 認定トレーナーである。彼女の私設開業において、慢性疾患、疼痛を持つ子ども、思春期、成人、また、愛着問題を持つ人を専門としている。

Joanne H. Twombly, LCSW は、EMDRIA 認定コンサルタントで、EMDRIA 学会の地方大会、国際大会で発表してきた。私設開業はマサチューセッツ州ウォルサムで行っている。彼女は、ニューイングランド解離学会の前会長である。

Sandra A. Wilson, PhD は、コロラドスプリングスの Spencer Curtis 財団の執行役員で設立者である。この財団は、さまざまな人への EMDR の効果研究の研究や人道支援治療を行っている。彼女の研究は *Journal of Consulting and Clinical Psychology* で公刊されている。Robert Tinker とともに、『*Through the Eyes of Child: EMDR with Children*』の共著者である。

ほとんどの著者はコンサルテーションを引き受けているし、ワークショップも教えることができる。連絡先は http://www.emdrsolutions.com で見つけられる。

■監訳者

市井雅哉 いちい まさや
兵庫教育大学大学院発達心理臨床研究センター教授。本多クリニック、臨床心理士。専門行動療法士。EMDRIA認定コンサルタント。EMDR研究所トレーナー。日本EMDR学会理事長。日本行動療法学会理事。日本心理臨床学会理事。EMDRIA編集理事。EMDR Asia理事。著・訳書に『こころの臨床アラカルト(27(2))EMDR－トラウマ治療の新常識』星和書店、『こころの臨床 a・la・carte (18(1)) EMDR－これは奇跡だろうか？』星和書店、『EMDR―外傷記憶を処理する心理療法』二瓶社、『トラウマからの解放：EMDR』二瓶社、『スモール・ワンダー――EMDRによる子どものトラウマ治療』二瓶社、『こわかったあの日にバイバイ！トラウマとEMDRのことがわかる本』東京書籍など。

吉川久史 よしかわ ひさふみ
浜松医科大学児童青年期精神医学講座、特任助教。臨床心理士。主に複雑性PTSDや自閉症スペクトラム障害を持つ子どもと親に対して臨床活動を行っている。EMDRの他に自我状態療法、ホログラフィートーク、認知行動療法、ソリューション・フォーカスト・アプローチ、ソーシャルストーリーズを用いて援助を行っている。

大塚美菜子 おおつか みなこ
兵庫教育大学大学院連合学校教育学研究科博士後期課程在学中。臨床心理士。EMDR臨床家資格。複雑性PTSD、解離や愛着の問題を専門に、精神科・心療内科のクリニックで臨床活動を行っている。日本EMDR学会IT委員、人道支援プログラム（JEMDRA-HAP）委員。訳書に『こわかったあの日にバイバイ！トラウマとEMDRのことがわかる本』東京書籍。

■訳者一覧

布施晶子 ふせ あきこ：1章、10章
私のクリニック目白勤務。臨床心理士。EMDR part 2 修了。学術雑誌「EMDR研究」の英文校閲担当。

岡田太陽 おかだ たいよう：2章
宮城県教育委員会緊急派遣スクールカウンセラー。兵庫教育大学大学院連合学校教育学研究科（博士課程）在籍。臨床心理士。著書に『医療心理学を学ぶ人のために』世界思想社、『こころの臨床アラカルトEMDR

トラウマ治療の新常識』星和書店、『図解臨床ガイド　トラウマと解離症状の治療　EMDR を活用した新しい自我状態療法』東京書籍など。日本EMDR 学会人道支援プログラム（JEMDRA-HAP）委員。

福井義一 ふくい　よしかず：3 章
甲南大学教授。臨床心理士，専門健康心理士，臨床催眠指導者資格，TFT トレーナー、Somatic Experiencing Practitioner、TRE レベル 1 プラクティショナー，タッピング・タッチ認定インストラクター。EMDR 学会認定コンサルタント，EMDR Institute ファシリテーター。共著に『自伝的記憶と心理療法』平凡社。

榎日出夫 えのき　ひでお：4 章
聖隷浜松病院てんかんセンター長。小児科専門医、小児神経専門医、てんかん専門医・指導医、頭痛専門医、漢方専門医。EMDR part 2 修了。

天野玉記 あまの　たまき：5 章
京都大学医学部人間健康科学科　共同研究員。NPO 法人発達障害研究推進機構　理事・研究員。社会福祉法人清章福祉会　特別養護老人ホーム清住園　施設長・統括責任者。臨床心理士。日本 EMDR 学会理事。EMDR の脳神経学的作用機序を研究テーマとし、認知症高齢者および発達障害者への EMDR を実践。

仁木啓介 にき　けいすけ：6 章
ニキハーティーホスピタル、医療法人仁木会理事長、精神科医、精神保健指定医、日本精神神経学会専門医・指導医、日本臨床催眠学会臨床催眠指導者資格、日本医師会認定産業医・健康スポーツ医。日本 EMDR 学会認定コンサルタント、EMDR 研究所ファシリテーター。著書に、『医学看護大事典』医学書院、『直接支援員初級マニュアル』NPO 法人全国被害者支援ネットワークなど。

菊池安希子 きくち　あきこ：7 章
国立研究開発法人国立精神・神経医療研究センター精神保健研究所司法精神医学研究部室長。臨床心理士。精神保健福祉士。日本 EMDR 学会認定コンサルタント、EMDR 研究所ファシリテーター。著書に、『専門医のための精神科リュミエール 4　精神障害者のリハビリテーションと社会復帰』（分担執筆、中山書店、2008）など。

吉川久史 よしかわ　ひさふみ：8 章、上掲

太田茂行 おおた　しげゆき：9章
生活心理相談室ナヌーク主宰、臨床心理士。日米「ハコミ研究所」認定セラピスト。日本EMDR学会認定コンサルタント。トランスパーソナル心理学を基盤としたトラウマセラピー、ソマティックアプローチが専門。監訳書にオグデン他著『トラウマと身体』星和書店など。

大澤智子 おおさわ　ともこ：11章
兵庫県こころのケアセンター研究主幹。人間科学博士・臨床心理士。EMDR研究所ファシリテーター、日本EMDR学会認定コンサルタント。

北村雅子 きたむら　まさこ：12章
川越心理研究相談室　臨床心理士。EMDR研究所ファシリテーター、日本EMDR学会認定コンサルタント。著書に『PTSD—人は傷つくとどうなるか』日本評論社など。2015年逝去。

森　貴俊 もり　たかとし：13章
心療内科　新クリニック院長。精神保健指定医、日本精神神経学会精神科専門医。EMDR part2 修了。

蓑和路子 みのわ　みちこ：14章
こころの医療センター駒ヶ根、児童精神科認定医、精神科専門医。論文に Identical male twins concortant for Asperger's disorder. J Autism Dev Disord. 2007 Feb; 37(2): 386-9。EMDR part2 修了。

本間美紀 ほんま　みき：15章
医療法人重仁会大谷地病院、臨床心理士。EMDR大学院コース修了。

近藤千加子 こんどう　ちかこ：16章
ディーパ心理オフィス代表。臨床心理士、博士（臨床心理学）。日本EMDR学会認定コンサルタント、EMDR研究所ファシリテーター。著書に『児童虐待の心理療法—不適切な養育の影響からの回復接近モデルの提起』風間書房、『こころの臨床アラカルトEMDRトラウマ治療の新常識』星和書店など。

EMDRがもたらす治癒

適用の広がりと工夫

2015年12月31日 初版 第1刷

編　者	ロビン・シャピロ
監　訳	市井雅哉／吉川久史／大塚美菜子
発行者	宇佐美嘉崇
発行所	㈲二瓶社

　　　　　〒125-0054　東京都葛飾区高砂5-38-8 岩井ビル3F
　　　　　TEL 03-5648-5377
　　　　　FAX 03-5648-5376
　　　　　郵便振替 00990-6-110314

装　幀	株式会社クリエイティブ・コンセプト
印刷製本	株式会社シナノ

万一、乱丁・落丁のある場合は購入された書店名を明記のうえ小社までお送りください。送料小社負担にてお取り替え致します。但し、古書店で購入したものについてはお取り替えできません。なお、本書の一部あるいは全部を無断で複写複製することは、法律で認められた場合を除き、著作権の侵害となります。
定価はカバーに表示してあります。

ISBN 978-4-86108-074-6　C3011
Printed in Japan

二瓶社　好評既刊

EMDR
外傷記憶を処理する心理療法

フランシーン・シャピロ【著】
市井雅哉【監訳】
ISBN　978-4-86108-008-1
A5判／592ページ／上製本
定価 ◎ 本体価格 6,800 円＋税

4刷

トラウマからの解放：EMDR

フランシーン・シャピロ／
マーゴット・S・フォレスト【著】
市井雅哉【監訳】
ISBN　978-4-86108-029-6
A5判／400ページ／上製本
定価 ◎ 本体価格 4,200 円＋税

2刷

スモール・ワンダー
EMDRによる子どものトラウマ治療

ジョアン・ラベット【著】
市井雅哉【監訳】　伊東ゆたか【訳】
ISBN　978-4-86108-056-2
A5判／320ページ／並製本
定価 ◎ 本体価格 3,000 円＋税

EMDRによる解離性障害・複雑性PTSDの治療
キャロル・フォーガッシュ講義録

キャロル・フォーガッシュ【著】
日本EMDR学会【編】
ISBN　978-4-86108-069-2
B5判／96ページ／並製本
定価 ◎ 本体価格 2,500 円＋税